JN493286

한국 현대시의 정전과 매체

지은이 박용찬(朴容贊, Park Yong-chan)은 경북 경주에서 출생하여 경북대학교 국어교육과를 거쳐, 같은 대학원 국어국문학과에서 석 · 박사과정을 졸업하였다. 「해방기 시의 현실인식과 창작방법 연구」로 문학박사 학위를 받았으며, 주요 논저로 『해방기 시의 현실인식과 논리』, 「이병철 시에 나타난 '가족'과 전망」, 「10월 항쟁, 그 전진과 퇴행의 시적 모습」 등이 있다. 현재 경북대학교 사범대학 국어교육과 교수로 재직하고 있다.

한국 현대시의 정전과 매체

초판 인쇄 2011년 8월 20일 **초판 발행** 2011년 8월 30일
지은이 박용찬 **펴낸이** 박성모 **펴낸곳** 소명출판 **출판등록** 제13-522호
주소 서울시 서초구 서초동 1621-18 란빌딩 1층
전화 02-585-7840 **팩스** 02-585-7848 **전자우편** somyong@korea.com **홈페이지** www.somyong.co.kr

값 23,000원
ISBN 978-89-5626-531-5 93810
ⓒ 2011, 박용찬

잘못된 책은 바꾸어드립니다.
이 책은 저작권법의 보호를 받는 저작물이므로 무단전재와 복제를 금하며, 이 책의 전부 또는 일부를 이용하려면 반드시 사전에 소명출판의 동의를 받아야 합니다.

한국 현대시의 정전과 매체

The Canon and Media of the Korean Modern Poetry

박용찬

소명출판

책머리에

『해방기 시의 현실인식과 논리』 이후 다시 한 권의 책을 묶어낸다. 과연 이것이 가치 있는 작업인지 회의가 들기는 마찬가지이다. 격변의 근현대사 속에서 고뇌한 작가들의 반만큼이나마 따라갔으면 하는 생각이 '지금 이곳'의 삶을 더욱 부산하게 만든다. 문학 연구라는 미명 아래 작가들이 남긴 발자취를 이리저리 찾아 헤매다 보니 찾을 수 없는 자료들에 대한 안타까움의 정만 더할 뿐이다.

최근 몇 년 동안 공간, 매체, 정전 등의 문제에 관심을 기울여 왔다. 이것은 한국 현대문학사에서 텍스트의 생산과 전파(傳播)라는 중요 영역과 맞물리는 항목이라 할 수 있다. 신문, 잡지, 단행본 등의 출판 매체들은 근대에 접어들면서 각 시기 공론장을 이끌어가는 핵심 요소로 기능하였다. 한국 현대문학은 출판 매체를 통해서 비로소 뚜렷한 문학의 장(場)을 형성할 수 있었다. 중요 문학 작품들이 대부분 출판 매체에 실렸으며, 그러한 매체를 통해 근 · 현대문학이 정착되어 나갔던 것이다. 이러한 매체에 실린 작품들은 그것이 생산된 시대 및 작가의 특성을 반영함과 동시에 매체를 기획한 편집자의 의도 또한 담고 있다. 그러므로 근·현대문학을 제대로 조망하기 위해서는 작품이 실린 신문, 잡지, 동인지나 각종 문학 단행본에 대한 실증적 조사와 더불어 매체의 특성에 대한 연구가 제대로 이루어져야 한다. 작품에 대한 자세한 분석 못지않게 그것이 놓여 있는 자리의 탐색이 요구되는 것도 이 때문이다. 문학작품 내지 문학작품을 둘러싼 담론들은 매체란 제도를 통해 다음 세대에 전수되어 가치 있는 것으로 자리 잡게 된다. 문학연구에서 정전(正典)의 문제가 부각되는 것도 이 때문이다. 흔히 한 문화권 내에서 보존될 만한 가치가 있는 작품의 판본 또는 목록으로 정의되는 정전은 문학을 향유하고 가르치는 문학교육 현장에서 더욱 중요시된다. 한때 불황의 늪에 빠져 있던 문학전집 시장이 활성화되기 시작하면서 문학 정전에 대한 관심 또한 어느 때보다 높아지고 있다. 앞으로, 활발한 텍스트 가치평가 활동을 통해 기존 정전의 해체와 재구성이 지속적으로 이루어져야 하겠다.

이 책에 실린 글은 매체와 정전에 관련된 글이 대부분이다. 매체와 정전이라는 큰 줄기로 일제강점기, 해방기, 한국전쟁기의 문학을 엮어보려 하였지만 이 틀에 적합하지 않은 글들도 더러 보인다. 그렇지만 이러한 글들도 매체와 정전이라는 문제의식의 공유 속에서 이루어졌음을 확인할 수 있다. 다만 지금 이 순간 문학이란 공간 속에 매체와 정전의 문제를 좀 더 깁고 다듬어 생산적 논의의 장으로 이끌어 가지 못한 것이 아쉽게 느껴진다.

이 책은 크게 네 부분으로 나누어져 있다. 1부에서는 매체에 실린 문학공간의 양상과 그 의미를 따져보고자 하였다. 일제강점기에서 해방기로 넘어가는 시기에 활동한 작가 중 백기만, 이용악, 이호우를 중심으로 그들의 작품이 실린 매체의 속성과 작품의 특성, 공간과 장소의 문제를 조명해 보고자 하였다. 2부는 해방기와 한국전쟁기에 발간된 문학 매체를 실증적 작업을 통해 조명해 보고, 그 위상을 점검하고자 하였다. 이 시기가 격변기라서 자료의 확보가 쉽지 않았지만 대표적인 문학 매체를 중심으로 그러한 매체가 어떻게 기획되고 구성되었는지를 살펴보았다. 해방기나 한국전쟁기의 주된 문학 담론들이 격변의 근현대사 속에서 어떻게 생산되고 성립되어 나갔는지를 해방기의 시문학 매체들과 한국전쟁기의 전선문학 매체를 통해 규명해 내고자 하였다. 이러한 연구를 수행하면서 인멸된 자료를 찾고 정리하는 실증적 작업이 중요함을 새삼 깨달았다. 3부는 문학교육 현장의 주된 매체인 국어교재의 구성양상과 정전화 과정의 문제를 다루었다. 정전의 문제는 문학연구든 문학교육 현장이든 대상의 확정 및 보급이란 차원에서 중요하다고 할 수 있다. 여기서는 각종 교재에 현대시가 정전으로 자리매김되는 과정과 그러한 작품들이 가지는 교육 목적과 효과를 동시에 살펴보고자 하였다. 4부는 정전 선택과 교수학습 방법의 문제가 별개의 것이 아니라는 인식 하에 구성되었다. 정전의 문제는 '무엇을' 가르치느냐의 문제를 넘어서 '어떻게' 가르치느냐는 교수학습 방법의 문제로 이어질 때 더욱 실효성을 가질 수 있을 것으로 생각된다. 보존할 만한 가치가 있는 현대시 작품을 어떻게 읽고 가르쳐야 학생들의 문학 능력을 향상시킬 수 있는가? 이것은 현대시 연구의 도정에서 궁극적으로 마주칠 수밖에 없는 화두이다. 교재라는 제한된 지면 속에 현대시 정전을 충분히 제시할 방법으로 필자는 상호텍스트성 전략을 주목하였다. 상호텍스트성 외에도 정전과 관련된 현대시 교수학습 방법에 대한 연구를 더욱 확장시켜 나가는 것이 앞으로의 남은 과제다.

출판계의 불황 속에서도 선뜻 이 책의 출간을 맡아준 소명출판의 박성모 사장님, 그리고 실무를 맡아 편집과 교정에 힘써 주신 편집부장님 이하 편집부 식구들에게 감사의 마음을 전한다. 정년퇴임을 맞아 강단을 떠나신 이주형 선생님과 윤영천 선생님, 두 분 선생님의 글을 통해 현대문학 연구가 현란한 수사학의 변주를 파헤치는 데 머무르지 않고 삶과 관련된 연구로 나아가야 함을 깨달았다. 부족한 이 책을 두 분 선생님께 바친다. 아울러 이 책을 쓰는 데 편의를 제공해 준 경북대학교에도 고마움을 표한다.

2011년 6월

| 차례 |

제2부 시문학 매체의 구성담론과 이념

제3부 현대시의 교재화와 정전

제4부 현대시 교수학습 방법과 정전

제1부

현대시의 공간과 매체

/ 1장 /

1920년대 시와 매개자적 통로

백기만론

1. 서론

근대시의 형성과정에는 문학 담론의 장(場)이 되었던 근대문학 매체와 그 매체를 통해 작품을 발표했던 새로운 시인들이 크게 기여를 하였다고 할 수 있다. 그런데 지금까지 『소년』, 『청춘』을 주도했던 최남선, 『태서문예신보』를 중심으로 활동한 김억, 황석우, 1920년대 초기 동인지 중 그 중심에 있던 『창조』, 『백조』, 『폐허』 등의 시인들에 대한 집중적인 관심과 조명에 비해 『금성』지의 시인들에 대한 평가는 상대적으로 미약하였다.[1] 그 결과 『금성』과 그것을 주도한 일부 시인들에 대한 평가는 다른 잡지, 시인들에 비해 과소평가된 감이 없지 않다. 『금성』을 주도했던 양주동이나 독특한 시세계를 구축했던 이장희

---

1) 『금성』지에 대한 연구로는 『한국 근대시사』 상(학연사, 1986)과 김춘식, 『미적 근대성과 동인지 문단』(소명출판, 2003) 등을 참고할 수 있다.

는 별개로 치더라도 이들과 같이 문학 활동을 했으면서도 문학사가들에게 유독 주목을 받지 못한 작가로 목우(牧牛) 백기만(白基萬)을 들 수 있다. 목우 백기만에 대한 연구는 지금까지 학계에서 깊이 있게 다루어지지 못했다. 백기만은 김용직에 의해 『금성』지의 '군소(群少) 금성파'[2]로 언급된 이후 이기철,[3] 김두한,[4] 손진은,[5] 조두섭[6] 등에 의해 연구가 진행되었다. 이기철은 백기만 연구의 기초적 자료 조사 및 그것에 대한 접근을 처음으로 하였으며, 김두한은 『백기만 전집』을 엮는 수고를 하였다. 손진은은 백웅(白熊)의 이미지를 중심으로 그의 시 세계를 분석하였으며, 조두섭은 아나키즘적 열정과 유토피아 지향의식을 그의 시의 주요 원리로 보았다. 이들의 연구를 통해서 백기만 문학의 터 잡기가 시작되었다고 할 수 있으나 그의 매개자적 역할과 미디어, 그리고 그것과 시 작품 간의 관계 등에 대한 연구는 아직 이루어지지 못하였다. 본고는 이들 선행 연구를 바탕으로 1920년대 백기만의 문학 활동 전반(全般)을 검토하는데 그 초점을 둔다. 여기서 문학 활동이란 시 작품 창작 활동만을 뜻하지는 않는다. 이는 곧 1920년대 문학의 장(場)을 형성하던 토대에 대한 접근을 의미한다. 백기만의 경우 작품창작자로서의 접근 못지 않게 출판 미디어 생산자로서의 역할 조명이 동시에 필요한 것도 이 때문이다. 백기만의 문학적 재조명은 주로 출판 기획 내지 편집자로서의 그의 역할과 이어지는 것이며, 이러한 그의 활동이 근대시의 형성과정과 어떤 관련을 가지는가에 대한 의문 해명과 연계되는 것이다.

백기만은 양주동과 함께 『금성』지를 주도했고, 근대시 최초의 시인

2) 김용직, 『한국 근대시사』, 새문사, 1983, 300쪽.
3) 이기철, 「백기만 연구」, 『작가 연구의 실천』, 영남대 출판부, 1986.
4) 김두한, 「백기만의 시관과 시세계」, 『백기만 전집』, 대일, 1998.
5) 손진은, 「백웅(白熊), 그 생명과 환희의 세계」, 『백기만 전집』, 대일, 1998.
6) 조두섭, 「유토피아의 시학」, 『대구 · 경북 근대문인 연구』, 태학사, 1999.

선집인 『조선시인선집』을 편찬했다. 그의 시 창작 활동은 1923년부터 1928년까지 지속되었으나 1929년 이후부터 그는 더 이상 창작시를 발표하지 않았다. 1929년 이후부터 백기만의 문학 활동은 사실상 정체 상태에 머무르게 되는데, 이러한 사실이 백기만에 대한 문학사적 저평가 문제와 관련이 있을 것이란 생각을 해볼 수 있다. 그러나 동시대에 작품 활동을 했고 비슷한 시기에 시 창작을 멈춘 이장희나 이상화에 비해 백기만이 상대적으로 저평가된 원인을 설명하는데 시기의 문제가 주된 이유가 되지 못함은 명확하다. 백기만과 같이 『금성』 동인으로 시작 활동을 하다 요절한 이장희와 1920년대 『백조』 동인으로 출발하여 20년대 중반 '계급 이데올로기를 선택'하면서 '시 장르를 포기'[7]한 이상화의 경우와 백기만이 다른 이유는 무엇인가? 백기만의 문학사적 저평가 문제는 어디에 연유하고 있는가? 좀더 다른 차원에서 백기만의 문학을 바라볼 수는 없는가? 백기만이 쓴 창작시가 서정장르의 양식상 본질에는 다소 못 미친다 하더라도 백기만 문학은 1920년대의 문학제도, 유통방식의 차원에서 새롭게 해석될 여지가 있다. 우선 그가 남긴 작품의 성격 검토와 더불어 그가 그 당시 문학제도 내지 토대 구축에 어떤 기여를 하였는가 하는 점을 주목해 볼 필요가 있다.

본고는 출판 미디어를 중심으로 그의 문학 활동을 근대문학으로 가는 매개자적 통로의 차원에서 접근하고자 한다. 매개자로서의 그의 역할은 편집자로서의 출판미디어 기획, 그것에의 작품 발표, 통로로서의 인적 매개 등으로 확산된다. 이러한 시각은 출판 미디어를 통한 그의 역할과 활동을 부각시켜 줄 것이며, 그의 시 또한 습작기적 작품으로 평가절하하기보다 근대시 형성을 위한 과정적 존재로서 바라볼

7) 김윤식, 「서정 양식 선택의 조건」, 『한국 근대문학양식론고』, 아세아문화사, 1980, 61쪽.

근거를 마련해 준다. 그가 출판 기획자로서의 끈을 평생 동안 놓지 않았던 사실을 염두에 둔다면 백기만의 문학적 평가는 출판 미디어를 중심으로 한 그의 문학 활동과 시 창작 활동을 어떻게 연계시키느냐 하는 점에 있다고 할 수 있다. 이 세상 모든 사물은 따로 독립하여 존재하지 않고 타자와의 관계 속에서 존재한다. 본고는 이러한 관점에서 1920년대 문단에서의 백기만의 매개자적 역할과 출판 미디어 기획자로서의 실상, 또 미디어적 경험이 그의 작품에 미친 영향 등을 살펴보는데 그 중점을 두고자 한다.

2. 매개자의 역할과 『거화』, 『금성』

1920년대 초창기 한국 문단의 형성과정을 살펴보려고 할 때 대구지역에서 발간된 동인작문집 『거화(炬火)』를 주목할 필요가 있다. 『거화』는 현재 실물이 남아 있지 않다. 우선 「거화」에 대한 백기만의 다음과 같은 언급을 통해 그 실상을 점검해 보기로 하자.

> 그(빙허－필자 주)는 1900년 8월 1일생인데 1917년 그가 상해에서 돌아왔을 때 처음으로 알게 되었고 서로 뜻이 맞아서 곧 친밀해졌으며, 그와 상화와 상백과 나와 네 사람이 작문집 『거화』를 시험해 본 것도 그 해 일이다.[8)]

8) 백기만, 「빙허의 생애」, 『문학계』 1집, 경북문학협회, 1958.3, 84쪽.

이상의 백기만의 회고를 통해 볼 때 『거화』에 참가했던 인물은 이상화, 백기만, 이상백, 현진건 등이다. 『거화』는 1917년에 대구 출신의 문학청년들끼리 모여 만든 습작 작품집으로 추정된다. 그러나 이것이 습작 작품집이긴 하나 이들의 문학적 출발점임을 염두에 둔다면 그냥 넘어갈 일이 아니다. 왜냐하면 『거화』에 참가했던 인물들이 1920년대 동인지 문단의 중심 인물로 성장하였기 때문이다.

『거화』란 제목이 예사롭지 않다. '거화'란 무엇인가? 횃불을 나타내는 '거화'란 제목은 이 동인 작품집이 나아가야 할 방향성을 상징하고 있다고 할 수 있다. 타오르는 횃불은 곧 대구를 중심으로 모여든 젊은 청년들의 문예와 사회에 대한 열정과 방향성을 나타낸다 하겠다. 『거화』의 분위기나 성격을 추정해 볼 수 있는 자료는 지금 거의 남아 있지 않다. 그러나 백기만이 이후 같은 제목의 시 「거화」를 『금성』 2호에 남겨 놓고 있음을 볼 때 그가 동인 작품집 『거화』에 가진 애정이 유달리 깊었음을 알 수 있다. 또한 『거화』를 통해 다져졌던 이상화와 백기만의 교유(交遊)가 이후 대구 3·1만세운동의 시발점이 되었다는 점은 시사하는 바가 크다.[9] 백기만은 1919년 대구 3·1만세운동의 대구고보 주모자로 일제에 의해 검거, 투옥된다.[10] 결국 『거화』는 백기만, 이상화 등 대구 청년들의 문예활동 내지 사회운동의 출발점이 된 매체임을 알 수 있다.

---

9) 백기만의 「상화와 고월의 회상」(백기만 편, 『상화와 고월』, 청구출판사, 1951)에 의하면 이상화와 백기만의 대구 3·1만세운동의 참여 과정이 비교적 소상하게 기술되어 있다.

10) 백기만은 대구 학생 3·1만세운동의 주모자로 검거되어 1심에서 징역 1년을 언도받고 복역 중, 1919년 5월 31일 대구 복심 법원에서 3년 집행유예로 출감한다. 백기만은 이처럼 학생시절부터 의협심이 강하여 대구고보, 계성학교, 신명여학교가 중심이 된 대구 3·1만세운동의 중심 인물이었다. 백기만의 3·1만세 시위 주동은 그의 열혈 청년으로서의 기질과 『거화』를 통해 다져온 사회의식이 3·1운동을 기점으로 폭발한 것이라 할 수 있다. 경상북도 경찰부가 편한 『고등경찰요사』(1934)에도 백기만을 중심으로 한 대구 학생 시위의 주모 인물들과 교사들의 이름이 기록되어 있는 것으로 보아 당시 만세 시위의 규모를 추정해 볼 수 있다.

1920년대에 접어들면서 이상화와 현진건은 『백조』 동인으로, 백기만과 이상백은 『금성』 동인으로 참가하면서 '거화' 그룹은 1920년대 초창기 동인지 문단의 형성에 그 일익을 담당한다. 1920년대 '화려한 낭만주의'를 열었던 『백조』에 이상화, 현진건이 참가하고, "시가(詩歌) 중심"[11] 잡지를 표방했던 『금성』에 백기만과 이상백이 참여함으로써 『거화』로부터 시작된 대구 · 경북 청년의 문예열은 큰 성과를 거두게 된다. 이처럼 『거화』를 중심으로 모여들었던 대구의 청년 문예 그룹은 1920년대 동인지 『백조』와 『금성』으로 분화하게 되는데, 이들의 분화는 사상적, 문화적 입장의 차이라기보다는 개인적 사정이 개입된 결과라 볼 수 있다. 이후 대구 또는 경성에서 백기만, 현진건, 이상화의 교유(交遊)가 지속적으로 계속되며, 백기만의 경성에서의 생활 또한 주로 현진건의 사랑채를 중심으로 이루어지고 있음은 볼 때[12] '거화' 그룹의 분화가 이들 사이의 특별한 입장 차이로 인한 것이라 보기는 어렵다. 백기만의 『금성』 동인 참가는 일본 와세다 대학 유학과 관계가 깊은 것으로 보인다. 일본 와세다(早稻田)대학에는 조선에서 유학온 청년인 양주동, 손진태, 유춘섭 등이 재학하고 있었다. 이러한 환경이 이들이 쉽게 의기투합할 수 있는 계기가 되었다고 할 수 있다. 『금성』지가 창간되기 이전에 『창조』, 『장미촌』, 『백조』, 『폐허』 등이

11) 『금성』지는 창간호부터 시 전문 동인지임을 표방하고 있다. 양주동의 편집 잡기(雜記)는 『금성』지의 이러한 성격을 잘 보여주고 있다. "그러므로 잡지는 격월간으로 하기로 결정하였습니다. 이것은 경제도 원인이 안 된 것이 아니지만, 동인 적은 것도 원인이었습니다. 몇 명 안 되는 사람이 어디 매달, 어지간한 자신이라도 있는 작품을 써낼 수가 있어야지요. 그리고 내용으로 말하면 문예일반으로 하자는 논의도 있었지만 몇 페이지 안 되는 잡지에 이것 저것 늘어놓는 것보다는 차라리 한 가지 길을 꾸준히 걷는 것이 낫겠다는 의미로, 시가(詩歌) 중심이라는 제한을 둔 것이올시다. 여기 대하여는 물론 동인들이 시가에 취(趣)를 많이 가진 것도 일인(一因)이 되겠지요. 시가 중심이니까, 시가 가사의 창작과 특히 외국 시인의 작품 소개와 역(譯), 기타 소품(隨筆, 想華) 및 시가에 관한 평론 같은 것을 포괄하게 되었습니다."(「육호잡기(六號雜記)」, 『금성』 창간호, 1923.11, 49쪽)

12) 백기만, 「빙허의 생애」, 앞의 책, 84~85쪽 참고.

이미 발간되어 1920년대 초창기 동인지 문단이 형성되는 와중에 있었기에 이들은 좀 더 다른 형식의 동인지를 만들고자 했다. 이것이 『금성』이 시 중심 잡지로 나아가게 되는 원인 중의 하나가 되었다고 할 수 있다. 『금성』지 발행의 경제적 문제를 해결한 인물은 주로 양주동과 유춘섭이지만[13] 『금성』 1호에서 3호까지의 동인 구성이나 편집 체제를 살펴볼 때 평양의 양주동과 대구의 백기만의 결합이 『금성』지의 위상을 결정짓는데 중요한 역할을 했다고 할 수 있다. 일본 동경의 와세다[早稻田]대학 불문과(양주동, 백기만, 유춘섭)와 영문과(손진태) 학생을 중심으로 시작된 『금성』은 백기만을 매개로 『금성』 3호에 대구 출신의 이상백(철학과), 이장희가 참가함으로써 동인이 6명으로 확대된다.[14] 고월 이장희는 『금성』 3호에 백기만의 추천[15]으로 『금성』 동인이 되었고, 실질적 편집인인 양주동과의 교분을 두텁게 하는 데도 백기만이라는 매개적 통로가 있었기에 가능하였다.[16] 이장희, 이상백 등의 『금성』 3호 동인 참가에 얽힌 백기만의 매개자적 역할을 다시 한 번 주목해 볼 필요가 있다. 이상백은 이상화의 아우로 이 당시 와세다 대학 철학과를 다니고 있었으며, 이미 대구고보 시절 백기만과 동인지 『거화』를 만든 인연이 있었다. 이 중 이장희는 유일하게 와세다 대학 출신이 아님에도 시 전문지를 자처했던 『금성』지의 '시인다운 시인'으로 자리잡았다. 이장희는 대구 부호(富戶)이자 중추원 참의였던 이병학의 아들이었지만 아버지와 뜻이 맞지 않아 곤궁한 생활을 하면서 감각적인 시를 쓰던 청년이었다. 이장희는 『금성』 3호에 「봄은 고양이로다」외 4편의 시를 싣고 있으며, 백기만이 편집에 관여한 『조선

13) 양주동, 『문주반생기』, 신태양사, 1960, 49쪽 및 김용직, 『한국 근대시사』 상, 학연사, 1986, 244~245쪽 참고.

14) 「동인소식」, 『금성』 3호, 1924.5, 90쪽 참고.

15) 백기만, 「상화와 고월의 회상」, 백기만 편, 앞의 책, 117쪽 참고.

16) 양주동, 「낙월애상(落月哀想)」, 백기만 편, 『상화와 고월』, 96~98쪽 참고.

시인선집』에 그의 대표작 5편을 싣는다. 이 모두 매개자적 통로로서의 백기만이 있었기에 가능한 일이었다. 백기만의 이장희에 대한 애정은 1929년 대구 조양회관(朝陽會館)에서 고월 이장희의 유고전람회 및 추도회 주선, 1951년 『상화와 고월』의 편집으로 이어진다.

백기만을 통로로 한 동향 시인 이장희와 이상백의 『금성』 동인 참가는 시 전문지를 내세우는 『금성』지의 위상을 높이는데 큰 역할을 하였다고 할 수 있다. 1920년대 근대시 형성에 기여한 동인지 『금성』에 대구 지역 시인들이 3명이나 가담하였다는 것, 이것은 백기만이란 매개적 통로를 통해서 이루어진 지역문학이 거둔 큰 성과였다. 이상화, 현진건이 참가한 『백조』지와 백기만이 주축이 된 『금성』지와의 연계성으로 인해 1920년대 동인지 문단은 한층 풍성해졌다고 할 수 있다. 백기만, 이상화, 현진건 등이 중심이 된 '거화' 그룹의 1920년대 시단 진출은 대구를 중심으로 한 지역 문단을 자극하고,[17] 1920년대의 조선 시단에 새로운 문학 풍토를 조성하는 원천이 되었다고 할 수 있다.

3. 출판 미디어와 『신지식』, 『조선시인선집』

백기만과 출판 미디어의 관계를 살펴보고자 할 때 『신지식』과 『조

17) 『거화』 이후 대구 · 경북 지역의 출판 미디어로는 김승묵이 발간한 대구 · 경북 지역의 종합교양지였던 『여명』을 주목해 볼 필요가 있다. 『여명』은 1925년 7월 창간호가 나왔으며, 1925년 9월에 2호, 1926년 6월에 3호, 1927년 1월에 4호가 나왔다. 창간호에 현진건의 「향토문학을 일으키자」외 수필 10편, 시 7편, 소설 3편을 싣고 있다. 『여명』에 대해서는 박태일, 「'여명문예선집' 연구」, 『어문론총』 43호, 한국문학언어학회, 2005.12 참고.

선시인선집』은 또 다른 주목의 대상이다. 1923년부터 백기만은 조선통신중학관에서 "강의록을 편찬"[18]하고 있었다. 이 당시 산출된 결과물이 『신지식』과 『조선시인선집』이다.

『신지식』과 『조선시인선집』은 조선통신중학관이 만들고 기획해 낸 출판 미디어이다. 이들 잡지의 실제 편집인은 백기만이라 할 수 있다. 백기만은 『신지식』을 통해 근대지식 계몽의 틀을 짰고, 『조선시인선집』을 통해 1920년대 초 · 중기 근대시의 양상을 정리해 내고자 하였다. 이들 잡지나 시집에는 새로운 지식과 문학을 접하고자 하는 독자들의 욕망을 해결해 보려는 편집진의 의도가 숨어 있었다고 할 수 있다. 조선통신중학관은 출판 매체를 통한 '통신교육의 효시'[19]가 되는 기관으로, 『중학강의록』 제1호를 1921년 11월에 발간하였다.[20] 조선통신중학관은 '강의록'이란 출판 미디어를 통해 부족한 학교, 강습소를 대체하는 중학과정의 교육을 담당하는 기관이라 할 수 있다.

『신지식』은 1925년 1월 1일 창간된 조선통신중학관 기관 잡지이다. 이는 '강의록'이 아닌 잡지의 표제를 달고 있는 것으로 보아 '강의록'과 병행된 새로운 근대 지식 및 문예물 등의 흥밋거리 기사를 담아내고자 한 매체이다. 『신지식』 임시 창간호에 이광수의 「지식은 힘이라」라는 창간사가 실려 있는데, 이 창간사를 통해 『신지식』의 지향점 내

18) 백기만 편, 『상화와 고월』, 청구출판사, 1951, 115쪽.

19) 「통신교육의 효시, 조선통신중학관과 조선교육학회의 미거(美擧)」, 『동아일보』, 1921.7.26.

20) 『동아일보』, 1921.11.26자의 기사에서 『중학강의록』의 발간 의의를 다음과 같이 밝히고 있다. "수년 내로 발흥하는 교육열로 인하야 교육기관의 부족은 반도 산하에 일대 침통한 번민을 기(起)하게 되었다. 팔도에서 운집하는 수학(修學)의 사(士)는 로두에 방황하게 되고 약간의 강습소 등 보충의 기관이 유(有)하다 할지라도 학비의 관계로 입학수업을 부득(不得)하고 향촌에서 외로이 통음(痛吟)하는 학생제군을 위하야 금에 중학강의가 출간됨은 실로 아 교육계를 위하여 축하할 사(事)이로다. 이에 학비가 무(無)한 학도도 능히 재가(在家)하야서도 완전히 중등교육을 수(受)할 편의를 득하게 되얏으니 해(亥) 강의록은 현금 중등교육계의 지명(知名) 교육가의 집필로 된 것이니 냉연히 중등학교에 통학함과 같을지로다."

지 이 잡지의 성격을 살펴볼 수 있다.

> '지식은 힘이라'고 베큰이 말했다. 이 말을 한 후로 구라파에는 무서운 지식운동이 일어나서 드디어 금일의 지식의 세기를 현출(現出)하였다. 과연 금일은 지식의 세기다. 인류는 지식의 위력으로 자연을 정복하였고 인류 중에서도 지식이 많은 민족은 지식이 적은 민족을 정복하였다. 금일의 우승(優勝) 민족은 곧 지식의 우승이요 열패(劣敗) 민족은 곧 지식의 열패(劣敗)다. '지식은 힘이라'는 이상한 격언은 무섭게 실증이 되었다. 이 격언의 진의를 깨닫지 못하는 자는 망하고야 만다. 진실로 지식은 힘이다. 여러분이 이제 중학강의록에 취하여 자자(孜孜)히 공부하시는 것이 진실로 여러분 개인과 및 여러분의 조선을 위하야 지식을 구하려 함이니 여러분의 공부는 곧 여러분 개인의 생명이요 또 여러분의 조선의 생명이다. 이제 다시 본지 『신지식』을 발행하는 동기도 여기 있는 것이니 곧 강의의 정과(正科)를 공부하는 여가에 홍미 있고 실익 있는 각종의 신지식을 여러분에게 공급하려 함이다. 우리는 이 소잡지가 여러분 신지식을 갈구하는 이의 호사부(好師傅)가 되는 동시에 호반려(好伴侶)가 되기를 힘쓰고 또 그리 될 줄을 믿거니와 여러분께서도 본지를 각기 제것으로 애호하기를 바란다. '지식은 힘이라' 원컨대 여러분에게 신지식이 충만하고 여러분의 조선에 신지식이 충만할지어다.[21]

『신지식』은 "강의의 정과(正科)를 공부하는 여가"에 "홍미 있고 실익 있는 신지식"을 보급하는 통로 역할을 자처하고 있다. 이광수의 창간사 또한 지식의 힘을 강조하고 조선에서 신지식이 필요함을 주장하고 있다. 그러나 지식을 강조하는 이광수의 논조에는 우승열패(優勝劣敗)

21) 이광수, 「창간사-지식은 힘이라」, 『신지식』 창간임시호, 조선통신중학관, 1925.1, 2~3쪽.

의 논리가 직접적으로 드러나 있다. 그는 인류를 지식을 가진 자와 못 가진 자로 구분하고, 지식의 유무에 따라 우승열패(優勝劣敗)의 결과가 나타남을 역설한다. 결국 조선이 힘이 있기 위해서는 지식을 가져야 하며, 청소년들이 공부를 해야 한다는 지식 계몽론이 이 글의 핵심 논점인 셈이다. 힘 있는 강자가 되기 위해서는 지식이 필요하고 이를 위해서는 교육이 필수적이라는 것이다. 『중학강의록』과 병행되어 발간된 『신지식』은 비록 학교 제도를 통한 정규 교과과정의 수업교재는 아니지만 새로운 지식을 파급시키는 데에는 아주 유용한 매체였다. 이러한 매체에 실린 이광수의 주장은 신지식을 열망하는 청소년들에게 상당한 설득력을 갖게 된다. 그러나 근대 문명 내지 근대적 지식에 대한 이러한 시각은 새로운 지식으로 무장한 일제의 식민통치를 허용하게 되는 함정을 안고 있다.[22] 『신지식』의 실제 편집 구도는 중학강의록 형태의 지식 소개 매체였지만 이광수의 창간사와는 달리 다소의 진보적 색채를 드러냄으로써[23] 일제의 미디어 관리를 받게 된다. 『신지식』 곳곳에 일제 당국이 행한 검열의 흔적을 발견하는 것은 어렵지 않다. 검열로 인해 원고 전체가 『신지식』에 실리지 못하거나 원고 일부가 삭제된 경우도 있다. 이 책 3쪽에서 「'신지식' 창간을 축함」(북경 맹춘), 「조선청년에게 고함」(근민), 「경제계로 본 현하 조선인의 교육난」(조태연) 등 논문 3편이 검열 당국에 의해 삭제, 게재치 못함을 편집자는 박스 기사를 통해 밝히고 있다. 또한 조상연의 「지식은 인생의 무기」란 논설은 도중 21행이 삭제되어 실려 있다. 한편 『신지식』의 주

22) 이광수의 교육과 계몽사업의 성격에 대한 분석으로는 M. 로빈슨, 『일제하 문화적 민족주의』, 나남, 1990, 106~125쪽 참고.

23) 『신지식』 창간호에 실린 광고를 보면 개벽사, 시대일보사, 한성도서주식회사, 조선일보사, 동아일보사 대동신보사 등의 신문, 출판 매체들이 『신지식』의 창간을 축하하고 있다. 그 중에서 특히 사회주의 계열로 '조선3대 전투잡지'를 내세우고 있는 북풍회(北風會)의 『해방운동』, 북성회(北星會)의 『척후대』, 경성청년회의 『청년운동』이 『신지식』의 창간을 축하하고 있는 것이 눈에 띈다.

편집자인 백기만은 이 잡지의 필진에 『금성』의 동인인 손진태를 끌어들이고 있다. 그러나 그의 의도는 일제의 검열로 인해 제대로 관철되지 못하였다. 손진태의 글 앞에 실린 편집자의 말은 이 당시 『신지식』에 가해진 검열의 상황을 잘 보여주고 있다.

> 본 편은 삭제된 데가 엄청나게 많습니다. 필자가 힘들여 쓴 구절은 대개 다 삭제된 모양입니다. 그래서 지엽(枝葉)만 남은 이것을 게재하기가 필자에게 너무 미안하야서 그만 두랴다가 본 호에 감상문이 없어지는 것이 섭섭하고 또 남은 지엽(枝葉)만 하야도 오히려 우리가 읽어야 될 것이기에 게재하기로 하였습니다. 먼저 멀리서 원고를 보내주신 손진태 선생에게 용서를 빌고 다음에 독자 제씨의 양해를 바랍니다.[24)]

손진태의 수필인 「감상일속(感想一束)」은 편집자의 말처럼 곳곳에 검열로 인해 삭제된 흔적을 드러내 보인다. 1924년 4월에 탈고된 손진태의 이 글은 감상문에 불과하지만 당대 현실에 대한 뚜렷한 인식과 현실을 타개해 보려는 지식인의 모습을 보여주고 있다.[25)] 편집자로서 여러 검열을 의식했음인지 『신지식』 창간호에 백기만 자신의 주장을 담은 글은 싣지 않았다. 대신 조태연(趙台衍)의 「태서 위인들의 명담(名

24) 『신지식』 임시창간호, 조선통신중학관, 1925.1, 62쪽.

25) 검열에서 삭제되지 아니한 일부 구절을 인용해 보면 이 글의 전체적 논조를 추측해 볼 수 있다. "지금 우리 조선에서는 제법 점잖은 소리를 내고 있을 수가 없습니다. 우리는 무엇보다도 먹어야 되겠고 알어야 되겠습니다. 이러한 시대의 요구에 따라 요사히 일어나는 사상과 운동이 많습니다. 무슨 사상이든지 무슨 운동이든지 일어난다는 것은 좋은 현상이올시다. 침체(沈滯)와 겁나(怯懦)는 금물이올시다. 여학생 치마길이가 짧아지는 것도 좋으며 목도리가 멋 없이 길게 된 것도 좋습니다. 침체에는 진보가 없습니다. 움작이는 곳에 무슨 새 길을 발견할 수 있습니다. 처음에는 좀 방황할지라도 필경은 무슨 길을 찾아내고야 마는 것입니다. 죽어서 살지 맙시다. 움작여 봅시다. 그래서 우리들의 살아나갈 길을 찾아 봅시다. ……(7행 삭제)…… "(손진태, 「감상일속(感想一束)」, 『신지식』 임시 창간호, 조선통신중학관, 1925.1, 66쪽)

談)」과 더불어 그는 「태서 위인들의 일화(逸話)」를 싣고 있다. 이는 특별한 내용이 있는 것이 아니라 서양 위인들의 명언 내지 간략한 일화를 소개한 것이다. 또한 잡지의 여백에 로오렌쓰 여사의 동시 「론돈」을 번역하고 있기도 하다. 이는 잡지 편집자로서 역할, 즉 『신지식』의 취지에 맞게 흥미거리 기사를 제공하거나 지면의 여백을 메우기 위한 편집상의 고민을 해결하기 위한 것이라 할 수 있다. 수험잡지격인 『신지식』에도 총독부의 미디어 관리가 이루어지고 있음을 볼 때 일제의 검열은 이 당시 미디어 전체로 확대되고 있음을 알 수 있다.[26] 『신지식』의 경우 이 잡지의 독자층은 주로 새로운 지식에 목말라 하는 청소년층이다. 청년이야말로 조선통치를 위해 새롭게 관리해야 하는 주된 대상임을 총독부 검열당국이 명확히 인식하고 있었음을 보여준다. 『신지식』이 학생, 청소년을 대상으로 하고 있기에 비록 수험서에 가까운 잡지이지만 총독부 차원에서는 이들 잡지의 기획 및 관리에 참여하지 않을 수 없었던 것이다.

출판 미디어의 경우 편집자의 취향이나 편집 방침이 중요하다고 볼 때 『조선시인선집』(조선통신중학관, 1926)에는 편집자인 백기만의 취향이 드러나 있다고 보아야 한다. 『조선시인선집』은 1920년대 초기 시인들의 대표작을 묶어낸 최초의 근대시인선집이다. 이 시집의 구성 및 기획은 처음부터 백기만이 주도한 것으로 보인다. 특히 이 『조선시인선집』에 백기만이 동인으로 참가했던 『금성』 동인들의 작품이 모두 실렸다는 것은 그가 이 책의 편집에 직접 관여하였음을 보여 준다. 『금성』 동인들은 시 전문지를 펴낸다는 자부심은 있었으나 동인들 모두가 전문적 시인으로서의 자질과 위상을 갖추었다고 말하기는 어렵다.[27] 시인 28명[28]의 시가 수록된 최초의 근대시인선집인 『조선시인

26) 일제의 식민지 출판물의 검열 양상은 한기형, 「문화정치기 검열체제와 식민지 미디어」, 『대동문화연구』 51집, 성균관대 대동문화연구원, 2005.9 참고.

선집』에 양주동, 백기만, 유춘섭, 손진태, 이상백, 이장희 등 『금성』 동인 모두의 작품이 실렸다는 것은 『금성』과 『조선시인선집』을 매개하고 있는 백기만의 역할이 있었기에 가능한 일이었다. 백기만 자신 또한 이 시집에 그의 시 『산촌모경』, 『은행나무그늘』, 『청개고리』, 『고별』, 『실제(失題)』 등을 실었다. 이 당시 백기만은 『금성』, 『여명』, 『신민』, 『동아일보』, 『조선일보』 등을 통해 시를 발표하는 한편 여러 잡지 편집에 상당 부분 가담하고 있었다.

> 잡지를 편집하여 놓고 나니, 자신으로도 부족하다 생각할 만한 점이 많습니다. 원체로 시일이 촉급하였을 뿐더러, 동인 중 류군(류춘섭-필자 주)은 춘당(春堂)의 환력축(還曆祝)으로 귀향하고 손군(손진태-필자 주)은 동경으로 가고, 이런 일에 가장 경험없는 내(양주동-필자 주)가 일 바쁜 백군(백기만-필자주)과 어우러져, 이것 한 권을 만드노라니 참 불리어 말하면 불면불휴(不眠不休)의 꼴이었습니다.[29)]

양주동의 이 글은 조선통신중학관에 근무하면서 '강의록'을 편찬하는 한편, 동인지 『금성』의 편집까지 관여하고 있는 백기만의 모습을 잘 보여주고 있다. 이러한 경험은 백기만이 『신지식』, 『조선시인선집』 등의 편집을 통해 출판 미디어 발간자로서의 역량을 드러내 보이는데 큰 기여를 하게 한다. 『조선시인선집』의 판권란에 의하면 이 책의 편집 겸 발행인은 조선통신중학관 대표 조태연(趙台衍)으로 되어 있

27) 김용직, 『한국 현대시사』 상, 학연사, 1986, 240~303쪽 참고.
28) 『조선시인선집』에 실린 시인 28명은 김기진, 김정식(소월), 김동환, 김억, 김탄실, 김형원, 남궁벽, 조명희, 양주동, 노자영, 유춘섭, 이광수, 이상화, 이은상, 이일, 이장희, 박영희, 박종화, 박팔양, 백기만, 변영로, 손진태, 오상순, 오천석, 조운, 주요한, 홍사용, 황석우 등이다.
29) 양주동, 「편집을 마치고」, 『금성』 창간호, 1923.11, 49쪽.

다. 그러나 실제로 이 책의 편집과 실무를 맡은 것은 백기만이라 할 수 있다. 이 당시 백기만은 조선통신중학관에서 '강의록'을 편찬하는 실무 담당자였으며, 조선통신중학관 기관 잡지였던 『신지식』의 실질적 편집자였다고 할 수 있다.

일제강점기 백기만의 출판 미디어 기획자로서의 역할은 사실상 여기서 끝난다. 1929년부터 시인으로서의 백기만의 창작 활동도 더 이상 진행되지 않으며, 그의 글쓰기 또한 정체된다. 1929년 10월 대구 조양회관에서 '고월 이장희 유작 시화전' 및 추도회[30]를 연 이후 그의 시 창작자로서의 문학 활동은 더 이상 이루어지지 않았다고 할 수 있다. 1930년부터 일제 말까지 백기만이 쓴 글은 수필 「대구의 연혁, 명승, 고적」(『별건곤』, 1930.10)과 「문학풍토기－대구편」(『인문평론』, 1940.4)이 그 전부이다.

1929년 이후 시 창작은 하지 않았지만, 그의 출판 미디어 기획자로서의 역할은 해방 이후에도 계속 이어진다. 해방 직후 건국준비위원회 경북지부에 참가[31]하여 잠시 얼굴을 나타내기도 했던 그는 1950년부터 다시 출판 미디어를 기획한다. 이상정(李相定) 장군의 유고집인 『중국유기(中國遊記)』(1950)에 「곡조(哭弔) 이상정 장군」을 쓴다거나, 이상화와 이장희의 작품집인 『상화와 고월』(1951), 경북 작고 예술가 평전인 『씨뿌린 사람들』(1959) 등을 편찬한 것은 그러한 활동의 산물이다. 시 창작 활동은 하지 않았지만 문학 출판 미디어를 통한 백기만의 활동이 이처럼 계속되고 있음을 볼 때, 이것은 매개자로의 그의 삶이

30) 백기만은 고월 이장희의 유고전람회 및 추도회를 다음과 같이 회고하고 있다. "이곤희, 김준묵, 이근상, 김기상 등 여러 향우들과 설계하여 그해 10월에 대구 조양회관에서 3일간 유고전람회를 하였고 전람회의 끝날에 동 회장에서 추도회를 하였는데 추도회에는 그 부인이 가족석에서 울고 있었다는데 나는 알지 못하였다"(백기만, 「상화와 고월의 회상」, 백기만 편, 앞의 책, 136~137쪽)

31) 『대구시사』 제2권, 대구시사편찬위원회, 1995, 17쪽.

해방 이후에도 지속되고 있음을 보여주는 증좌라 할 것이다.

4. 출판 미디어에 실린 시와 그 의미

백기만은 1920년대 출판 미디어나 인(人)적 매개를 통해 근대적 지식 계몽의 틀을 짜고 근대시의 양상을 정리하고자 하였다. 그는 이러한 매개자적 역할에만 그친 것이 아니라 직접 출판 미디어에 그의 작품을 발표함으로써 미디어의 기능을 실험하였다. 이 당시 백기만이 자신의 작품을 실은 미디어는 『개벽』, 『금성』, 『신지식』, 『신민』, 『여명』, 『현대평론』, 『불교』, 『조선시인선집』, 『동아일보』, 『조선일보』 등이다. 백기만은 동인지, 잡지, 신문, 단행본 등 활용 가능한 모든 출판 미디어에 자신의 작품을 발표하였던 것이다. 1923년부터 1930년까지 그는 창작시, 번역시, 평론 등 다양한 영역에 걸쳐 왕성한 필력을 과시하였는데, 이 기간 동안 발표한 작품은 창작시 24편, 번역시 4편, 평론 2편, 수필 2편 등이다. 작품 발표 목록을 통해 볼 때 이 시기에 백기만은 창작시, 번역시, 수필, 평론 등 여러 장르에 걸친 문학적 실험을 하고 있음을 확인할 수 있다. 그러나 이러한 그의 문학적 실험은 장르에 대한 뚜렷한 인식을 하지 못한 채 "장르 미결정 상태"[32]에서 다양한 영역에 걸쳐 문학 활동을 하던 『백조』지의 초기 시인들과는 다소 차이를 보인다. 이 당시 백기만은 시와 시인에 대한 나름대로의 자긍심 같은 것을 간직하고 있었다. "시인은 씨뿌리는 사람이다. 그

32) 김윤식, 앞의 책, 38쪽.

씨는 봄을 부르고 봄이 오면 꽃이 피는 것이다. 모든 예술가는 마침내 시인으로 귀착한다"[33]는 발언이나 그가 「작품과 고인」의 서두에 쓴 글[34] 등은 모두 이러한 생각을 드러내는 자료들이다.

백기민이 1920년대에 발표한 창작시 또는 번역시는 『금성』 동인들이 갖고 있던 시에 대한 생각이 밑바탕이 되었으며, 또한 백기만의 출판 미디어적 경험이 그의 시 창작에 개입되어 있었다고 할 수 있다. 출판 미디어를 직접 구성하고 기획한 경험이 있는 백기만은 미디어의 속성을 누구보다 잘 알고 있었다. 잡지나 신문 등, 미디어에 가해지는 일제의 검열과 대구 3 · 1운동 시위 주모자로서 가졌던 그의 혁명가적 열정은 자칫 텍스트의 균열을 가져오기 쉬웠다. 그래서 그는 여러 가지 시적 전략을 구사하고 있었는데 그것을 구체화시켜 보면 다음과 같다.

첫째, 백기만은 대상에 대한 자신의 주관적 감정을 최대한 억제하여 전달하는 방식을 시험하게 된다. 『금성』 창간호에 실린 「청개고리」나 『여명』(1925.8)에 실린 「산촌모경」 등이 그러한 경우라 할 수 있다. 「청개고리」란 동시는 전해 오는 청개구리 이야기를 행 갈이와 연 구분만을 하여 다시 쓴 것이다. 청개구리 민담을 인유(引喩)하여 쓴 이

---

33) 백기만, 『씨뿌린 사람들』, 사조사, 1959, 5쪽.

34) 백기만은 미발표 유고 「작품과 고인」에서 다음과 같은 발언을 하고 있다. "시는 시인이라야 쓰는 것이다. 시인이 별 사람이 아니기는 하나 또한 범속한 인간과는 생활 태도가 다르다. 범속한 인간은 시속에 적응하여 물질적 이욕에 부침하는 일련의 인간이요, 시인은 인간의 올바른 길을 찾고 아름다운 세계를 만들려고 애쓰는 사람들이다. 그들은 탐욕과 불의와 추악을 증오하고 진 · 선 · 미를 탐구하는 족속들이다. 그들은 허위와 배신을 다반사로 하는 물욕 세계에는 합류하지 않는 때문에 무능한 낙오자로도 보이는 것이나 기실 도폐문상(道弊問喪)한 탁세(濁世)를 광정하는 회천(回天)의 대사업은 이 족속들의 노력을 거쳐 이루어지는 것이다. 시인은 뜻이 고결한 사람이다. 시언지(詩言志)라는 말이 있거니와 뜻이 비천하고는 시인이 되지 못한다. 시인이 생각이 순수하지 않으면 쓰지 못한다. 그러므로 시경(詩經) 3백편을 한 말로써 설명하면 '사무사(思無邪)'라고 할 것이다. 천 편의 시를 쓰고 시인이란 대우를 받지 못하는 자는 뜻이 고결하지 못하고 생각이 순수하지 못한 사람이기 때문이다." 백기만, 「작품과 고인－이상화에 관하여」, 『이상화전집－빼앗긴 들에도 봄은 오는가』(대구문인협회 편), 그루, 1998, 277~278쪽.

시는 독자들에게 청개구리 민담을 환기시켜 준다. 그러나 그 자신이 이야기를 변형시키거나 그것을 제재로 한 상상적 행위는 하지 않는다. "청개고리는장마때에운다, 장마때에슬프게운다, 장마때에목이아프도록운다"[35]란 첫 행에서 보듯이 "정조를 강화시키는 방향"[36]으로 시어를 배치하여 시적 리듬을 생성시키는 정도가 그가 한 역할이다. 물론 이 시가 동시란 표제를 달고 있는 것을 볼 때, 쉬운 내용의 전달이란 동시의 초보적 조건은 충족되었지만 서정시가 갖는 정서의 구축이나 정황이 빚어내는 느낌을 잘 드러내 보이지는 못하였다. 이러한 것이 자신의 감정을 쉽게 노출하지 않으려는 백기만의 미디어적 경험과 연계된다면 「산촌모경」의 경우도 마찬가지라 할 수 있겠다.

둘째, 백기만은 시적 화자 자신이 말하는 방식 외에 제3의 다른 인물이나 대상으로 하여금 말하게 한다는 것이다. 「저주의 눈」을 그 예로 들어볼 수 있다.

저주의눈!-
그눈은삼각또는사각진눈이다
그눈은피로한눈이다 그눈은핏발선눈이다
그눈은고기눈알같이빛깔없는눈이다

나는날마다서울의거리를거닐며
이사각눈의행렬이꾸물거림을본다

35) 백기만, 「청개고리」, 『금성』 창간호, 32쪽.
36) 손진은, 앞의 논문, 246쪽. 한편 백기만은 『조선시인선집』에서 "청개고리는 장마때에 운다, 장마때에 슬프게운다, 장마때에 목이터지도록운다"로 개작하는데, '아프도록'에서 '터지도록'으로 바꿈으로써 청개구리의 슬픔을 더욱 강화시키는 방향으로 시어를 교체하였다.

오— 가문여름에물없어갈라진논바닥같은조선!
오— 치운겨울날개천에버려진식은밥덩이같은조선!

사삭진저수의눈!
저주의사각눈이이렇게말한다—
고통의지옥삼중의쇠사슬에얽매인조선이
나를못살게한다정녕코못살게한다
인제는생명의환희도구할수없고
인생의영광도찾을수없구나
그러면오— 그러면최후의이빨을갈고
한줌남은피나마흘려나보고죽자[37)]

이 시는 식민지 조선의 현실을, 그 조선의 모습을 절실하게 그려보인 작품이라는 점에서 의의가 있다.[38)] 시적 화자가 주목하고 있는 대상은 "삼각또는사각진눈"이다. 사각눈은 "가문여름에물없어갈라진논바닥같은", "치운겨울날개천에버려진식은밥덩이같은" 조선에서 꾸물거리며 살아가는 군중의 행렬을 제유(提喩)한다. 이 눈은 "피로한눈"이며, "핏발선눈"이며, "빛깔없는눈"이다. "삼각또는사각진눈"은 이 당시 식민지 조선 군중의 피로한 삶의 모습을 표상한다. 그런데 이 시의 묘

37) 백기만, 「저주의 눈」, 『신민』 제6호, 1925.10, 126~127쪽.

38) 이 시는 그와 동시대에 발간된 현진건의 소설집 『조선의 얼골』(글벗집, 1926)을 연상시킨다. 대구 출신의 두 문인인 현진건과 백기만은 같은 시기에 답답하고 비참한 조선의 현실을 정확히 포착하였다. 백기만이 현진건, 이상화 등과 동인지 『거화』를 만들면서, 또 서울 현진건의 집에서 서로 교유하면서 갖게 된 사회의식이 이들의 작품을 탄생시킨 배경이 되었다고 할 수 있다. 다시 말하면 『거화』시절부터 보여지던 항일의식과 사회운동을 통해 배양된 사회의식이 이들의 작품 창작에 작용된 결과라 할 수 있다. 백기만이 1925년 「저주의 눈」을 썼고, 이상화가 1926년에 「빼앗긴 들에도 봄은 오는가」를 썼고, 현진건이 1926년 소설 「고향」이 실린 작품집 『조선의 얼골』을 펴냈다.

미는 그러한 눈이 말한다는데 있다. 화자는 말하고, 눈은 보는 것이 일반적인 순리이다. 그런데 여기서 시적 화자는 보고, "삼각또는사각진눈"은 말하고 있다. 이 시의 바탕에는 이러한 전도(顚倒)의 원리가 담겨져 있다. 그렇다면 왜 백기만은 이런 창작 방법을 사용하였을까? 시적 화자가 시적 대상에 대한 감정을 그냥 표출하든지, 아니면 일관되게 제3의 화자를 배역으로 설정하여 말하게 하는 일반적 방식을 취하지 않았을까? 백기만의 창작방법상의 고심의 모습을 「저주의 눈」을 통해 엿볼 수 있다. 「저주의 눈」에서는 미디어적 경험과 3·1운동 주모자로서의 혁명가적 열정 사이에서 고심하는 백기만의 고민과 균열의 모습을 발견할 수 있다. 3·1운동 주모자로서의 백기만은 "고통의지옥삼중의쇠사슬에얽매인조선"의 모습을 직접적으로 표출하고 싶었을 것이다. 그렇지만 미디어적 경험을 가진 백기만은 직접적 발언이 가지는 검열의 수위를 잘 알고 있었다. 출판 미디어 편집자로서 『신지식』 창간호(1925.1)에 가해진 검열의 궤적을 경험한 백기만으로서는 나름대로 일제의 검열을 피하는 방법을 모색하지 않을 수 없었다. 그래서 그는 시적 화자가 대상을 보고, 그 대상인 "사각진눈"이 말하는 방식을 채택한 것이다. 그런데 이 시의 말미에 '미정고(未定稿)'란 어구가 붙어 있는 것으로 보아 시인 나름대로 불만족스런 점이 있었던 작품임을 알 수 있다. 시 원고를 공적(公的)으로 인가된 출판 미디어인 『신민』에 실으면서까지 '미정고(未定稿)'란 어구를 붙인 것은 그의 의도가 작품 속에 제대로 구현되지 못하였음을 의미한다. 4연 1, 2행인 "사각진저주의눈! / 저주의사각눈이이렇게말한다"란 진술에서 "사각진저주의눈"이 "이렇게" 말하는 부분이 어디까지인지 애매모호한 것도 텍스트에 비친 균열의 모습이라 할 수 있다.

셋째, 대구 3·1운동 시위 주모자로서의 혁명가적 열정은 출판 미디어 편집자로서의 백기만의 현실안을 제치고 쉽게 밖으로 표출되는

데, 이런 경우 그는 나름대로의 시적 장치를 배려하고 있다. 『개벽』 33호(1923.3)에 실린 「가엾은 청춘」이나 『금성』 창간호(1923.11)에 실린 「꿈의 예찬」, 「내살님」, 「깃븜」 등은 꿈, 눈물, 서러움, 기쁨 등의 감정을 구체적 사물에 빗대어 드러내지 못하고, 시적 자아의 막연한 감정을 토로하거나 분출하는데 그치고 있다. 이는 1920년대 초기 시의 일반적 조류로 그 또한 이러한 분위기에서 크게 벗어나지 못하고 있다. 짧은 시행으로 끝나버린 「내살님」이나 「깃븜」 등에 비하면 그래도 「꿈의 예찬」이 비교적 시의 형태를 갖추고 있다. 그러나 「꿈의 예찬」도 1920년대 초기 시인들이 즐겨 사용하던 막연한 꿈에 대한 예찬이 주된 내용이며, 말줄임표와 느낌표의 잦은 사용, 반복적 시구의 나열 등으로 말미암아 시적 긴장이 약화되어 있다. 이런 부류의 시에서 길어지거나 서술투의 어구로 떨어지기 쉬운 것을 그래도 제어하는 것은 반복이나 시어의 교체 같은 시적 장치이다. 그는 "억말리 억말리 또억말리"나 "아, 허공! 허공! 무한대의 허공!"(「허공」) 등의 반복 어구나 "낫보다 낫다하는 밤님이와도 / 별들이 속삭이는 밤님이와도"(「내살님」)나 "바다를 그리는 것은 갈매기 / 당신을 그리는 것은 나의맘"(「갈매기」)이나 "바다에시시로폭풍우친다 / 내맘에시시로폭풍우친다 // 바다의폭풍우는돗배를부순다 / 내맘의폭풍우는희망을부순다 // 바다의폭풍우는저기압탓까닭에 / 내맘의폭풍우는생활고까닭에"(「폭풍우」)처럼 자수(字數)는 그대로 두고 시어만 교체하여 시적 운율의 효과를 살리고 있다. 『개벽』 33호에 게재된 「예술」은 백기만이 편한 『조선시인선집』에 실리면서 제목이 「실제(失題)」로 바뀌고, 3연과 4연이 삭제되었다. 삭제된 3~4연은 거의 설명적 진술에 가깝다. 이러한 이유 때문에 백기만은 『조선시인선집』에 이 시를 실으면서 운율적 리듬을 거의 살리지 못하고 있는 3~4연을 삭제한 것으로 보인다. 백기만은 1920년대 중반까지 시인들의 대표적 시를 모은 『조선시인선집』을 기획하면서 근대시의 형식에 대한 나름대로의 인식을 하게 된다. 이러한 미디어 편집자로서의 경험은 그의 시 「예술」의 형식에 대해 불만을 가지게 만들었을 것이다. 그래서 그는 「예술」을 제목도 「실제(失題)」로 고치고 작품 후반부 또한 삭제해버렸다고 할 수 있다. 출판 미디어 편집자로서의 그의 경험이 그의 시 개작에 관여한 경우로 볼 수 있다.

넷째, 현실 공간에 대한 강한 거부와 부정의 정신이 이상적 공간에 대한 갈망으로 나타난다는 점이다. 「고별(告別)」, 「거화(炬火)」, 「산촌모경(山村暮景)」 등에 나타난 유토피아적 공간에 대한 지향의식은 이들 시의 주된 경향인데, 이것이 그의 출판 미디어적 경험과 어떻게 상호작용하는지 살펴보기로 하자.

> 그대여!
> 나는 이땅을 떠나갑니다
> 멀리 멀리 三萬里나隔한저편에
> 北極이란 氷世界를 찾아갑니다.
>
> 거기는 꼴사나운 사람이업고
> 얼음으로 淨化된 끝없는曠野에
> 사랑스런 白熊이 떼를지어서
> 밤에나 낫에나 춤춘다해요.
>
> 그곳에 어름벽에 방을맨들고
> 빨가벗은 몸으로 살아가랴오
> 밤에는 등불업서 달돋아오고
> 외로울때 白熊과 춤추랍니다

오 그대여! 安寧히계서요!
이제는 아모래도 떠나랍니다
조그만 내가슴에 불이붙어서……
언제나 식을날이 찾아오려나!

만약에 나간뒤에 누가묻거든?
머리에는 어름빗의 수건을쓰고
손에는 피빗의 지팽이집고
머나먼 나라로 갔다고해요!
외로운 그림자를 사랑삼아서
울며 웃으며 비틀거리며……[39]

「고별」의 시적 화자가 지향하는 공간은 "꼴사나운 사람이 없고 / 얼음으로 정화(淨化)된 끝없는 광야에 사랑스런 백웅(白熊)이 떼를 지어 춤추"[40]는 그런 장소이다. 그곳에서 시적 화자는 때때로 '백웅'과 동일시되어 "외로울 때 백웅과"[41] 함께 춤추기를 원망(願望)한다. 이처럼 '백웅'은 시적 화자가 동일시하고 싶은 대상이며, '백웅'과의 동일시야말로 시적 화자가 갖고 있는 근원적 욕망이다. 자신이 곧 '백웅'이요, '백웅'이 곧 자신이 되는[42] 그런 장소를 그는 열망하고 있다. 이러한

39) 백기만, 「고별(告別)」, 『개벽』 33호, 1923.3, 20~21쪽.
40) 위의 시.
41) 위의 시.
42) 양주동의 다음과 같은 회고는 '백웅'이란 호를 쓰던 금성시대의 백기만의 모습을 잘 보여주고 있다. "백군은 대구산(大邱產), 그때 '백웅(白熊)'이라 호(號) 하였는데, 고수머리, 가무잡잡한 얼굴을 가진 단구(短軀)의 청년—야성적인 품이 '곰'을 연상케 하나, 극지(極地)의 백웅(白熊)은 아닌 '소흑웅(小黑熊)'. 그도 역시 시작(詩作)을 제법 한다 하며, '데카당' 취미에도 나와 동조(同調)라 한다."(양주동, 『문주반생기』, 신태양사, 1960, 49쪽)

'백웅'의 세계에 대한 강렬한 열망은 시적 화자가 몸담고 있는 현실이 그만큼 속되고 부정적인 현실임을 보여준다. 그러므로 "울며, 웃으며, 비틀거리며" 이 땅을 떠나가고 싶어하는 시적 화자의 심경을 통해 백기만은 현실에 대해 갖는 고뇌와 자조의 모습을 드러낸다. "삼만리나 격(隔)한 저 편"의 세계인 "북국의 빙세계(氷世界)"를 찾아 떠나는 시적 화자나 "꼴 사나운 사람"같은 거친 시어를 통해 백기만은 현실에 대한 반항적 정서를 드러내 보인다. 이러한 모습을 더욱 노골적으로 드러내 보이고 있는 것이 「거화(炬火)」이다.

모든 꼴사나운 놈들은 한주먹에 치우자
온갖 不平의 것들은 硫黃불에 사로자
너희들 傳統과 因襲에 얽히인 어리석은 羊아
헛도이 躊躇와 怯懦에서 盜鼠的 生活을 말자.

生이란 燃燒뿐이다 — 燃燒뿐이다
그럼으로 그의 記錄은 虛無한 煙氣
다만 漠然한 憧憬과 盲目的 執着으로
永遠의 不滿에서 끝없는 苦悶.

오너라, 감탕 속에 呻吟하는 젊은이들아
우리는 모든 것을 짓밟고 거러나가자
우리의 가슴에 타오르는 화톳불과도 같은
生命잛은 불꽃이 永劫으로 돌아가기 前에

불타는 가슴은 불타는 가슴을 부둥켜 안고
사랑하고 노래하며 춤추자꾸나

北國의 荒野 눈보라 치는 속에서 亂舞하는 白熊의 떼와도 같이
사랑하고 노래하며 춤추자꾸나
이곳에 情熱과 感激이 용솟음하고
이곳에 生命과 歡喜가 흐르느니라[43)]

「거화」에서 우선 볼 수 있는 것은 현실에 대한 반항적 정신과 불타오르는 열정이다. 이 작품에는 동인작품집 『거화』와 대구 3 · 1운동 주모자로서 가졌던 청년 백기만의 열정과 '반항'이 그대로 드러나 있다. 시적 화자가 벗어나고자 하는 '전통(傳統)과 인습(因襲)', '주저(躊躇)와 겁나(怯懦)'에 싸인 '도서적(盜鼠的) 생활'은 거부의 대상이다. 세계에 대한 이러한 반항적 태도는 시적 화자를 둘러싼 속된 세계의 부정으로 이어진다. "모든 꼴사나운 것들"이나 "온갖 불평의 것들"이란 시구는 강한 사회적 저항을 환기하는 기표로 해석해 볼 수 있다. 문제는 이러한 반항과 부정이 불타오르는 열정에 의해 촉발되며, 그것은 모든 것을 연소시키는 힘으로 작용한다는 것이다. 시적 화자는 모든 억압으로부터 해방되기를 열망하며, 젊은이들에게 그러한 것들을 짓밟고 나가자고 외친다. 여기서도 백기만은 "북국"과 "백웅(白熊)의 떼"로 상징되는 이상적 공간을 상정하고 있다. 4연에서 그려지고 있는 이 공간이야말로 백기만이 지향하는 유토피아의 세계이다. 「거화」의 시적 화자는 더 이상 몽환적 상태에 머무르고 있는 유약한 주체가 아니다. 여기서 시적 화자는 부정적이고 속악한 세계에 대해 반항하고, 이런 모든 것을 짓밟고 연소시켜, 새로운 것을 만들어내는 생성의 주체로 변모한다. 그는 더 이상 외적 강제와 규율에 의해 규정되는 존재가 아니다. 그는 타율적 강제와 억압으로부터 벗어나 자유와 해방을 갈구

43) 백기만, 「거화」, 『금성』 제2호, 1924.1, 22~23쪽.

한다. 이러한 갈망은 이상적 공간에 대한 강한 지향의식으로 뒷받침되며, 그의 시에서는 "백웅(白熊)"으로 표상되는 "북국"의 세계나 "평화"로운 "태고정(太古靜)이 흐르"는 "욕심도 없고 미움도 없고, 어제도 없고 내일도 없는"[44] 장소에 대한 지향으로 나타난다.

이러한 이상적 공간에 대한 강렬한 지향은 물론 현실에 대한 불만과 자조의식에서 나온다고 할 수 있다. 이상적 공간은 3·1운동 주모자로서 가졌던 항일의식과 다정다감한 그의 기질,[45] 곧 뜨거운 그의 열정이 부합되어 이루어낸 세계라 할 수 있다. 『금성』 2호의 「동인소식」 부분에 의하면 백기만은 이 당시 눈물과 열정과 혁명아의 기풍을 가진 청년임을 알 수 있다. '눈물'과 '꿈', '혁명아의 기풍'은 이 당시 백기만의 내면을 살펴볼 수 있는 중요 개념이다. '혁명아의 기풍'은 열정으로 대치될 수 있다. 백기만의 내면 풍경을 사로잡고 있는 눈물, 꿈, 열정은 그의 시의 주된 주제가 된다. 백기만은 청춘의 고뇌를 고통스러운 저항의 방식으로 드러내고자 한다. 그러나 그 저항은 객관적 현실에 근거를 둔 사회적 저항의 방식이 아니라 열정으로 가득찬 주관화된 저항의 모습을 띠고 있다. 주관화된 낭만이란 측면에서는 20년대 초기 감상적 시인들과 그는 같은 지점에 서 있었지만 각성된 자아와 열정을 기반으로 "고민"[46]하고, 기존의 틀에 대해 "반항"하고 "도전"[47]한다는 점에서 그들과 구분된다. 여기서 백기만의 출판 미디어

44) 백기만, 「산촌모경(山村暮景)」, 『조선시인선집』, 조선통신중학관, 1926, 222쪽.

45) 3·1운동 주모자로서 일제에 항거하던 청년 백기만이 가진 열정과 패기는 다음과 같은 글을 통해 쉽게 찾아볼 수 있다. "다정다감한 눈물을 가지고 일면으로 혁명아의 기풍이 많은 백기만군은 꿈을 한번 예찬한 뒤에 자호 왈 백홍록인데, 타는 속을 견디기 어렵든지, 요새는 때때로 재동 84번지의 숙소를 떠나서 설월(雪月)도 밝은 영등포 벌판에 호올로 소요하는 모양이다. 시색(詩索)이나 단단히 하는 줄 알았는데 원고 독촉을 빚 받듯 하여도 늘 지연만 되는 것을 보니, 아마 그렇지도 않은 모양. 그러면 아마 뜨거운 군의 가슴을 바람에 좀 쏘여 식히려 한 것인가"(「잡기 '동인소식' 부분」, 『금성』 2호, 1924.1, 112쪽)

46) 백기만, 「거화」, 『금성』제2호, 1924.1, 22쪽.

47) 백기만, 「만인(蠻人)의 도전(挑戰)」, 『개벽』 58호, 1925.4, 43쪽.

적 경험이 다시 한 번 발휘된다. 백기만은 출판 미디어를 기획하고 편집하면서 현실에 대한 불만을 표출하는 방법을 습득했다고 할 수 있다. 일제의 검열이 횡행하는 속에서 자신의 생각을 자유롭게 드러낼 수 있는 방편은 교묘한 문화정치를 역으로 이용하는 것이라 할 수 있다. 그는 그의 시에서 불평과 거부의 대상인 현실의 대척점으로 이상적 공간을 설정하고 그것을 향한 강한 유토피아 지향성을 보여주고 있다. 그래서 그는 '백웅'의 세계란 상징적 공간을 등장시키고 그것과 동일시되고자 하는 욕망을 드러내 보였던 것이다. 또한 그는 직접적으로 사회에 대한 저항적 발언을 하기보다 불만을 유발하는 모든 것을 부정함으로써 참된 것을 찾으려 하였다. 여기에 백기만의 예술에 대한 인정과 확신이 등장하는 것이다. 그의 "멍든 가슴"[48]에는 불만이 가득차 있으며, 그것은 "전통과 인습", "주저와 겁나(怯懦)"(「거화」)나 "도덕과 법률"(「예술」)에 대한 거부로 나타난다.

그는 '도덕'과 '법률' 같이 사람이 만든 것을 부정하고 예술이야말로 진실한 '미의 결정'이란 인식에 도달한다. 그래서 "예술은 사람의 참소리 – 사람의 참 소래는 예술이다"[49]라고 부르짖는다. "참 예술"을 내세우는 백기만의 예술에 대한 이러한 인식과정은 자아의 각성과 열정을 기반으로 한 것이었다고 할 수 있다. 이는 문학의 자율성을 인정하고자 하는 미적 근대성의 인식과정이기도 했다.

이처럼 백기만은 1920년대에 활용할 수 있는 모든 미디어에 그의 작품을 실었으며, 그것에 실린 작품을 통해 자신의 '고민'과 '반항'적 정서를 드러내었다. 백기만이 계속해서 미디어 기획자로서의 입장을 견지하고자 했을 때, 3 · 1운동 주모자로서의 그의 열정이 그것을 더 이상 용납하지 않게 된다. "생활사정과 사회사정으로 생계를 찾아 상

48) 위의 시.

49) 백기만, 「예술」, 『개벽』 58호, 22쪽.

업으로 광산으로 전전"[50]하였다고는 하나 그의 시 창작 중단은 이러한 측면과 연관이 있다고 할 수 있다.

5. 결론

백기만(白基萬)은 1920년대 '시가(詩歌) 중심' 잡지를 표방했던 『금성』지를 양주동과 함께 창간하고, 대구 문단을 중심으로 성장했던 일제강점기 한국문단에 씨를 뿌린 사람이다. 그러나 이런 백기만에 대한 기존의 문학사적 대우는 정당하지 못했다. 그래서 본고는 기존의 백기만 연구자들의 문학적 성과를 토대로 하되 그들이 관심을 보이지 않았던 1920년대 문학의 장(場)을 형성했던 동인 그룹 내지 출판 미디어의 기획과 편집활동에 주목하였다. 특히 『거화』에서 『금성』으로 분화해 간 그의 시의 역정과 지금까지 주목되지 않았던 『신지식』과 『조선시인선집』을 문학사에 편입시켜 백기만의 출판 미디어 활동을 점검하였다. 그 결과 '거화' 그룹 내지 대구의 지역 시인들이 1920년대의 중요 시인으로 성장해 가는데 있어 백기만의 매개자적 역할이 중요하게 부각되었다. 이장희, 이상백 등이 시인으로 자리매김할 수 있었던 것이나, 『금성』이나 『신지식』, 『조선시인선집』 등의 출판 미디어가 1920년대의 중요 미디어로 부각되는데 그의 매개자적 역할 및 출판 미디어 편집자로서의 역량이 중요했음을 확인할 수 있었다. 특히 백기만은 1923년 무렵부터 조선통신중학관에 근무하면서 『신지식』을

50) 백기만, 「문학풍토기」, 『인문평론』, 1940.4, 83쪽.

통해 근대지식 계몽의 틀을 짰고, 『조선시인선집』을 통하여 1920년대 근대시의 양상을 정리하였다. 다소의 저항적이고 진보적인 색채를 가지고 있던 백기만의 출판 미디어 기획은 일제의 검열에서 자유롭지 못한 결과를 초래하였다. 그 결과 검열의 흔적이 『신지식』 창간호 곳곳에 나타나고 있었다. 출판 미디어에 대한 애착과 관심은 그의 문학 활동의 실질적 영역이라 할 수 있었다.

백기만은 1920년대 출판 미디어나 인(人)적 매개를 통해 근대적 지식 계몽의 틀을 짜고 근대시의 양상을 정리하고자 하였다. 그는 매개자적 역할에만 그친 것이 아니라 직접 출판 미디어에 그의 작품을 발표함으로써 미디어의 기능을 실험하였다. 그는 1920년대에 활용할 수 있는 모든 미디어에 그의 작품을 실었으며, 그것에 실린 작품을 통해 자신의 '고민'과 '반항'적 정서를 드러내었다. 출판 미디어를 직접 기획한 경험을 가진 백기만은 일제의 검열, 독자의 흥미 유발, 지식 계몽 등의 과제를 안고 있는 그 당시 미디어의 속성을 누구보다 잘 알고 있었고 이러한 경험이 그의 미디어 기획 및 작품 창작에도 반영되었다고 할 수 있다. 잡지나 신문 등의 미디어에 가해지는 일제의 검열과 대구 3 · 1운동 주모자로서 가졌던 그의 혁명가적 열정은 자칫 텍스트의 균열을 가져오기 쉬웠는데, 그는 여러 가지 시적 전략을 구사함으로써 그것을 극복하고자 하였다. 대상에 대한 주관적 감정을 억제하기 위해 그는 객관적 대상을 주로 그리면서 시적 화자의 감정을 노출하지 않는 전략을 구사한다든지, 시적 화자 자신이 아닌 제3의 다른 대상으로 하여금 말하게 한다든지, 분출되는 열정이나 감정을 운율을 통해 조절한다든지, 불평과 거부의 대상인 현실에 대한 대척점으로 '백웅'의 세계 같은 상징적 공간을 설정하고 그것을 향한 강렬한 유토피아 지향성을 보여준다든지 하는 것 등은 그가 택한 구체적 시 쓰기의 방법이었다. 그는 직접적으로 사회에 대한 저항적 발언을 하기보다 작품 속에서 불만을 유발하는 모든 것을 부정함으로써 참된 것을 찾으려 하였다. 여기에 백기만의 예술에 대한 인정과 확신이 등장한다. 3 · 1운동 주모자로서 그의 가슴에는 불만과 열정이 가득 차 있었으며, 그것은 그가 몸담고 있는 현실에 대한 부정과 거부로 나타났다. 시인으로서의 백기만은 '도덕'과 '법률' 같은 사람이 만든 것을 부정하고 예술이야말로 진실한 '미의 결정'이란 인식에 도달하였다. 그래서 '예술은 사람의 참소리 – 사람의 참 소래는 예술이다'라고 부르짖었다. '참 예술'을 내세우는 백기만의 예술에 대한 이러한 인식과정은 자아의 각성과 열정을 기반으로 한 것이었다고 할 수 있다. 이는 문학의 자율성을 인정하고자 하는 미적 근대성의 인식과정이기도 했다. 그는 현실에 대한 고뇌와 저항의 몸짓으로 시를 쓰고 있었으며, 이러한 그의 시 쓰기는 1920년대의 출판 미디어 활동에 의해 뒷받침되고 있었다.

백기만은 그가 남긴 미발표 유고 「작품과 고인」에서 "시는 묵(墨)으로 쓰는 것이 아니라 피로 쓰는 것"[51]이라 진술한다. 날렵한 재주만으로 시를 쓰는 것은 '문사 시인'이 아니라 '문예 상인'이 하는 짓이며, 결국 자기를 속이고 세상을 속이는 것이라고 주장한다. 이처럼 백기만은 눈물과 꿈과 열정을 가지고, 그가 산 시대에 대해 '고민'하고 예술로 '반항'하였다. "피로 쓰는" 시야말로 그가 택한 글쓰기의 방식이었으나 이상적 공간을 향한 열정은 그를 문학 한 곳에만 머무르게 하지 않았다. 대구 지역 3 · 1운동 주모자로서 가졌던 혁명적 열정은 정치, 언론 활동으로 그를 끊임없이 내몰았지만 그와 평생 같이 했던 것은 문화 활동이었다고 할 수 있다. '고민'과 '반항'의 몸짓으로 표출되던 그의 열정은 그의 삶의 주된 동력이었으며, 그것은 그가 남긴 출판 미디어나 작품에 고스란히 남아 있다.

---

51) 김두한 편저, 『백기만전집』, 대일, 1998, 96쪽.

/ 2장 /

이용악 시의 공간적 특성

1. 서론

시간과 공간, 혹은 한 사회의 사람들이 '대략적으로' 공유하고 있는 시간과 공간 개념은, 그 사회의 구조는 물론, 그 안에서 살아가는 성원들의 사고와 행위, 아니 삶의 양식 전체를 이해하는데 중요한 조건을 이룬다고 할 수 있다.[1] 이처럼 시간과 공간은 인간의 삶을 이해하는 근본 요소이다. 특히 공간과 장소는 주체의 지각 경험과 밀접한 관련이 있다고 할 수 있다. 공간 속에서 주체가 가지는 의식이 공간의식이며, 이는 주체의 경험과 밀접한 관련성이 있다. 그런데 "경험적으로 공간의 의미는 종종 장소의 의미와 융합되며, 공간은 장소보다 추상적"이며, "무차별적인 공간에서 출발하여 우리가 공간을 더 잘 알게

1) 이진경, 『근대적 시 · 공간의 탄생』, 푸른숲, 1997, 28~29쪽.

되고 공간에 가치를 부여하게 됨에 따라 공간은 장소가 된다."[2] Yi-Fu Tuan은 공간과 장소는 서로를 필요로 하며 주로 공간을 움직임이 일어나는 곳으로, 장소는 정지, 멈춤과 관련이 있는 것으로 본다.[3]

한편 푸코가 강조하는 공간의 해방과 이를 위한 국지적 실천은 '장소정체성'의 회복을 의미한다고 할 수 있다. 공간은 모든 공동체 생활에서 근본이 되며, 모든 권력을 행사하는 데 바탕이 된다. 국지적 권력으로서의 장소정체성은 푸코에게는 중요한 이슈였다. 누구든지 개인화된 공간(신체, 방, 가정, 마을, 지역사회, 국가 등)을 점유하기 때문에 스스로를 개인화하는 실천방식으로 정체성이 형성된다고 하였다. 이러한 공간은 근대적 정치 권력의 형성과 더불어 감시와 억압의 공간으로 바뀌었으며, 국지적 실천은 이러한 장소와 정체성 사이의 투쟁이라는 것이다.[4] 본고에서 주목하고자 하는 "장소와 장소상실"[5] 또한 이런 장소정체성의 문제와 밀접한 관련이 있다고 할 수 있다. 장소정체성은 "도시나 경관의 물리적 외관에만 있는 것이 아니라, 그것을 보는 사람들의 경험 · 눈 · 마음 · 의도 속에도 존재하기 때문"[6]이라는 것을 명심할 필요가 있다. 장소가 상실된 시대에 진정한 장소감이나 정체성을 갖고자 노력하는 것은 당연한 일이다. 진정한 장소란 있는 그대로 느껴지고 이해되는 장소, 즉 다시 말하면 이 때의 장소는 개인과 공동체 모두에게 상징적이거나 기능적인 생활 중심지가 된다.[7] 훼손되지 않은 진정한 장소에서의 경험이나 장소 만들기는 어쩌면 인류가 영원히 해결할 수 없는, 그러나 지향해 나가야 하는 과제인지도 모른다.

---

2) Yi-Fu Tuan, 구동회 · 심승희 역, 『공간과 장소』, 대윤, 1999, 19쪽.

3) 위의 책, 19~20쪽.

4) 최병두, 「근대성 · 탈근대성과 공간인식의 변화」, 『근대적 공간의 한계』, 삼인, 2002, 24~ 27쪽 참고.

5) Edward Relph, 김덕현 외역, 『장소와 장소상실』, 논형, 2005.

6) 위의 책, 109쪽.

7) 위의 책, 239~240쪽 참고.

이처럼 공간이나 장소 문제는 철학자나 과학자들의 문제로만 국한되는 것이 아니다. 이것은 삶을 다루고 있는 모든 학문의 주된 논제라 할 수 있다. 문학 속에서의 공간이란 "문학이 현실세계와 유추적 관련을 맺는다는 점에서 그것이 실재하건 안 하건 작품 속에 나타나는 구체적 사물과 대상을 통해 드러나며", "이 때 공간에 대한 의식은 어떤 대상에 대한 의식이며 대상을 통해 주관의 지향성이 드러난다"[8]고 할 수 있다. 기억을 생생하게 하는 것은 시간이 아니다. 기억은 구체적인 지속을, 베르그송적인 뜻으로서의 지속을 새겨놓지 못한다. 우리들이 오래 머무름[滯在]에 의해 구체화된 지속의 아름다운 화석을 발견하는 것은 공간에 의해서, 공간 가운데서인 것이다. 추억은 잘 공간화되어 있으면 그만큼 더 단단히 뿌리박아, 변함없이 있게 되는 것이다.[9]

한국 현대시 연구에서도 시·공간론, 공간기호학, 공간현상학 등을 원용한 업적들이 많이 축적되어 가고 있는 실정이다. 시간에 비해서 공간에 대한 연구가 아직까지는 미흡한 편이지만 근·현대 시인들의 시 작품을 대상으로 삼고 있는 이 연구들[10]은 문학 내적 연구의 영역을 넓히는 데 많은 기여를 하고 있다. 이러한 공간이나 장소에 대한 연구들은 앞으로 문학주제학과 관련된 차원의 연구로 확대되어 나아갈 필요가 있다.

본고는 이러한 선행 연구에 힘입어 '장소'와 '장소상실'의 문제를 중심으로 이용악(李庸岳) 시의 공간적 특성을 살펴보고자 한다. 그런데

---

8) R. Magliola, *Phenomenology and Literature : An Introduction*, Purdue Univ. Press, 1977, p.4.(김은자, 『현대시의 공간과 구조』, 문학과비평사, 1988, 17쪽 재인용)

9) 가스통 바슐라르, 곽광수 역, 『공간의 시학』, 민음사, 1994, 121~122쪽.

10) 현대시의 공간에 대한 연구로 아래와 같은 업적을 들어볼 수 있다. 최동호, 「한용운의 시와 공간」, 『현대시의 정신사』, 열음사, 1985; 김현자, 『시와 상상력의 구조』, 문학과지성사, 1982; 김은자, 『현대시의 공간과 구조』, 문학과비평사, 1988; 한광구, 『목월시의 시간과 공간』, 시와시학사, 1991; 박태일, 『한국 근대시의 공간과 장소』, 소명출판, 1999; 이어령, 『공간의 기호학』, 민음사, 2000.

이용악 시에 대한 연구는 지금까지 두 가지 측면에서 다소 편향되어 있다고 할 수 있는데 하나는 작품 외적 담론에 입각한 작품 분석이요, 다른 하나는 일제강점기 시편에 대한 연구 편중이라 할 수 있다. 대부분의 논자들은 이용악의 1930년대 시를 주목하면서, 그를 1930년대 민족현실을 핍진하게 반영한 리얼리즘 작가로 주로 조명하였다.[11] 그런데 이들의 논의들은 주로 1930년대 후반 이용악 시의 성과를 주로 반영론적 관점으로만 다룸으로써 이용악 시의 전체적 면모 및 특성 파악에는 다소 미흡하였다고 할 수 있다. 앞으로 일제강점기 시를 해방 직후 이용악 시의 성취와 연계해 좀 더 주목할 필요가 있으며, 또한 이용악 시를 관통하는 장치나 공분모적 특성을 도출해 내는 작업이 지속적으로 이루어져야 할 것으로 생각된다.

한편 이용악 시의 특성으로 그의 시에 되풀이 되어 나타나는 고향을 주목한 논자로 윤영천,[12] 김종철,[13] 감태준,[14] 이명찬[15] 등이 있다. 그런데 이들의 논의는 고향과 서울을 이용악 시의 주된 이동 경로로 파악하면서 '서울 중심주의'가 갖는 이용악 시의 의미에 주로 초점을 맞추고 있다. 이용악 시에서 이향과 귀향의 논리에 대한 포착은 이용악 시를 해명하는데 있어 매우 중요한 단서라 할 수 있다. 이들의 논의는 윤영천의 '서울 지향주의', 김종철의 '서울 중심주의'에서 시작되어 감태준의 '이향과 귀향의 악순환', 이명찬의 '중심 만들기로서의 이향과 귀향'이라는 논리로 확대된다. 이들의 논의들은 반영론적 차원에

11) 이러한 측면에서 이용악 시를 분석한 대표적 논자는 윤영천(1988)과 최두석(1992)이라 할 수 있다. 윤영천은 해금 이후 이용악 연구의 서장을 연 논문 「민족시의 전진과 좌절」(『이용악시전집』, 창작과비평사, 1988)을 통해 우리 시사에서 이용악 시의 의미망을 추적했다.

12) 위의 논문.

13) 김종철, 「용악—민중시의 내면적 진실」, 『창작과비평』, 1988 가을.

14) 감태준, 「이용악 시 연구」, 한양대 박사논문, 1990.

15) 이명찬, 「1930년대 후반 한국시의 고향의식 연구」, 서울대 박사논문, 1999.

머무르고 있던 이용악 시 연구에 있어 이향과 귀향이라는 구체적 통로를 통해 이용악 시의 특성을 찾아내었다는데 그 의의가 있다고 할 수 있다. 그러나 이들의 논의들은 이향과 귀향이란 잣대를 통해 이용악 시 전개 과정의 동인(動因)을 선명히게 파악했다는 장점에도 불구하고 다소 작품 외적인 연역적 논리로 인한 작품 재단이란 한계를 가진다.

작자가 사용하는 시적 언술들은 시인의 욕망이 구체화되어 나타난 기표들이라 할 수 있다. 그래서 본고는 이용악 시에 자주 나타나는 기표인 '집'과 '고향', '거리', '방'의 이미지 등을 주목함으로써 그의 시적 공간의 특성을 밝혀보고자 한다. 창작 주체의 경험이 가장 잘 반영될 수 있는 것이 공간과 장소라 할 수 있다. 본고는 이러한 공간과 장소의 문제가 이용악 시의 경우에 어떻게 나타나는가를 살피는데 그 주목적을 둔다.

2. 이용악 시에 나타난 공간과 장소

1) **부재와 상실의 공간**–'집'과 '고향'

이용악 시의 주된 출발점은 '가족'이다. 그런데 가족이 거주하는 주된 공간이 '집'과 '고향'이라 할 수 있다. 다시 말하면 '집'과 '고향'은 동일한 기표가 달리 변주된 모습이라 볼 수 있다. 시인이 몸 담고 있는 장소로서의 '집'과 '고향'은 시인의 의식이 성장해 가는 근저가 되는 공간이다. "진정한 경험에서 집이란 그것이 주택이든 마을이든 지역이든 나라이든지 간에, 실존과 개인의 정체성의 중심으로, 거기서 외부 세계를 바라본다"[16]는 점에서 창작 주체가 세상을 읽는 중요한 통로라 할 수 있다. 이용악 시에서 가족이 거주하는 '집'과 '고향'이 환유하는 것은 공동체적 공간이다. 그런데 이러한 공동체적 공간은 파괴되고 훼손되어 있다. 이용악이 그려내는 훼손된 공간은 그의 비극적인 가족사와 밀접한 관련이 있다고 할 수 있다. 이용악의 개인적 가족사를 말해주는 몇몇 문건들이 남아 있다. 그와 동향이었던 시인 이수형(李秀馨)과 유정(柳呈)의 글을 살펴보기로 하자.

> 행인지 불행인지 젖먹이 때 우리는 방랑하는 아비 어미의 등곬에서 시달리며 무서운 국경 넘어 우라지오 바다며 아라사 벌판을 달리는 이즈보즈의 마차에 토로이카에 흔들리어서 갔던 일이며, 이윽고 모도다 홀어미의 손에서 자라올 때 그림 즐기던 용악의 형과 아구릿파랑 세네카랑 숱한 뎃쌍을 붙인 방에서 밤낮으로 얼굴을 맞대고 있었던 일이며, 날더러 깐디-를 그려달라고 해서 그것을 바람벽에 붙여 놓고 그 앞에서 침울한 표정을 해가며 글 쓰던 용악 소년의 얼굴이 지금도 눈에 선하다.[17]

> 그에겐 조용히 앉아서 글쓸 집이나 책상이 있을 수 없는 생활을 해왔던 것이다. 유학생활 4, 5년은 말이 '유학'이지 사실상 학비를 위한 노동으로 지샜으며, 귀국해서 광복 안팎 7, 8년은 취직 · 실직 · 낙향 · 피신으로 동가식 서가숙(東家食西家宿)하는 방랑생활이었던 것이다.[18]

위의 두 동향 시인의 진술을 통해 볼 때 이용악의 어린 시절의 삶은 한 곳에 정착되지 못한 방랑의 연속이었다. 이용악의 고향은 함북 경

16) Edward Relph, 앞의 책, 184쪽.
17) 이수형, 「용악과 용악의 예술에 대하여」, 『이용악집』, 동지사, 1949, 160쪽.
18) 유정, 「암울한 시대를 비춘 외로운 혼」, 『이용악시전집』, 창작과비평사, 1988, 188쪽.

성(鏡城)이다. 경성군은 동해에 인접한 군으로 함경북도의 중앙부에서 다소 시베리아와 인접한 두만강변과 가까운 곳에 위치해 있다. 원나라 멸망 이후 여진이 이 지역에 할거하기도 하였으며, 조선시대에는 북방 군사의 요지였다. 근대 이후에는 김동환(金東煥), 이효석(李孝石), 허이복(許利福), 김종한(金種漢), 함형수(咸亨洙), 김기림(金起林) 등 많은 문인들이 이곳 태생이거나 이들이 잠시 체재(滯在)한 장소이기도 하였다.[19] 그런데 위의 두 동향 시인의 진술은 이용악의 가족적 삶이 이루어졌던 장소가 꼭 함북 경성이라고 말하기 어렵다는 것을 보여준다. 고향이 "단순한 지형이나 장소가 아니고 개인의 인격 및 삶과 결부된 공간"[20]이라 했을 때 이용악 시에 나타나는 고향은 함북 경성(鏡城)이란 구체적 지명을 넘어선다고 볼 수 있다. 이러한 시각은 일종의 지명으로서의 고향이 아니라 메를리 퐁티(M. Merleau-Ponty)가 이야기하는 "삶이 이루어지는 공간"[21]으로서의 고향이라 할 수 있다. 이용악 시에 자주 호명(呼名)되는 고향은 주로 그의 가족적 삶 및 생계가 이루어졌던 두만강 국경 주변의 북쪽 공간을 지칭하고 있다고 보는 것이 오히려 타당할 것이다. 이러한 의식은 그의 시 「북쪽」에 잘 나타나 있다.

> 북쪽은 고향
> 그 북쪽은 女人이 팔려간 나라
> 머언 山脈에 바람이 얼어붙을 때
> 다시 풀릴 때
> 시름 많은 북쪽 하늘에
> 마음은 눈감을 줄 모르다[22]

---

19) 일제강점기 경성 출신의 문인들의 모습에 대해서는 유정, 앞의 글, 184~187쪽 참고.
20) 전광식, 『고향』, 문학과지성사, 1999, 27쪽.
21) 위의 책, 27쪽.
22) 이용악, 「북쪽」, 『분수령』, 동경 : 삼문사, 1937, 10~11쪽.

이용악이 그의 첫 시집인 『분수령』의 첫 면에 「북쪽」을 놓고 있는 것은 의미심장하다. 시 배열상 「북쪽」을 그의 첫 시집, 첫 면에 놓았다는 것은 그의 고향에 대한 특별한 의식을 드러낸 것이라 볼 수 있다. 더구나 그 고향이 편안하고 안온한 고향이 아닌 불모와 상실의 공간임을 눈여겨 볼 필요가 있다.[23] 물론 "북쪽은 고향"이라고 했을 때 일본 동경이나 남쪽의 어느 장소에서 시적 자아의 의식이 북쪽을 지향한 행위라고 할 수 있다. 불모와 상실의 공간인 북쪽 고향에 대한 시름과 안타까움이 이 시의 주된 정조가 된다. 특히 여기서 그가 경성이란 구체적 지명을 호명하고 있지 않다는 사실을 주목할 필요가 있다. 이는 '북쪽 고향'이 개인적 사사(私事)의 장소가 아닌 역사적 공동 운명체의 장소임을 보여준다. 짧은 6행으로 된 이 시는 두만강 건너편 북만주 지역으로의 민족 이동의 수난사까지 포괄하고 있어 시적 의미가 더욱 확대될 수 있는 여지를 남긴다. 물론 이러한 의미 확장이 가능하기 위해서는 2행 '그 북쪽'의 '그'에 대한 지시어의 해석 여부에 대한 논란이 문제가 된다. '그 북쪽'을 단순히 고향의 반복어로 보지 않고 '그'를 고향을 지칭하는 지시대명사로 보아[24] "고향의 북쪽"이라 해석하면 공간지리적 이동 양상을 독자들이 쉽게 연상할 수 있기 때문이다.

이용악 시에서 고향은 불모와 유랑의 장소로 인식된다. 이러한 원인은 아버지의 부재(不在)로부터 시작된다. 아버지의 부재는 곧 가난과 헐벗음이 가족적 삶의 일부가 되는 것임을 지칭한다. 「풀버렛소리 가득 차 있었다」, 「달 있는 제사」, 「다리 우에서」 등에서 그러한 모습

---

23) 일반적으로 고향의 속성을 말하자면 다음과 같이 정리될 수 있다. "고향은 집과 동떨어질 수 없고, 또 역(逆)으로도 그러하다. 집은 거주자들을 바람과 비로부터 지켜주고, 또 따뜻하게 하며, 고요와 휴식 중에 거하게 한다. 이러한 편안한 감정은 고향적 공간에서의 공동체에도 똑같이 적용된다는 것이다. 편안함과 보호가 있는 곳에 평화로움이 있는데, 그것은 동심의 세계가 갖는 가장 보편적이고 중요한 특성이다."(전광식, 앞의 책, 45쪽 참고)

24) 이명찬(2000); 유종호, 『다시 읽는 한국시인』(문학동네, 2002) 논의 참고.

을 잘 볼 수 있다. 이들 시의 시적 자아는 "애비 없이 자란 가난한 사내"[25]이지만 주로 성인의 눈으로 바라보는 회상에 잠긴 어린 화자라 할 수 있다.

> 우리집도 아니고
> 일가집도 아닌 집
> 고향은 더욱 아닌 곳에서
> 아버지의 寢床 없는 최후 最後의 밤은
> 풀버렛소리 가득차 있었다
>
> 露領을 다니면서까지
> 애써 자래운 아들과 딸에게
> 한마디 남겨두는 말도 없었고
> 아무을灣의 파선도
> 설룽한 니코리스크의 밤도 완전히 잊으셨다
> 목침을 반듯이 벤 채
>
> 다시 뜨시잖는 두 눈에
> 피지 못한 꿈의 꽃봉우리가 깔앉고
> 얼음장에 누우신 듯 손발은 식어갈 뿐
> 입술은 심장의 영원한 停止를 가르쳤다
> 때 느진 의원이 아모 말 없이 돌아간 뒤
> 이웃 늙은이 손으로
> 눈빛 미명은 고요히

25) 이용악, 「너는 피를 토하는 슬픈 동무였다」, 『이용악시전집』, 50쪽.

낯을 덮었다

우리는 머리맡에 엎디어
있는 대로의 울음을 다아 울었고
아버지의 寢床 없는 최후 最後의 밤은
풀버렛소리 가득차 있었다[26]

아버지의 최후의 모습을 그리고 있는 이 시는 이용악의 가족사를 집약해서 보여주고 있다. 특히 이 시에서 주목할 것은 아버지의 유랑의 삶에 대한 언급이다. 두만강 국경과 시베리아를 오가며 살아갈 수 밖에 없었던 아버지는 임종조차 고향에서 맞이하지 못할 정도로 곤궁하고 불우한 삶을 살았다. 바슐라르에 의하면 집은 인간에게 안정의 근거와 그 환상을 주는 이미지들의 집적체라고 한다.[27] 동시에 우리들의 몸과 마음을 평온 속에 잠기게 하는 평온함의 장소이다.[28] 그런데 아버지가 임종한 장소가 고향의 집이 아니라는 점은 주목을 요한다. 낯선 곳은 아버지의 몸과 영혼이 편안하게 누울 장소가 아니다. 시인은 "우리 집도 아니고 일가집도 아닌 고향은 더욱 아닌 곳"에서란 진술을 통해 그러한 장소의 모습을 응축해서 드러내 보인다.

더구나 함축적 시인은 객사(客死)한 아버지의 삶의 모습을 구체적으로 진술하지 않는다. 대신 아버지의 임종을 둘러싼 정황을 적절히 제시함으로써 독자들로 하여금 아버지의 유랑의 삶을 읽어내게 한다. 아버지의 비극적인 임종의 모습을 비교적 객관적으로 그려낼 수 있는 것도 이 때문이다. 특히 수미상관으로 되풀이 되는 풀벌레 소리는 가족의 슬

26) 이용악, 「풀버렛소리 가득 차 있었다」, 『분수령』, 19~21쪽.
27) 가스통 바슐라르, 곽광수 역, 『공간의 시학』, 민음사, 1994, 132쪽.
28) 위의 책, 158쪽.

픔을 자연물의 세계로 환치해버림으로써 가족 개인의 슬픔이 세계의 슬픔으로 확산된다. 그러나 그러한 가족의 울음이나 슬픔이 자연의 풀벌레 소리와 상호 조응함으로써 그 슬픔은 객관화되고 타자화된다. 이처럼 시적 자아는 아버지의 죽음에 대한 감정을 마구 분출하지 않는다. 아버지 최후의 모습을 담담히 전달, 제시하여 보이고 있는 것이다.

이용악 시 곳곳에 나타나고 있는 가족의 거주 공간인 '집'과 '고향'은 이처럼 부재와 상실의 기표로 시적 표면에 출몰한다. 아버지의 죽음은 그 이후 이용악 가족의 삶에 상당한 영향을 미쳤을 것으로 추정된다. 그것은 곤궁과 유랑의 삶의 지속을 의미하는 것이자 이용악에게 가족 공동체의 원형적 공간에 대한 집착을 더욱 강화시키는 기능을 하였을 것으로 보인다.[29] 그래서 가족의 모습은 그의 잠재적 기억 창고 속에 저장되어 시의 표면에 수시로 나타난다. 곤궁과 유랑 속에서 그나마 아버지는 온 집안의 희망이자 삶을 지탱하게 해주는 원천이었다. 아버지의 죽음이 가져온 상실감과 안타까움은 이후 이용악 시의 전개에 중요한 요소로 작용한다고 할 수 있다. 가족이나 그 거주 공간인 집의 모습을 그려보이고 있는 시로 「달있는 제사」, 「다리 우에서」 등이 있다. 「달 있는 제사」는 슬픔의 정서를 응축하여 보여주고 있는 작품이다.

> 달빛 밝고 머나먼 길 오시리
> 두 손 합쳐 세 번 절하면 돌아오시리
> 어머닌 우시어

29) 동향 시인 이수형은 북방 고향 주변의 비극적인 가족사를 좀 더 직접적으로 진술하고 있다. 「아라사 가까운 고향」은 이들의 비극적인 가족사가 개인 가족의 문제가 아니라 이 당시 북방 지역 가난한 민중들 대부분의 운명임을 드러내 보인다. "바다가 파랗게 내다 뵈이는 고향 아라사 가까운 해풍(海風)에 열기꽃이 빩개 피여난 모래밭엔 그렇게도 원통히 죽어간 애비들이 묻혀 있었다"는 이수형의 시구는 헐벗고 굶주린 유랑의 삶이 두만강 국경 주변에 거주하던 우리 민족의 전형적인 삶임을 드러내 보인 것이다.(이수형, 「아라사 가까운 고향」, 『신천지』 8권 7호, 1948.8)

밤내 우시어
하아얀 박꽃 속에 이슬이 두어 방울[30)]

여기서 시인은 어린이 화자를 동원해 아버지의 제삿날에 본 어머니의 모습을 그려내고 있다.[31)] 달밤에 행해지는 제사는 온 가족이 정결하게 어버지의 혼백을 맞이하는 의식(儀式)이다. 그러므로 이 의식은 정결하고도 순수한 기다림의 순간으로 고양된다. 이러한 순간은 어머니의 절하는 모습을 통해 극대화된다. 함축적 시인은 '오시리'의 반복을 통해 어머니의 간절한 모습을 형상화 해 보이는 한편, '우시어'의 반복을 통해 아버지의 부재로 인한 절실한 아픔을 드러내 보인다. 시인은 아버지의 부재로 인해 일어난 어려움을 장황하게 설명하지 않는다. 최대한 감정을 절제하고 있는 것이다. 5행의 응축된 시행만으로 어머니의 한스런 삶과 아픔을 잘 드러내 보여주고 있다. 특히 주목할 것은 흰 옷 입은 어머니의 정결한 모습과 눈물을 "하이얀 박꽃 속에" 맺힌 "이슬 두어 방울"과 관련시킨 마지막 행이다. 1, 2, 3, 4행에서 동사로 감정을 점층적으로 고조시키다가 마지막 행에서 고조된 감정을 명사로 끝맺게 함으로써 흩어진 감정을 응결짓는 효과를 얻는다. 이 효과로 인해 어린 아들의 눈으로 바라본 어머니의 한과 슬픔이 명징하게 드러나고 있는 것이다.

바람이 거센 밤이면
몇 번이고 꺼지는 네모난 장명등을

---

30) 이용악, 「달 있는 제사」, 『오랑캐꽃』, 아문각, 1947, 38~39쪽.

31) 감태준은 이 시를 화자가 돌아가신 어머니를 회상한다는 문맥으로 읽어낸다. 그래서 그 전후 문맥 때문에 '하이얀 박꽃' 자체의 사물성을 시각적으로 제시한다기보다는 화자의 슬픈 심정 공간이 투사되는, 투사적 등가물 또는 객관적 상관물로 이해된다고 한다. 감태준, 앞의 논문, 93쪽.

궤짝 밟고 서서 몇 번이고 새로 밝힐 때
누나는
별 많은 밤이 되려 무섭다고 했다

국수집 찾어가는 다리 우에서
문득 그리워지는
누나도 나도 어려선 국수집 아히

단오도 설도 아닌 풀버레 우는 가을철
단 하루
아버지의 제삿날만 일을 쉬고
어른처럼 곡을 했다[32]

위의 시 「다리 우에서」 또한 제삿날을 모티프로 하고 있지만 시적 대상은 어머니가 아니다. 작중 화자인 '나'와 '누나'가 대상이다. 이 시는 성인으로 성장한 화자가 어린 시절을 회상하는 형식을 취하고 있다. 성인 화자의 눈으로 아버지가 부재한 "국수집 아히"로서의 힘들고 곤궁한 과거를 회상한다. 곤궁하고 힘든 나날들은 추억의 공간 속에 있다. 바슐라르식으로 말하면 우리들이 체험한 시간(추억 속에 간직되어 있는 과거)은 공간과 분리될 수 없다는 것, 즉 우리들의 추억은 반드시 어떤 장소에 결부되어 있다고 할 수 있다.[33] "국수집"을 중심으로 자기가 경험한 장소 공간은 화자의 기억 속에 선명하게 유지되고 있다. 기억 속의 시간을 거슬러 올라가면 이곳은 상실과 결손의 장소이긴 하지만 성인이 되어서도 "문득 그리워지는" 유년의 공간으로 재생되

32) 이용악, 「다리 우에서」, 『오랑캐꽃』, 아문각, 1947, 42~43쪽.
33) 가스통 바슐라르, 앞의 책, 120쪽.

는 것이다.[34] 이러한 기억 속의 공간은 화자의 몽상 속에 이루어지는 것이기에 원형적 공간으로 변주되기도 한다.[35]

가족은 구성원들이 더불어 살아가는 공동체의 작은 단위이다. 남편과 아내, 부모와 자식이란 혈연관계로 맺어진 가족은 삶의 가장 기본적인 결속 단위라고 할 수 있다. 1930년대의 이용악 시 대부분은 가족간의 단단한 결속 관계가 해체되고 붕괴되는 모습을 그려내고 있다. 가족 공동체의 붕괴된 모습은 그의 시 속에 '장소 상실', 곧 '집'의 부재와 '고향'의 상실로 드러난다. 이용악 시에 있어서 고향은 편안히 돌아가 안주하고 싶은 장소로서의 고향이 아니다. 그의 고향은 "고통받는 삶과 역사의 시적 등가물로 치환"[36]되어 있는 것이다. 그러므로 고향은 시적 자아가 평온하게 안주할 수 있는 공간이 아닌 불모와 상실의 장소로 주로 나타난다.

> 나는 그리워서 모두 그리워
> 먼길을 돌아왔다만
> 버들방천에도 가고 싶지 않고
> 물방앗간도 보고 싶지 않고
> 고향아
> 가슴에 가로누운 가시덤불
> 돌아온 마음에 싸늘한 바람이 분다

---

34) 한편 최두석은 백석(白石) 시의 화자가 어린 아이라는 점을 주목하면서, 백석의 고향은 상실감의 대응물이라기보다는 자아와 현실의 갈등이 없는 '자기 충족적인 세계'를 그려낸다고 보았다. 백석 시는 어린이 화자 자신이 주인공이기 때문에 추억에 잠길 필요도 없고 고향상실감에 젖을 필요도 없다고 한다.(최두석, 「백석의 시세계와 창작방법」, 『우리 시대의 문학』 6집, 문학과지성사, 1987, 264쪽)

35) 「아이야 돌다리 위로 가자」에서는 훼손되기 직전의 고향의 모습을 복원해 놓고 있다.

36) 윤영천, 앞의 논문, 226~227쪽.

이 며츨을 미칠 듯이 살아온 내게
다시 너의 품을 떠날려는 내귀에
한마디 아까운 말도 속사기지 말어다오
내겐 한거름 앞이 보이지 않는
슬픔이 물결친다

하얀 것도 붉은 것도
너의 아들 가슴에 피진 못했다
고향아
꽃은 피지 못했다[37)]

이 시는 「고향아 꽃은 피지 못했다」의 일부분이다. 고향은 원형적 그리움의 장소이자 편안하게 쉬고 싶은 평온의 공간이다. 그러나 이러한 이상적 공간으로서의 고향은 더 이상 현실 속에 존재하지 않는다. 정지용의 「고향」을 연상시키는 이 시에서 시적 자아는 “고향아 꽃은 피지 못했다”라는 시구를 통해 그리워 돌아온 고향이건만 고향 어느 곳도 보고 싶지 않은 고향이라고 단호히 선언한다. 고향은 ‘가시덤불’과 ‘싸늘한 바람’만이 부는 황폐한 공간이다. 소망을 꽃 피울 수 없는 장소이기에 시적 자아의 가슴은 안타까움으로 가득 찬다. 그래서 돌아온 고향에서 시적 자아는 의욕을 상실하며, 허전함에 시달린다.

이처럼 이용악 시 곳곳에는 어린 시절의 가족 체험과 고향에서의 불안정한 삶이 투영되어 있다. 그의 시에서 가족이 거주하는 ‘집’과 ‘고향’은 상실과 불모의 공간으로 나타난다. 성인 화자의 기억 속에 재생되는 ‘집’은 항상 아버지가 부재하는 궁핍한 공간이며, ‘고향’은 곤궁

37) 이용악, 「고향아 꽃은 피지 못했다」, 『이용악시전집』, 68~69쪽.

과 유랑으로 점철된 불화(不和)의 장소이다. 이러한 고향의 이미지들은 어린 시절을 회상하는 화자의 기억 속에 투영된 유년 체험을 통해 현현(顯現)된다. 이러한 체험들은 가족과 그들이 거주하는 '집', 또는 좀 더 확장된 공간인 '고향'을 통해 이루어진다. "벗 없을 땐 / 집 한 칸 있었으면 덜이나 곤하겠는데"[38]라는 신체의 개인적 욕망이 자기 주변의 삶에 대한 수평적 시선의 이동을 통해 그 차원이 공동체적 차원으로 확장되어 나간다. 「낡은집」, 「오랑캐꽃」, 「전라도 가시내」 등에서 보여주는 불모와 상실의 공간에 대한 날카로운 포착은 이처럼 이용악 개인의 장소 내지 가족 체험과 밀접히 관련되는 것이라 할 수 있다.

2) 퇴행과 각성의 장소–'방'과 '거리'

이용악 시의 공간은 가족이 거주하는 '집', '고향' 등으로 다양하게 변주되지만 그것들은 대부분 시적 자아가 거주하는 공동체적 삶의 공간을 환유하는 기표라 할 수 있다. 이러한 기표들은 시적 자아가 '지금 · 이곳'[39]의 현실과 밀접한 관련을 맺게 되는 해방기로 넘어오면 주로 '거리'와 '방'으로 그 장소가 이동된다. '지금 · 이곳'은 시적 자아가 몸 담고 있는 현재의 시간과 공간을 말한다. 일제 말기와 해방기는 타자(일제, 미 · 소군정)의 억압이 극에 달한 시기였다. 우선 일제 말에 발표된 「길」이란 작품을 살펴보기로 하자.

『국민문학』(1942.3)에 발표된 「길」은 시적 공간이 '방'이란 절연(絶緣)의 공간으로 축소되어 있다. 이 시에 나타나는 '방'은 '고향'이 환기하는 상실과 유랑의 공동체적 공간이 아니다. 도리어 가족에의 정착 욕구가 강하게 투영된, 기대와 희망의 개인적 공간으로 제시되어 있어 주목된다.

---

38) 이용악, 「집」, 『오랑캐꽃』, 아문각, 1947, 21쪽.
39) 신남철, 『전환기의 이론』, 백양당, 1948, 46쪽.

여덟 구멍 피리며 앉으랑 꽃병
동구란 밥상이며 상을 덮은 흰 보재기
안해가 남기고 간 모든 것이 고냥 고대로
한때의 빛을 머금어 차라리 휘휘로운데
새벽마다 뉘우치며 깨는 것이 때론 외로워
술도 아닌 차도 아닌
뜨거운 백탕을 훌훌 마시며 차마 어질게 살아보리

안해가 우리의 첫애길 보듬고
먼 길 돌아오면
내사 고운 꿈 따라 횃불 밝힐까
이 조그마한 방에 푸르른 난초랑 옮겨놓고

나라에 지극히 복된 기별이 있어 찬란한 밤마다
숱한 별 우러러 어찌야 즐거운 백성이 아니리

꽃잎 헤칠사록 깊어만 지는 거울
호올로 차지하기엔 너무나 큰 거울을
언제나 똑바루 앞으로만 대하는 것은
나의 웃음 속에
우리 애기의 길이 틔어 있기에[40)]

"나라의 복된 기별"의 해독 여부를 둘러싸고 벌어지는 친일시 여부에 대한 논란[41)]은 접어두고 공간 인식의 문제를 통해 이 시를 다시 재

40) 이용악, 「길」, 『오랑캐꽃』, 아문각, 1947, 50~52쪽.
41) 박용찬, 「친일시의 양상과 자기 비판의 문제」, 『국어교육연구』 35집, 국어교육학회,

조명해 볼 필요가 있다. 「길」 또한 다른 시와 마찬가지로 가족 친연적(親緣的) 의식을 잘 드러내고 있다. 시적 자아는 '집'이 아닌 '방'을 통해 자신의 정회(情懷)를 노출시킨다. 시적 공간이 '방'으로 축소되었을 때 '고향'이나 '집'을 통해 환기되었던 공동체의식은 다시 개인적인 욕구 내지 소망으로 환원된다. 첫 애기를 기다리는 시적 자아의 마음은 방 안에 놓여진 잘 정돈된 물상(物像)만큼이나 정결하다. 시적 자아는 새벽마다 뉘우치며 잠을 깨는 외로운 존재이다. 하지만 그 외로움은 사회적, 역사적 공간에서 오는 것이라기보다는 가족 공간의 일시적 결손에 대한 아쉬움으로 인한 것이라 할 수 있다. 아기를 낳으러 친정에 간 아내와 새로 태어날 첫 아기를 기다리는 화자의 절실한 마음이 가져다 준 심리적 정황의 묘사가 이 시의 주된 정조이다. 첫 애기라는 새로운 가족구성원에 대한 기대는 이 시에 활력을 주고 있다. 그래서 이 시는 '횃불', '난초' 등이 주는 제재의 힘으로 인해 밝음의 정조로 가득 차 있다. 이는 거울 이미지와 연결되는 4연에서 더욱 구체성을 획득한다. 방 안에 놓여 있는 거울이란 구체적 물상을 통해 시적 주체의 마음가짐과 태도, 아기의 길이 동시에 연결되고 있는 것이다. 아내와 첫 애기, 그리고 그들이 안주할 '방'은 가족만이 꿈꿀 수 있는 평화롭고도 온전한 개인적 공간이다. 시적 자아 개인이 꿈꾸는 이상적 공간에 대한 원망(願望)은 '거울' 이미지를 통해 더욱 강화된다.

부재와 상실의 공간을 환기시키던 '집'과 '고향'이 「길」에서는 '방'으로 대체되면서 평화와 안온을 얻고 있다고 하겠다. 더구나 이러한 평화와 안온은 '거울'이란 제재의 사용과 밀접한 관련이 있다. '거울'은 현상적 자아의 자기 성찰 내지 반성의 도구로 사용된다. "어질게 살아"가겠다는 화자의 다짐은 곧 태어날 '애기의 길'과 연결된 것이기에

2003, 100~103쪽 참고.

진정성이 있다. 이용악 시의 경우 거울 이미지는 주로 '방'이란 공간과 더불어 사용된다. 「오월에의 노래」(『문학』 창간호, 1946.7)의 경우도 마찬가지이다. 이 시에서 '거울'은 방에 있는 소도구의 하나지만 방 안의 모습을 비춰주는 역할을 함으로써 방과 동격으로 격상된다. 이처럼 '거울' 또는 '방'을 통한 자기 삶의 각성은 낡은 자기에 대한 비판과 더불어 새로운 삶의 의지를 불러일으킨다. '집'과 '고향'이 일제강점기의 경우 사회, 역사적 개념으로 격상된다면 '방'은 개인적, 고립적 공간으로 축소된다. 그러나 '방'으로 축소된 시적 공간이 자기각성 내지 갱생의 매개체가 되는 것만은 아니다. 공간 축소와 더불어 그 공간은 개인적 회상의 장소로 변이되며 때로는 퇴행(regression)의 양상을 보여준다. "공적인 세계와 분리된 사적인 장소들은 물리적인 특성이나 아니면 우리에게 주는 특별한 의미 때문에 더욱 중요하다"[42]고 할 수 있다. 다음에 살펴볼 「그리움」은 그러한 모습을 잘 보여주고 있다.

> 눈이 오는가 북쪽엔
> 함박눈 쏟아져 내리는가
>
> 험한 벼랑을 굽이굽이 돌아 간
> 백무선 철ㅅ길 우에
> 느릿느릿 밤새어 달리는
> 화물차의 검은 지붕에
>
> 연달린 산과 산 사이
> 너를 남기고 온

42) Edward Relph, 앞의 책, 91쪽.

작은 마을에도 복된 눈 내리는가

잉크병 얼어드는 이러한 밤에
어쩌자고 잠을 깨어
그리운 것 참아 그리운 것

눈이 오는가 북쪽엔
함박눈 쏟아져 내리는가[43)]

「그리움」은 '지금 · 이곳'의 삶과 대척되는 '북쪽' 고향에 대한 지향의식을 드러내고 있는 작품이다. 시적 자아가 위치하고 있는 현재의 시 · 공간을 나타내고 있는 연은 4연이다. 4연을 통해서 시적 자아가 처한 현재적 상황을 짐작해 볼 수 있다. 시적 자아는 모두가 잠든 밤에 홀로 잠이 깨어 북쪽 고향에 대한 그리움에 시달린다. 더구나 '잉크병 얼어드는' 추위는 물리적 현상으로서의 추위 이외에 시적 자아를 둘러싸고 있는 정치적, 사회적 상황을 환기시키기도 한다. '잉크병'이란 문자행위를 가능하게 하는 도구로서 자유로운 문필이나 언론 활동을 환유(換喩)한다고 할 수 있다. 잉크병 얼어드는 추위는 지금 현재의 상황이 '결빙'의 공간임을 제시해 준다. 해방과 더불어 서울로 온 이용악은 조선문학가동맹에 가담하여 '무기'로서의 시론을 주장하며, 문학실천의 의의를 강조한다.[44)] 그러나 그의 싸움은 미군정의 강력한 탄압 아래 놓이면서 전망이 그리 밝지 않다. '거리'에서의 싸움은 당위에 의한 투쟁일 뿐이다. 비극적으로 전이되어가는 현실 앞에 모두와 절연된 공간인 '방' 안에서 시적 자아는 그리움에 시달리는 약한 존재일 뿐이다.

---

43) 이용악, 「그리움」, 『협동』 3호, 1947.1, 86쪽.
44) 박용찬, 『해방기 시의 현실인식과 논리』, 역락, 2004, 40~41쪽 참고.

그래서 시적 자아는 결빙의 공간인 '지금 이곳'에서 함박눈 내리는 북쪽 고향에 대한 회상에 시달리는 것이다. '함박눈'은 "이곳의 얼어듦과 대립"되는 것으로 지금 "이곳으로부터 확산되는 감정의 크기와 밀도를 드러낸 것"[45]이라는 한 논자의 분석도 있지만, 함박눈이 내리는 고향은 '지금 · 이곳'의 삶과 대조되는 원형적 삶의 공간으로 시적 자아의 그리움이 극대화된 장소이다. 여기서 시적 자아가 위치하고 있는 '방'을 주목해 볼 필요가 있다. '방'은 개인의 고립되고 은밀한 공간이다. 또한 그 '방'은 고향으로 가는 주요 회상의 통로이다. 시적 자아는 좁은 '방'에서 북쪽 고향 마을로 가는 길들의 주요 장면들을 구체적으로 재생시킨다. 그러나 고향 마을로 향하는 시적 자아의 그리움은 사회, 역사적 공간으로서의 고향이 아닌, 두고 온 개인적 추억의 장소로서의 고향 마을을 연상하는데 머무른다. 이 연상의 과정 속에 고향 마을로 가는 길의 장면들과 '복된 눈' 내리는 고향 마을과 그리운 '너'가 자리잡고 있는 것이다. 물리적인 공간이 가족이나 연인의 존재인 '너'를 통해 구체적 체험의 장소로 변이되고 있는 것이다. 장소에 대한 태도는 사람에 따라 다르게 나타나기 마련이다. 그것은 "모든 사람들이 그 장소에 대한 자신의 이미지에 색깔을 칠하고 독특한 정체성을 부여하는 개성 · 기억 · 감정 · 의도를 자기 나름의 방식대로 조합하기 때문"[46]이라고 할 수 있다. 이 시에서 두고 온 고향 마을과 가족 내지 연인에 대한 그리움이 더욱 절실하게 느껴지는 것은 기억 속에 현현(顯現)되는 이러한 장소 체험이 담겨 있기 때문이라 할 수 있다.

'방'이나 '거울'을 통한 안정과 평온의 공간은 이용악 시에서 지속적으로 유지되지는 못한다. 소시민적 삶의 안주는 해방을 전후한 격변의 현실 속에서 불안정성을 띨 수밖에 없다. 이는 여전히 지속되는 불완전

---

45) 황인교, 「이용악 시의 언술 분석」, 이화여대 박사논문, 1991, 47쪽.
46) Edward Relph, 앞의 책, 130쪽.

한 민족사의 전개와 관련이 있다고 할 수 있다. 해방의 순간에도 안주하지 못하는 시적 자아의 번민의 모습을 다음의 시에서 엿볼 수 있다.

> 귀 맞춰 접은 방석을 베고
> 젖가슴 헤친 채로 젖가슴 헤친 채로
> 잠든 에미네며 딸년이랑
> 모두들 실상 이쁜데
>
> 요란스레 달리는 마지막 차엔
> 무엇을 실어 보내고
> 당황히 손을 들어야 하는 것일까
>
> 몇 마디의 서양말과 글짓는 재주와
> 그러한 것을 자랑삼기에 욕되었도다
> 흘러내리는 머리칼도
> 목덜미에 점점이 찍혀
> 되려 복스럽던 검은 기미도
>
> 언젠가 쫓기듯 숨어서
> 시골로 돌아온 시골사람
> 이 녀석 속눈썹 츩츩히 길다란 우리 아들도
> 한번은 갔다가
> 섭섭히 돌아와야 할 시골사람
>
> 불타는 술잔에 꽃향기 그윽한데
> 바람이 이는데

이제 바람이 이는데

어디로 가는 사람들이
서로 담뱃불 빌고 빌리며
나의 가슴을 건느는 것일까[47)]

「시골사람의 노래」에서 해방 전후의 이용악의 내면 풍경을 읽어낼 수 있다. 시적 자아는 가족과의 삶에 안주하지 못하고 있다. 스스로 '시골사람'이라 자처하는 진술 속에는 대타적인 관계에 있는 근대도시, 즉 서울에 대한 동경이 은연중 끼어들어 있다고 볼 수 있다. 더구나 타자의 억압 속에 이루어진 낙향이 자의에 의한 선택이 아니었음은 그의 제3 시집 『오랑캐꽃』 후기에 잘 드러나 있다. 『오랑캐꽃』은 1939년부터 1942년까지 신문 혹은 잡지에 발표된 작품을 묶은 것으로, 서울 체재 기간 동안 주로 쓰여진 작품이라 할 수 있다.[48)] 1942년경 이용악은 "붓을 꺾고 시골로 내려"갔으며, "그 이듬해 봄엔 모 사건(某事件)에 얽혀 원고를 모조리 함경북도 경찰부에 빼앗기고 말았다"[49)]고 한다. 모 사건이 어떤 사건을 뜻하는지는 아직까지 밝혀지지 않았지만 일제 말기의 고향에서의 삶이 그리 만족스럽지 못했던 것은 분명하다. "몇 마디의 서양말과 글짓는 재주와 / 그러한 것을 자랑삼기에 욕되었다"는 시적 자아의 발언은 일제 말기의 자신의 삶을 회오(悔悟)의 시선으로 바라보는 이용악의 생각을 나타낸 것이라 할 수 있다. 고향에서의 가족과의 평온한 삶이 이상적 삶이 아니라는 인식은 현재적 삶에 대한 허전함으로 나타나고 있다. 자신의 이상적 포부와 일치되

---

47) 이용악, 「시골사람의 노래」, 『신문예』 창간호, 1945.12, 38~39쪽.
48) 이수형, 「용악과 용악의 예술에 대하여」, 『이용악집』, 163~164쪽.
49) 이용악, 「'오랑캐꽃'을 내놓으며」, 『오랑캐꽃』, 아문각, 1947, 94쪽.

지 않는 타자의 강제에 의한 현실 안주의 삶은 진정한 고향 정착의 삶이 아니기 때문이라 할 수 있다. 이러한 것을 통해 볼 때 이 당시 이용악은 고향에서도 진정한 의미에서의 장소감을 갖지 못하였던 것으로 보인다. 진정한 장소감이란 "무엇보다도 내부에 있다는 느낌이며, 개인으로서 그리고 공동체의 일원으로서 나의 장소에 속해 있다는 느낌"[50)]을 말한다. Edward Relph의 견해를 빌리면 이 소속감은 집이나, 고향, 혹은 지역이나 국가에 대해서 느끼는 감정이라고 할 수 있으며, 그 장소감은 개인의 정체성에 중요한 원천을 제공하고, 이를 통해 공동체적 정체감의 원천이 된다고 할 수 있다. 진정한 차원에서의 장소감을 갖지 못한 이용악은 해방의 순간에도 여전히 안주하지 못하고 이동을 꿈꾼다. 「하나씩의 별」은 다시 서울로 가는 이용악의 이 당시 생각을 잘 드러내 보여주고 있다.

무엇을 실었느냐 화물열차의
검은 문들은 탄탄히 잠겨졌다
바람 속을 달리는 화물열차의 지붕 우에
우리 제각기 드러누워
한결같이 쳐다보는 하나씩의 별

두만강 저쪽에서 온다는 사람들과
쟈무스에서 온다는 사람들과
험한 땅에서 험한 변 치르고
눈보라 치기 전에 고향으로 돌아간다는
남도사람들과

---

50) Edward Relph, 앞의 책, 150쪽.

북어 쪼가리 초담배 밀가루 떡이랑
나눠서 요기하며 내사 서울이 그리워
고향과는 딴 방향으로 흔들려 간다[51)]

해방은 소시민의 무기력한 삶에 머물러 있던 시적 자아를 다시 서울로 원점 회귀하게 만든다. 해방은 이용악에게 있어 일시적으로 편안하게 체재(滯在)하는 장소로서의 고향을 거부하게 만든다. 이것은 가족과 고향이 개인의 운명을 결정하는 장소가 아니라 사회적, 국가적 차원의 공적 개념으로 격상시킨 결과라 할 수 있다. 이 작품의 시적 자아는 올 때나 갈 때나 마찬가지인 "헐벗은" 귀환동포들과의 동일시를 통해 이들의 삶이 보장될 수 있는 국가, 즉 공동체적 삶의 공간이 보장되는 사회를 열망하고 있다. 이처럼 이상적 꿈이 구현될 수 있는 공간에 대한 지향의식이 해방기 이용악 시의 주된 동력이 된다고 할 수 있다. 그래서 서울로 가는 길목에서 해방 조국에 거는 기대와 소망이 "하나씩의 별"이란 객관적 상관물로 제시되어 있는 것이다. 그러나 이러한 기대와 소망은 냉혹한 현실 정치 앞에 쉽사리 성취될 수 있는 것이 아니었다. 「하늘만 곱구나」에서는 기대와 소망이 좌절과 절망으로 전이되어버린 현실이 귀환동포들의 비참한 생활상을 통해 제시된다.

집도 많은 집도 많은 남대문 턱 움 속에서 두 손 오구려 혹 혹 입김 불며
이따금씩 쳐다보는 하늘이사 아마 하늘이기 혼자만 곱구나

거북네는 만주서 왔단다 두터운 얼음장과 거센 바람 속을 세월은 흘러

51) 이용악, 「하나씩의 별」, 『이용악집』, 동지사, 1949, 32~33쪽.

거북이는 만주서 나고 할배는 만주에 묻히고 세월이 무심찮아 봄을 본다고 쫓겨서 울면서 가던 길 돌아 왔단다

띠팡을 떠날 때 강을 건널 때 조선으로 돌아가면 빼앗겼던 땅에서 농사지으며 가 갸 거 겨 배운다더니 조선으로 돌아와도 집도 고향도 없고[52)]

이 시는 「낡은 집」에 나오는 '털보네'의 후일담이라 할 수 있는 작품이다. 이 작품은 일제강점기와 해방기의 비극적인 민족사를 배경으로 '거북네'란 한 유이민 가족의 이향과 귀향의 모습을 그려내고 있다. 이 시에서 여전히 돋보이는 것은 '집'과 '고향'의 부정적 양상이라고 할 수 있다. 안정된 가족적 삶을 환기시키는 '집'과 '고향'이 해방된 조국에서도 여전히 부재하고 있다는 사실을 창작 주체는 이 시에서 드러내 보이고자 한다. '고향'과 '집'을 찾아 만주에서 원점 회귀한 이들에게 '장소상실'의 문제는 여전하다. '거북네'가 거주하는 "남대문 턱 움 속" 주위의 수평적 공간에는 수 많은 집들이 있지만 귀환동포들이 거주할 안주의 장소가 아니다. 여전히 '집'이 없는 '장소상실'의 부재의 공간일 따름이다. 만주—강—서울로 '거북네'가 이동한 수평적 공간은 훼손된 장소의 모습을 그대로 드러내 보여준다. 소박한 기대와 소망까지 빼앗아 가버린 해방 조국의 비참한 모습을 이용악은 수평적 장소 이동의 전략을 통해 독자들에게 보여주고 있는 것이다. 한편 수평적 공간인 땅('움')과 대비되는 수직적 공간인 '하늘'은 '거북네'의 참상과 아무런 관계없이 곱기만 하다. 고운 '하늘'은 '거북네'의 비참한 삶의 모습을 더욱 각인시켜 주는 역할을 할 뿐이다. 즉 '거북네'의 비참한 삶과 '거북네'의 삶과 아무 관계없이 곱기만 한 하늘은 선명한 대조를 이루

52) 이용악, 「하늘만 곱구나」, 『이용악집』, 동지사, 1949, 39~40쪽.

면서 아이러니의 효과를 보여준다. 하늘과 땅은 수직적으로 뚜렷이 대비되어 합일될 수 없는 공간 영역이다. 하늘과 땅 사이에 있는 '집' 이야말로 '거북네'를 포근히 감싸 안을 수 있는 공간이다. 그러나 "조선으로 돌아와도 집도 고향도 없고"란 시구에서 보듯 '거북네'에게 '집'과 '고향'은 박탈과 상실의 장소일 뿐이다. 일반적으로 집은 "개인으로서 그리고 한 공동체의 구성원으로서의 우리 정체성의 토대, 즉 존재의 거주 장소"이며, "어디에든 있는 것이거나 교환될 수 있는 것이 아니라, 무엇으로도 대체될 수 없는 의미의 중심"[53]인 것이다. 결국 그가 살던 시대는 집이 없는 시대였으며, 그러한 시대적 특징이 그의 시 속에 끊임없이 '가족', '집', '고향' 등을 등장시킨 동인(動因)이었다.

이러한 상황에서 이용악은 싸움을 환기하는 기표인 '거리'를 그의 시에 등장시키기 시작한다. '방'에서 '거리'로 나서는 그의 생각의 일단을 보여주는 문건으로 「전국문학자대회 인상기」가 있다.

> 거개가 나면서부터, 더러는 섬트기 전부터 나라 없는 설움 속에 놓여졌던 사람들이다. 자유란 도시 있을 수 없었다. 조선 사람이란 이름은 그대로 죄수(罪囚)를 의미하는 것 이외의 아무 것도 아니었다. 더욱이 시를 쓰고 소설을 쓴다는 것은, 아니 그것을 읽는다는 것만으로도 충분히 사상범으로 취급되었다. (…중략…) 민주주의 국가 건설과정에 있어서 조선문학의 자유스럽고 건전한 발전을 위하여 전국문학자대회가 무엇을 결의했고 시사했다 할지라도, 그것이 문학이나 문학자만의 이익을 위해서가 아니고 또한 말로만이 아니고, 우리의 문학 실천이 진실로 민족 전원의 이익을 존중해서의 무기가 될 수 있을 때에만 비로소 그 의의가 클 것이다.[54]

53) Edward Relph, 앞의 책, 97쪽.
54) 이용악, 「전국문학자대회인상기」, 『대조』 1권 2호, 1946.7, 171~172쪽.

「전국문학자대회 인상기」는 해방 직후 이용악의 생각을 엿볼 수 있는 중요한 문건이다. 이곳에서 이용악은 민족, 국가 등의 공적 담론을 제시하고 있다. 이용악은 민족 전원의 이익을 염두에 둔 문학 실천, 즉 '무기'로서의 문학을 바람직한 문학의 방향으로 제시하고 있다. 더 이상 '고향'과 '가족'의 내밀한 공간에 머물 수 없다는 당당한 선언이기도 하다. 이제 '고향'과 '가족'은 자신이 구현하고자 하는 이상적 세계를 실천하고자 하는 각성의 매개체로 자리잡는다. 이상적 공간이 '지금 이곳'의 현재적 장소에서는 이루어질 수 없는 것이기에 비극적이다. 그래서 이상과 현실의 간극을 메우기 위해서 이용악은 싸움의 노래를 부른다. 시인은 공동체적 이상을 쟁취하기 위해서 시적 공간을 '거리'로 확장한다. 「우리의 거리」, 「빗발 속에서」 등이 그러한 경향을 보여주는 작품들이라고 할 수 있다. 그런데 이러한 현재적 싸움의 과정 곳곳에 비극적인 가족사가 떠오른다.

아버지도 어머니도
젊어서 한창 땐
우라지오로 다니는 밀수꾼

눈보라에 숨어 국경을 넘나들 때
어머니의 등곬에 파묻힌 나는
모든 가난한 사람들의 젖먹이와 다름없이
얼마나 성가스런 짐짝이었을까

오늘도 행길을 동무들의 행렬이 지나는데
뒤 이어 뒤를 이어 물결치는
어깨와 어깨에 빛 빛 찬란한데

여러 해만에 서울로 떠나가는 이 아들이
길에서 요기할 호박떡을 빚으며
어머니는 얼어붙은 우라지오의 바다를
채죽쳐 달리는 이즈보즈의 마차며 토로이카며
좋은 하늘 못보고
타향서 돌아가신 아버지의 이야길 하시고

피로 물든 우리의 거리가
폐허에서 새로이 부르짖는
우라아
우라아 ××××[55)]

「우리의 거리」의 시적 자아는 "여러 해 만에 서울로 떠나가는" 이용악 자신의 분신이라 할 수 있다. 이 시에는 국경을 넘나들던 비극적인 가족사와 해방의 들뜬 감격이 서로 뒤섞여 있다. 시적 자아인 아들이나 어머니에게 해방의 순간 현현(顯現)되는 것은 수난의 가족사와 "타향서 돌아가신 아버지"에 대한 안타까운 정조(情調)이다. 아버지의 부재(不在)는 곧 가족공동체의 붕괴를 의미한다. 시인은 광복(光復)이 빚어내는 빛과 들뜸의 순간에 비극적인 가족사와 들뜬 해방의 거리를 매개시켜 보인다. 가족공동체 의식은 "동무들의 행렬"이 지나가는 '우리의 거리'로 시적 공간을 차츰 확대하게 만든다. 국권회복과 더불어 닥쳐 온 새로운 민족국가 건설의 문제는 해방기 이용악 시의 공간에 '가족', '집', '고향'과 더불어 '거리'라는 새로운 시적 공간을 자주 출몰시키는 계기로 작용한다. 서울로 가는 아들을 위해 "길에서 요기할 호

55) 이용악, 「우리의 거리」, 『이용악집』, 동지사, 1949, 29~31쪽.

박떡을 빚"는 어머니의 모습은 '거리'에서의 싸움이 가족의 절대적 지지와 연대감 속에 이루어지고 있음을 말해준다.

> 모다 억울한 사람 속에서 자유를 부르짖는 고함소리와 한결같이 일어나는 박수 속에서 몇 번이고 그저 눈시울이 뜨거웠을 아내는 젖멕이를 업고 지금쯤 어딜루 해서 산길을 내려가는 것일까
>
> 대회는 끝났다 줄기찬 빗발이어 승리가 약속된 제마다의 가슴엔 언제까지나 싸움의 노래를 남기고[56)]

가족 친연성(親緣性)은 위의 시 「빗발 속에서」의 일부분에서도 여전히 확인된다. '거리'에서 부르는 "싸움의 노래"를 통해 시적 자아는 가족으로부터의 지지를 내심 기대한다. '젖멕이'를 업은 '아내'는 자신의 가족이지만 엄밀히 말하면 타자이다. 타자로부터 자신이 하는 일을 확인받고 싶은 욕망이 작품 속에 드러나 있다. 그래서 '아내'를 등장시켜 '대회'장의 열기를 간접 전달하는 방식을 취하고 있다. 창작 주체는 '거리'를 통해 끊임없이 "싸움의 노래"를 부른다. 하지만 이러한 행위의 이면에 시적 자아의 가족을 향한 응시와 충동이 계속되고 있다. 그래서 '아내'와 '젖멕이'를 시의 표면에 등장시키며, '아내'와 시적 자아는 이념의 동일자로 거리가 좁아진다. 방관자의 입장에 있던 아내가 현장의 열기에 고무되어 "몇 번이고 눈시울이 뜨거워"졌을 것이란 시적 자아의 짐작은 동일자로서의 감정을 잘 보여준다. 대회 현장이란 특정한 장소에서의 공동 경험은 시적 자아와 '아내'를 단단히 결속시켜 준다고 할 수 있다.

---

56) 이용악, 「빗발 속에서」, 『이용악집』, 동지사, 1949, 154~155쪽.

이처럼 이용악 시에서 '지금 · 이곳'은 시적 자아나 그의 가족이 편안하게 안주할 수 있는 친밀한 장소가 아니다. 장소가 "운동 속에서의 정지"[57]라고 했을 때 어떤 장소에 멈추거나 머문다는 것은 그 장소가 시적 자아의 욕구를 충족시켜 주는 친밀한 안식처일 때 가능하다고 할 수 있다. 그런데 이용악 시의 '집'이나 '고향'은 진정한 '장소감'을 주지 못하는 공간이었다. 그래서 시적 자아는 '장소의 정체성'을 찾기 위해 한 곳에 안주하지 못하고 끊임없이 방랑한다. 그래서 「거리에서」나 「빗발 속에서」, 「우리의 거리」 등에서의 '거리' 모티프가 '고향'이나 '가족'이란 시적 제재와 쉽게 결속될 수 있었다. 이용악 시가 격한 구호시의 모습에서 탈피하여 시적 형상을 획득하고 있는 것도 가족을 통한 구체적이고도 절실한 경험을 주로 노래하기 때문이라 할 수 있다.

3. 결론

이용악은 가족공간이 해체되고 고향이 황폐화하여 공동체적 삶의 공간이 더 이상 유지될 수 없었던 '장소상실'의 시대에 살았다. 그래서 이용악 시의 시적 자아는 진정한 '장소감'을 갖지 못한 채 끊임없이 갈등하고 방랑한다. 가족이 편안하게 안주할 공간이 없던, 소위 '집'이 없던 시대에 시적 자아는 가족과 고향의 원형적 공간을 꿈꾼다. 그러한 원망(願望) 때문에 시적 자아는 부재와 상실의 공간 속에서 갈등하고 방황하는 것이다. 이는 '장소상실'의 시대에 '장소의 정체성'을 찾으

---

57) Yi-Fu Tuan, 『공간과 장소』, 대윤, 1999, 221쪽.

려는 창작 주체의 내부적 욕망이 표출된 것이라 볼 수 있다. 그 방황과 편력의 근저에는 안주하고 싶은 원형적 공간에 대한 욕망이 강하게 잠재해 있다고 할 수 있다. 일제강점기가 아닌 해방기에도 여전히 이러한 욕망은 지속되고 있다. 그래서 이용악은 그의 시에서 가족을 매개로 한 '집', '고향', '거리', '방' 등의 다양한 기표들을 등장시킨다.

일제강점기나 해방기의 경우 '집'과 '고향'은 사회, 역사적인 의미 맥락를 가진다고 할 수 있다. '집' 또는 '고향'은 그 시기의 공동체적 삶을 환유하는 기표라 할 수 있다. 이러한 장소는 주체인 존재의 거주 공간이자 삶의 근본적 토대가 된다. 한편 이용악 시에는 이러한 '집'이나 '고향'이 부재와 상실의 공간으로 나타난다. 붕괴되고 해체된 가족 공동체의 삶은 일제 강점기의 경우 주로 '장소상실'의 양상으로 그의 시에 나타나고 있으며, 해방기의 경우 시적 자아는 '지금 · 이곳'에 대한 현재적 장소에 대한 개조 의지를 드러내는 방향으로 나타난다. 그래서 해방기에 들어서면 이용악 시의 시적 공간은 '집'과 '고향'을 넘어 '거리'나 '방'으로 확장, 이동된다. '거리'에서 부르는 싸움의 노래가 해방기 이용악 시의 주된 주제인 것도 이 때문이다. '지금 · 이곳'은 고향과 대척된 지점으로 안정적인 가족과의 삶이 보장되지 못한 공간이다. 일제강점기나 해방기나 공동체적 삶의 공간인 '집'과 '고향'이 황폐하기는 마찬가지이다. 다만 '지금 · 이곳'의 삶이 힘들고 어려울 때 시적 자아는 시적 공간을 '방'으로 이동하여 기억 속의 원형적 장소를 떠올리거나, '거울'을 방으로 격상시켜 자기 갱신을 시도하는 노력을 기울이기도 한다. 한편 그는 '거리' 모티프를 통해 시적 공간을 확대해 나가는데, 이는 장소의 정체성을 찾기 위한 자기 갱신의 노력과 결부된 것이라 할 수 있다. 이러한 노력이 '가족'이란 시적 제재와 '거리' 모티프를 쉽게 결속할 수 있게 만들었다. 이용악 시가 격한 구호시의 모습에서 탈피하여 시적 형상성을 획득하고 있는 중요한 이유 중의 하나는 이처럼 '가족'을 통한 구체적이고도 절실한 경험 공간을 주로 노래하기 때문이라 할 수 있다. 이용악은 그를 둘러싼 세계와 맞서는 방법으로 '집'과 '고향'이 부재와 상실의 공간임을 드러내 보이는 한편, '지금 이곳'의 현실과 맞서기 위해 '방'과 '거리'로의 끊임없는 장소 이동을 시도하였던 것이다.

이상의 논의가 설득력을 가지기 위해서는 공간과 장소에 대한 깊이 있는 철학적 탐색들이 계속 뒷받침되어 나가야 할 것이다. 또한 이용악과 유사한, 또는 차별적인 공간 인식을 보여주고 있는 동시대 다른 시인들과의 비교 논의들이 더욱 심화, 확대될 필요가 있다. 이러한 것들은 후고의 과제로 돌린다.

/ 3장 /

이호우 시조의 공간과 매체

1. 서론

이호우는 한국시조문학사에서 '정신의 가열성'을 보여준 개성 있는 작가로 자리매김되어 왔다. 초창기 연구자들은 이호우 시조를 가람 이병기의 시조학과 연결시켜 그의 시조가 가진 특성을 찾아보려는 시도[1]를 많이 하였다. 이러한 과정에서 논자들은 내용적, 형식적 특징을 중심으로 그의 시조가 크게 전기, 후기로 나누어져 변모한다는 점, 이러한 변모의 밑바탕에는 현실에 대한 비판적 정신이 내재해 있다는 점 등에 특히 주목하였다. 이호우가 '정신의 가열성'[2] 내지 '현실비판

1) 김윤식, 「이호우론—시조와 그 명맥」, 『(속)한국 근대작가론고』, 일지사, 1981; 주강식, 「시조의 성정과 표현양식—가람과 이호우 시조의 경우」, 『어문학교육』 5집, 1982; 임종찬, 「이호우 시조의 시적 변모—가람시조와의 거리」, 『태야최동원선생화갑기념 국문학논총』, 삼영사, 1983.

2) 김윤식, 「이호우론—시조와 그 명맥」, 『(속)한국 근대작가론고』, 일지사, 1981, 375쪽.

과 역사의식'[3]을 갖춘 시를 썼으며, 크게는 '주자학적 세계관'[4] 내지 '유가적 이념'[5]의 영향하에 있었다는 것은 주로 내용적 차원의 접근이 내린 결론이었다. 또한 '비극적 세계인식'이란 측면에서 그의 시에 나타난 비극성을 분석해 보인 논자[6]도 있었다. 한편 형식적 차원의 접근으로 논자들은 이호우 시조가 4수 연작 형태의 시조에서 단수(單首) 형태의 시조로 바뀌어 간다는 것에 주목하였다. 이는 시조 형태의 변이와 그의 시 정신을 결합해 보려는 시도라 할 수 있다.[7] 이러한 단수 지향은 이호우 시조의 현대성을 언어의 절제와 치열한 정신에서 찾아 보려는 것이었다.

이호우 시조에 대한 논자들의 다양한 접근 방식은 이호우 시조의 실체를 밝혀내는데 어느 정도 기여하였다. 그러나 이러한 성과는 오히려 일부 작품에만 논의를 집중시키는 결과를 초래하기도 하였다. 다시 말하면 대부분의 논의에서 『문장』 추천작인 「달밤」, 아니면 개인 시조집으로 출판된 『이호우시조집』과 『휴화산』 중 일부의 작품만 주로 거론되었던 것이다. 특히 해방기의 이호우 시조는 거의 제대로 다루어지지 못하였다. 대구 · 경북의 언론계를 중심으로 활동한 이호우는 해방과 한국전쟁 전후의 매체에 많은 작품을 발표하였다. 『문장』에 「달밤」이 추천된 후 이호우가 본격적인 시조시인으로 성장한 시기가 해방기와 한국전쟁 전후라면 이 시기 그의 작품에 대한 조망은 필수적이라 할 수 있다. 지금까지 연구가 이호우 시조를 발표 매체와의 연관성 속에 긴밀히 살펴보지 못하고 널리 알려진 시조를 중심

---

3) 정혜원, 「이호우 시조 연구」, 『시조학논총』 7집, 1991, 127쪽.

4) 김윤식, 「주자학적 세계관과 시조양식－가람 · 호우 · 백수의 경우」, 『한국 근대문학사상사』, 한길사, 1984.

5) 최승호, 「이호우 시조에 나타난 생명의 미학」, 『대구어문논총』 14호, 1996; 조두섭, 「이호우－한 갈래의 서정시학」, 『비동일화의 시학』, 국학자료원, 2002.

6) 정대호, 「이호우 시조에 나타난 비극성의 고찰」, 『어문학』 77집, 2002.

7) 임종찬, 앞의 논문; 김윤식, 앞의 논문.

으로 작품이 가진 완성도만을 따지는 경향이 많았다. 물론 작품 중심의 이러한 연구는 이호우 시조의 특성을 밝히는데 많은 기여를 하였다. 그러나 이러한 연구는 작품의 생산에 관계된 발표 매체의 기획과 특성을 도외시한 채, 대상 작품 중심으로만 논의함으로써 작품에 작동하고 있는 미디어 전략이라든지 그러한 매체에 투고하는 창작자의 심리 같은 것이 제대로 해명되지 못한 측면이 있었다.

일제 말기부터 1950년대까지 이호우가 주로 활동한 매체는 『문장』, 『죽순』, 『새싹』, 『아동』, 『영문』, 『전선문학』, 『전선시첩』 등이었다. 이러한 매체들은 일제 말기부터 1950년대 사이에 발간된 문학, 문화 매체들로 나름대로의 특성을 지닌 것이었다. 이러한 발표 매체에 투고된 이호우 시조의 특성을 살펴보는 것이 본고의 주된 목적이다. 이 과정을 통해 본고는 이호우의 시조 장르에 대한 인식, 발표 매체와 작품 간의 상관성, 또 이 시기 이호우 시조의 지향점 등을 규명하게 될 것이다.

2. 이호우 시조의 공간과 매체

1) 『문장』과 원형적 공간

이호우는 1940년 『문장』 6, 7월 합호에 「달밤」이 가람 이병기에 의해 추천되면서 등단했다. 이 사실에서 이호우 시조의 출발이 가람 이병기와 일제 말 잡지인 『문장』지와 밀접하게 관련되어 있음을 추정해 볼 수 있다. 1939년 2월에 창간된 『문장』지는 길진섭, 김용준의 표지화를 바탕으로 상허 이태준이 편집에 상당 부분 간여하면서 고전적,

전통주의적 취향을 담게 된다. 장정에서부터 『문장』은 상당한 정성을 들였는데 길진섭의 발언으로 추정되는 다음 글은 『문장』지가 지향하고 있는 바를 그대로 보여준다.

> 재래의 우리 서적계는 단행본으로부터 잡지에까지 장정 혹은 표지의 그 모두가 외국서적만을 모방해 왔다. 우리의 문학이라면 우리의 장정, 우리의 표지가 창조되어야 할 것이다. 지금 우리는 넉넉히 그 시대를 가지고 있다. 점두(店頭)에 걸린 포스터에서까지 새로운 문화를 찾을 수 있다면 거기에는 우리의 색감과 우리의 정조가 있는 것으로서 출발해얄 줄 안다.[8)]

"우리의 장정, 우리의 표지", "우리의 색감과 우리의 정조(情調)"를 강조한 길진섭의 장정론은 이후 동양화가 김용준의 표지화로 이어지면서 선비 내지 문인화풍의 그들의 취향을 강하게 드러내었다. 동시에 『문장』 제자(題字)도 "상허가 한 달 가까이 애를 써"[9)] 창간호부터 사용하던 추사의 글씨를 다시 예서체로 바꾸기도 하고, 『문장』지에 많은 고전문학 자료를 발굴해 싣기도 하였다. '문장파'의 고전적 취향과 정성은 문장사의 단행본 출판에까지 영향을 미쳤다. 월파 김상용의 시집 『망향』(1939), 가람 이병기의 『가람시조집』(1939), 정지용의 『백록담』(1941), 상허 이태준의 『문장강화』(1940) 등이 모두 문장사에서 나왔다. 길진섭이 『망향』과 『백록담』, 이병기가 『가람시조집』을 장정하였다. 『망향』은 표지의 제첨지를 김상용의 육필로 만들었으며,[10)] 『백록담』은 문인화풍의 아름다운 장정으로, 『가람시조집』은

---

8) 「여묵(餘墨)」, 『문장』 제3집, 1939.4, 200쪽.

9) 「여묵(餘墨)」, 『문장』 제5집, 1939.6, 202쪽.

10) 이 당시 『망향』을 장정한 길진섭의 소감을 보면 장정에 얼마나 정성을 기울였는가를 알 수 있다. "월파 김상용 씨의 시집이 발매되었다. 단행본의 장정으로는 나에게 있어서 처녀 작품으로 볼까. 시가 고결한 이만큼 단순한 장정과 체제를 힘써 보았다. 효과에 있

300부 한정판의 한지로 만든 동장본(東裝本)으로 주목을 끌었다.[11)]

한편 『문장』지는 창간호부터 '추천작품모집'을 예고하였는데, 시조 부문은 이병기, 시 부문은 정지용, 소설 부문은 이태준이 고선위원이었다. 이병기는 『문장』지를 통해 여러 시조시인을 추천하였다. 그는 『문장』 1권 9호(1939.10)에 김상옥의 「봉선화」를, 1권 11호(1939.12)에 조남령의 「향수」를, 2권 4호(1940.4)에 장응두의 「한야보(寒夜譜)」를, 2권 5호(1940.5)에 조남령의 「봄」을, 2권 6호(1940.6, 7월 합호)에 이호우의 「달밤」을, 2권 10호(1940.12)에 김영기(金永起)의 「바람」을 추천하였다. 『문장』지에서 시조 추천을 책임지고 있던 이병기는 신진 시조시인 중 이호우와 김상옥의 시조를 특히 주목하였는데, 이후 이호우와 김상옥은 이병기의 시조시학을 모델로 자신의 독자적인 시세계를 구축해 나간 시조시인들이다.[12)] 그렇다면 이호우는 어떻게 『문장』지에 「달밤」을

어서 과연 조선적 전아(典雅)한 맛이 있을런지－"(「여묵(餘墨)」, 『문장』 제5집, 1939.6, 202쪽)

11) 『가람시조집』에 대한 박종화의 신간평은 주로 장정의 칭찬에 치우쳐 있다. "조금도 부끄러울 게 없다. 장정, 시품(詩品)! 언제 우리 힘과 우리 정성으로 우리 손에 이렇듯한 고귀한 책이 잡혀졌었던가. 덥썩 책을 받고 나니 '강희안자'의 고 조선활자가 부드러운 미색 책장 위에 아담히 『가람시조집』하고 자리를 잡고 있다. 미소하여 고향을 바라보는 듯한 느껴움을 일으킨다. 가루紙일 법하되 전주백지(全州白紙)의 보드라운 촉감이 마음을 흐뭇하게 만든다. 책장을 넘기니, 5편 70여수의 전아한 노래가 차례차례 영롱하게 광채를 쏟아놓는다. 수면앙배(粹面盎背)－구(句)마다 20년 청절(淸節)을 지킨 높은 선비 가람의 그림자 아닌게 없다. 다행하다. 가람은 백락(伯樂)을 얻었고녀, 문장사(文章社) 아니고는 보통 책장사로 이해타산을 아니하고 대담히 이렇듯한 호화로운 책을 책가게에 내놓을 것이냐."(박종화, 「신간평 가람시조집」, 『문장』 1권 9호, 1939.10, 254쪽)

12) 김윤식은 김상옥이 가람의 작품 자체에서 시조 창작법을 익히고 파악한 것인데 비해 이호우는 추천 후기의 지도방법 쪽에 영향을 받아 개성적인 시조형을 개척해 나갈 수 있었다고 본다. 그 결과 김상옥의 작품이 훨씬 안정감을 유지하고 고전적인 성향을 지님에 비해, 이호우 쪽은 보다 개성적이며, 심한 경우엔 시조의 울타리를 벗어나 버려 그 개성만 반짝거리는 자유시나 혹은 그냥 시가 되어버리는 것으로 파악하였다. 그 독자의 용법, 즉 그 개성이, 시조라는 장르 자체를 압도해 버린 결과에 이르렀고, 그 결과 상당한 분량의 이호우 작품은 우수한 작품일 수는 있어도 시조로서는 매우 위험한 상태에 놓여졌다고 본다.(김윤식, 『(속)한국 근대작가론고』, 일지사, 1981, 372쪽)

투고하게 되었을까? 이호우는 『문장』지에 「달밤」을 투고하기 이전, 이미 1936년 시조 「영춘송(迎春頌)」으로 『동아일보』 신춘문예에 당선작 없는 가작으로 입선하였다. 이후 『매일신문』에 「영년송(迎年頌)」, 『동아일보』에 「대춘부(待春賦)」, 이어 『동아일보』 시조란에 「낙엽」, 「진달래」, 「새벽」 등을 투고하던 중, 선을 맡은 이병기 선생이 엽서를 보내 문장지 추천제를 안내하여 『문장』지에 작품을 보내게 된 것이라 한다.[13] 이러한 과정을 보면 이호우가 등단 이전에 이미 시조작가로서의 능력을 구비하고 있었으며, 이병기가 이호우의 『문장』지 등단을 안내하였다는 사실을 알 수 있다. 이병기와 「문장」지는 이호우 시조의 출발점이며, 이호우의 시조와 삶에 미친 영향은 절대적이라 할 수 있다.

愛書 吟詩로
梅花 蘭草 기르시며

이 땅의 선비 길을
끝내 지키시다

秋明을 鶴 날아가듯
期於 떠나 가셨니까.

咳唾에 接해 三十年

13) 「달밤」은 "당신이 누구지 모르지만 이제는 복면을 벗고 본면(本面)을 나타내고서 본격적인 문학 활동을 하시오. 그러자면 『문장』에 추천제가 있으니 이 절차를 밟는 게 어떠시오?"란 가람의 엽서를 받은 지 사흘째 되던 날, 양산 매씨댁에 가는 길, 물금역에 내리자, 달빛에 잠긴 낙동강변이 한 눈에 다가오는데, 나룻배를 타고 건너는 동안 시상을 잡은, 즉흥적으로 완성한 작품이라 한다. 이화진, 「이호우 달밤」(명작의 고향 8), 『대구일보』 일요판, 1966, 7.31.(김상선, 「이호우시조론」, 『한남어문학』 13집, 1987, 109~111쪽 재인용)

달리 아껴 주셨는데

누우셔 十年이 넘도록
가 뵈옵지 아니코는

이 날에 슬픔은 내가
미워 그지 없습니다.

언제던가 오시어서
써 두신 「난초」의 詩

이젠 속절없는
遺墨이 되오니까

蘭香이 풍기던 그 體臭
墨香에 맡아 봅니다.

하루면 가는 益山인데
우송코 만 拙詩集을

반겨 어루만지며
보고싶어 하시다드니

이 悔恨, 뒷길이어서
가실밖에 없습니다.[14)]

위의 시조는 가람 선생 영전에 바치는 헌시로, 가람 생전에 찾아뵙지 못한 이호우 자신의 회한과 정리를 잘 표현하고 있다. 이 시조는 애서(愛書), 매화, 난초, 수선화로 표상되는 가람 이병기의 시조학과 인간적 체취가 이호우 자신의 내면에 깊숙이 자리잡고 있음을 보여준다. 이병기는 이 당시 정지용, 이태준, 김용준과 더불어 『문장』지의 정신적 거점을 이루고 있었다. 이병기의 추천을 받고 그를 평생 사숙했던 이호우가 등단 매체인 『문장』지의 자장 아래에 놓여 있음은 당연하다 할 수 있다. 이미 『동아일보』 등에 시조를 투고하고 있던 이호우가 「달밤」을 『문장』지에서 추천받고자 했을 때 이 당시 유력한 문학 매체였던 『문장』이란 미디어의 속성과 그 추천자인 가람 이병기를 의식하지 않을 수 없었을 것이다. 『문장』은 주지하다시피 『인문평론』과 더불어 일제 말기의 대표적 문학 매체이다. 소위 '문장파'[15]로 지칭되는 이 잡지는 명확한 이념을 표방하는 동인지는 아니었지만 1930년대 후반의 고전부흥운동과 밀접한 연관을 맺으면서 상고주의(尙古主義) 취향에 바탕을 둔 전통지향적 잡지였다. 이병기, 이태준, 정지용, 김용준 등으로 대표되는 "문장파 주체 세력들"[16]의 정신적 지향점은 바로 잡지 『문장』의 편집에 그대로 반영되어 나타났다. 이들 중 "선비취향 내지 유가적 이념"[17]을 가장 잘 드러내 보인 사람은 가람 이병기였다. 김윤식이 「문장지의 세계관」에서 이병기의 '난(蘭)'과 '예도(藝道)'를 통해 '선비'와 '난초'를 주목[18]한 것도 이 때문이라 할 수 있

14) 이호우, 「가람선생 영전에」, 『월간문학』, 1969.2; 민병도 · 문무학 편, 『이호우시조전집-차라리 절망을 배워』, 그루, 1992, 40~41쪽.

15) 황종연, 「한국문학의 근대와 반근대」, 동국대 박사논문, 1991, 69쪽.

16) 최승호, 「1930년대 후반기 시의 전통지향적 미의식 연구」, 서울대 박사논문, 1994, 11쪽.

17) 위의 논문, 16~30쪽.

18) 김윤식, 「문장지의 세계관」, 『한국 근대문학사상비판』, 일지사, 1978, 161쪽; 이병기, 정지용, 이태준의 난초를 매개로 한 공통된 취향과 우정에 대해서는 이태준, 「난초」, 『상허문학독본』, 백양당, 1946, 13~15쪽 참고.

다. 『문장』지가 시, 소설과 동등한 자격으로 시조를 추천란에 둔 것도 『문장』의 전통지향적, 민족주의적 성향과 밀접한 관련이 있으며, '문장파'의 정신세계를 실질적으로 이끌고 있던 가람 이병기의 영향력 때문이라 할 수 있다. 1920년대 중반 최남선, 이은상, 이병기, 조운 등이 참가한 시조부흥운동은 최남선의 『백팔번뇌』, 이은상의 『노산시조집』 등의 성과로 이어졌으나 시조에 대한 재인식과 후속 세대의 성장은 『문장』지를 기반으로 한 가람의 시조학에서 시작되었다고 할 수 있다. 김상옥, 이호우, 조남령 등의 시조시인으로서의 성취는 가람 시조학을 통해서 나왔다고 할 수 있다.

이호우의 추천작인 「달밤」은 이러한 '문장파'의 취향을 잘 반영하고 있는 작품이라 할 수 있다.

> 낙동강 빈나루에 달빛이 푸릅니다
> 무엔지 그리운밤 지향없이 가곺어서
> 흐르는 금빛 노을에 배를맡겨 봅니다
>
> 낯익은 풍경이되 달아래 고처 보니
> 돌아올 기약없는 먼길이나 떠나온듯
> 뒤지는 들과 산들이 돌아돌아 뵙니다
>
> 아득히 그림속에 정화된 초가집들
> 할머니 조웅전에 잠들든 그날밤도
> 할버진 律지으시고 달이 밝았더니다
>
> 미움도 더러움도 아름다운 사랑으로
> 온세상 쉬는숨결 한갈래로 맑습니다

차라리 외로울망정 이밤 더디 새소서[19)]

『문장』지의 시조 고선위원이었던 가람 이병기는 이호우의 「달밤」이 개인의 시적 재능을 잘 드러내 보인 작품이며, 「달밤」이란 범상한 제재를 새롭고 깨끗하고 술술하게 드러낸 점에 특히 주목하였다.[20)] 가람의 추천소감에 대해 임종찬은 수사의 측면에서 관념이 쉽게 드러나지 않는 서경 위주의 정감 제시가 가람의 시세계와 근접해 있다고 하였다.[21)] 이러한 수사의 측면 말고도 제재라든지 시정신 등 이호우의 「달밤」은 '문장파'의 수장격이었던 가람의 영향권 내에 있었으며, 더 크게는 발표 매체인 『문장』의 편집 방향 내지 미디어 전략에 부합되는 작품이라 할 수 있다.

「달밤」은 4수로 이루어진 연작 시조로, 후기 이호우 시조에 자주 나타나는 현실비판의식은 보이지 않는다. 낙동강 주변 마을의 평화롭고 조화로운 유토피아적 세계만이 시적 공간을 가득 채우고 있다. 자아와 세계가 균열하여 갈등하지 않기에 고뇌의 모습은 없다. 시적 공간은 정(情)과 경(景)이 융화된 하나의 완결된 세계로 제시된다. 화자는 흐르는 강물에 자신을 맡겨 평화로운 달밤의 풍경을 바라본다. 이는 자아

---

19) 이호우, 「달밤」, 『문장』 2권 6호, 1940.6, 7월 합호, 195~196쪽.

20) 이호우의 시조 「달밤」을 추천한 가람 이병기의 추천소감을 보면 다음과 같다.
"이호우(爾豪雨)씨의 「달밤」은 이호우로서의 느낌과 용어를 썼다. 새롭고 깨끗하고 술술하다. 아무 억지도 없고 꾸밈도 없고 구김도 없다. 시를 짓는 이가 무슨 엉뚱한 굉장한 소리를 하려고 애를 쓰기도 한다. 그럴 때에는 도리어 잡치고 만다. 시는 그런 야심보다도 그 영감을 얻어야 한다. 그 영감을 얻지 못하면 도저히 될 수 없다. 고려 김황원이가 부벽루에 올라 「장성일면용용수(長城一面溶溶水), 대야동두점점산(大野東頭點點山)」이라는 한 연구(聯句)만 짓고 그 전수(全首)를 못 읽어 고음(苦吟)하다가 통곡을 한 것도 그 영감을 잃었던 것이었다. 과연 이 「달밤」은 범상한 제재를 가지고 이와 같은 좋은 시를 지은건 그의 천품(天稟)과 조예(造詣)가 어떠함을 능히 짐작하겠으며 우리시단의 한자리를 그에게 허여(許與)하지 않을 수 없다."(이병기, 「시조선후(時調選後)」, 『문장』 2권 6호, 1940.6, 7월 합호, 197쪽)

21) 임종찬, 앞의 논문, 466~470쪽 참고.

와 세계가 합일된 공간으로, 억지로 꾸며낸 가식의 세계와는 거리가 멀다. 외로움은 소외와 분리에서 오는 것이 아니기에 이 순간을 지속시키고자 하는 욕망으로 치환된다. "차라리 외로울 망정 이 밤 더디 새소서"란 시구에서 보는 것처럼 화자는 이러한 순간을 영원화하고자 하는 것이다. 그러므로 흘러가는 달밤의 시간에서 하나의 충족된 공간으로 이동되는 것이다. 조웅전 읽는 할머니, 율 지으시는 할아버지가 존재하는 "원초적인 충족성"[22]이 가득찬 공간으로 이동되는 것이다. 이러한 풍경은 낯설지 않은 공간으로 유년으로 회귀하는 화자에게 익숙하다. 이곳은 원초적이고 근원적인 회귀의 공간이기에 행복하고 평화롭다. "오랜 머무름[滯在]에 의해 구체화된, 지속의 아름다운 화석을 발견하는 것은, 공간에 의해서, 공간 가운데서인 것"[23]이기 때문에 이 순간은 영원화된 원형적 공간으로 자리잡게 된다. 발터 벤야민의 아우라를 들먹이지 않더라도 달빛은 "유년의 행복감과 현재의 외로움, 낯선 풍경과 낯익은 풍경을 하나로 느껴지게 하는, 정화하는 매개체"[24]로 기능하여 이 세계를 원초적 충족감이 가득한 공간으로 만든다.

「달밤」이 발표된 1940년대 초는 우리 민족의 정체성이 위기에 빠진 시기이다. 이러한 시기에 『문장』지는 민족주의적, 전통주의적인 시각 하에서 소멸되어가는 것에 대한 따뜻한 애정을 드러내 보인다. 가족이 해체되고 삶의 원형적 공간마저 파괴되는 결핍과 부재의 시기에 이들은 자아와 세계가 하나로 융합된 행복한 공간을 꿈꾼다. '문장파'의 정신이 반근대적이고 일부 호사 취향에 가깝다는 비판에도 불구하고 그 존재 의의가 있는 것은 이 때문이다. 여기가 「달밤」의 세계가 서 있는 지점이며, 동시에 이호우 시조의 출발점이 된다. 해방 이후

22) 가스통 바슐라르, 『공간의 시학』, 민음사, 1994, 119쪽.
23) 위의 책, 122쪽.
24) 조두섭, 「이호우와 김윤식 시의 주체구성 양상」, 『한국말글학』 22집, 2005, 350쪽.

'바람벌'의 현실에서 이호우는 화해와 균열의 공간 속을 오가게 되는 것이다. 이호우는 「달밤」 이후 『문장』지에 더 이상 작품을 발표할 수 없었다. 곧 이은 『문장』의 폐간으로 낙향하여 일제 말기(1941~1945)를 고향에서 정미소(삼공상회), 만물상, 제재소(흥아임업회사) 등을 경영하면서 보냈기 때문이다.

2) 『죽순』과 갈등의 공간

해방 이듬해인 1946년 그는 고향의 가산을 정리하여 대구 대봉동으로 이사, 대구고등법원 재무과장, 적산인 문화극장의 사무국장을 지냈다. 이러한 이력을 보면 이호우는 대구지역의 유력한 인사로 활동한 것 같지만 1949년 남로당 관련 혐의로 군법회의에 회부되는 등 평탄한 삶을 보내지는 못하였다. 그는 해방직후 현실을 「달밤」의 세계처럼 자아와 세계의 갈등 없이 안주하면서 살지는 못했던 것이다. 이호우는 이 시기에 화해와 불화의 세계를 오가면서 비교적 많은 작품을 발표하였다. 이호우는 해방직후 대구의 '죽순시인구락부' 동인으로 활동하면서 본격적인 시조시인으로 그 발판을 마련하였던 것으로 보인다. 그럼에도 불구하고 해방기 이호우 시조는 논자들에게 크게 주목의 대상이 되지 못하였다. 이는 이호우가 주로 활동한 대구·경북 지역 발표 매체에 대한 연구자들의 관심 소홀이 가장 큰 원인의 하나였던 것으로 파악된다.

대구의 죽순시인구락부에서 발간한 『죽순』은 시, 시조, 평론 등을 싣는 순문예 동인지라 할 수 있다. 해방직후 대구에서는 『무궁화』, 『건국공론』 등의 종합지가 발간된 적이 있으며, 문예지로는 『죽순』, 『아동』, 『새싹』, 『영문(嶺文)』 등이 있었다. 이 중 『죽순』은 해방기 내내 대구·경북 지역 시문학을 주도하였던 문학 매체였다고 할 수 있다. 대표는 이윤수였으며, 1946년 5월 1일 창간호를 내었고, 해방기에 통권 11집을 발간하였다. 기성시인들의 작품 발표 외에도 신인추천제를 실시하여 김요섭, 최계락 등을 등단시키기도 하였다. 이호우는 아동잡지인 『새싹』이나 『아동』, 아니면 『영문』, 『낭만파』 등에도 작품을 싣기도 하였지만 대부분의 작품을 『죽순』지에 발표하였다. 『죽순』은 『문장』지와 달리 편집진의 뚜렷한 목표나 취향이 드러나지 않은 매체였다. 편집후기 전부를 이윤수가 쓰고 있는 것으로 보아 『죽순』의 실질적 책임자는 시인 이윤수임을 알 수 있다. 『죽순』의 전 호에 걸쳐 편집후기를 쓰고 있는 이윤수는 때때로 정치현실에 대한 관심과 발언을 하고 있지만, 실제 『죽순』의 체제와 내용은 순문예적 내용으로 가득차 있었다. 『죽순』의 발행주체인 죽순시인구락부의 멤버를 잠시 보면 박목월, 이호우, 이응창, 김동사, 김병욱, 김상수, 최무영, 이병화, 정신영, 이재춘, 이갑득, 백종택, 김한영, 이병휘, 최양응, 이영도, 오란숙, 박영호, 박영식, 이숭자, 류시엽, 이윤수 등이다.[25] 죽순 회원의 거주지를 보면 부산 1명, 경주 1명, 달성군 1명을 제외하고는 모두 대구이다. 『죽순』은 특별한 매체가 존재하지 않았던 대구지역에서 시인들의 중요 작품 발표 매체로 기능했다고 할 수 있다. 내용을 보면 주로 순문예지적 성격이 강했으며, 추천제도, 일반투고, 학생투고를 통해 「일반시단」, 「학생시단」란까지 두어 명실상부한 대구·경북지역 작가들의 발표 매체로 자리잡았다. 『죽순』지를 통해 해방기에 이호우가 발표한 작품의 목록은 다음과 같다.

『죽순』 창간호(1946.5), 「춘한(春恨)」
『죽순』 2호(1946.8), 「맹세」, 「출범」, 「연모사」

25) 「죽순회원주소록」, 『죽순』 2집, 1946.8, 49~50쪽.

『죽순』 3호(1946.12), 「촉석루」, 평론 「시조의 본질」

『죽순』 임시증간호(1947.4), 「연기」

『죽순』 4호(1947.5), 「춘정」, 「병실」

『죽순』 5호(1947.8), 「길」, 「나그네」, 「비」

『죽순』 6호(1947.10), 「박쥐」, 「칠석야」

『죽순』 7호(1947.12), 「귀로」

『죽순』 8호(1948.3), 「나를 찾아」

『죽순』 9호(1949.1), 「바다」, 「공일」

『죽순』 10호(1949.4), 「네의 천국」, 「산로일장(山路一場)」

『죽순』 11호(1949.7) 「초원」, 「해바라기처럼」, 「첫 설움」, 「나의 가슴」, 「팔조령」, 「하나를 찾아」, 「목숨」, 「가는 봄」, 「낙화」, 「석굴암」, 「추억」

이호우는 위의 목록에서 보듯이 한 호도 거르지 않고 작품을 발표하고 있다. 더구나 2집엔 머리말 격으로 「맹세」란 시를, 3집엔 평론 「시조의 본질」을, 5집엔 서시 「길」 등을 발표하면서도 다시 본문에 시조를 게재함으로써 『죽순』지에서 그가 차지하는 비중이 적지 않았음을 알 수 있다. 『죽순』지는 이호우가 본격적인 시조시인으로 성장해 갈 수 있는 발표의 장(場)으로서 중요한 의의를 지닌다고 할 수 있다. 이호우는 『죽순』지를 통해 시조시인으로서 자신의 입지를 확실히 구축하면서 시조 양식 본질에 대한 물음까지 던진다. 「시조의 본질」은 시조 양식에 대한 자신의 생각을 정리한 것이다. 그는 시조를 "봉건시대의 귀족적 잔재"나 "현대생활정서에 맞지 않는 낡은 형"이 아니라 "가장 보편성을 가진 국민시"로 정의한다. "평이간결한 내용형과 율조가 내포한 율동이 우리의 정취와 언어태에 자연적으로 부합"되므로 시조는 "국민시화적(國民詩化的) 소질"을 갖추고 있다고 본다.[26] 이호우는 해방기에 별다른 의식 없이 시조를 창작한 것이 아니라 시조의

현재적 의의, 시조의 본질적 성격 문제까지 고민하면서 시조를 창작한 것으로 보인다.[27)]

이땅에 받은 몸이 이땅에 받히리라
겨레 날 괴시고 나는 겨레앞에
한가닥 마음 한길을 고첨없이 가리라

이강산 고흔양을 정성히 그리리라
이백성 높은지조 받드러 노래리라
아는이 비록 없으되 탓을 아니하리라

오천년 닦은 터에 탑이 이제 쌓아지다
삼천만 조각돌에 이몸도 게였으라
즐거이 밑엣돌 되여 우를우로 고우리

한번 바친 몸이 값을아니 물어리라
이나라 베풀어진 님의 뜻을 등불하여
비바람 치는 밤에도 마음놓고 가리라[28)]

「8 · 15 1주년을 맞어」란 부제를 달고 있는 이 시조는 해방의 감격과 새나라 건설의 다짐을 노래하고 있다. 이 시조가 실린 『죽순』 2집은 '8.15기념'이란 제호를 달고 있다. 그러한 기획에 맞추어 쓰여진 것이 권두시 「맹세」라 할 수 있다. 「맹세」는 겨레 앞에 자신을 바치겠다

26) 이호우, 「시조의 본질」, 『죽순』 3집, 1946.12, 9~11쪽.
27) 해방기의 시조담론에 대해서는 박용찬, 「해방기의 시조 담론과 시조문학교재의 양상」, 『시조학논총』 29집, 2008.7 참고.
28) 이호우, 「맹세」, 『죽순』 2집, 1946.8, 1~2쪽.

는 화자의 일로매진(一路邁進)의 마음을 잘 드러내 보이고 있다. 같은 호에 발표된 「출범」 또한 해방과 관련된 직접적 어투를 구사하지는 않지만 시적 공간이 기쁨과 들뜸의 어조로 가득 차 있다. '맹세', '출범' 등의 시조는 제목이 시사하는 것처럼 해방조국에 거는 기대와 각오, 그리고 시작에 대한 동경을 강하게 드러내 보인다. 이호우 시조의 경우 "작품집 전체를 뒤져 보아도 환희의 가락이 띄지 않"[29]는다는 김윤식 교수의 지적은 해방기의 이호우 시조 일부에는 적용되지 않는 전제라 할 수 있다. 해방 초기 이호우 시조에는 비극적인 모습만 나타나 있는 것이 아니라 해방의 감격이나 유토피아적 공간을 노래하는 작품들도 보이기 때문이다. 이호우는 해방의 현실을 그의 작품 속에 적극 수용하게 되는데, 이상과 현실의 간극은 그의 시를 화해와 균열의 공간으로 동시에 내몬다. 등단작 「달밤」에서 그려보였던 합일의 공간은 열악한 해방기 현실 속에서도 여전히 지속된다. 이러한 경향은 아동문학 매체에 발표된 작품에서 주로 나타난다.

> 발가숭이 겨울이 하느님도 가엽든지
> 보기도 따수로히 옷을 고루 입히시네
> 추워서 울던 전선도 잠이 인제 드나바
>
> 울룩 불룩 하던 길도 평평히 고와지고
> 더럽던 거름터도 딩구러 보고싶다
> 잎트고 꽃필때까지는 녹지말고 있거라
>
> 너무도 깨끗해서 참아 발을 못옴기고

29) 김윤식, 『(속)한국 근대작가론고』, 일지사, 379쪽.

얼만지 눈을맞고 눈사람이 되고보니
저절로 착한마음씨 가저질상 기쁘다

풍년이 들겠다 할아버지 좋아시고
나무 없음을 어머니 걱정하고
누나는 신트집하고 할머니는 졸은다[30)]

위의 작품은 『새싹』지에 발표된 「눈오는 저녁」이다. 이 시조는 「달밤」의 세계가 아동을 대상으로 변주된 작품으로 생각될 만큼 흡사하다. 아동의 눈으로 바라보는 세계는 눈 내린 풍경과 자아가 하나로 융합된 행복한 공간으로 제시된다. 화자가 바라보는 세계는 따뜻하고 평화롭다. 자연의 큰 질서 속에 어떠한 불화(不和)의 조짐도 없다. 어린이 화자의 눈에 비친 '눈 오는 저녁'의 세상 모습은 행복하기 그지없다. '낙동강' 주변의 마을을 대상으로 한 「외갓집」(『아동』 3호, 1946.6)의 경우도 마찬가지이다. 여기서도 세계는 균열되거나 분리되지 않은 채 평화롭고 융합된 공간으로 가득 차 있다. 이러한 세상의 모습을 이호우는 주로 할머니나 외할머니의 졸음으로 표현한다. 「외갓집」에서도 "살구꽃 그늘 속에 외할머니 졸으신다"[31)]란 시구를 사용함으로써 졸음은 화목과 평화의 객관적 상관물로 제시되고 있는 것이다. 이호우

30) 이호우, 「눈오는 저녁」, 『새싹』, 1947.4.10; 민병도 · 문무학 편, 『이호우시조전집—차라리 절망을 배워』, 그루, 1992, 201쪽.

31) 이호우, 「외갓집」, 『아동』 3호, 1946.6.20; 민병도 · 문무학 편, 앞의 책, 202쪽. 「외갓집」의 원문을 제시하면 다음과 같다. "외갓집 있는 마을 고기잡이 좋은 마을 / 오이랑 수박이랑 강낭이랑 많은 마을 / 방학날 오기만하고 누나하고 가려니 // 저멀리 어둠속에 불이 한 개 반짝이네 / 외할머니 불공하던 절이한번 가고저라 / 달없는 이런 밤에는 부처님도 심심하랴 // 살구꽃 그늘 속에 외할머니 졸으시네 / 꼬꼬꼬 애미소리에 날며 뛰며 병아리들 / 싹트는 상추밭골에 삐악삐약 해친다 // 굽벅 놀란드시 깨어다가 졸으신다 / 조오 좋으시고 다시 굽벅 졸으신다 / 꼬꼬꼬 애미를 따라 병아리가 뛰간다"

는 살구꽃, 할머니의 졸음 등을 통해 유토피아적 낙원의식을 그의 시조에 즐겨 드러낸다.[32)]

그러나 이러한 자아와 세계가 하나된 합일의 공간은 오래 지속되지 못한다. 세계와의 불화에 시달리는 시적 자아가 그의 시에 자주 등장하면서 해방기의 이호우 시조는 화해와 균열의 세계를 동시에 드러내 보였다. 이러한 균열의 공간은 세계와 분리된 자로서의 자아의 고독과 울음으로 흔히 나타난다.

얼마나 아름다운 여신의 숨결이기
이江山 이다지도 푸르고 따사로뇨
새하얀 옷자락들이 나래인양 가벼라

아련히 실버들은 春香의 꿈이짙고
미나리 살진골에 피리소래 연연하다
胡胡나라 강낭밭에도 봄은온가 님이여

님이 보냈으리 저하날 종달새는
노래만 전할뿐이 그기약은 말없고나
이봄도 杜鵑花 처럼 홀로붉다 지리가

32) 이호우의 동생인 이영도의 시조에도 할머니가 주요 제재로 등장한다. 이호우 남매에게 할머니는 가족의 중요 구성원으로 자리잡고 있음을 알 수 있다. 아래는 이영도의 「제야(除夜)」(『죽순』 제1집, 1946.5, 14~15쪽) 전문이다. "밤이 깊은데도 그잠을 잊은듯이 / 집집이 부엌마다 기척이 멎이않네 / 아마도 새날맞이에 이밤 새우나 보다 // 아득히 그리워라 내고향 그모습이 / 새로 바른 등에 참기름 불을 켜고 / 祭床에 祭物을 두고 밤새기를 기다리리 // 수무해나 지났고나 어리든 그시절에 / 떡가래 쓰리시며 늙으신 할머니가 / 눈썹센 傳說을 풀어 이밤 새우시더니 // 할머니는 가오시고 새해는 도라오네 / 새로운 이 산천에 빛이한결 찬란커라 / 어떠한 古談을케며 이밤들을 새우노"

그 무삼 원함임에 이 가슴을 겨눴드뇨
사랑의 모진활촉 견딜사록 따가워라
질기얄 봄이요청춘을 짐승같이 우니라[33)]

『죽순』 창간호(1946.5)에 실린 「춘한(春恨)」은 따뜻한 봄의 정경과 대비되는 화자가 겪는 사랑의 아픔을 그려내고 있다. 실연한 화자의 아픈 마음은 화사하고 따뜻한 봄날과 대비되어 부각된다. 이 시조에 쓰인 어구들이 풍기는 전체적인 색조는 가볍고 부드럽다. 푸른 강산, 새하얀 옷자락 등 해방이 빚어내는 넘실거리는 봄가락이 시적 공간에 넘쳐난다. 그러나 이러한 자연적 풍물도 님과 소통하지 못하는 자아에게는 아무 소용이 없다. 실연의 아픔을 더욱 애절하게 드러내는 계기가 될 뿐이기 때문이다.

『죽순』 4집 이후 이호우 시조에서는 밝음의 색조가 차츰 사라지고 갈등하는 화자의 모습이 더욱 많이 등장한다. 이는 해방 직후의 현실과 자신의 이념이 합일되지 못하고 있음을 보여주는 것이라 할 수 있다. 주정적 감정을 가진 청년의 감상이라 볼 수도 있지만 이후 지속적으로 현실과 불화하는 이호우의 이력을 통해 볼 때 현실비판적인 시의 경향은 이때부터 시작되었던 것으로 보인다. '주자학적 세계관' 또는 '유가적 이념'이 그의 시의 바탕이 되었다고 한다면 이호우가 현실과 유토피아 사이에서 갈등하고 고민하는 것은 당연하다고 할 수 있다. 당위적 세계를 지향하는 유토피아 의식은 그의 작품에서 원형적 공간에 대한 원망(願望)으로 나타나거나, 그렇지 못한 세계에 대한 불화의 양상으로 나타나게 된다. 이후 이호우는 '문장파'가 빚어내는 골동, 고전적 아취의 세계에서 벗어나 현실에 대한 치열한 정신의 세계

33) 이호우, 「춘한(春恨)」, 『죽순』 제1집, 1946.5, 24~25쪽.

로 치닫게 된다. 이것은 다른 시인들에 비해 그만큼 당위에 대한 유토피아적 갈망이 컸기 때문이라 볼 수 있다.

3) 전선 매체와 의지의 공간

이호우는 1952년 『대구매일신문』 문화부장, 논설위원을 지내는 등 주로 지역에서 언론, 문화 방면에 종사하면서 한국전쟁기를 보내었다. 특히 한국전쟁 직전 그는 개인적으로 큰 고난을 겪었다. 그것은 1949년 남로당 관련 혐의로 군법회의에서 사형을 언도 받았다가 1950년 대통령 비서실장이었던 시인 김광섭의 도움으로 겨우 무죄 석방된 일을 말한다. 또한 1955년 시조 「바람벌」로 반공법에 저촉되어 기소되는가 하면, 1958년 KNA기 납북사건 때는 『매일신문』 사설로 필화사건을 당하기도 하였다. 1960년 경북반민주행위자 조사위원회 위원으로 활동하다 이후에는 일체의 공직에 나가지 않았다.[34] 이러한 이력은 한국전쟁 이후 이호우의 삶이 평탄하지 않았음을 보여준다. 군법회의에 회부될 정도의 큰 사건을 겪으면 보통 사람은 보신을 위해 철저한 체제순응주의자, 아니면 어정쩡한 기회주의자가 되기 십상이다. 그러나 이호우는 그러한 삶을 택하지 않았다. 그는 현실과의 타협이 주는 안정을 거부하고 부당한 현실과 맞서게 된다. 세계와의 불화는 자신의 기질[35]과 부합되는 것으로, 한국전쟁 전후 그의 시조에 자

---

34) 민병도 · 문무학 편, 앞의 책, 219~221 참고.

35) 이호우는 아버지가 군수로서 전근을 다녔기에 어린 시절부터 한학자였던 할아버지 밑에서 성장하였다. 이호우가 유가적 가풍 속에 선비정신을 익힌 것은 자연스러운 일이었다고 할 수 있다. 김윤식은 이호우가 해방공간의 좌 · 우익 이데올로기와 6 · 25의 소용돌이, 그리고 자유당 치하의 불의에의 저항에 늘 참가하고 있는 것은 한국적 선비의식의 전형적 발로라고 본다. 난초와 수선, 혹은 고서를 쓰다듬고 즐기는 문인화적인 세계에 속하는 이병기의 사장파적인 선비의식과 구분되는 도학파적인 선비의식이 이호우 시조의 세계이며, 이는 단수형 시조의 창작으로 나타났다는 것이다.(김윤식, 「주자학적 세계

아의 고뇌와 갈등을 더욱 많이 드러내는 원인이 된다. 현실과의 치열한 대결 내지 비판의식은 그의 시를 소위 '정신의 가열성'으로 치닫게 하는 계기가 되었다.

이호우는 한국전쟁 중 육군종군작가단(1951.5.26 결성)에 1952년 5월 16일 윤석중, 유치환, 손소희, 하대응 등과 함께 가입[36]하는 등 반공 호국 전선에 직접적으로 참가하게 된다. 한편 문총구국대에서 발간한 『전선시첩』 1집에 발표한 「지옥도 오히려」는 한국전쟁기 이호우 시조의 편력을 살피는 데 「깃발」과 더불어 검토해야 할 작품이라 할 수 있다.

> 일찍 어둠을 타 나라를 좀 먹던 무리
> 이제 외람히도 강토마저 범하도다
> 이 나라 밝은 햇빛이 두려웁지 않느뇨
>
> 차마 겨레기로 피를 이은 겨레기로
> 깨닫고 돌아옴을 기두려 믿었도다
> 너 무슨 罪苦의 씨기로 끝내 배반하느뇨
>
> 지옥도 하늘이 베푼 마지막 은혜러니
> 오히려 사랑으로 칼을 들었도다
> 보아라 8월 창공에 휼날리는 깃발을[37]

『전선시첩』은 문총구국대가 편집하고 국방부 정훈국에서 펴낸 전선 매체인데 한국전쟁 초기 긴급히 출판되었다. 1집의 경우는 제대로

관과 시조양식」, 『한국 근대문학사상사』, 한길사, 512~518쪽 참고)

36) 한국문인협회 편, 『한국문학 20년』, 정음사, 1966, 92쪽.

37) 문총구국대 편집, 『전선시첩』 1집, 국방부정훈국, 1950, 34~35쪽.

된 단행본의 모습을 갖추지도 못하였다. 『전선시첩』은 "반공주의를 기반으로 전선 미디어의 최전선에 던져진 시문학 매체"로, 시가 하나의 병기가 되고 탄환이 된다는 미디어의 전략을 구사하고 있었다.[38] 『전선시첩』의 경우 『죽순』의 편집인이었던 이윤수가 편자의 책임을 맡게 됨으로써 이호우는 자연스레 작품을 발표할 수 있었던 것으로 보인다. 더구나 2집부터는 문총구국대 경북지대의 이름으로 발간됨으로써 대구 · 경북지역 작가들이 쉽게 참여할 수 있는 전선 매체로 자리 잡았다. 한국전쟁 직전 남한은 이승만 대통령이 제창하는 '일민주의'를 통해 국민의 사상적 통일과 단합을 도모하였다. 한국전쟁을 겪으면서 신생정부가 주도하는 것과 다른 모든 이념을 배척하게 되는데, 이러한 이념의 밑바탕에 반공주의를 기반으로 한 국가주의 이데올로기가 자리 잡고 있었다. 이러한 역사 현실 앞에서 이호우의 「지옥도 오히려」는 상대에 대한 강한 적대적 시선을 내 보이고 있다. 1949년 남로당 관련 협의로 군법회의에서 사형을 언도받은 바 있던 이호우로서는 이 작품을 통해 자신의 사상적 입지를 분명히 밝혀 보이고자 했을 수도 있다. 이호우는 6 · 25전쟁이란 것이 같은 겨레 간 일어날 수 없는 비극임을 인식하고, 적을 응징할 결집된 힘을 '흩날리는 깃발'로 드러낸다. 이호우가 한국전쟁 이후 반공법 위반이나 필화 사건으로 지속적인 고난을 받았던 것을 생각하면 반공주의 시선에 입각한 이 시조는 이호우로서는 의외의 작품이라 할 만하다. 오히려 이 작품이 '주자학적 세계관'에 기반을 둔 이호우가 근본적으로 공산주의자가 될 수 없음을 보여준 증좌라 할 수도 있다. 그러나 적개심을 직접적으로 표출하는 이러한 방식은 시조시인 이호우에게 적합하지 않았기에 '깃발'을 표상화하는 방식으로 더 나아갔던 것이다.

38) 박용찬, 「한국전쟁 전후 문학 매체의 현황과 성격 연구」, 『어문론총』 50호, 2009, 265쪽 참고.

깃발! 너는 힘이었다. 일체를 밀고 앞장을 섰다.
오직 승리의 믿음에 항시 넌 높이만 날렸다.
이날도 너 싸우는 자랑앞에 지구는 떨고 있다.

온 몸에 햇빛을 받고 깃발은 부르짖고 있다.
보라, 얼마나 눈부신 절대의 표명인가.
우러러 감은 눈에도 불꽃인양 뜨거워라.

어느 새벽이드노. 밝혀든 횃불 위에
때묻지 않은 목숨들이 비로소 받들은 깃발은
星霜도 범하지 못한 아아 다함없는 젊음이여.[39)]

지금까지 이호우 시조를 논하면서 논자들은 대부분 『깃발』의 정신적 가열성에 대해서만 주로 이야기하였다. 「깃발」을 제대로 이해하기 위해서는 이 작품이 실린 『전선문학』이란 매체를 좀 더 주목해야 할 필요가 있다. 전시상황 속에서 『전선문학』은 국가 이념의 보급 수단 내지 도구로 기획된 매체였다. 『전선문학』은 육군 종군작가단의 기관지로서 "일선 장병의 사기를 헌앙(軒昻)케 하고, 총후 국민의 전의를 앙양케 하는 특별임무"[40)]를 안고 탄생된 매체였다. 반공주의와 국가주의를 기반으로 하는 이러한 매체를 편집하는 편집진이나 작품을 투고하는 작가는 매체의 미디어 전략을 고려하지 않을 수 없다. 『전선문학』 자체가 한국전쟁에서 승리하기 위해 기획된, 계몽매체에 가까웠다면, 이 지면, 더구나 창간호에 실린 「깃발」이 가지는 성격은 이미 규정된 것이라 할 수 있다. 그러나 이호우는 앞서 발표한 『전선시첩』의

39) 이호우, 「깃발」, 『전선문학』 1호, 육군본부종군작가단, 1952.4, 26쪽.
40) 최독견, 「창간사」, 『전선문학』 창간호, 육군분부종군작가단, 1952.4, 9쪽.

「지옥도 오히려」와는 달리 대상을 표상화하는 방식을 선택함으로써 그의 시적공간을 넓혀 나간다. 전시란 위급상황은 전체를 위해 개인이 기꺼이 희생되지 않으면 안 되게 만든다. '밝혀든 횃불 위에' 높이 나부끼는 '깃발'은 개인을 호명한 국가의 이념이자 표상이기에 범접할 수 없는 위엄을 갖추고 있다. 여기서 '깃발'은 '힘', '불꽃', '젊음'으로 각기 은유되면서 절대적 표상으로 자리잡게 된다. 이호우는 반공주의 문학이 흔히 드러내는 상대에 대한 노골적인 적대감이나 혐오감을 드러내는 대신 '깃발'이란 표상에 숭고한 감정을 덧입힌다. 승리만 믿고 언제나 높이만 날리는 '깃발'은 때묻지 않은 목숨들이 바치고 있는 절대 순수의 표백이다. 전선 매체가 요구하는 미디어 전략에 부합하기 위해 이호우는 누구도 범접할 수 없는 영원의 공간에 '깃발'을 표상으로 내세우고 있는 것이다. 이는 '깃발'이란 표상을 통해, 그것을 숭고한 이념으로 격상시켜 보이는 것이라 할 수 있다. 이호우는 이러한 방식을 통해 전선 매체가 요구하는 반공주의 전략에 부합하면서도 선비로서의 자신이 가진 치열한 정신의 세계를 지켜나가고자 하였던 것이다. 이후 이호우는 「깃발」에서 보여주었던 가열찬 정신의 세계를 다방면으로 확장시켜 나갔는데, 「바람벌」이나 「개화」, 「휴화산」의 공간이 그러한 것이라 할 수 있다.

3. 결론

본고에서는 이호우 시조의 변모 및 그 특징을 작품이 발표된 매체와의 연관성 속에서 살펴보고자 하였다. 이러한 연구 방법은 매체의 편집 방향이나 전략의 바탕 위에서 그의 작품을 검토한다는 것을 의미한다. 발표 매체와 작품간의 상관성을 주목하다 보면 작품에 작동되고 있는 미디어 전략이라든지, 매체에 투고하는 창작자의 심리 같은 것을 해명할 수 있게 된다. 이호우는 대구 · 경북지역에 주로 거주하면서 『문장』, 『죽순』, 『새싹』, 『아동』, 『영문』, 『전선문학』, 『전선시첩』 등의 매체에 작품을 주로 발표하였다.

이호우는 『문장』지의 시조 추천 책임자였던 이병기의 시조학과 『문장』의 미디어적 속성에 부응하는 「달밤」을 썼다. 「달밤」은 자아와 세계가 합일된, 원초적 충족성이 가득찬 세계를 그려냄으로써 '문장파'의 정신을 구현하였다. 전통적이고 민족적인 것이 소멸되어가는 결핍과 부재의 시기에 이호우는 자아와 세계가 하나된 삶의 원형적 공간을 제시해 보였던 것이다. 이러한 세계는 유가적 가풍 속에 성장한 이호우의 정신세계와 일치되는 것이기도 했다. 해방직후 이호우는 대구에서 발간되는 각종 문학 매체에 작품을 발표하면서 본격적인 시조시인으로 성장하였다. 『죽순』, 『새싹』, 『아동』, 『영문』 등의 문학 매체는 이호우의 시조 창작에 직접적 영향을 미치지는 않았지만 대체로 발표 매체에 부합하는 성향의 작품을 창작하는 계기는 되었다고 할 수 있다. 대구지역의 순문예동인지에 가까운 『죽순』지에 주로 세계에 감응하는 개인의 정감을 읊는 시조를, 『새싹』, 『아동』 등의 어린이 대상 잡지에는 동심이 가득찬 아동의 세계를 그린 시조를 실은 것 등이 그것이라 할 수 있다. 특히 『죽순』지는 이호우가 본격적인 시조시인으로 성장해 갈 수 있었던 발표의 장(場)으로 중요한 의의를 지닌다. 해방기 이호우는 그의 시조에 화해와 균열의 공간을 동시에 제시해 보였다. 화해의 공간은 주로 어린이 대상의 시조에 '살구꽃', '할머니의 졸음' 등의 객관적 상관물을 통해 나타났으며, 균열의 공간은 주로 세계와 화합하지 못하는 분리된 자로서의 자아의 고독과 울음으로 나타났다. 한편 한국전쟁기 이호우 시조의 발표 매체였던 『전선시첩』과 『전선문학』은 전시상황 속에서 국가이념의 보급 수단 내지 도구로 기획된 매체였다. 이들 매체 자체가 한국전쟁에서 승리하기 위해 기획된 계몽매체였기에, 여기에 발표된 「지옥도 오히려」나 「깃발」은 매체의 편집 방침이나 전략에 부응한 작품이었다고 할 수 있다. 「지옥도 오히려」에서는 상대에 대한 노골적인 적대감이나 혐오감을 드러내기도 하였지만, 「깃발」에서는 누구도 범접할 수 없는 영원의 공간에 '깃발'을 표상화하는 방식을 택하였다. 이는 '깃발'이란 표상을 통해, 그것을 숭고한 이념으로 격상시켜 보이는 것이라 할 수 있다. 이호우는 이러한 방식을 통해 전선 매체가 요구하는 반공주의 전략에 부합하면서도 선비로서의 자신이 가진 치열한 정신의 세계를 지켜 나가고자 하였던 것이다.

이후 이호우는 「깃발」에서 보여주었던 가열찬 정신의 세계를 다방면으로 확장시켜 나갔는데, 「바람벌」이나 「개화」, 「휴화산」의 공간이 그러한 것이라 할 수 있다. "끝까지 나의 시를 쓰겠노라"[41]는 이호우 자신의 고백처럼 그는 가람을 넘어 독자적인 시조시학을 개척해 나갔던 것이다.

41) 「자화상실」, 『죽순』 2집, 1946.8, 47쪽.

제2부
시문학 매체의 구성담론과 이념

/ 1장 /

해방기 시문학 매체에 나타난 시적 담론의 특성

서, 발, 후기를 중심으로

1. 서론

해방기는 다른 어느 시기보다 많은 문학 매체가 발간된 시기였다. 신문, 잡지, 단행본 등의 문학 매체들은 이 시기 공론장을 이끌어가는 핵심 출판물이라 할 수 있다. 출판과 더불어 근대문학의 장이 형성되었다는 점을 염두에 둔다면, 이 당시 출판된 매체들의 성격이나 그것에 실린 주된 담론들을 살펴보는 것은 이 시기 문학의 특성을 해명하는 하나의 실마리가 될 수 있을 것으로 생각된다.

해방기는 임화의 말을 빌리면 "온통 노래의 시대요, 시의 시대"[1]라고 할 수 있다. 이는 이 시기가 시가 홍성한 시대임을 지적한 것이며,

1) 임화, 「서」, 『대열』(김상훈 시집), 백우서림, 1947, 8쪽.

사실 이러한 시기적 특성에 걸맞게 다른 어느 시기보다 많은 시집이 출판된 사실이 이를 입증한다. 해방기의 출판 상황을 비교적 자세하게 다루고 있는 『출판문화−특집 출판대감』 7호는 이 시기의 시집으로 엔솔로지 11권, 개인시집 56권의 목록을 제시하고 있다. 그러나 이는 이 당시 발간된 시집의 일부 목록에 지나지 않는다. 한편 하동호는 1945년부터 1949년까지 창작시집 167권, 번역시집 14권이 발간된 것으로 해방기 시집을 정리하고 있다.[2] 이 또한 새로운 자료 발굴로 인해 추가될 가능성이 있다. 우선 이 자료를 기준으로 하더라도 일제강점기에 나온 창작시집 154권에 비해서 해방 4년 동안 167권의 시집이 출판된 것은 획기적인 일이라 할 수 있다.

지금까지 해방기 시 연구에서 시 텍스트를 중심으로 한 논의는 많이 이루어졌으나[3] 시문학 매체의 출판 상황 및 그것을 둘러싼 담론들에 대한 접근은 거의 이루어지지 않았다. 본고는 이러한 점에 착안하여 해방기 시문학 매체를 둘러싼 규율과 검열의 문제를 중심으로 해방기의 출판 상황을 점검하고, 이러한 상황에서 생산된 시집들에 나타난 시적 담론의 특성을 살펴보고자 한다. 시집에 실린 작품들은 시인들의 의식세계가 투영된 기호들이 변주된 것이라 할 수 있다. 달리 말하면 시인들의 욕망이 시어란 기표를 통해 현현(顯現)되고 있는 것이다. 그런데 본고에서 주목하고자 하는 것은 시집에 실린 후기나 서문, 발문 등이다. 시인들은 이들을 통해 자신의 작품이나 대상에 대한 태도를 직접적으로 언술한다. 지금까지 시집의 후기나 서문, 발문 등을 헌사(獻詞) 정도로 가볍게 취급하는 경우가 많았다. 많은 연구자들이 후기

---

2) 하동호, 「한국 근대시집총림서지정리」, 『한국학보』 제28집, 일지사, 168~174쪽.
3) 김용직, 『해방기 한국시문학사』, 민음사, 1989; 신범순, 「해방기 시의 리얼리즘 연구」, 서울대 박사논문, 1990; 이기성, 「해방기 신진시인 연구」, 이화여대 석사논문, 1991; 박용찬, 「해방기 시의 현실인식과 창작방법 연구」, 경북대 박사논문, 1997; 우대식, 「해방기 북한 시문학 연구」, 아주대 박사논문, 2001.

나 서문, 발문 등을 시 텍스트를 설명하기 위한 보조 자료 정도로 다루었다. 이 시기 시의 층위를 제대로 구명하기 위해서는 시 텍스트를 감싸고 있는 다양한 담론들을 살펴볼 필요가 있다. 그러므로 시인의 직접적 언술을 담고 있는 서, 발, 후기 등은 이 시기 글쓰기의 방향성이나 매체의 구성 전략을 담고 있다는 점에서 중요하다고 할 수 있다. 여기에는 시인 자신의 내면풍경이나 시대적 상황 속에서의 자신 또는 타자의 시 쓰기 전략 등이 일부 노출되어 있기 때문이다. 시인들의 시 쓰기 전략은 주로 시 텍스트에 내면화되어 있지만, 짧은 소회(所懷)를 나타내는 서, 발, 후기 등에 그것은 더 직접적으로 드러나기 쉽다. 특히 서, 발, 후기 등은 시문학 매체인 시집에 대한 자신이나 타인의 문자행위에 대한 직접적 언술이라 할 수 있다. 그러므로 특정한 시기를 배경으로 발화된 이러한 언술은 자신의 글쓰기나 매체 구성 전략을 직접적으로 드러내 보여주는 단초라고 할 수 있다. 이들 언술에 대한 접근은 그들이 가진 이데올로기적 부문뿐만 아니라 주체의 글쓰기에 대한 인식적 측면을 밝히는 데 도움을 줄 수 있을 것으로 기대된다.

2. 해방기 출판계의 상황과 시문학 매체

해방기 시문학 매체의 생산과 구성 담론을 살펴보기 위해서는 먼저 이 시기의 출판 상황을 점검해 볼 필요가 있다. 이 당시 시문학 매체에는 해방기의 출판 상황과 그 당시의 규율, 그리고 작가들의 다양한 의도가 숨어 있다고 할 수 있다. 해방기의 출판 상황을 잘 보여주는 자료로 이 시기에 발간된 각종 연감을 들 수 있다. 그 중에서도 조선

출판문화협회에서 발간한 『출판문화 7집—출판대감』은 출판에 관한 정황 및 이 시기의 출판 자료를 직접적으로 제시하고 있어 많은 시사점을 제공한다. 이 책에 실린 김창집의 「출판계의 4년」은 해방기 출판계의 전체적 면모를 보여주고 있다는 점에서 그 의의가 있다.

> 해방 후에 우리 한국의 출판계는 다른 어느 부면보다도 가장 활발하게 움직이었고 또한 그 업적도 찬란한 바 있다고 할 수 있다. 오랫동안 일정(日政)의 압박 아래서 언론 출판의 자유를 누리지 못하여 우리의 문화를 살릴 길이 없던 비참한 환경에서 자유 해방을 얻자 가장 씩씩하게 신문화 건설의 발걸음을 나오게 되어 속속 신문 잡지가 발행되고 출판사가 우후죽순 같이 생겨 각각 도서가 출판되었다. 해방 4년 동안의 정치, 경제, 문화 등 각 방면의 업적을 돌아보면 문화 방면에서도 출판계가 가장 뚜렷한 활약면을 보여주었고 그 공적도 다대하다고 할 수 있다. 용지난, 인쇄난 등 여러 가지 난관으로 더불어 고투를 거듭하여 왔지마는 4년 동안에 해마다 천 종의 도서를 수백만 부씩 출판하였다. 이제는 경향 각 서점에 우리의 글로 된 도서가 꼭꼭 채워져 있고 각 학교 각 가정에서는 우리 글로 출판된 도서를 읽고 있다. 이제 우리의 말과 우리의 글은 자유로이 사용되고 우리의 예술과 우리의 역사와 우리의 정신은 찬란하게 발휘되고 있다.[4)]

김창집의 글에서 볼 수 있는 것처럼 해방기는 가히 출판의 홍수시대라 할 만하였다. 그 결과 단행본 외에도 수많은 잡지와 신문 등이 발간되었다. 이것은 해방이 가져다 준 언론의 자유가 출판계에 미친 영향 때문이라 할 수 있다. "억압, 착취, 암흑의 철쇄(鐵鎖)가 끊어지던 날", "백화난만하게 족출(簇出)하는 출판물"[5)]은 해방의 기쁨과 요구를

---

4) 김창집, 「출판계의 4년」, 『출판문화 7집—출판대감』, 조선출판문화협회, 1949, 4쪽.
5) 『1947년 조선년감』, 조선통신사, 1946, 278쪽.

그대로 보여주었던 것이다. 해방 이전만 하더라도 일제는 신문지법, 출판법 등을 통해 검열을 통한 미디어 '관리'라는 식민정책을 구사하고 있었다. 그래서 미디어 개방이라는 일제의 표면적 정책에도 불구하고 강화된 감시와 규제 속에서 자유로운 출판문화가 형성될 수 없었던 것이다.[6] 그러나 해방은 이러한 검열이란 규율을 걷어냄으로써 언론과 출판의 자유를 구가하게 만들었다. 이 당시의 출판 상황을 좀 더 구체적으로 보여주고 있는 것이 『조선해방1년사』에 실린 「출판계의 1년」이다.

> 36년간 일제의 살인적 폭거는 언론의 완전한 봉쇄에 있었다. 3천만이 품고 있는 불평불만은 각자의 가슴 속에 가슴이 터지도록 가득 차 있었다. 8월 15일은 봇물을 터놓은 물결과 같이 언론출판의 홍수가 터졌었다. 그러나 일제의 정치적 압력은 물러갔지만 일제가 남기고 간 여독으로 출판계는 소기의 성과를 거두지는 못하였다. 첫째로 국문활자가 없었다. 일제의 조선어말살 정책은 국문활자가 대부분의 인쇄소에서 없어졌었다. 그래서 단행본을 짤 만한 국문활자를 구비한 곳이 극소수였었다. 이것을 정비할 수 있는 주조기, 자모가 있던 곳도 국문활자를 정비할 때까지는 수개월의 시일이 필요하였고 주조기 자모가 없는 곳은 상금(尙今)도 정비되지 못하고 있는 형편이다. 둘째로 용지가 결핍한 것과 인쇄자료의 불비가 있다. 셋째로 경영계의 혼란으로 인쇄공장이 전면적으로 운용을 보지 못한 것 등의 원인으로 아직도 인쇄물의 홍수 같은 민중으로부터의 요구를 만족시키지 못하고 있다. 이상과 같이 서적에 대한 민중의 갈망과 객관적으로 횡재(横在)한 제약에도 불구하고 필자가 조사한 바에 의하면 38도선 이남의 남조선에서만도 202종(1946년 7월 5일 현재)의 단행본이 나

6) 식민지 미디어에 관한 검열체제는 한기형, 「문화정치기 검열체제와 식민지 미디어」, 『대동문화연구』 51집, 성균관대 대동문화연구원, 2005.9, 69~102쪽 참고.

왔다. 이중에서 좌익서적이 66종이 나왔는데 이것이 최고를 점하였고 그 다음에는 시, 소설 등이 31종이고 국어 즉 한글이 15종, 국사가 9종, 영어 학습책이 9종(노어 1종, 중국어 1종에 비해서 압도적) 새 창가(유행가 합하여) 6종 등의 순서인데 정감록이 있는데 정감록이 나와서 상당히 돌고 있다는 것은 그만한 미신층이 있다는 것을 의미하는 것이다. 김일성장군전, 안중근사기, 성웅이순신 등도 있는 한편 친일파의 비애, 대한독립운동사 등도 상당한 독서층이 있는 것을 잊어서는 안 된다. 그런데 이렇게 건국의 정치적 이념에 관계되고 있는 여러 가지 책자가 발행되고 있는데 비하야 과학에 관한 것은 의료에 관한 1책이 있을 뿐인 것은 3천만 인민이 모다 우리 정부 수립에의 자주독립국가로서 완성에 전력을 다하고 있다는 것으로 보여진다.[7)]

해방기의 출판계는 용지난, 인쇄난 등으로 그 출판 환경이 어느 때보다 열악하였다고 할 수 있다. 그럼에도 이 시기가 다른 어느 시기보다 출판물의 홍수를 이룬 것은 해방기 민중들과 지식인들의 새나라에 대한 기대와 새로운 지식을 배우고자 하는 열망이 혼재되어 나타났기 때문이라 할 수 있다. 해방이 되자 우리말이나 우리 역사에 대한 교재, 문학작품집 뿐만 아니라 여러 계몽 서적, 정치 팜플렛 등이 우후죽순처럼 쏟아져 나왔다. 이들이 공론장의 여론을 이끄는 중요 매체로 등장하면서 이 시기 계몽의 역할을 주로 수행하게 된다. 물론 출판, 언론에 대한 자유가 무한정 계속된 것은 아니었다. "군정법령 19호에 의하면 잡지는 등록과 함께 10일 전 납본만으로 발행할 수 있었는데 비해, 1946년 5월 29일에는 미군정에서 법령 83호를 발포(發布)해서 정기간행물은 6월 30일까지 허가"[8)]를 얻도록 조치하였다. 이것은 잡지의

7) 민주주의민족전선 편, 「출판계의 1년」, 『조선해방1년사』, 문우인서관, 1946, 382~383쪽.
8) 김근수, 『한국잡지사』, 청록출판사, 1980, 258쪽.

발간을 등록제에서 허가제로 바꾼 것을 의미한다. 한반도에 진주한 미·소 군정은 해방 1, 2년이 지나면서 그들의 정책에 이반되는 출판물에 대해 통제와 검열을 가하기 시작하였던 것이다.

> 출판문화를 통제하고 있는 군정 당국의 출판정책은 1947년 3월 신문 잡지 등 간행물의 허가권이며 상무부로부터 공보부로 이양되고 나서부터 점차로 구체화되기 시작하였다. 즉 동 3월 27일부 공보부령으로 나온 정기간행물의 신규허가 정지령은 최초의 그것이었다. 여기서 일간신문은 10일간, 주간은 3주일간 등등 정기간행물 휴간의 한도를 정한 것은 자칫하면 기계적으로 해석되어 납본을 위한 간행, 혹은 명맥도 없는 일부 간행물의 연명을 도와줄 뿐으로 되었으며 사회적 정세에 발맞추지 못하는 일부 간행물에게는 치명적 타격을 주는 것이었다. 출판물에 대한 감시도 치밀하게 되어 주간 잡지 『민성』에 대한 압수처분, 경찰당국이 시집 『찬가』 등 단행본을 압수 삭제한 것은 거기에 응당한 법적 근거는 차치하고라도 출판문화계에 있어서는 또 다시 쓰라린 수난의 기록이 아닐 수 없다. 이러한 관계 당국에 뚜렷한 처결권을 부여하는 「정기간행물법」이 9월 19일 입법위원을 통과하자 언론출판계가 총동원하야 일제(日帝) 신문지법의 소생이라고 반기를 들고 나선 것도 우연한 사실은 아닐 것이다[9)]

해방 직후 출판물의 폭발적인 증가가 지속되지 못한 사실은 미·소 군정의 통치정책의 변화와 밀접한 관련이 있다고 할 수 있다. 1946년 7월 조선공산당은 '정당방위의 역공세'란 구호 아래 '신전술'을 채택하게 되는데 이는 미군정과의 전면적 대결을 선언하는 것이었다. 이를 계기로 1946년 9월 좌익계 신문인 『조선인민보』, 『현대일보』, 『중앙

---

9) 『1948년판 조선년감』, 조선통신사, 1947, 373쪽.

신문』 등이 미군정의 포고령 위반으로 정간[10]되는 등 출판물의 통제 조치가 가시화되었다. 위의 글에서 보듯이 잡지 『민성』, 임화의 시집 『찬가』나 조벽암의 시집 『지열』 등이 미군정 당국으로부터 압수 처분을 당하였다. 『1948년판 조선년감』의 서술 태도를 볼 때 미군정에 맞선 진보적 문학운동 세력에게는 미군정의 언론출판통제 정책이 일제의 신문지법과 다를 바 없는 검열기제로 인식되었음을 알 수 있다. 38 이북의 경우도 마찬가지였는데 시집 『응향』 사건[11]은 그 대표적인 필화 사건이라 할 만하다. 원산문학가동맹이 편집한 시집 『응향(凝香)』이 북조선문학예술총동맹의 창작 지침을 충실히 따르지 않아 발생한 대표적 사건이었다. 이처럼 남, 북 양쪽 어디에서나 압수, 삭제가 빈번하여 시문학 매체의 경우 그 출간 여부조차 제대로 확인이 되지 않는 것도 있다. 『인민항쟁시집』의 경우를 예로 들어 볼 수 있다. 조선문학가동맹은 10월항쟁 관련 원고 모집을 하여, 그것을 기관지 『문학』(3 · 1기념 임시증간호, 1947.2)에 평론 1편, 시 2편, 소설 5편을 싣고 있다. 그런데 이 잡지의 편집 후기에 의하면 인민항쟁을 기념하기 위해 원고 마감을 한 결과 "극히 촉박한 원고 마감에도 시가 20여 편, 소설 16편이 들어왔다"[12]고 적고 있다. 이중 주목할 만한 언급은 시집 『인민항쟁』에 관한 기록이다. 시 20여 편 중 2편을 택하고 나머지는 별책으로 시집 『인민항쟁』을 발간한다고 편집후기는 전한다. 그런데 실제 이 시집이 발간되었는지는 불분명하다. 『1948년판 조선년감』은 "『인민항쟁시집』을 발간하였으나 당국의 제재로 발매 금지"[13]되었다

10) 『조선일보』(1946.9.7)(김남식, 『남로당 연구』 I , 돌베개, 1984, 237쪽 재인용)

11) 「시집 『응향』에 관한 결정서」와 백인준의 「문학예술은 인민에게 복무하여야 한다—원산문학가동맹편집 시집 『응향』을 평함」이 38 이남에서 볼 수 있는 응향 사건에 대한 구체적 자료이다. 『문학』 제3호, 조선문학가동맹, 1947.4, 71~82쪽 참고.

12) 「편집후기」, 『문학 3 · 1기념 임시증간호』, 조선문학가동맹, 35쪽.

13) 『1948년판 조선년감』, 조선통신사, 1947, 367쪽.

고 적고 있지만, 『인민항쟁시집』이 출판 도중에 금지되었는지, 아니면 배포 과정에서 발매 금지되었는지 지금으로서는 확인할 수 없다. 해방기 시집 출판의 내부 사정은 김상훈 시집 『대열』의 「후기」에도 잘 나타나 있다.

> 이 시집 제1부는 현실을 노래한 것이요, 제2부는 그의 연가, 제3부는 징용살이의 철창의 기록이다. 제1부에 좀더 박력이 있고, 상훈 자신의 아끼는 「항쟁 10월」, 「피의 기빨」 등 수편이 실려야 할 터인데 언론의 자유야 있어야 할 이 날에 정직한 소리가 빠져야 하는 것은 가슴 아픈 일이다. 이 시집은 부수가 극히 제한되었다. 한정판이라든지 그러한 악취미는 절대로 아니다. 다만 우리들이 너무 가난해서 펴구 싶은 곳곳마다에 이르지 못할 것을 안타까워 한다. 그러나 이 책의 미화를 위해서 밤을 새워가며 표지를 그리던 박문원 동무의 성심과 마분지를 구해서 머리 우에 이고 먼 길을 달려오던 김사억 동무의 수고는 신명나면서도 눈물겨운 일이었다. 이렇게 가난한 속에서 이 시집은 군속스리 모양을 갖추었다.[14)]

위의 글은 유종대가 김상훈 시집 『대열』의 후기에 적은 글이다. 유종대의 발문에서 두 가지 점을 읽어낼 수 있다. 하나는 해방 이후에도 여전히 시집에 실릴 작품 선택이 자유롭지 못했다는 점이고, 다른 하나는 힘든 출판 상황 속에서 시집을 만드는 과정의 힘겨움과 즐거움이 잘 드러나 있다는 점이다. 어려운 상황에서도 시집 출판의 열기는 그 어느 때보다 왕성하였던 바, 이러한 시집 출판의 열기는 이 시기가 서정 장르인 시가 여타 장르보다 우위에 있었던 시기임을 말해 준다. "항시 변화하고 전진하는 시대의 촉각을 재빠르게 잡고 때로 역사의

14) 유종대, 「후기」, 『대열』(김상훈시집), 백우서림, 1947, 99쪽.

지향을 예고하"[15]는 시 장르의 특성과 해방기의 시대적 특성이 잘 부합하였기에 해방기는 다른 어느 시기보다 시가 흥성하였다고 할 수 있다. 이러한 시의 흥성은 결과적으로 "타 부문에 비하여 막대한 부수의 시집이 시장에 소화"[16]되는 결과를 가져왔다.

그런데 해방기에 출판된 모든 시집들이 시문학 매체의 구성 전략이나 글쓰기에 관한 직접적 언술을 담고 있는 것은 아니다. 서, 발, 후기가 없는 시집도 있으며, 있더라도 시집 발간의 단순 경위를 적은 것도 많다. 그러므로 서, 발, 후기에 글쓰기나 시적 담론에 관한 언술이 담긴 시집들이 본고의 주된 대상이 된다.

3. 서, 발, 후기에 나타난 시적 담론의 특성

1) 자기 고백의 언술과 시적 실천

시문학 매체의 중심은 시집이며, 시집들의 대부분은 시 텍스트들로 이루어져 있다. 시 텍스트 이외에 그것을 둘러싸고 있는 다양한 첨언들 또한 시집의 구성에 일정한 역할을 한다고 할 수 있다. 그 다양한 첨언들은 주로 서, 발, 후기 등의 형태로 시집 내부에 배치된다. 그런데 서, 발, 후기 등이 모든 시집에 골고루 배치되어 있지는 않다. 시집에 따라 서, 발, 후기 모두 없는 것도 있으며, 이들 중 일부만 있는 것도 있다. 이러한 서, 발, 후기 등에는 시 텍스트나 시인 각자의 창작방

15) 위의 책, 369~370쪽.
16) 위의 책, 371쪽.

법에 대한 직접적 언술이 담겨 있다. 시집을 구성하면서 행한 자신 또는 타자의 언술은 그들의 내면 모습과 글쓰기와 관련된 자기 행위를 직접적으로 드러내 보여준다는 점에서 주목을 요한다.

해방기 시집의 서, 발, 후기 등에서 가장 주목을 끄는 것은 시 쓰기에 대한 작가들의 자기 고백적 언술이다. 해방된 새로운 현실에서 글쓰기의 가장 큰 변화는 작가들이 다시 우리말로 사유하고 표현하게 되었다는 점이다. 일제 말기 '이중어 글쓰기' 공간을 경험한 작가들에게 우리말 글쓰기는 소중하고 감격스러운 것이라 할 수 있다. 조선어 대신 일본어를 쓰게 하는 일제의 언어말살 정책은 식민지 동화정책의 가장 근본적인 것으로 "민족의 가장 숭고한 넋이 깃들인 언어를 못 쓰게 하고 이적(異賊)의 말을 국어로 받들게 하여 우리 민족 소생의 이념을 짓밟게 하는 폭거"[17]라고 할 수 있었다. 일제 말기의 상황을 겪어 온 작가들의 시집에 이 시기의 삶의 행적 내지 새로운 시대의 시 쓰기에 대한 자신의 태도가 드러나는 것은 자연스러운 일이라 할 수 있다.

> 시는 내게 있어서는 이러한 스스로의 살아가는 문제의 조정의 수단에 지나지 않는다. 시인이란 사람의 사람으로서의 짐을 남달리 깊이 의식하고 자진하야 그것을 걸머지고 가는 무릇 미련하고 못나고 줄난 종족인 것 같다. 벗어 버리려면 못 버릴 것도 없다. 편한 길은 얼마든지 있는 것이다. 즘생의 생활에 한 걸음씩 더 가까이만 가면 그만일 터이다. 하지만 모두가 짐을 잊어버리고 또는 일부러 버리고 가는 것만 같아서 세속의 행렬에서는 가장 뒤떨어진 곳에 정신의 무거운 부담을 끄은 채 시대의 거센 물굽이를 간신히 헤치고 나갈 밖에 없다. 사납고 어지러운 시대일수록 그는 더 피로하고 슬프고 노엽고 초라하고 상기해야 하나 보다. 그러므로

17) R D 生, 「향연－조선말사전간행 축하대회 방청기」, 『문학』 제8호, 1948, 159쪽.

그는 항용 창황히 짐을 꾸리는 버릇이 있다. 까닭 모를 출발이 그를 몰아세는 때문이다. 욕스런 과거와 현재에 대한 끊임없는 결별—그것은 예술의 성장을 위한 윤리인 듯도 하다. 도약, 그것이야말로 가장 소중한 정신의 체조일지도 모른다. 모다 떳떳하고 훌륭하게 살아갈려는 몸짓이다.[18]

김기림은 이 글에서 시인의 정신을 논한다. 시를 통해 삶의 도약을 꿈꾸는 것이 시인이라면, 이러한 도약의 과정에 필요한 것은 "욕스런 과거와 현재에 대한 끊임없는 결별"의 정신이다. 끊임없는 정신적 대질(對質) 위에서만 '예술의 성장'도 '도약'도 있을 수 있다는 것이다. 그는 새로운 현실 앞의 글쓰기를 윤리와 정신의 문제로 이끌어 간다. 올바른 시 쓰기는 결국 "떳떳하고 훌륭하게 살아가려는 몸짓"에서 기인하고 있음을 그는 주장하고 있다. 김기림은 시집 『새노래』의 서문을 통하여 시에 대한 메타비평은 아니지만 시에 대한 자신의 생각을 구체적으로 드러내 보인다. 이러한 생각은 30년대 모더니즘 시인으로서의 김기림이 해방 직후 '새노래'를 부르게 되는 근본 동기이자 해방 직후 김기림의 시학의 출발점이 되는 것이다. 김기림은 시인 이전에 먼저 사람으로서 "세계와 인생에 대한 생각을 끊임없이 하나로 조직하고 바로잡으며, 또 거기 옳고 굵고 늠름하게 살아가는 마음의 태세를 갖추어가야 한다"[19]는 결론을 내린다. "야수적인 시대"[20]인 식민지 시기를 살아온 김기림으로서는 "새로운 내일"을 맞이하기 위해서는 "적당히 과거라는 진흙탕 속"[21]에 머무는 것을 용납할 수 없었던 것이다. 예술에 있어서도 인생에 있어서도 "욕스런 과거와 현재에 대한 끊임없는 결별"만이 새로운 출발의 몸짓이 될 수 있다는 것이다. 이것은

18) 김기림, 「새노래에 대하야」, 『새노래』, 아문각, 1948, 121~123쪽.
19) 위의 책, 121쪽.
20) 위의 책, 123쪽.
21) 위의 책, 126쪽.

식민지 시대란 힘든 시기를 거쳐온 작가들에게 철저한 자기 갱신의 정신을 통해서만 글쓰기의 진정성이 획득됨을 의미한다. '새노래'는 그냥 불리어지는 것이 아니라 엄정한 자기 결별과 비판의 토대 위에서 마련되어야 함을 그는 지적하고 있다. 김기림의 『새노래』에 투영된 시 쓰기 담론은 이용악에 오면 해방 전후의 자신의 행적에 대한 자기 고백적 언술로 이어진다.

> 여기 모은 시는 1939년부터 1942년까지 신문 혹은 잡지에 발표한 작품들이다. 초라한 대로 나의 셋째 번 시집인 셈이다. 1942년이라면 붓을 꺾고 시골로 내려가든 해인데 서울을 떠나기 전에 시집 「오랑캐꽃」을 내놓고저 했으나 뜻을 이루지 못했을 뿐만 아니라 그 이듬해 봄엔 모 사건에 얽혀 원고를 모조리 함경북도 경찰부에 빼앗기고 말었다. 8·15 이후 이 시집을 다시 엮기에 1년이 더 되는 세월을 보내고도 몇 편의 작품은 끝끝내 찾어낼 길이 없어 여기 넣지 못함이 서운하나 위선 모여진 대로 내놓기로 한다.[22)]

이 글은 이용악이 직접 쓴 그의 세 번째 시집 『오랑캐꽃』의 후기이다. 이 후기에서 이용악은 일제 말 자신의 행적 일부를 드러내 보이고 있다. 물론 이러한 진술을 글자 그대로 믿을 수는 없다. 해방 이후의 시점에서 자신의 글쓰기를 돌이켜 본다고 가정할 때 일제강점하의 자신의 행적이 얼마든지 미화될 가능성이 있기 때문이다. 다시 말하면 자신의 자랑할 만한 좋은 과거만 드러낼 수 있다는 것이다. 『오랑캐꽃』에는 1939년부터 1942년까지 발표된 작품이 실려 있다. 그런데 이용악은 이 시집을 엮으면서 작품 선택의 과정에서 친일시의 혐의가

---

22) 이용악, 「오랑캐꽃을 내놓으며」, 『오랑캐꽃』, 아문각, 1947, 94쪽.

집은 「눈 나리는 거리에서」(『조광』, 1942.3)를 제외하였다. 「눈 나리는 거리에서」가 해방 이후 시집을 엮는 과정에서 그의 말처럼 "몇 편의 작품은 끝끝내 찾아낼 길"이 없어서 자연스럽게 배제되었는지는 확실하지 않다. 다소 친일적 기표가 축소된 「길」이 『오랑캐꽃』에 실려 있는 것을 보면 이용악의 후기를 못 믿을 바는 아니다. 그러나 「길」에 나오는 "나라에 지극히 복된 기별", "즐거운 백성" 정도의 친일적 기표는 전체 텍스트와의 관계 속에서 얼마든지 친일시의 혐의를 벗어날 수 있는 가능성을 내장하고 있다. 더구나 후기에 놓여 있는 다음 문구, 즉 "모 사건에 얽혀 원고를 모조리 함경북도 경찰부에 빼앗기고 말었다"는 진술은 일제 말을 부끄럽지 않게 보냈다는 자신감으로 미화된다. "1942년이라면 붓을 꺾고 시골로 내려가던 해"라는 진술 또한 마찬가지이다. 일제 말기 글쓰기의 유형 중에 절필은 파시즘과 맞서는 지식인의 단호한 행동 유형 중의 하나라 할 수 있다. '모 사건'이나 '절필' 등이 만들어내는 담론의 효과를 이용악은 『오랑캐꽃』 후기에서 적절히 활용하고 있는 셈이다. 후기 「오랑캐꽃을 내놓으며」는 이용악이 해방기 현실에서 '새노래'를 부르기 위한 전 단계 조처의 하나라 할 수 있다. 물론 일제 말의 삶에 대한 자기 비판은 작품을 통해 이루어지는 것이 가장 바람직하다고 할 수 있다. 이용악의 경우도 「시굴 사람의 노래」나 「오월에의 노래」를 통해 자기 비판의 몸짓을 이미 드러낸 바 있지만, 그 수준은 미흡했다고 할 수 있다. 이러한 이용악에게 『오랑캐꽃』의 「후기」란은 직접적으로 자신의 심경을 드러내는 자리이다. 여기서 그는 일제 말기 자신의 행적을 드러내는 방식을 통해 자신의 시 쓰기의` 과정을 공론화한다. 그러나 이러한 자기 고백의 언술이 너무 짧고, 그것 또한 다소 미화되어 있어, 일제 말기 그의 글쓰기의 진정성을 밝혀내기에는 문제를 안고 있다. 그의 네 번째 시집인 『이용악집』에서도 자기 고백의 언술은 계속되지만, 시집을 묶는 데

겪을 수 있는 작품 선별의 어려움과 자신의 작품을 내보이는 데 대한 겸손만 드러내 보일 뿐이다.[23] 이용악 뿐만 아니라 해방기의 다른 시인들도 시집의 첨언인 서, 발, 후기 등을 통해 자기 고백의 형식이란 것을 내세우고 있다.

> 아닌게 아니라 책을 내노라고 제 쓴 것을 뒤적거리는 것처럼 불쾌하고 부끄러운 노릇은 없습네다. 여기에 모은 것은 첫 시집 이후 해방 전까지 된 것들로 그 중에도 제2부ㅅ 것은 내가 북만주로 도망하여 가서 살면서 (진정 도망입니다) 떠날 새 없이 허무 절망한 그곳 광야에 위협을 당하며 배설한 것들입니다. 원컨대 이것으로 지낸 날의 어둡고 슬픈 기억은 깨끗이 벗어버리고 오직 조국의 크고 바른 앞길만을 위하여 나의 노래와 아픔이 선혈처럼 의로와 지고저.[24]

> 나는 이 세대에 태어난 것이 불행하지 않고 오히려 이모저모로 경험을 쌓을 수 있었다는 점에서 퍽 잘 태어났다고 생각되는 적이 한두 번이 아니다. 말을 배우던 철나기 전부터 30이 되도록 왜족에게 부닥겨 살아오는 동안 참으로 기적적으로나마 우리말을 애써 배울 계제가 가끔 있었고, 스스로 되잖은 우리말 시를 지어보기도 하였다. 무론 마음놓고 쓰지도 못했

23) "해방 후의 작품을 중심으로 하되 예전 것에서도 골고루 대표작을 자선해서 한 권 엮어 달라고 하신 말씀을 듣고, 정작 손을 대 보니 그다지 쉬운 노릇은 아니었습니다. 왜냐하면 유감스럽게도 이것이 지금까지 써 온 작품 중에서 골라낸 소위 나의 대표작이요 하고 내놀만한 것이 별로 없을 뿐만 아니라, 두루 어쩌는 사이에 제 자신의 작품을 골고루 들여다 볼 수 있는 스크랩 하나도 저에겐 남아 있지 않고, 또 어쩐지 쑥스러운 생각이 자꾸 앞서기 때문이었습니다. 그래서 정직히 말씀드리면, 처음 생각을 다소 수정하고 비교적 쉽게 그리고 단 시일에 엮는 방법으로서, 현재 갖고 있는 것과 가까운 동무들 손에 있는 차별없이 한 권 되리 만큼 베껴 내기로 작정하였습니다. (…중략…) 그리고 「사진」 말씀이 있었으나 이것만은 제발 용서하시기 바랍니다. 지금 바삐 떠나야 할 길이 있어, 자세한 말씀 드리지 못하고 두어 자 적었습니다. 나무래지 마시길."(이용악, 「편집장에게 드리는 편지」, 『이용악집』, 동지사, 1949, 9~10쪽)

24) 유치환, 「서」, 『생명의 서』, 행문사, 1947, 2쪽.

고 더구나 태평양전쟁 3년유여(有餘)는 통이 한 줄 써보지도 못한 굴욕도 톡톡히 맛보았지만. 다시 8 · 15를 맞어 누구나 마찬가지로 흥분 속에 해방을 부르짖으며 오늘에 이르고 있다. 남에 미군, 북에 소군이 제가끔 와 있게 된 것은 실상 의외의 일에 속하고, 진정한 해방이 조금도 끊임없이 부르짖어지고 있는 것은 사뭇 마음이 든든하다. 그러나 아직껏 통일될 조선이 복잡미묘한 속에 있다는 이 현실, 이 시각을 생각하며 시를 쓰는 것이 이 세대에 태어난 것을 퍽 잘 태어났다고 생각하는 또 하나의 경험은 되어도 못내 초조하지 않을 수 없다.[25]

이상의 두 글은 유치환과 여상현이 그들 각자의 시집에 직접 쓴 「서」의 일부이다. 두 글 모두 지난 식민지 시기의 삶을 회고하고 있으나 그것에 대한 접근 방식은 다르다. 유치환의 『생명의 서』 제2부는 주로 그의 북만주 시절에 쓴 시를 싣고 있는데, 그는 북만주에서의 시 쓰기와 그것을 돌아보는 일이 그리 즐거운 일이 아님을 밝히고 있다. 유치환의 '도망'이니 '위협'이니 하는 기표를 통해 그 당시 자신의 시 쓰기가 그리 떳떳하게 이루어지지 못한 것임을 드러내 보인다. '배설'이란 어구는 그의 글쓰기가 주체의 올바른 인식에 기초한 것이 아니라 다소 생리적인 차원에서 이루어진 것임을 시사하고 있다. 지난날의 "어둡고 슬픈 기억"에서 벗어나고자 하는 그의 이러한 고백은 앞으로 다가올 자신의 삶에 대한 전화(轉化)의 계기로 작용하게 된다. "크고 바른 앞길만을 위하여 나의 노래와 아픔이 선혈처럼 의로와지고저"라는 다짐만이 선언처럼 선명하게 제시된다. 반면 여상현은 식민지 시기의 '굴욕'이 자신의 시 쓰기에 도리어 좋은 경험이 되었음을 밝히고 있다. 글쓰기에 있어서 다양한 경험의 중요성은 새삼 말할 필요

25) 여상현, 「서」, 『칠면조』, 정음사, 1947, 145~146쪽.

가 없다. 그러나 검열과 규제로 우리말과 글조차 사용하지 못하였던 불행했던 시기에 그것을 굴욕이 아닌, 시 쓰기의 좋은 경험적 요소로 인식하고 있다는 점은 주목된다. 이는 주체가 그가 속한 환경에 억눌리지 않고, 스스로 대상을 변용해서 바라보려는 능동적 인식이 있을 때만 가능한 것이기 때문이다.

한편 해방기 시인 중 자기 자신의 글쓰기 과정에 대한 성찰을 잘 드러내 보이고 있는 작가는 윤곤강이다. 자신의 삶과 글에 대한 자기 고백의 내러티브는 그가 해방 이후 펴낸 시집 『살어리』, 『피리』, 『고근조선가요찬주』 등의 서문에 잘 드러나 있다. 윤곤강은 민족문화 유산의 계승을 주장[26]한 『고근조선가요찬주』(생활사, 1947)를 거쳐 『피리』(정음사, 1948)의 「머릿말 대신」을 통해 외래적 글쓰기에 매달렸던 자신의 과거를 비판하고 반성한다. 이러한 과정을 통해 그가 정착한 시의 세계는 우리 고전의 리듬과 전통의 세계였다. 윤곤강의 글쓰기는 민족문학유산의 계승을 통한 자기 정체성 찾기였으며, 그것은 아름다운 우리의 가락 속에 "서구의 것, 왜의 것"[27]이 아닌 나의 것, 우리의 것을 집어넣는 시 쓰기였다. 그 결과 시집 『피리』는 「모죽지랑가」,

---

26) "무릇 문학작품에 있어서 언어가 가지는 바 지위는 참으로 큰 것이니, 그것은 단지 뜻만을 나타내기 위하여 빌어 온 한낱 재료나 도구가 아니라, 참으로 무엇이라고 형언할 수 없는 유례(類例) 없는 기쁨과 맛을 주는 것이며, 이것이야말로 오로지 어휘의 자연스러운 구사와 적용에서만 얻어지는 유일의 것이라고 말할 수 있다. 이러한 의미에서 생각할 때 현대 우리의 쓰고 있는 바 문학작품들이 거의 한결같이 단조하고 빽빽하여 읽는 사람에게 어떠한 부자연한 느낌을 주게 되는 것은 작자의 재능이라든가 그밖의 다른 이유도 있겠지마는, 그보다도 우리의 전통적 고전을 거쳐 가지 못하고 곧대로 서구적 문학의 사고와 방법과 표현형식을 그대로 본떠 온거 지위가 아닐까? 우리는 우선 고전으로 돌아가자. 돌아가서 그곳으로부터 다시 떠나가자. 고전은 우리의 혈액이다. 혈액은 전통이다. 그러므로 개성을 좌우하는 오직 하나인 모멘트는 이 특유의 정서와 이념을 토대로 삼아야 비로소 확립될 것이다. 문학의 제일보부터 그르친 우리는 온갖 외래적인 것으로부터 돌아와서 우리의 특유한 이념과 색조를 기조로 한 새 출발을 꾀하여야 될 것이다."(윤곤강 편주, 「머릿말」, 『고근조선가요찬주』, 생활사, 1947, 4~5쪽)

27) 윤곤강, 「머릿말 대신」, 『피리』, 정음사, 1948, 7쪽.

「정읍사」, 「동동」, 「정과정」, 「서경별곡」, 「가시리」, 「정석가」, 「청산별곡」, 「만전춘」 등을 제재로 해방 직후의 현실을 노래한다. 시집 『피리』는 그가 「머릿말 대신」에 밝혀 놓았듯이 실제 시집 구성 또한 그렇게 따르고 있다. 그는 우리의 가락이나 제재 속에 현재의 이야기를 담아 노래하거나 해방직후의 현실을 비유적으로 표현한다. 시집 『살어리』 또한 마찬가지이다. 시집 『살어리』에 실린 장시(長詩) 「살어리」는 고려가요 『청산별곡』의 변용이다. 그는 『청산별곡』을 바탕으로 장시 「살어리」에서 해방 전후의 현실과 애환을 그려낸다. 장시 「살어리」에서 그려내고자 하는 것은 「청산별곡」의 세계가 아니다. 그가 그려내고자 하는 세계는 '겨레의 노래'이며, 시집 『살어리』의 첨언인 「책머리에」를 통해 그것을 드러내 보인다.[28)]

유진오(兪鎭五) 또한 자기 고백의 언술을 통해 그의 시적 실천의 논리를 마련한다. 그는 동대문 운동장에서 「누구를 위한 벅찬 우리의 젊음이냐」란 시를 낭독하여 영어(囹圄)의 몸이 된, 조선문학가동맹의 대표적 전위시인 중의 한 사람이다. 시집 『창』의 경우 서문은 조운(曺雲)이 쓰고 있지만 「발(跋)」은 유진오 자신이 직접 담당한다. 대부분의 신진시인들이 타자의 첨언을 통해 자신의 시집을 소개하는 데 비해 직접 「발(跋)」을 통해 자신의 시론을 펼쳐나간다.

> 낡은 장옷은 벗어던지려고 했다. 그러나 쉽사리 던져지지는 않었다. 너무나 몸에 뼈에 깊이 배여 있었다. 그래 아예 낡은 사념과, 쑥스런 즐거움

---

28) "그 때에 있어서도 나는 온갖 뮤우즈(詩神, Muse)들의 바른 말을 너무도 가볍게 여겼으라. 지금 다시 생각하여 되풀이 하면 스스로 부끄러워라. 이 하늘 밑에 별을 이고 태어나서 나는야 기쁨 대신 슬픔을 웃음 대신 눈물을 호올로 차지하여, 역사와 겨레의 갈길을 번히 내어다보며 어금니가 저리게 괴로워하였어라. 이제야 비로소 나는 큰 소리로 씩씩하고 억센 겨레의 노래를 바다보다도 크고 넓은 하늘에 불러 올릴 때가 왔노라! 눈물 대신 웃음을, 슬픔 대신 즐거움을 이 따 우에 꽃다발처럼 꾸며 바치기 위하여……"(윤곤강, 「책 머리에」, 『살어리』, 시문학사, 1948, 6~7쪽)

을 깎아서 파묻어버렸다. 나는 젊은 놈이다. 옛날쯤이야 묻어버려도 슬프진 않다. 미련도 아까움도 없다. 다만 부끄러움이 있을 뿐이다. 부끄러움을 씻는 길은 앞으로의 나의 행동에서 나타날 것이다. 나도 어렸을 때엔 전형적인 소시빈이었다. 감상적인 소년이었나. 그러나 시방은 나르나. 시인이 되기는 바쁘지 않다. 먼저 철저한 민주주의자가 되어야겠다. 시는 그 다음에 써도 충분하다. 시인은 누구보다도 먼저 진정한 민중의 소리를 전하는 사람이어야 할 것이다. '철저한 민주주의자'가 된다는 것은 인민을 위한 전사가 되는 것이다. 나의 시다운 시는 금후의 과제이다. 나는 젊다. 나는 노력할 것이다. 이 시집 『창』은 나의 지난 날의 편린이요 앞으로의 지향의 의미에서 보아진다면 다행이다. (…중략…) 시집 『창」은 나의 인민의 한 사람으로서의 자각이며 나의 출발점이다. 「창」을 내놓으며 은근히 바라는 마음은 민주주의의 길에 인도할 수 있는 시도가 될 수 있다면 하는 마음이다.[29)]

유진오는 낡은 자기에 대한 부정을 통해 새로운 시대에 뛰어들고자 한다. 그는 너무나 깊이 배인 소시민적 습속(習俗)을 '낡은 장옷'에 비유하면서 그 탈각의 어려움을 드러낸다. 과거에 대한 철저한 자기 부정이야말로 갱신(更新)의 밑바탕이 된다. '부끄러움'만 남는 과거는 청산의 대상이며, 그것은 실천적 행동의 길을 통해 소멸되어 갈 것이라고 믿는다. 유진오의 이러한 인식은 시인보다도 "철저한 민주주의자"가 되어야겠다는 생각에 이르게 하며, 시인은 "인민을 위한 전사", "진정한 민중의 소리를 전하는 사람"이란 결론에 도달하게 만든다. 유진오의 시인으로서의 자각은 이제 개인의 자각과 갱신에만 머무는 것이 아니다. 유진오의 자기 고백적 시 쓰기에 대한 발언은 인민의 전사로

29) 유진오, 『창』, 정음사, 1948, 93~95쪽.

서의 자각이며, 그의 해방 직후 시 쓰기의 출발점이 된다.[30] 신진 시인들의 자기 부정이란 식민지 시기의 삶 자체를 대상으로 하기보다 소시민적 의식에 얽매인 자신을 탈각시키려는 것이었다. 소시민적 삶에 대한 자기 부정을 통해 찾은 것은 공동체의 발견이며, 그 공동체의 삶을 향한 시적 실천의 전략이 그들의 시 쓰기에 투영되었다.

해방이란 새로운 현실에서 시인들의 글쓰기는 주로 지난 행적의 삶에 대한 자기 비판을 근거로 시작되고 있다. 이러한 자기 비판은 작품으로서보다 주로 시문학 매체의 서, 발, 후기란 주변 담론을 통하여 이루어지고 있었다. 자기 고백의 언술이 글쓰기의 진정성과 연결되어 참다운 자기 갱신 내지 시적 실천의 과정으로 나아가기 위해서는 그것을 제재로 한 구체적인 작품창작이 요구된다. 그런데 이 시기에 행해진 자기 고백적 언술은 작품을 통해 구체화되지 못하고 주로 서, 발, 후기 등의 첨언적 수사에만 머문 측면이 강했다.

2) 헌사(獻詞), 혹은 타자를 통한 자기 응시

해방기 시문학 매체 첨언들의 글쓰기 주체는 크게 두 부류로 나누어진다. 하나는 시집을 직접 구성한 당사자인 시인 자신들이고, 다른

30) 유진오와 유사한 인식으로 발문을 쓴 작가로 『방랑기』의 이설주(李雪舟)를 들 수 있다. 이설주는 오랫동안 만주를 방랑하면서 저항적 자세를 견지한 작가이다. "모든 것이 앞으로 앞으로 행진하고 건설을 해야겠는 오늘에 있어서 불러도 불러도 한이 없는 새노래를 두고 어찌 아무런 영양도 못되는 과거의 묵은 노래를 세상에 내어놓느냐고 책하는 이 있다면 구차한 변명 같지만 남조선 출판사정이 일제 이상으로 부자유하다고 해치워 버리면 아주 으븝 무슨 위대한 노래라도 불렀는 것처럼 되겠으나 (…중략…) 시는 인민의 호흡이요 소리요 노래다. 나도 인민의 한 사람이기에 앞으로 나의 바라고 지향할 바는 인민의 속에서 인민과 같이 웃고 울고 기뻐하고 슬퍼하고 살자는 것 시집 〈방랑기〉는 인민의 한 사람으로서의 나의 자부며 출발이겠다. 모쪼록 이바지는 못될망정 독자에게 독이나 되지 않는다면 다행일까 한다."(이설주, 『들국화』, 계몽사서점, 1948, 4~5쪽)

하나는 시집 출간에 대해 첨언한 타자들이다. 시인 자신이 첨언의 글쓰기 주체로 등장한 경우는 앞에서 살펴본 것처럼 대체로 자기 고백적 언술이나 시집 구성에 관한 담론을 담고 있는 경우가 많았다. 반면 타자의 시선을 담고 있는 첨언들은 대체로 대상 시집에 대한 헌사(獻辭)의 형식을 취하고 있지만, 첨언을 쓰는 주체들의 당대의 글쓰기에 대한 시선이 내재해 있었다. 주로 시집의 서, 발 등을 통해 구성되는 이러한 헌사들은 대부분 후배나 동료들의 시집에 대한 미화 내지 찬사를 담고 있는 경우가 많다. 그러나 때때로 이들은 서, 발 등에 담긴 이러한 언술들을 이용해 해방기 시 쓰기의 방향성이나 원리를 제시하기도 하였다.

주로 신진시인들의 시집에 이러한 헌사들이 집중된다. 이는 출판사회학의 측면에서 보면 기성작가들의 권위를 빌려 시집의 상품성이나 대중적 인지도를 높이려는 의도와 관계있다고 할 수 있다. 한편 같은 이념이나 취향을 가진 시인들끼리의 응집성을 높이기 위한 차원에서 이러한 헌사가 이용되기도 하였다.

해방기 신진시인들이 펴낸 시집들의 헌사 중 주목할 만한 것은 김광현, 김상훈, 이병철, 박산운, 유진오의 『전위시인집』, 상민의 『옥문이 열리든 날』, 최석두의 『새벽길』, 김상훈의 『대열』 등이다. 이들 시집의 공통점은 저자가 직접 쓴 후기가 없다는 점이다. 『전위시인집』은 서문을 임화, 김기림, 발문을 오장환이, 상민의 『옥문이 열리든 날』은 발문을 김상훈이, 최석두의 『새벽길』은 김순남이 발문을, 김상훈의 『대열』은 임화가 서문을, 유종대가 발문을 썼다. 이 시집들의 서문, 발문 등에, 『옥문이 열리든 날』을 제외하고는 전부 첨언에 기성작가들이 개입하고 있어 흥미롭다. 이들은 신진시인들의 첫 시집으로, 그들 스스로 서, 발에서 자신의 목소리를 직접 내기에는 부족한 점이 있다고 생각했을 수 있다. 그러므로 중견작가들의 헌사가 이들 시집의 주위에 배치되고 있었던 것이다. 『전위시인집』의 경우 임화, 김기림, 오장환 등이 서문, 발문을 씀으로써 이들 시인들에 대한 조선문학가동맹의 관심도가 어느 정도인지를 잘 보여주고 있다.

> 전위(前衛)란 연치(年齒)나 경력을 운위함이 아닌 줄도 이들은 잘 안다. 그리고 어떠한 전투에 있어서나 전위가 져야 될 임무와 그 역할을 이들은 그들 성년기에 있어서의 고난의 ×가 능히 선배들 보다도 많은 단련을 주었다. 시단의 결사대. 이런 말을 할 수 있다면 여기에 나온 시인들이 바로 결사대의 대원들이다. 그리하야 이 중에 한 동무는 벌써 그 노래로 하야금 몸을 영어(囹圄)에 빠지게 하였으며 또 참으로 오랜 동안 감격을 모르는 이 땅의 청년들에게 그의 한 편의 시로 하여금 만뢰(萬雷)의 공명(共鳴)을 일으키게 하였으며 일즉이 시인들이 차지하였던 아테네의 영광을 약관(弱冠)으로 이 땅에서 다시 찾은 것 같은 느낌을 주게 하였다. 한 사람 두 사람 이들은 시를 노래로만 불르는게 아니라 몸으로 부딪치고 있다. 우리의 전도다망(前途多望)한 시단이여! 이들 전위시인들로 하여금 끝없는 영광을 차지하도록 원조를 아끼지 말자. 그리고 수많은 이 땅의 젊음이여! 그대들은 그대들이 가지고 있는 젊음으로 하야금 서로 합치는 힘이 불과 같으라.[31]

이상은 오장환이 쓴 『전위시인집』의 발문이다. 오장환은 1930년대 후반 시단의 삼재(三才)로서 이미 주목을 받았다. 『전위시인집』을 낼 무렵 그는 벌써 『성벽』, 『헌사』, 『병든 서울』 등을 상재(上梓)한 조선문학가동맹의 중견시인이었다. 오장환의 이 발문은 전위시인들에 대한 찬사와 기대로 가득 차 있다. 결국 이 발문은 노래뿐만 아니라 몸으로

31) 오장환, 「발(跋)」, 『전위시인집』, 노농사, 1946, 2쪽.

부딪치는 '시단의 결사대'로서 전위시인을 부각하고 미화시키는데 그 주된 목적이 있다. 김기림, 임화까지 서문을 쓰고 오장환이 발문을 쓴 이 시집의 주인공들은 일제 말기의 어두운 과거로부터 자유로운 새로운 시인들이다. 이 중 김상훈이나 상민의 경우는 일제 말기 항일전선에 직접 섰던 투쟁 경력[32]까지 갖춘 시인들이다. 신진시인들이 직접 자신의 시집에 서, 발, 후기 등을 쓰는 경우는 흔치 않다. 가끔 자신의 시집 후기나 가까운 동료들 시집에 일부 발문을 쓰고 있는 정도이다.

헌사들은 주로 그 시인과의 관계를 통해 자신이 겪은 구체적 경험을 드러내거나 시집에 실린 시에 대한 인상비평을 시도한다. 헌사의 글쓰기 주체들은 타자를 비평하는 가운데 자신의 시 쓰기 전략을 은연중에 드러내게 되는 경우가 많았다. 이병철의 경우를 보면 그러한 면이 두드러진다. 그는 해방 5년 동안 공동시집인 『전위시인집』 이외에는 개인 시집을 발간하지 않았다. 그러던 이병철이 천형(天刑)의 시인 한하운을 발굴하여 문단에 소개하는 한편,[33] 1949년 『한하운시초』를 정음사에서 출간하도록 주선하였다. 이병철은 『한하운시초』의 후기인 「한하운시초를 엮으면서」를 썼다. 이 글은 시인 한하운과 그의 시에 대한 글이지만 결국 한하운이란 타자를 통해 이병철 자신의 글쓰기 방식을 표명하는 자리였다.

> 여기 시인 하운의 문학정신은 항상 자기를 부정하고 그 부정을 부정함으로써 냉엄한 객관성 우에 리얼리즘의 문학적 세계를 자약(自若)하고 있는 것이다. 해서 같은 문둥 환자의 문학일지라도 여기 하운의 문학은 적어도 어떤 역사적 현실 앞에서 건강한 인간으로서 자기를 부정한 그것을

32) 김상훈의 시집 『대열』에 나오는 유종대의 「후기」에는 김상훈의 징용 체험과 협동단 사건 등이 언급되어 있으며, 상민의 시집 『옥문이 열리든 날』의 발문에는 김상훈과 상민의 일제 말 항일의 모습이 자세히 그려져 있다.

33) 이병철은 『신천지』 1949년 4월호에 한하운 시인을 발굴, 소개하고 있다.

> 다시 부정해버린 다음의 높은 경지의 리얼리티를 살린 데서 높이 평가되어야 할 것이다. 하나는 썩어가는 육체요, 또 하나는 그 육체 밖에서 냉엄을 지키면서 관찰하는 눈, 그것이야말로 하운의 문학태도가 아니고 무엇이랴! 그러나 불우의 시인 하운은 오늘 시를 쓰고 싶어도 쓰지 못하게 되었다. 손가락이 떨어져 버렸다. 지난 겨울의 추위에 시력마저 잃어버렸다. 시를 쓰지 못하는 반면에 시를 각설조로 구송하고 다니는 바람찬 그의 길머리에서 이따금 만나는 대로 받아둔 원고를 엮어서 자랑삼아 여기에 소개하는 바이다.[34]

이병철은 전위시인 중에서도 가장 촉망받던 시인이었다. 김기림이 이병철의 「대열」을 들면서 "이는 대중 속에서 나누는 생활의 감정에서만 올 수 있는 「리리시즘」"[35]이란 평가를 이미 내린 바 있듯이 그는 "자기의 호흡과 맥박에 맞는 자기의 말을 찾"[36]아 쓰는 시인이었다. 이러한 이병철이 한하운 시를 주목한 것은 "어떤 역사적 현실 앞에서 건강한 인간으로서 자기를 부정한 그것을 다시 부정해 버린 다음의 높은 경지의 리얼리티를 살린" 시인이었기 때문이다. 이러한 자기 부정의 정신이야말로 한하운이나 이병철의 시 쓰기의 출발점이자 공통점이다. 이병철은 한하운을 통해 자신의 시 쓰기의 전략을 드러내 보이고자 했던 것이다. 힘든 환경 속에서 힘겹게 주체를 확보해 가려는 체험적 시 쓰기의 전략이야말로 이병철 시학의 중심 원리라고 할 수 있다.

임화 또한 타자의 시집에 대한 첨언을 통해 자신의 해방기 시에 관한 생각을 펼쳐 보인다. 김상훈의 개인시집 『대열』은 임화의 「서」와 유종대의 「발문」으로 구성되어 있다. 김상훈은 공동시집 『전위시인

34) 이병철, 「한하운시초를 엮으면서」, 『한하운시초』, 정음사, 1949, 67~69쪽.
35) 김기림, 「서」, 「전위시인집』, 노농사, 1946, 6쪽.
36) 위의 책, 6쪽.

집』 이외에 『대열』, 『가족』을 발간하였다.[37] 여기서 그의 시집 『대열』에 실린 임화의 「서」를 주목해 볼 필요가 있다. 임화는 해방 이후 시집 『찬가』와 『현해탄』의 재판본 격인 『회상시집』을 펴낸 바 있다. 임화는 해방기에 발간한 자신의 두 시집 첨언에서는 최대한 말을 아끼고 있다. 그런데 김상훈의 시집 『대열』의 「서」에서는 그렇지 않다.

> 새로운 시대가 시작되는 날 우리 앞에 벌어지던 화려한 광경은 솔직히 말해서 시가 되기에는 너무나 벅찬 감격이라고 나는 생각하였다. 그렇게 큰 감격이라는 것은 사실 시도 될 수 없는 것 같았다. 오히려 그 감격의 영웅이 되지 못한 슬픔이 차라리 나에게는 절실한 감동이었다. (…중략…) 처음으로 불러보는 조국의 이름, 처음으로 나라의 주인이 되자는 조선의 인민들, 밤낮없이 들려오는 그들의 아우성과 발자욱 소리, 스스로 싸워서 피흘리며 그들의 선두에서 걸어오는 영웅들의 모습, 모두가 시고 모두가 노래 아닌 것이 없지 않느냐? 새로운 시대는 온통 이 노래의 시대요 시의 시대인 것이다. 결국 새로운 시대가 시가 되기에는 너무나 큰 감격이라고 느껴진 것은 내가 낡은 시대의 시인인 때문일지도 모르는 것이다. 나는 사실 새로운 시대의 한 가운데서 이렇게 눈부신 상태 가운데 있었던 것이다. 오래 암담한 시대에 살던 나의 시력은 백열하는 양광(陽光)에 그리 익숙치 못하였던 것이다. 그러므로 나는 탄 피부와 두터운 망막을 가진 시

37) 김상훈은 서사시집 『가족』(1948, 백우사)에 이르면 그의 시집에서 중견시인들의 헌사를 제외시킨다. 김상훈은 신진시인이었지만 『전위시인집』, 『대열』 등을 통해 해방기에 활발한 활동을 하여 공인을 받은 시인이었다. 짧은 시간 안에 그의 시인으로서의 위상이 어느 정도 다져졌다고 볼 수 있다. 『대열』에서 임화의 「서」와 유종대의 「후기」를 통해 시적 위상을 보장받았던 김상훈으로서는 서사시집 『가족』에서까지 중견시인의 발문이나 서문이 필요한 상황은 아니었다. 더구나 『가족』은 서사시라는 새로운 형식을 실험하는 시집이었기에 김상훈 스스로도 말하고 싶은 무엇인가가 있었을 것이다. 결국 김상훈은 타자의 시선을 통한 작품 보증이 아닌, 스스로의 자기 언명을 통해 『가족』의 세계를 내보였던 것이다.

인, 정말 굳은 정신과 튼튼한 육체를 가진 시의 탄생을 기대하고 또 확신하고 있었던 것이다. 그리하여 그들과 어깨를 겨눌 제 나도 새 시대의 시인이 되리라 혼자 마음먹었던 것이다. 왜 그러냐 하면 이러한 길은 내 자신을 구원하는 길일 뿐 아니라 조선의 시가 구원되는 위대한 날이 시작되는 때문이다.[38]

임화의 위 글은 김상훈 시집 『대열』에 대한 헌사의 형식을 취하고 있지만 실상 자신의 해방 이후 시 쓰기에 대한 언술이라 할 수 있다. "낡은 시대의 시인"이라 자인(自認)하는 임화에게 시 쓰기는 이제 "새로운 시대"의 시인들과 어깨를 겨눌 수 있는 시인으로 거듭나는 통로가 된다. 이 글은 일제 말기란 어두운 시대를 거쳐 오면서 해방의 주역이 되지 못한 임화 자신의 내면풍경을 드러내면서 자신과 상대되는 젊은 시인들에게서 자각의 계기를 찾고 있다. 임화의 헌사는 타자의 시집에 부치는 단순한 첨언 정도로 격하할 수 있는 것이 아니다. 도리어 타자를 통한 자기 응시는 글쓰기의 정체성을 확보하고 정신적 비약을 가능하게 하는 단초로 작용하게 된다.

한편 해방기 시집의 서, 발, 후기 등에 개별 작가의 첨언이 아닌 집단적 주체의 목소리가 반영된 경우도 있었다. 진보적 문학운동 단체의 중심인 조선문학가동맹은 그들이 펴내는 기관지나 시집, 소설집 등에 그들의 문학적 전략을 그대로 전달한다.

시는 남조선에 있어서 인젠 완전히 하나의 흉기가 되었고 시인은 방화범과 같이 위험한 인물이 되었다. 조국의 자유 없이는 시의 자유도 없이 되었고, 시의 자유 없는 또 조국의 자유도 없이 된 오늘, 자유를 달라고 외

38) 임화, 「서」, 『대열』(김상훈 시집), 1947, 백우서림, 8~9쪽.

치는 인민의 소리를 떠나서 시의 소리가 있을 수도 없이 되었으며 자유를 위하여 흘리는 인민의 피를 떠나서 시가 써질 수도 없이 되었다.[39)]

『연간조선시집』의 첨언에 실린 이 글은 조선문학가동맹의 정세 판단과 시에 관한 입장을 그대로 대변하고 있다. 조선문학가동맹은 그들의 기관지인 『문학』 외에도 다양한 출판 매체를 통해 그들의 문학적 전략을 구사하였다. 『3 · 1기념시집』, 『연간조선시집』, 『건설기의 조선문학』, 『농민소설집 토지』 등이 그것이다. 3 · 1운동이란 강한 표상으로 인상지워진 『3 · 1기념시집』은 서, 발, 후기가 없다. 반면 조선문학가동맹 중앙집행위원회 시부위원회 명의로 된 『연간조선시집』의 「서」는 조선문학가동맹의 시에 대한 공식적 입장을 표명한 것이란 점에서 주목된다. 이들은 인민의 자유와 시인의 자유, 민족의 해방과 시의 해방을 동일시하며, 시가 단순 서정에 머무는 것을 거부한다. 이들에게 해방기는 완전한 해방이 아닌 싸움이 지속되어야 할 공간으로 파악된다. 그래서 이들에게 시는 싸움의 무기로 인식되는 것이다. 결국 조선문학가동맹의 시인들은 "무기를 휴대한 전과범"[40)]으로, 시는 "흉기", 시인은 "방화범"처럼 취급되는 현실과 맞서게 된다.

타자가 글쓰기의 주체로 구성된 시집의 첨언들은 대상 시집에 대한 미화 내지 찬사가 대부분이었지만, 그들은 첨언을 매개로 그들 자신의 이념이나 글쓰기 방식을 전파하고 제시하였다. 서, 발, 후기는 첨언이란 형식을 통해 새로운 시인들의 시적 위상을 담보하게 하는 동시에, 글쓰기 주체들의 정체성을 확보하는 자리로 기능하였다. 타자를 매개로 한 글쓰기 주체들의 자기 응시 또한 이 시기 시집의 서, 발, 후기에 나타난 주된 특성이었다.

---

39) 조선문학가동맹 시부위원회 편, 『연간조선시집』, 아문각, 1947, 9쪽.
40) 위의 책, 9쪽.

4. 결론

해방기의 시는 일제 말기와 1950년대의 시를 잇는 교량으로서 많은 모색과 실험을 하고 있다. 해방기 시의 제 양상에 대해서는 이미 많은 연구자들이 주로 이데올로기나 시 텍스트 분석이란 잣대를 통해 논의의 깊이를 더한 바 있다. 그런데 텍스트 중심의 이러한 논의들은 그것을 둘러싼 다양한 담론들을 서로 연관시켜 논의하지 못함으로써 해방기 시의 영역을 축소시켜버린 감이 있다. 그래서 본고는 시문학 매체, 그 중에서도 시집의 서, 발, 후기 등에 주목하여 그들이 담고 있는 담론들을 주목하고자 하였다. 본고는 이러한 담론들이 시집에 대한 의례적 헌사 내지 찬사를 넘어, 이 시기 작가들의 매체 구성 전략이나 글쓰기 방식에 대한 고민을 담고 있는 것으로 보았다.

출판의 홍수 속에 발간된 수많은 시집들에는 이 당시의 출판 상황과 규율, 그리고 작가들의 다양한 의도가 숨어 있었다. 이러한 것들은 주로 시집의 첨언들을 통해 나타나는데, 그 다양한 첨언들은 주로 서, 발, 후기의 형태로 시집 내부에 배치되었다. 이 시기 시문학 매체에 실린 첨언들의 글쓰기 주체는 크게 두 부류로 나누어 볼 수 있었는데, 하나는 시집을 구성한 당사자인 시인 자신이고, 다른 하나는 시집과 관계된 타자들이다. 시인 자신이 첨언의 주체로 등장한 경우는 주로 시집 출판의 경위나 배치, 또는 자신의 글쓰기에 관한 자기 고백적 언술을 하는 경우가 많았다. 이는 시집 구성에 대한 담론이자 동시에 해방을 전후한 자신의 삶의 행적과 글쓰기에 대한 자기 성찰적 에세이였다. 반면 타자의 첨언들은 대상 시집에 대한 미화 내지 찬사에 머무르는 경우가 많았다. 그렇지만 이들은 첨언을 매개로 그들 자신의 이념이나 글쓰기 방식을 전파하려고 노력하였다. 이러한 첨언들은 후배들이나 동료들의 시적 위상을 담보하게 하는 동시에 헌사를 쓰는 주체들 자신의 이념이나 글쓰기의 정체성을 확보하는 자리로 기능하였다. 이들은 첨언을 매개로 타자를 통한 자기 응시를 하였던 셈이다.

해방기 시집의 첨언에는 이 당시의 글쓰기 주체인 작가들의 대상이나 세계에 대한 인식소(認識素)가 담겨 있으며, 이러한 인식소들이 시문학 매체인 시집의 구성에도 영향을 미치고 있었다. 그 결과 서, 발, 후기 등에 구성된 시적 담론에는 해방기의 공적 쟁점들인 자기 비판, 진로 선택, 시적 실천의 문제 등이 관여하고 있었다. 자기 비판 담론과 맞물린 자기 고백의 언술이나 타자를 매개로 한 자기 응시의 글들이 많이 나타난 것, 또 해방 정국의 급박성과 맞물린 실천적 행동의 시론들이 자주 출몰한 것 등은 해방기 시집의 서, 발, 후기가 갖고 있는 특성이라 할 수 있다.

본고는 해방기 시집의 출판 상황과 시집의 서, 발, 후기에 담긴 시적 담론의 특성을 글쓰기 주체의 유형을 중심으로 살펴보았다. 개별 작가들의 글쓰기와 관련된 내면풍경 및 그 실제적 성과를 탐색하는 작업은 후고의 과제로 남겨둔다.

/ 2장 /

한국전쟁 전후(前後) 문학 매체의 현황과 성격

1. 서론

한국전쟁 전후[1]의 문학은 남, 북한 단독 정부의 수립, 한국전쟁, 휴전이란 큰 역사적 변혁을 바탕으로 생성되었다. 이전(以前) 시기인 '해방공간'(1945~1948)은 다른 어느 시기보다 많은 문학 매체가 발간된 시기였다. 신문, 잡지, 동인지, 시집 등이 이 시기 문학을 이끌어가는 중요 문학 매체들이었다. 새나라 건설의 여망과 문학 양식의 새로운 모색과 도전이 서로 맞물리면서 이 시기의 문학은 다른 어느 때보다 흥기하였다. 그러나 1948년 남, 북한 단독 정부 수립을 계기로 '해방 공간'의 활발한 문학적 담론들은 위축되어 가기 시작하였다. 그 결과 문

1) 본고에서 사용하는 한국전쟁 전후란 용어는 한국전쟁이 발발한 1950년을 기점으로 한국전쟁 직전과 이후로 나누며 이후는 휴전까지의 시기로 한정하여 사용한다. 그러므로 1953년 7월 27일 휴전 이후에 발간된 한국전쟁 관련 문학자료들은 제외된다.

학 매체들의 발간 또한 이전 시기보다 양적으로 크게 감소하였다. 이러한 현상은 이 시기의 문학을 '해방공간' 문학이나 '한국전쟁기' 문학의 틈바구니에서 크게 주목받지 못하게 하는 원인이 되기도 하였다. 그러나 이 시기의 문학은 '해방공간'의 문학에서 '한국전쟁기' 문학으로 이행해 가는 중요 실마리를 제공해 준다는 점에서 그 존재 의의가 있다고 할 수 있다.

새로운 정보전달 매체인 전자 매체를 통해 다양하게 변주되는 것이 최근 문학의 한 동향이다. 그러나 1945년부터 1953년까지 문학, 또는 문화를 전달하는 주요 매체는 출판 매체[2)]였다. 출판 매체는 "한 작품이 생산되는 과정에서 저자 이외에도 출판인, 저작권 대리인, 출판사 교정인, 원고 편집인 등 많은 사람을 필요"[3)]로 한다. 출판 매체를 둘러싼 이러한 제 문화적 층위를 해명하는 작업은 기존의 이론 중심, 작가 중심의 논의를 사회라는 물적 토대와 제도 속으로 이동시키는 것과 관련이 있다. 출판 매체 중에서도 정기적인 신문과 잡지 등의 언론 매체

---

2) 매체는 일반적으로 "어떤 작용을 한쪽에서 다른 쪽으로 전달하는 물체, 또는 그런 수단"(국립국어연구원, 『표준국어대사전』, 두산동아, 2000, 2,080쪽)이라고 정의된다. 신문과 잡지 같은 인쇄 매체는 1950년대까지 가장 중요한 매체로 자리잡고 있었다. 최근에 들어서서는 방송, 영화, 컴퓨터 등의 전자 매체가 부각되고 있긴 하지만 이러한 대중 매체의 등장이 반드시 출판 매체를 위축시키지 않는다는 연구 결과도 나와 있다. 이는 "서로 다른 미디어끼리 복합적으로 상호 보충작용을 하거나 각기 다른 장점들을 최대한 이용, 경쟁"(박신홍 · 송민정, 『출판 매체론』, 경인문화사, 1991, 39쪽)적으로 투자를 하는 것과 관련이 있다. 출판 매체가 다른 대중 매체보다 문화의 보존성과 전달성 및 창조성이 용이하다는 것은 주지의 사실이다. 대중 매체라는 용어 자체는 "방대한 규모의 문화 소비자와 그에 비해 상대적으로 소수의 전문화된 문화 생산자 사이를 중개하는 문화 분배 및 소통의 현대적 체제를 의미"(존 A 워커, 정진국 역, 『대중 매체시대의 예술』, 열화당, 1990, 17쪽)한다고 할 수 있다. 근대 매체의 중심은 출판 매체이며 대중성과 쉽게 결합되는 특성을 지니고 있다. 신문이나 잡지, 동인지 같은 인쇄 매체가 그 대표적인 것이다. 그러므로 출판 매체는 문화 창조의 기능을 갖춘 근대 문학의 물질적 토대라 할 수 있다. 매체의 유통과 수용의 과정인 각종 제도를 규명하고, 작가와 대중을 연결하는 매개항으로서의 출판 매체를 부각시키려고 하는 것도 이러한 이유 때문이다.

3) 월터 J. 옹, 이기우 외역, 『구술문화와 문자문화』, 문예출판사, 2003, 186쪽.

는 대중들의 의식을 계몽시키는 데 많은 영향을 미친다. 이들 매체에는 매체를 기획하는 기관이나 편집진들의 이데올로기가 개입되기 마련이다. 반면 동인지의 경우, 같은 인쇄 매체라도 대중성이나 계몽성의 측면에서 이들에 비해 다소 떨어진다고 할 수 있다. 그렇지만 그것에는 그들만의 취향과 모색의 정신이 담겨 있다는 점에서 소중하다. 잡지, 신문, 동인지, 시집 등의 각 단행본은 근대문화의 부산물이다. 근대문학이 학교, 신문, 잡지 등의 각종 제도와 관련하여 논의될 때 매체가 차지하는 역할은 결코 작다고 할 수 없다. 각종 구술적 담론들은 근대의 인쇄 매체를 통해 문자문화로 다양하게 현현(顯現)된다.

신문, 문예지, 동인지, 개인 창작집 외에도 문학작품이 실린 일반 잡지나 수기 등도 문학 매체에 해당된다. 편집진의 기획 의도는 이러한 매체의 체제나 그것에 실린 다양한 담론 속에 드러나기 마련이다. 한국전쟁 전후의 문학 매체에도 격변기의 상황이나 그 대응의 전략들이 담겨 있다. '해방공간'에서의 증폭된 출판 열기[4]가 이 시기에 들어

---

4) 해방 5년간의 출판 매체의 목록이나 현황을 드러내 보여주는 책으로 김창집(金昌集)이 발행인으로 되어 있는 『출판대감』(1949.4)을 들 수 있다. 1945~1949년 사이 발행된 출판 매체의 현황을 대부분 담고 있다는 점에서 『출판대감』이 가지는 의의는 결코 작다고 할 수 없다. 그러나 이 책은 출판 매체의 발간 상황 확인이나 목록 작성 정도에 도움을 주는 정도이지 대상에 대한 해설이나 매체에 대한 문제적 인식은 거의 없는 편이라 할 수 있다. 1948년부터 1953년까지 나온 각종 연보(年報), 연감(年鑑) 등을 통해 이 당시 출판 현황을 짐작해 볼 수도 있으나 대부분 간추린 1차 자료 목록이나 통계 정도에 머무르고 있다. 그러나 이러한 자료집들은 당시 출판된 문학 매체의 목록이나 출판 현황 을 담고 있다는 점에서 연구의 가장 기초적인 정보 문헌이라 할 수 있다. 이러한 자료들을 점검할 때 우선 출판 현황이나 목록들이 정확하게 작성되었는가 하는 점은 물론이거니와 현재 남아 있는 실물 자료를 통해 실제 출판, 발표 여부를 검토해 볼 필요가 있다. 실제 이 시기 매체의 경우 시집이나 잡지 등의 광고 면에 책들의 목록은 나오나 실제 출판된 적이 없는 경우도 있기 때문이다. 또한 출판되었다 하더라도 현재 미발굴 상태인 자료들이 일부 있어 연구자들이 쉽게 접근할 수 없는 경우가 많다. 문학사의 온전한 기술을 위해서는 이 시기 작가와 작품, 그것이 실린 매체들의 집중적 발굴이 시급히 요망된다. 한편 해방기의 책의 문화사에 대해서는 이중연의 「책, 사슬에서 풀리다 ―해방기 책의 문화사」(혜안, 2005)를 참고할 수 있다.

서면서 다소 위축되긴 하지만 그래도 여전히 매체 편집진들과 작가들은 격변의 현실을 드러내기 위한 다양한 미디어 전략을 구사하고 있었다. 직접적으로 적과 대치하는 상황 속으로 미끄러져 들어가면서 남북의 대립은 차츰 '미디어 전쟁'으로 확대되어 가고 있었다.

본고는 1948년부터 1953년까지 주된 문학 매체의 현황과 그 성격을 규명해 보고자 하는 데 그 목표를 두고 있다. 그래서 본고는 이러한 연구의 첫 단계로 한국전쟁 직전의 문학 매체가 한국전쟁기 문학으로 이행하면서 어떠한 이행의 내적 논리를 보여주며, 한국전쟁 상황을 어떻게 구성해 내는지를 살펴보고자 한다. 이는 기존의 작가와 작품 중심의 연구에서 더 나아가 한국전쟁 전후에 발간된 문학 매체의 기획 의도와 구성담론에 대한 주목이라 할 수 있다. 그러므로 본고의 주된 작업은 이 시기 문학 매체의 현황을 조사하고, 그 구성담론을 통해 전시 문학 매체로의 이동과 그것의 지배적 이념의 성격을 밝히는 일이 된다. 3장에서는 2장에서 논의한 문학 매체 중 한국전쟁 직전의 순문학 매체가 '전시판' 문학 매체로 이동되어 기획된 『시문학』과 『문예』, 그리고 전시 시문학 매체로 새롭게 탄생된 『전선시첩』으로 논의의 범위를 제한하였다.

2. 한국전쟁 전후의 문학 매체

한국전쟁 전후 문학 매체를 살펴보기 위해서는 한국전쟁 직전과 한국전쟁기의 문학 매체로 구분해 볼 필요가 있다. 한국전쟁기의 문학 매체에 비해 한국전쟁 직전의 문학 매체는 지금까지 연구자의 주목을 크게 끌지는 못하였다. 남북한 단독 정부가 수립된 1948년 중반부터 한국전쟁이 발발한 1950년 6월까지의 이 시기는 분단이 고착화되어 가는 시기로 '해방공간'처럼 출판을 매개로 활발한 문학담론을 이끌어 내지는 못하였다. 그 원인은 남 · 북한 정권이 내세운 지배이데올로기의 간섭이 시작되면서 문학담론의 생성이나 매체의 출판이 위축되었기 때문이라 할 수 있다. 1949년 4월에 나온 『출판대감』에 따르면 1949년 1월 15일 현재 등록된 출판사는 798개이며,[5] 1949년 1월 8일 현재 전국에 산재한 정기간행물(신문, 잡지, 동인지 포함)은 248종으로 되어 있다.[6] 이 현황은 명목뿐인 출판사나 정기간행물을 고려하더라도 출판 매체를 통한 계몽의 열기가 아직까지 식지 않았음을 보여주고 있다. 그러나 1949년 『출판대감』이 발간될 무렵엔 이미 출판의 열기가 해방공간보다는 위축되었다고 할 수 있다.

1949년에 발간된 문학 매체들은 남 · 북한 단독 정부 수립 이후 실질적 영향력이 행사되는 시점에서 발간된 것으로, 이러한 매체 발간에는 직, 간접적으로 지배 이데올로기의 간섭이나 영향이 있었다고 볼 수 있다. "(정부 수립)을 계기로 우리 출판계는 현실적으로 남북으로 분단된 정치적 상황에 따를 출판의 자유에 대한 책임을 묻게 되고, 스스로 제한이 뒤따라오게 된 것"[7]이라는 한 출판인의 회고는 이 당시

5) 「출판사일람표」, 『출판대감』, 조선출판문화협회, 1949, 57~63쪽 참고.

6) 1949년 1월 8일 현재 발간되는 월간 정기간행물 중 신문을 제외하고 주목할 만한 매체를 들어보면 다음과 같다. 서울의 『새한민보』, 『조선경제』, 『백민』, 『현대과학』, 『세계뉴스』, 『신세대』, 『신태양』, 『국제보도』, 『조선건축』, 『카톨릭청년』, 『경향잡지』, 『신천지』, 『민정』, 『과학시대』, 『부인』, 『대조』, 『아동교육』, 『이북통신』, 『어린이』, 『개벽』, 『신자유』, 『조선교육』, 『대중과학』, 『무궁』, 『사진문화』, 『새동무』, 『과학전선』, 『민성』, 『국어교육』, 『새사람』, 『선구』, 『신가정』, 『소학생』, 『신인』, 『학생월보』, 『음악문화』, 『민족문화』, 『예술조선』, 『출판문화』, 『학풍』, 『삼천리』, 『시조』, 『법정』, 『신세기』, 『진달래』, 『농토』, 『향토』 등이 있으며, 충남의 『신성』, 충북의 『대중문학』, 전남의 『호남문화』, 『한글문화』, 전북의 『전라공론』, 경남의 『선봉』, 『봉화』, 『문화건설』, 경북의 『새싹』, 『죽순』, 『무궁화』, 『아동』, 『건국공론』 등이 있다. 「현행정기간행물일람표」, 『출판대감』, 조선출판문화협회, 1949, 75~77쪽 참고.

출판의 정황을 잘 보여준다. 정치상황의 변화는 출판사의 기획 자체를 변하게 하여 사회과학서 중심의 출판 시장을 약화시켰다. 이는 독자의 양서 선택의 기준이 서서히 변화되고 있음을 보여준다. 당국의 출판 통제 이전에 출판인 스스로 검열이나 상업성을 의식하여 출판내용을 '스스로 제한'하기 시작하였다는 것은 이후 출판 시장의 변화를 예고하는 것이었다. 미 · 소군정이 권력을 장악하고 있던 해방공간의 경우에도 이미 출판에 대한 억압[8]이 시작되고 있었기에 정부 수립 이후의 매체의 변화는 충분히 예견할 수 있는 일이었다. 대한민국 정부의 수립은 해방 직후 격렬했던 좌 · 우익의 대립과 혼란이 공식적으로 종료됨을 의미하였다. 안정과 민심의 통일이 시급하였던 신생 정부는 이승만 대통령이 제창하는 '일민주의'를 통해 국민의 사상적 통일과 단합을 꾀하고자 하였다. 일민주의(一民主義)는 "신흥 국가의 국시"[9]로 자리잡으면서 신생 대한민국의 사상적 지도원리로 부상한다. 한겨레, 한 핏줄을 내세우는 일민주의는 "민족의 분열을 일삼는 나라 안의 모든 반동적 사상과 또 나라 밖에서 침입하는 모든 파괴사상을 철저히 쳐부수"[10]기를 요구한다. 그러므로 공산주의와의 투쟁은 사상적 통일과 단합을 위한 신생 정부의 선결과제가 된다. 이러한 상황에서 반공주의와 국가주의 시선을 담은 출판 매체들[11]이 나타나기 시작한 것은

---

7) 정진숙, 「출판의 길 40년(63)」, 『중앙일보』, 1985.7.8.(이중연, 앞의 책, 94쪽 재인용)

8) 남, 북한 단독 정부 수립 이전 문학 부문의 대표적인 출판 탄압은 38 이남에서는 『인민항쟁시집』, 『찬가』와 『지열』의 몰수 내지 금서 사건을 들 수 있고, 38 이북에서는 시집 『응향』 사건을 들 수 있다. 응향 사건은 북조선문학예술총동맹 중앙상임위원회의 결정서인 「시집 '응향'에 관한 결정서」와 백인준, 「문학예술은 인민에게 복무하여야 할 것이다 — 원산문학가동맹 편집시집 '응향'을 평함」(『문학』 3호, 1947.4)과 구상, 「시집 '응향' 필화 사건 전말기」(『구상문학선』, 성바오로출판사, 1975)를 참고할 것. 『찬가』와 『지열』의 판금 상황은 이중연, 앞의 책, 237~307쪽 참고.

9) 이승만, 『일민주의 개술』, 일민주의보급회, 1949, 4쪽.

10) 안호상, 『일민주의의 본바탕』, 일민주의연구원, 1950, 25쪽.

11) 김일수가 편술(編述)한 『적화전술 — 조국을 좀 먹는 그들의 흉계』(경찰교양협조회, 1949.12)과 조영암의 『북한일지』(삼팔사, 1950.3) 외에도 공보처에서 발간한 『북한괴뢰

자연스러운 일이었다. 좌익 문인들이 지하로 숨거나 보도연맹 가입 등으로 선택의 여지가 좁아져 가는 대신, 우익 문인들은 새로운 문학 매체를 중심으로 그들의 문학 이념과 반공주의적 시선을 지속적으로 보급, 선전해 나가고자 하였다.[12)]

한국전쟁은 문학 매체에 통제와 규율의 시선을 더욱 강화시켜 나가는 계기가 되었다. 이러한 상황에서 매체의 폐간과 변화가 있었었고, 새로운 매체의 탄생이 시작되었다. 한국전쟁으로 인한 인적, 물적 상황의 악화 속에서 한정된 독자를 확보하기 위해서는 무엇보다 매체를 기획하고 유통하는 전략이 필요하였다. 한국전쟁 이전 발간되던 잡지, 동인지 등의 문학 매체들은 한국전쟁을 기점으로 대부분 폐간되었다. 반면 살아남거나 새로 탄생한 문학 매체들은 전시 상황에 적응해 나가기 위해 새로운 담론을 구성해 나가야만 했다. 해방기 좌파 문학인들과의 대립 속에 "문단주체세력"[13)]으로 성장하였던 우파 문학인들은 1949년 8월 1일 순문예지 『문예』의 창간을 통해 그들의 거점을 확보한다. 한편 1950년 1월에는 시 동인지 『시문학』이 탄생하였다. 『문예』와 『시문학』은 정부 수립 후의 우파 문학인들이 선택한 문학의 장이 순수문학에 바탕을 두고 있음을 잘 보여주고 있다. 순수문학 내지 순수시를 표상으로 내세우고 있는 이들 매체들은 한국전쟁 상황 속에서 기존의 문학 매체의 특성을 살리면서 그들의 존립 근거가 되는 새로

집단의 정체』, 대한민국공보처, 1949.9; 『우상숭배하는 공산주의』, 대한민국공보처, 1949.12; 『소련군정의 시말—북한분할과 적화음모의 정체』, 대한민국공보처, 1950.2 등은 38 이북에 대한 경멸과 혐오의 시각을 담고 있다.

12) 한국전쟁기 문학에 작동된 국가 이데올로기와 반공주의 문학에 대한 연구로는 다음과 같은 글들이 주목된다. 이봉범, 「반공주의와 검열」, 상허학회, 『반공주의와 한국문학』, 깊은샘, 2005; 서동수, 「숭고의 수사학과 환멸의 기억」, 『우리말글』 38집, 우리말글학회, 2006.12; 김진기, 「반공호국문학의 구조」, 상허학회, 『한국 근대문학 재생산제도의 구조』, 깊은샘, 2007; 유임하, 「정체성의 우화—반공증언집과 냉전의 기억」, 김진기 외, 『반공주의와 한국문학의 근대적 동학』 I, 한울, 2008.

13) 조연현, 『내가 살아온 한국문단』, 현대문학사, 1968, 20쪽.

운 담론을 구성해 내지 않으면 안 되었다. '전시판'이란 형식은 이들이 전쟁 속에서 국가주의와 반공주의 이념을 전파하기 위해 선택한 매체의 외적 모습이라 할 수 있다. 한국전쟁은 '종이 전쟁'[14]이라 부를 만큼 남, 북 상호간 모두 매체의 중요성을 깊이 인식하고 있었다. 적과의 대치 상황 속에서는 이념의 우위를 상대에게 입증하는 것이 중요하였다고 할 수 있다. 이념의 우위를 입증해 보이는 데는 총, 칼보다 매체를 통한 상대 제압이 더욱 긴요한 상황이었다. 그래서 군에서도 예술인을 동원한 문화공작 및 매체의 제작에 더욱 심혈을 기울이게 된다. 작가들의 전선 종군이나 다양한 매체의 기획이 군의 후원 하에 이루어진 것도 이 때문이었다. 문학인들도 전쟁 상황 속에서 조직 결성과 매체의 발간이란 제도로 대응해 나가기 시작하였다. 한국전쟁이 발발하자 문인들은 '비상국민선전대'(1950.6.27)를 조직하여 비상사태에 대응하고자 하였으며, 곧 이어 28일 대전에서 김광섭을 대장으로 '문총구국대'를 조직하였다. '문총구국대' 경북지대장은 이효상이었고, 부산지대장은 유치환이었다. '문총구국대'를 통해 종군활동을 하던 문인들은 중공군의 참여로 다시 남으로 후퇴하면서 1951년 무렵 '종군작가단'을 결성하기 시작하였다.[15] '종군작가단'은 전선을 따라 종군하는 이

14) 한국전쟁 당시 매체를 통한 심리전의 양상은 이윤규, 『들리지 않던 총성 종이폭탄—6·25전쟁과 심리전』(지식더미, 2006)을 참고할 수 있다.

15) 먼저 대구에서 피난하고 있던 문인들은 1951년 3월 9일 공군정훈감이었던 김기완 대령의 주도로 '공군종군문인단'을 결성하였다. 대내외의 통상 명칭이 '창공구락부'인 이 단체의 회원은 단장인 마해송을 필두로 조지훈, 최인욱, 최정희, 곽하신, 박두진, 박목월, 김윤성, 류주현, 이한직, 이상로, 방기환 등이었으며, 결성 1년 후 황순원, 김동리, 전숙희, 박훈산 등이 가입하였다. 한편 1951년 5월 26일 대구에서 '육군종군작가단'이 결성되었는데, 육군정훈감인 박영준이 참가한 가운데 장덕조, 최태응, 조영암, 김송, 정비석, 김진수, 박영준, 정운삼, 성기원, 박인환, 방기환, 최상덕 등이 중심이었으며, 단장으로 최상덕이 선출되었다. 이들은 동부전선에 조영암, 김이석, 김송, 서부전선에 최태응, 이덕진, 중부전선에 성기원 등을 종군하게 하였으며 이후 여러 단원들이 일선 종군하여 1951년 8월 14일 대구문화극장에서 종군보고강연회를 가지기도 하였다. 그해 말에는 단원을 재정비하였는데, 김팔봉, 구상, 장만영, 박기준, 김영수, 작곡가 김동진

외에 그 종군 체험을 생산해 내는 미디어의 전초 기지였다고 할 수 있다. 공군종군문인단인 '창공구락부'는 "시 · 소설 · 가사 · 종군기 · 신문, 잡지에의 기사 제공 · 번역 소개 · 연극 · 공연회 · 문학의 밤 · 작품 낭독회 · 포스타 · 전단 · 표어 · 그리고 군 · 민에 대한 문예 작품 모집 등의 방법으로 군 내부적으로는 사기 앙양, 정서 함양을 도모하고 대외적으로는 일반 항공사상을 광범위하게 보급"[16]시키고자 하였다. 이들은 기지 종군, 보도 선전, 항공에 대한 작품 활동, 공연 · 강연, 작품 낭독회, 항공사상 고취에 관한 작문 · 그림 등의 현상모집을 하였으며, 공군종군문인단의 기관지 『창공』, 공군기관지 『공군순보』[17](후에 『코메트』로 개제), 국방부 기관지 『국방』을 편집하였다. 한편 육군종군작가단의 경우 기관지 『전선문학』 발행, 종군문학 방송, 연극 발표, 지방순회강연, 문학의 밤 개최, 국군 위문 등 각 방면의 활동을 전개하였다.[18] 육군의 경우 종군 활동의 규모도 가장 크고 지속적이었다고 할

을 가입시켰다. 1952년에는 만화가 김용환 외에 윤석중, 유치환, 손소희, 하대응, 이호우 등의 단원을 증원하였다. 해군종군작가단은 당시 해군장교인 윤백남, 염상섭, 이무영을 위시하여 안수길, 이서구, 박계주, 박연희, 공중인, 이봉래, 김규동 등이 중심이었으며, 기관지 『해군』지를 편집하면서 군인이나 문관으로 참여하였다. 한국문인협회 편, 『해방문학 20년』, 정음사, 1966, 89~101쪽; 『정훈대계』 I , 국방부, 1956, B 237~242쪽; 「종군작가단과 사업」, 『전선문학』 창간호, 1952.4, 39쪽 참고.

16) 『정훈대계』 I , 국방부, 1956, B240쪽 참고.

17) 『공군순보』는 정훈감 김기완 중령이 발행인으로 공군본부 정훈감실에서 펴낸 기관지인데 『전선문학』 등의 매체에 비해 문인들이 크게 참여하지 않은 매체라 할 수 있다. 『공군순보』 16호를 보면 실제 기성 문인들은 조지훈(시 「전선의 서」), 방기환(소설 「인형과 고독」), 마해송(「종군문인」), 김팔봉(「근대전의 양상과 병법」) 정도이며, 그마저 김팔봉의 작품은 문학과 큰 관련이 없다. 『공군순보』 16호(공군본부정훈감실, 1952.3) 참고.

18) 이 당시 육군 종군작가단이 한 활동은 다음과 같다. 1. 일선 종군=총회수 220회, 종군 연일수 924일, 2. 종군보고 강연회=대구, 부산, 서울 등 8회, 3. 문학의 밤=주로 대구에서 종군문학을 발표, 14회, 4. 기관지 발행=전쟁문학을 대표하는 기관지 『전선문학』을 7호 발행, 5. 문인극 상연=전의 앙양을 위한 시국적인 각본으로 작가단원 및 일반 작가들을 망라하여 연극을 공연함. 상연 횟수 대구 2회, 부산 1회, 서울 3회, 6. 지방순회 강연=문총과 공동 주최로 2차에 걸쳐 각도 중심 도시가 거행함. 7. 시국강연회=정전 반대 강연회를 대구에서 개최, 8. 육군의 밤 방송 6회, 9. 벽시운동 및 시화전 2회,

수 있다. 『전선문학』은 육군종군작가단에 의해 발행된 전쟁기의 대표적 문학 매체이다. 육군종군작가단은 기관지 『전선문학』 창간호를 1952년 4월 10일 발행하였는데 최독견의 「창간사」는 『전선문학』의 임무를 아래와 같이 적고 있다.

> 이제 우리들이 가지고 싸우려는 '펜'은 그야말로 수류탄이며 야포며 화염방사기며 원자수소의 신무기가 되어야 할 것이다. 우리들의 뜻은 허다한 우리의 순국열사들의 그것을 그대로 계승할 것이며 우리들의 행동은 좌(坐)하여 개탄하고 입(立)하여 규호(叫呼)하는 것이 아니다. 진실로 폭탄을 안고 적의 참호 깊이 돌진하여 자폭하는 용사의 그것이며 수만 척 고공에서 섬광 속에 침략해 오는 적과 더부러 사생을 일결(一決)하는 제트기의 용사의 그것이 아니면 아닌 것이다. 이 뜻 이 행동 외에 우리에게는 또 한 가지 중대한 임무가 있음을 자각하노니 그것은 전선과 후방을 연결하여 촌호(寸毫)의 괴리도 허락지 않는 견결(堅決)한 유대로서의 연락병이 되어야 하는 것이다. 일선장병의 사기를 헌앙(軒昂)케 하고 총후 국민의 전의를 앙양케 하는 특별 임무가 곧 이것이다.[19)]

최독견은 「창간사」를 통해 전쟁기 문학 매체가 어떻게 탄생되며 그것의 역할과 임무가 어떠해야 하는지를 규정하고 있다. 문학인들의 '펜'은 국가 방위를 위한 수단이 되며, 문학은 국민간의 단결과 유대를 강화하는 역할을 수행해야 한다는 것이 그의 주장의 요지이다. 최독견은 「창간사」에서 국가이념 보급의 수단 내지 도구로서 전시 문학이 어떻게 자리잡아야 하는지를 강조하고 있는 셈이다. 『전선문학』은 육

10. 부대가(部隊歌) 및 군가 작곡 작사 수십편, 11. 기타 군 기관에 관한 여러 가지 협조. 『정훈대계』 I , 국방부, 1956, B 237쪽 참고.

19) 최독견, 「창간사」, 『전선문학』 창간호, 육군본부 종군작가단, 1952.4, 9쪽.

군종군작가단의 기관지였지만 7호(1953.12)까지 많은 작가가 참여함으로써 한국전쟁기의 가장 대표적인 문학 매체로 자리잡았다. 『전선문학』은 반공주의와 국가주의를 최고의 표상으로 내세웠으며, 소위 '반공·호국문학'[20]의 틀을 제시한 문학 매체라고 말할 수 있다.

서울신문사 출판국의 『신천지』도 한국전쟁 후까지 지속적으로 발간되던 종합지였다. 또한 한국전쟁 기간 동안 새롭게 탄생한 『문화세계』나 『자유세계』, 『신조』 등의 종합지는 전쟁상황과 관련 있는 문학 작품을 적절히 지면에 배치하였다. 그런데 정기적으로 발행되는 종합지보다는 단행본 문학 매체가 전쟁기 매체의 특징을 더욱 분명히 보여주었는데, 그 중에서 김송(金松)이 편한 『전시문학독본』(계몽사, 1951), 문총경북지대가 발행한 『전선시첩』 1집, 2집(1950, 1951), 김영덕 편의 『일선군경위문 꽃다발』(군경위문수첩발간위원회, 1951), 강세균 편의 『애국시33인집』(대한군사원호문화사, 1952) 등이 주목된다. 이 시기에 발간된 한국전쟁 체험기[21]나 전쟁 체험을 다룬 개인 시집[22] 등에도 전쟁기 문학 매체의 이념이 잘 나타나 있다. 『전시문학독본』은 전쟁을 제재로

---

20) 김진기, 앞의 논문, 349쪽.

21) 전쟁이란 역사적 사건은 개인의 삶에 큰 충격을 주었으며, 그것은 내러티브의 중요 소재가 된다. 주로 피난 체험이나 군의 종군 체험이 주종을 이루며, 이는 종군기나 인공치하의 수난기, 피난기 등으로 나타났다. 한국전쟁을 제재로 한 대표적 체험기는 『고난의 90일』(수도문화사, 1950.11), 『적화삼삭구인집』(국제보도연맹, 1951.4)을 들 수 있으며, 이외에 김광주의 『피난민은 서글프다』(수도문화사, 1951), 선우휘의 『귀환』(청구출판사, 1954) 등을 참고해 볼 수 있다.

22) 한국전쟁기에 발간된 시집을 조사한 문헌지에 의하면 개인시집 54종, 공동시집과 선시집 18종으로 정리하고 있다.(박태일, 「경인전쟁기 간행 시집 문헌집」, 『한국 근대문학의 실증과 방법』, 소명출판, 2004, 224~256쪽 참고) 이 중 전쟁의 체험을 담고 있어 눈길을 끄는 시집은 조영암의 『시산을 넘고 혈해를 건너』, 1951; 모윤숙의 『풍랑』, 문성당, 1951; 이영순의 『연희고지』, 정민문화사, 1951; 유치환의 『보병과 더부러』, 문예사, 1951; 이용상의 『아름다운 생명』, 시문학사, 1951; 구경서의 『폭음』, 삼익출판사, 1951; 장호강의 『총검부』, 삼성출판사, 1953; 이영순의 『지령』, 문총사, 1952; 김순기의 『용사의 무덤』, 동서문화사, 1953; 『이등병』, 동서문화사, 1953; 김영덕 편, 『꽃다발』, 군경위문수첩발간위원회, 1951; 강세균 편, 『애국시 33인집』, 대한군사원호문화사, 1952 등이다.

한 다양한 문학장르를 포괄하고 있다. 여기에 실린 작품은 수필 급 단상 6편, 시 8편, 수난 급 종군기 6편, 단편소설 3편, 논설 급 평론 8편이다. 편자인 김송은 「후기」에서 『전시문학독본』은 의도적으로 만들어진 전생문학 매체임을 밝히고 있다.[23] 『전시문학독본』은 '기획'된 '녹본'이란 점에서 주목을 요하며, 필자들 또한 반공주의와 국가주의를 기반으로 전쟁 체험을 그려내고 있다. 이러한 매체는 결국 "안으로는 국민을 상대로 하는 계몽 선전과 밖으로는 우리 한족(韓族) 말살 정책에 기인하는 적성국가에 대한 선전 공세의 중대성"[24]을 인식하고 기획된 것이라 할 수 있다.

김영덕 편의 『일선군경위문 꽃다발』(군경위문수첩발간위원회, 1951)이나 강세균 편의 『애국시 33인집』(대한군사원호문화사, 1952)은 전선 매체로서의 특징을 잘 보여주는 헌정모음집이다. 『일선군경위문 꽃다발』은 많은 문인과 화가가 동원되어 전선에 바쳐진 문학 매체라 할 수 있다. 화가 6명의 삽화에 시인, 소설가를 포함한 문화인들 69명이 참가하여 시, 수필, 콩트, 만화 등을 게재하고 있다. 후방의 문화인들이

---

23) 『전시문학독본』에 실린 김송의 후기는 다음과 같다. "6 · 25사변 이래 거의 1년동안 우리 문단의 활동로는 차단되다시피 적막하였다. 그것은 각 언론 및 문화기관이 저들의 침략으로 인하여 파괴되었던 때문이다. 그러나 애국문화인의 열성적인 노력으로 아주 걸키고 막힐 번 했던 문단은 틈틈이 숨을 돌려 여맥을 용하게도 이어왔다. 4283년 8월에 문학 전시판이 부산에서 발행되었고, 그후 11월에 가서 문예가 나왔다. 그밖에 종합잡지 한두 권 간행되었으며 신문 문화면도 살아났다. 그러나 그것으로써 우리들은 만족할 수 없어 본서를 기획한 바, 때가 중공군을 상대로 대격전을 감행하고 있느니 만큼 집필자와의 연락이 불편하여 완벽을 기하기는 어려웠다. 그럼에도 불구하고 전시하에 있어서 문화인 30명을 동원하여 이만한 문학독본이나마 만들어 논 것은 대국적으로 보아서 큰 수확이라 아니할 수 없다. 금번 여러 집필자의 성원과 출판사의 영단에 대하여 감사해 마지 않거니와 이 한 권이 간행됨으로써 문학-문화 애호가들에게 정신적 양식이 된다면 그에 더 기쁨이 없다. 더욱이 중등 이상 학도들의 교재에 빈곤을 받고 있는 이 시기에 이 책의 역할은 적지 않을 것으로 믿는다."(「후기」, 『전시문학독본』, 계몽사, 1951, 179~180쪽)

24) 김종문, 「전쟁과 선전」, 『전시문학독본』, 계몽사, 1951, 161쪽.

일선의 군인과 경찰에게 보내기 위해 기획한 이 책은 진중 문고의 형태로 만들어졌다. 『애국시 33인집』 또한 문고 형태의 엔솔로지로 33인의 현역 시인들이 구국 전선에 바치는 전쟁시집이다. '애국시'란 표제에서 알 수 있듯이 국가주의 이데올로기는 이 엔솔로지 편집의 주된 바탕이 되고 있다.

3. 전선 매체의 기획과 구성담론

1) '전시판' 문학 매체로의 이동

'전시판(戰時版)'이란 제호를 달고 있는 한국전쟁기의 문학 매체로는 『시문학』과 『문예』가 있다. 이 두 권의 책은 하나는 동인지이고, 다른 하나는 문예지란 점에서 그 성격을 서로 달리하고 있다. 그러나 한국전쟁을 계기로 '전시판'을 발행한 문학 매체란 점에서 공통점이 있다. 두 매체 모두 한국전쟁이 일어나기 전에 창간되었으며, 한국전쟁이 일어나자 전쟁 상황에 대응해 '전시판'을 기획하였다는 점이 동일하다. 한국전쟁이란 역사적 변혁은 기존의 문학 매체에 충격을 주었으며, 그 충격은 그 당시 문학 매체의 기획과 구성담론을 바꾸게 하였다. 이는 순수문학을 표방하던 두 순문학 매체가 긴박한 전쟁 상황 속에서 어떻게 전시 문학담론을 구성해 내는가의 문제와 관련된다.

『시문학』은 1950년 서울에서 발간한 시 동인지로 지금까지 문학사에서 크게 다루어지지 못한 문학 매체이다.[25] 『시문학』 1, 2, 3집의 발행인은 박목월이며, 통권 3호[26]를 펴냈다. 3호는 대구에서 '전시판'으로 기획되었다. 편집은 동인들이 돌아가면서 맡게 되어 있었으며,[27] 그 결과 1집의 편집인은 박목월, 2집은 조지훈이었다. 3집은 이한직으로 편집이 예정되어 있었으나[28] 한국전쟁으로 인해 발행 겸 편집을 다시 박목월이 맡게 된다. 이로 미루어 볼 때 『시문학』을 실질적으로 주도해 간 인물은 박목월이라 할 수 있다. 제목이 『시문학』인 것으로 보아 창간 당시부터 1930년 3월 5일 발간된 시동인지 『시문학』을 염두에 두고 있었던 것으로 보인다. 『시문학』 창간호는 김영랑의 시를 내지에 권두시로 싣고 있는 바, 이를 통해 이 동인지가 표방하는 이념을 짐작해 볼 수 있다.

> 허리 띄 매는 시악시 마음실 가치
> 꽃가지에 은은한 그늘이 지면
> 힌 날의 내 가슴 아지랑이 낀다
> 힌 날의 내 가슴 아지랑이 낀다[29]

『시문학』 창간호는 김영랑의 4행시를 재수록하여 권두시로 삼고, 1930년대의 『시문학』을 동인지의 제목으로 호출하였다. 이 작품은 제목 없이 구성된 『영랑시집』(시문학사, 1935.11)에 11번째 실린 시이다. 이

---

25) 지금까지 『시문학』에 대한 정확한 서지사항조차 작성되어 있지 못하다. 문홍술의 「박목월의 생애와 문학」(박현수 편, 『박목월』, 새미, 2002)에서는 "1950년 6월 『시문학』이란 시 전문 잡지를 발간하지만 한국전쟁으로 인해 창간호가 종간호가 되고 만다"(14쪽)는 잘못된 서술을 하고 있다.

26) 창간호는 1950년 1월, 제2호는 1950년 6월, 제3호는 1951년 6월에 발간되었다.

27) 다음은 조지훈의 『시문학』 2집의 편집후기이다. "시문학 편집은 원래 우리 동인들이 돌려가면서 맡아 보기로 작정하였다. 2집이 내 차례에 돌아왔으므로 나는 (신예시인작품)과 (시인론) 특집으로써 멋지게 꾸며보리라 마음 먹었는데 거리에 나오는 틈을 타서 원고를 모으게 되니 뜻대로 되지 않는 바가 많아 소루(疏漏)와 미흡(未洽)을 면할 수가 없게 되었다."(조지훈, 「편집후기」, 『시문학』 2호, 1950.6, 51쪽)

28) 박목월, 「편집후기」, 『시문학』 2호, 1950.6, 51쪽.

29) 김영랑, 『시문학』 창간호, 1950.1, 3쪽.

시는 짧은 단형의 순수서정시로 시문학파 시의 특성을 잘 보여주고 있다. 이 시를 박목월이 주간한 『시문학』 창간호에 재수록하였다는 것은 무엇을 의미하는가? 권두시와 제호를 통해 『시문학』은 김영랑, 박용철이 주도한 1930년대 시문학파의 정신을 계승하고자 함을 분명히 보여주었다. 『시문학』은 제호의 표상을 통해 이 문학 매체가 지향하는 이념이 순수서정의 세계임을 선명하게 제시하는 한편, 그것에 부합하는 편집 방침과 필진을 구성함으로써 그러한 표상을 뒷받침하였다.

한편 『시문학』은 동인지의 성격을 띠고 있었으나 많은 신인들에게 투고의 문을 열어두고 있었다. 『시문학』에 실린 기성 작가 모두가 『시문학』 동인인지는 확실하지 않다. 단 『시문학』 3호의 「동인소식」란에 유치환, 박두진, 이한직, 조지훈, 서정주, 박목월의 동정을 소개[30]하고 있는 것으로 볼 때, 이들이 『시문학』 동인인 것만은 확실하다. 『시문학』 1집의 필진은 김영랑, 조지훈, 구상, 김도성, 박태진, 유치환, 박두진, 김춘수, 이종후 등이며, 좌담회에 유치환, 서정주, 조지훈, 장만영, 박목월, 김동리 등이 참석하고 있다. 이들 필진들의 면면이나 글의 내용을 살펴보면 『시문학』은 소위 '순수'와 '문학주의'에 바탕을 둔 문학 매체라 할 수 있다. 이러한 시적 공간의 특성을 잘 보여주고 있는 것이 박목월이 쓴 「편집후기」이다.

> 풀밭같은 자리가 소원이었다. 시를 쩌너리즘에 맡겨버리기 싫은 것이며, 그 마음이란 잡된 것에서 순결한 것을 추모하는 마음이다. 허나 마음대로 되지 않는 것이 세상일이다. 위선 원고난이었다. 풀밭같은 자리를 좋아하는 것과 이룩하는 작업과는 또 다른 것임을 첨 깨달아야 하였다.[31]

30) 「동인소식」, 『시문학』 제3호 전시판, 1951.6, 51쪽.
31) 「편집후기」, 『시문학』 창간호, 1950.1, 50쪽.

「편집후기」를 통해 볼 때 이들은 "풀밭같은 자리"를 지향한다. "풀밭같은 자리"란 "잡된 것"을 허용하지 않으려는 "순결한 것을 추모"하려는 마음이 자리잡은 곳이다. 이처럼 『시문학』 동인들은 50쪽 안팎의 얇은 지면이지만 편집후기를 통해 "쩌너리슴"과 관련 없는 그들만의 "순결한 것"을 지향해 보려는 욕구를 분명히 보여준다. 이러한 발언은 1930년대 박용철이 쓴 순수시론 「시적 변용에 대해서―서정시의 고고한 길」(『삼천리문학』 창간호, 1938.1)의 논조와 크게 다르지 않다. 박용철, 김영랑 대신에 박목월, 조지훈 등이 『시문학』 창간호의 필진으로 대치되어 있을 뿐이다.

> 생명 있는 언어는 시인 속에 잉태되고 독자의 인격 속에 몰입하는 언어가 아니면 안됩니다. 시는 제2의 자연이요 생명의 표현이므로 하나의 유기체라 할 수 있습니다. 그러므로 시의 생명이 어느 부분에 존재하느냐 하는 문제는 사람의 생명이 정신에 있느냐 육체에 있느냐 하는 것과 같습니다. 사람의 생명이 정신과 육체의 합동에 있듯이 시의 생명도 마찬가지가 아닐 수 없습니다. 시가 한 번 이루어진 다음에는 통히 하나의 생명이요 지정의(知情意) 그 어느 하나로 분해할 수는 없습니다. 실로 인간의 절대한 요구는 지정의가 합일된 생명이오 따라서 절대의 가치는 진선미가 합일된 생활이기 때문입니다.[32)]

위의 글에 나오는 '유기체'니 '잉태'니 하는 말들은 1930년대 시문학파의 주된 시론인 박용철의 「시적 변용에 대해서」에 자주 등장하는 용어이다. 조지훈의 「시의 언어적 생성」은 박용철의 「시적 변용에 대해서」의 해방 이후판이라 할 만하다. 이 글은 『시의 원리』(산호장, 1953)

32) 조지훈, 「시의 언어적 생성」, 『시문학』 창간호, 1950.1, 18쪽.

와 더불어 「해방시단의 과제」(청년문학가협회 창립대회, 1946.4.4)나 「순수시의 지향」(『백민』, 1947) 등을 잇는 조지훈 순수시론의 연장선상에 놓여 있다고 할 수 있다.

한편 『시문학』 2집에 참가한 필진은 이인수, 이한직, 김상옥, 김윤성, 이천섭, 조병화, 김홍섭, 장만영, 구상, 김병욱, 조연현, 박목월, 조지훈 등이다. 더구나 『문예』의 중심 인물인 김동리와 조연현의 참가는 이 동인지의 이데올로기적 기반을 더욱 분명히 보여준다. 1집의 좌담회 「청소시담(淸宵詩談)」에 김동리가 참가하고, 2집에 조연현이 「안정과 반항」이란 김상옥의 신간 시집평을 쓴 것을 볼 때, 『시문학』과 『문예』는 이념적 동류 관계를 유지하고 있었음을 알 수 있다. 한편 2집의 「현대시의 제문제」 좌담회 구성원도 1집의 「청소시담」의 참가자였던 서정주, 박목월, 조지훈 등이며 여기에 이한직이 참가하고 있을 뿐이다. 박목월과 이한직은 일제 말 『문장』지 추천작가라는 공분모를 가지고 있었다. 그러므로 이한직의 『시문학』 동인 참가는 박목월을 매개로 자연스럽게 이루어졌다고 할 수 있다. 『시문학』 1, 2집의 목록이나 실린 글의 내용은 『시문학』의 순수시지로서의 특색을 잘 보여주고 있다.

『시문학』 3호는 한국전쟁으로 인해 대구의 한국공론사에서 1951년 6월에 나왔다. 3호는 표제에 '전시판'이란 제호를 달고 있는데, 이는 『시문학』이 전쟁을 호명하는 문학 매체임을 공언하는 것이라 할 수 있다. 전시판 『시문학』의 '속간사'는 긴박한 전시의 상황 속에서 『시문학』이 나아갈 방향을 제시해 보인다.

> "각박한 전시에 우리가 여기 조그맣고 가난한 시 잡지 한 권을 가진다는 것은 전시기 때문에 자칫하면 흥분하고 규환(叫喚)하는 그 심정을 사느랗게 승화시켜서 조용한 가운데 깊이 가슴에 맺히는 높은 뜻이 하얀 자리를

가지려 함에서다. 그래서 신과 같은 눈으로 이번 전쟁의 숭고한 뜻을 살피고 느낄 것이다."[33]

위의 「속간사」는 "전쟁의 숭고한 뜻"을 『시문학』이란 매체를 통해 관철해 보이고자 하는 편집진의 의도를 잘 드러내고 있다. 순수시를 지향했던 잡지가 전쟁의 숭고한 뜻을 관철하려고 했을 때, 매체 편집진은 기존의 구성원들을 활용하되 그 내용을 달리해 내보이는 방식을 취하게 된다. 박목월은 한국전쟁기에 『시문학』 전시판을 기획하면서 매체 편집인으로서의 능력을 발휘하였다.[34] 그는 『시문학』 전시판을 전쟁과 관련된 담론 중심으로 구성하였다. 『시문학』 전시판 편집진은 전봉래의 죽음을 전하는 김종문의 「시인 전봉래의 죽음」이나 장만영의 「종군통신」 이외에 최정희 「애증교착기」, 전숙희 「망향기」, 장덕조의 「어떤 여인」 등의 전쟁 체험 수필을 배치함으로써 「속간사」에서 언명한 편집 전략을 실천하고자 하였다. 비록 『시문학』 전시판은 『전선문학』처럼 본격적인 종군잡지의 형태를 띠지는 못하였다 할지라도 짧은 시문학 매체 지면 속에 최대한 전쟁의 상황을 담아내려는 편집 의도를 보여주었다. 『시문학』 전시판은 1, 2집과 달리 전쟁을 직접적 제재로 한 시들을 싣고 있다. 이는 『시문학』 편집진의 '전시판' 구성

33) 박목월, 「속간사」, 『시문학』 3호 전시판, 1951.6, 3쪽.

34) 다음은 박목월의 한국전쟁 중 내면풍경을 엿볼 수 있는 글이다. "내란이 빚어내는 그 어마어마하고, 참혹한 현실에 더구나, 총을 잡는 대열에 나도 한몫 끼게 되는, 이 절대적인 현실 앞에서, 몇 줄의 서정시를 엮는 그야말로 소위 순수한 서정시인으로서 나는 완전한 벙어리에 불과했다. '시를 쓰는 것' 이것은 차후사(次後事)의 일이었다. 시인으로서의 창조자로서의 침착성을 가질 겨를이 없었다. '시인'을 자각하기 전에 한결 인간적인 혹은 자연적인 감정이 가슴에 솟구쳐서 절규같은 울부짖음이 목 안에서 솟아올랐다. 이런 경험을 나는 무엇이라 표현해야 할지 모른다. 애국심이랄까, 그런 국한된 것이기 보다 더 넓고 강렬한 휴매니티—그 감정이란 것이 인류로 향한 이상한 웅얼거림과 신에 대한 항의 같은 것. 아니, 차라리 이상한 분노 같은 것이 그대로 바지랑대처럼 솟곳 했다."(박목월, 『보라빛 소묘』, 신흥출판사, 1958, 162~163쪽)

전략과 일치하는 것이라 할 수 있다. 이헌구의 「수첩에서」, 이한직의 「동양의 산」, 김윤성의 「난중시첩」, 「도강유정」, 유치환의 「배수의 거리」 등은 전쟁과 관련된 내용을 담고 있다. 피난의 경험을 제재로 한 김윤성의 「도강유정(渡江有情)」은 한강을 건너 피난길에 오른 시적 자아의 흔들리는 내면의 모습을 그려내고 있으며, 이한직의 「동양의 산」 또한 "믿을 수 없을 만큼 손쉽게 쓰러져 죽은 선의의 사람들"[35]을 부각시켜 보인다. 언어유기체론과 순수시를 지향하던 『시문학』이 '전시판'으로 이동하면서 곳곳에 전쟁의 흔적을 매체에 담게 된다.

> 크다란 눈망울에 바다가 어려든다. 크다란 콧구멍에 바닷내가 스며온다. 크다란 두 눈에는 푸른 눈에는 눈물이 글성글성 눈물이 어린지도 모른다. 우움메! 메에! 울면서 뛴다. 바다를 홀껴보며 소릴치며 뛴다.
>
> —소야. 황소야. 아아 황소야 뿔을 숙여 파도떼밀 받아보아라 뛰어들어 바닷벌을 달려보아라. 나도 좇차 뛰어갈게 달려 보아라.
>
> 노을이 붉게 탄다. 바다가 울울울 손을 들고 온다. 어스름 바닷가를 소와 내가 뛴다. 바다와 바람결이 거칠어져 온다.[36]

전쟁을 직접적 제재로 하지 않은 위의 작품 「바다와 황소」(박두진)도 마찬가지이다. 「바다와 황소」는 전쟁을 직접적 제재로 하고 있지 않지만 시적 자아의 답답한 심정을 황소가 뛰는 모습을 통해 드러내 보인다. 시적 자아인 '나'는 황소와 동일화되어 뛰면서 바닷벌을 달려보고 싶은 욕구에 시달린다. "뿔을 숙여 파도떼밀 받아보아라"라는 황소에 대한 요구는 답답한 현실 속에서 밀려오는 중압감을 벗어나고자 하는 자아의 욕구가 언명된 것이다. 특히 마지막 행에서 작가는 짧은

---

35) 이한직, 「동양의 산」, 앞의 책, 17쪽.
36) 박두진, 「바다와 황소」, 『시문학』 3호 전시판, 1951.6, 15쪽.

단문들을 중첩시킴으로써 전쟁의 불안한 심리가 자연스레 드러나게 장치하였다.

'전시판' 문학 매체로의 이동이란 점에서 『문예』의 경우도 『시문학』과 같은 경로를 밟고 있다. 『문예』는 모윤숙, 김농리, 조연현이 주축[37)]이 되어 1949년 8월 1일에 창간되었다. 순문예지를 표방했던 『문예』의 지향점은 김동리의 「창간사」에 잘 드러나 있다.

> 문인이 붓을 잡는 것은 일부 정치문학청년들이 오신(誤信)하는 바와 같이 '칩거'도 아니요 '도피'도 아니다. 붓대를 던지고 당파싸움이나 정치행렬에만 가담하는 것이 현실을 알고 문화를 건설하는 방법이라 생각하는 것은 세상에 흔히 있는 '거짓'의 하나다. 우리는 이러한 '거짓'을 거절해야 한다. 소설가는 소설을 쓰고 시인은 시를 쓰는 것만이 민족문학 건설의 구체적 방법의 제1보가 되리라고 우리는 믿어야 한다. 모든 문인은 우선 붓대를 잡으라. 그리고 놓지 말라. 이것이 민족문학 건설의 헌장 제1조가 되어야 한다. 그러나 모든 시, 모든 소설이 다 민족문학이 되는 것은 아니다. 그 아름다운 맛과 깊은 뜻이 능히 민족 천추에 전해질 수 있고, 세계문화 전당에 열(列)할 수 있는 그러한 문학만이 진정한 민족문학일 수 있는 것이다. …… 본지의 사명과 이상은 이상 말한 바에 있다. 즉 민족문학 건설의 제1보를 실천하려는 데 있다. 본지가 모든 당파나 그룹이나 정실을 초월하여 진실로 문학에 충실하려 함은 당파나 그룹보다는 민족이 더 크고 정실이나 사감보다는 문학이 더 높은 것이기 때문이다. 민족문학 건설의 공동 목적을 달성하기 위하여 모든 문인은 본지를 통하여 그 빛나는 문학적 생명을 새겨주기 바란다. 본지는 이러한 생명을 빛내임에 미력과 성의를 다 하려 한다.[38)]

---

37) 『문예』는 모윤숙의 제의로 사장에 모윤숙, 주간에 김동리, 편집 책임을 조연현이 맡았다. 창간호를 낸 이후 김동리가 『신천지』를 펴내는 『서울신문』 출판국으로 가게 됨으로써, 실제로 『문예』는 조연현이 중심이 되어 만들어졌다.(조연현, 『내가 살아온 한국 문단』, 현대문학사, 1968, 30~41쪽 참고)

「창간사」는 작가들이 문학을 떠나 정치, 당파에 참여하는 것을 분명히 반대하고 있다. 이러한 정치 배제의 논리는 해방공간 좌파의 정치적 문학공세에 맞서 싸워온 '문단주체세력'들의 일관된 주장이었다. 정부 수립 후 좌파가 소멸되어가는 시점에 『문예』 편집진이 내건 것은 정치 배제의 문학과 구체적 작품 쓰기였다. 『문예』는 "당파"나 "그룹"보다는 "민족"이 더 크고, "정실"이나 "사감"보다는 "문학"이 더 크다는 것을 내세운다. 이들은 민족이나 세계문화에 기여할 수 있는 영원성의 문학이야말로 민족문학이며, 그러한 작품 쓰기를 강조하고 있다. 『문예』는 민족문학 진영의 다양한 필진들을 동원하는 한편 신인추천제 등을 통해 그 영역을 확장시켜 나갔다. 『문예』는 신생 대한민국 정부의 근간이 되는 문학 매체로서, 작품 중심의 순문예지임을 내세운다. "진실로 민국의 빛나는 독립과 영광을 위하여 나는 나의 열정과 생활을 오로지 『문예』에 걸"[39]겠다는 모윤숙의 발언에 신생 국가에서 순문예지를 펴내는 자부심 같은 것이 강하게 실려 있다. 『문예』는 1950년 6월까지 통권 11호를 발간하면서 『서울신문』의 『신천지』와 함께 문단의 중심 매체로 부상한다.

한국전쟁 발발 이후 『문예』 또한 『시문학』과 마찬가지로 '전시판'을 발간하였는 바, 『문예』 전시판에 실린 조연현과 모윤숙이 쓴 「편집후기」는 '전시판' 『문예』의 탄생 과정과 그 성격을 잘 보여주고 있다.

> 본지 창간 1주년 기념호를 제작 도중에 6 · 25사변을 당하게 되었다. 이 사변으로 인한 국가적 민족적 손실도 크거니와 우리 문예사가 입은 인적, 물적 피해도 결코 적은 것은 아니었다. 문예사에서 일을 보던 두 사람의 작가가 괴뢰군에게 납치되었고 문예사의 모든 비품과 원고와 재산도 몰

---

38) 「창간사」, 『문예』 창간호, 문예사, 1949.8, 9쪽.
39) 모윤숙, 「편집후기」, 『문예』 창간호, 1949.8, 203쪽.

수 혹은 파괴되었다. 그러나 그렇다고 그대로 주저앉어 버리기에는 너무나 커다란 사명을 본지는 부하(負荷)하고 있었던 것이다. 민족의 영혼을 창조하는 민족문학건설이라는 거대한 사업에 이미 발을 내놓은 이상 아모리 우리 자신의 능력의 기초가 파괴되고 아모리 전란이 치열해 가도 그 때문에 우리가 맡은 신성한 의무를 포기해 버릴 수는 없는 것이다. 오히려 모든 것이 다 파괴되고 전란이 치열하면 치열할사록 본지와 같은 민족정신의 근원은 더욱 요청되지 않으면 아니된다고 믿어졌던 것이다. 거의 재기불능에 빠져버린 본지가 모든 악조건을 무릅쓰고 이 전란의 도상에 다시 간(刊)을 계속하는 이유가 거기 있는 것이다. 일반의 많은 성원과 지지를 바라마지 않는다.[40)]

모윤숙은 위의 「편집후기」에서 문예사가 당한 많은 인적, 물적 피해를 언급하고 있다. 그럼에도 불구하고 『문예』 전시판을 발간하지 않을 수 없는 것, 이것은 이념의 승리에 대한 사명과 의무 때문이라고 할 수 있다. 『문예』 전시판은 이들의 말처럼 곳곳에 "전의와 굳은 이념"[41)]이 담긴 글들을 실었다. 전쟁과 관련된 시, 소설, 수필, 평론 등을 광범위하게 배치함으로써 전선문학 매체의 특성을 살리고자 하였다. 『문예』 전시판은 순문예 중심으로 구성되던 한국전쟁 직전의 『문예』를 국가주의 이데올로기의 전달 매체로 변모시킨다. 다시 말하면 『문예』 전시판 구성에 작동된 이데올로기는 반공주의에 바탕을 둔 국가주의라 할 수 있다.

'전시판'의 권두 평론인 이선근, 조연현, 김기완의 글은 반공주의를 직접적으로 호명하고 있다. 이선근은 「이념의 승리」에서 전쟁이 이념의 충돌일진대 무력에서의 승리 못지 않게 이념의 승리가 중요함을

40) 모윤숙, 「편집후기」, 『문예』 전시판, 1950.12, 105쪽.
41) 위의 책, 105쪽.

강조하고 있다. 문학자들이 이념의 승리, 사상의 승리를 구명하는데 앞장 서 나가야 한다는 것이다. 이념의 승리는 결국 결전하의 문화인들에 의해 주도되며, 이 일은 "단순한 벽보나 전단이나 구호나 표호만으로 이루어질 수 있는 일"[42]이 아니라고 본다. 이는 '문화적인 창작'을 통해서 가능한데, 이번 사변을 오히려 문화적인 창작정신의 한 도량으로 삼고 총궐기, 역량을 강력화할 계기로 삼자는 것이다. 전선체험을 문학작품으로 써낼 필요성을 강조한 것은 『문예』의 작품 위주의 편집 방침과도 상통하는 것이었다.

한편 문단인사인 조연현은 「공산주의의 운명」이란 글을 통해 소련과 북방 괴뢰집단의 멸망을 단언하고 있다. 이는 비평가로서 조연현이 선 이데올로기적 입지점을 논설을 통해 분명히 드러내 보인 것이라 할 수 있다. 조연현과 다르게 정훈국 편집실장인 김기완 소령이 오히려 전쟁문학의 현황을 타진하고 있어 흥미롭다.

> 전쟁이 시작된 이래 현재까지 문학 생산은 전연 발표될 기관을 잃지는 않았어도 독자에게 읽혀진 작품이 희소했고 출판계의 사정이 동결상태에 이르러 확실한 양상을 나타내지는 않았으나 종군문학 또는 루풀더-츄(필자주-르포로타쥬)를 통하여 완전히 구태(舊態)를 떠나서 호흡을 달리한 발전을 볼 수 있다. 그것은 짧은 종군기 정도나 수필, 또는 꽁트 등에 있어서 완전히 리아리즘에 입각한 작가의 정확한 현실 파악과 그것에 대한 노력과 진지한 태도가 역력히 나타나고 있으며 적어도 그것은 동포애라던가 민족을 사소라도 망각하지 않은 견실성의 전부이었다. 또한 가급적이면 소재의 다양성을 요구하고 있으며 과거의 신변적인 협애(狹隘)를 일소한 것과 작품의 구성이 갖는 허구성을 끝까지 사실성과 대치하려는

42) 이선근, 「이념의 승리」, 『문예』 전시판, 1950.12, 13쪽.

의식의 혁신이 현저하게 나타나고 있는 것이다.[43]

김기완의 글은 전쟁 기간 동안 작품의 양식 내지 내용이 어떻게 변모되어 가고 있는지를 지적하고 있다. 그는 시야의 협소와 소재의 빈곤 등을 가진 우리 문학의 폐단이 이번 전쟁을 통하여 광범위한 문학의 범주와 영역을 찾아내는 계기가 되었다고 본다. 전쟁은 "문학의 혁신", "정신의 전투부대로서 선봉적인 돌진"[44]을 요구하고 있으며, 문학인은 총궐기하여 전선에 참가하고 있다고 그는 전쟁문학의 현상을 진단한다. 작가들이 사사(私事)와 '신변'에 떨어지는 것을 방지한 것이 전쟁이었다는 김기완의 글은 짧은 기간 동안 이루어진 전쟁문학의 의의를 나름대로 평가하고 있다는 점에서 그 의의를 찾을 수 있다.

2) 숭고의 시선과 국가주의 전략

한국전쟁기의 시문학 매체의 특징을 잘 보여주는 전선 매체로 『전선시첩』이 있다.[45] 『전선시첩』의 경우 1집은 2집에 비해 표지 장정도 없고 아트지도 사용하지 않았다. 표지나 본문 모두 갱지로 되어 있으며, '문총구국대 편집, 국방부 정훈국 발행'이라는 표시 이외에 출판 날짜조차 명기되어 있지 않다. 『전선시첩』 1집의 형태는 전쟁이란 급박한 시국 속에서 긴급히 호명된 매체의 얼굴을 잘 보여주고 있다. 1집의 필진은 서정주, 조지훈, 박목월, 구상, 김기완, 이효상, 이호우, 이윤수, 김윤성, 박화목 등이다. 필진 또한 『시문학』이나 『문예』 전시판의 필

43) 김기완, 「전쟁과 문학」, 『문예』 전시판, 1950.12, 18쪽.
44) 위의 책, 19쪽.
45) 문총구국대에서 발행한 『전선시첩』과 유사한 형식의 시문학 매체로 공군문고로 펴낸 시집 『창궁(蒼穹)』(공군본부, 1952)이 있고, 해군본부 정훈감실에서 펴낸 시집 『청룡』(극동인쇄소, 1953) 등이 있다.

진과 중복되어 있다. 이는 이 당시 제한된 작가들이 여러 문학 매체에 중복 투고하고 있음을 보여준다. 「서문」이나 「편집후기」는 전선 매체인 『전선시첩』의 특성을 잘 말해주고 있다. 국방부 정훈국장 이선근은 「서문」에서 일선 장병에게 이 시첩을 보내는 이유를 그들의 숭고한 모습에서 찾는다.[46] 『전선시첩』 1집의 편집진은 "땀 배인 군복으로 저 영광스러운 국군 용사와 함께 노골(露骨)의 밤을 잠시 쉬면서, 또는 은은한 포성과 초연 속에서 저도 모르게 솟아오르는 힘, 파사(破邪)의 의검(義劍)을 뽑아들고 번개처럼 돌진하는 용사들의 불타는 두 눈초리 그 속에 우리는 영원한 조국과 겨레의 생명을 보았다"[47]고 언명한다. 결국 『전선시첩』의 시들은 종군체험을 바탕으로 일선장병들에 대한 찬사와 칭송, 위무(慰撫)를 주된 목적으로 창작되었던 것이다.

한편 『전선시첩』 2집은 1집이 문총구국대 편집, 국방부 정훈국 발행이던 것과 달리 문총 경북지대가 발행한 것으로 되어 있다. 필진도 문총 경북지대장인 이효상 외에 이용상, 김사엽, 신동집, 김진태, 이윤수, 김동사, 최광열, 라운경, 윤운강 등으로 대구 · 경북지역 문인들이 다수를 차지한다. 또한 서문의 필자도 국방부 정훈국장 이선근에서

46) 국방부 정훈국장 육군대령 이선근이 쓴 『전선시첩』 제1집의 서문은 다음과 같다. "은은한 포성에 놀래서 산새 한 마리도 남지 않은 어느 고지 숲 속에서 또는 포탄이 떨어져 풀 한포기 없는 능성 우에서 무궁한 하늘을 즐기며 조국을 위하여 싸우는 숭고한 일선 장병에게 이 첩을 보낸다! 착하고 올바른 삼라만상에 쌓여서 몇 번이고 조국과 민족, 그리고 세계의 평화를 가슴 깊이 그리는 그대들 용사의 모습보다 더 성스러운 것이 또 어데 있으랴 모든 피곤도 모든 괴로움도 다 잊어버리고 오직 깨끗한 진심으로 그대들은 그대들이 원하고 믿는 것을 위하여 싸우고 있다. 도도히 흐르는 커다란 역사의 흐름소리를 귓전에 들으며 새로운 세기의 아침 햇빛을 한 몸에 담뿍 받고 그대들은 누구보다도 커다란 영광을 지니고 있는 것이다. 우리의 핏줄이며 뼈인 조국과 겨레가 오늘 이처럼 아쉽고 안타깝고 그리운 욕망을 우리에게 가져다 준 때가 언제 또 있으랴. 사람의 마음이 곱고 곧을 때 우리는 누구나 다 시인이 될 수 있다. 그대들의 글로 나타나지 않은 마음 속의 시를 그리며, 우선 여기 몇몇 글로 나타난 시첩을 선물한다."(문총구국대 편집, 『전선시첩』 제1집, 국방부 정훈국, 1950, 1~2쪽)

47) 위의 책, 43쪽.

문총구국대 경북지대장인 이효상으로 바뀌었다. 『전선시첩』 2집의 경우 후방의 중심 거점으로 부상한 대구지역 시인들이 그 중심을 이루고 있다. 전시판 『시문학』이나 『문예』, 또는 『전선문학』이 가능한 한 전국적 필진들을 포섭하려 한 데 비해, 『전선시첩』 2집의 경우 문총구국대 경북지대장인 이효상을 중심으로 대구 · 경북지역 문인들로 필진을 구성함으로써, 이들의 역할이 전선 문단 내부에서 상대적으로 중시되고 있음을 보여준다. 아래는 『전선시첩』 2집에 이효상이 쓴 서문의 일부이다.

> 전쟁은 시인에게도 왔다. 시인에게도 온 것이 아니라 시인에게 가장 심각하게 왔어야 한다. 삼천만이 목숨을 조국에 바칠 제, 시인은 가장 선두에 섰어야 한다. 무엇인지 형제들의 가슴에 북받쳐 오르는 것을 시인은 서슴지 않고 읊어야 한다. 시인의 혼이나 형제들의 혼이나 다 같은 민족혼을 가지는 연고이다. 시가 민족의 생명체 되기에는 시인의 혼이 바로 민족의 혼이라야만 한다.[48]

전선 매체인 『전선시첩』을 통해 이효상은 시인들이 전쟁에 임하는 자세와 그 역할을 표명하고 있다. 시인이 가장 전쟁의 선두에 서야 하는 이유를 그는 시인이 "사(邪)가 없"기 때문이며, "가(可)면 가(可)"고 "부(否)면 부(否)"인 "절실"[49]한 순정성에서 찾는다. 시인은 때가 되면 저절로 '가슴에 북받쳐 오르는' 절실한 마음을 서슴지 않고 읊어야 하며, 시인의 혼은 민족의 혼으로 무장되어야 한다는 것이다. 『전선시첩』의 편집인인 이윤수는 「편집후기」에서 이러한 논리를 더욱 확대시켜 나간다. 그는 "씩씩한 군가를 소리 높이 부르며 전선으로 전선으

48) 이효상, 「서문」, 『전선시첩』 제2집, 문총경북지대, 1951, 2쪽.
49) 위의 책, 1쪽.

로 출진하는 용사들의 모습들"처럼 시인도 "성스러운 한 줄기 강렬한 「빛」 속을, 대열을 지어 앞으로 가야만"[50] 한다고 선언한다. 전쟁 수행의 주체인 용사들의 모습에서 숭고함을 느끼고 시인들은 이들의 가슴에 "필승의 신념을 뿌리박아 주"[51]는 역할을 해야 한다는 것이다. 그러므로 이들은 전선 매체인 『전선시첩』을 "한 개의 신념의 탄환"[52]으로 인식한다. 『전선시첩』은 반공주의를 기반으로 전선 미디어의 최전선에 던져진 시문학 매체라고 할 수 있다. 이러한 매체를 통한 투쟁은 '전선'의 대립이 미디어의 장으로 넘어온 형국이라 할 수 있다. 그래서 전쟁터에서 싸우고 있는 군인들뿐만 아니라 후방의 국민들에게 전쟁의 승리를 고무시킬 수 있는 미디어의 기획 및 제작이 필요하였던 것이다. 시가 하나의 병기가 되고 탄환이 된다는 이러한 미디어의 전략은 『전선시첩』을 하나의 '신념의 탄환'으로 호명하는 차원까지 나아가게 만들었다. 시를 "병기", "탄환"으로 호명하는 방식은 『전선문학』의 최독견이 쓴 「창간사」에서 '펜'을 '수류탄', '야포', '화염방사기', '원자수소의 신무기'로 호명하는 것과 동일하다. '펜'이나 '시'를 무기와 동일시하는 이러한 은유의 수사학은 한국전쟁 당시 시인들이 가진 전쟁시의 인식틀을 잘 보여준다.

국가주의(statism)란 "유기체론적 국가관에서 출현한 이데올로기로 국민들은 국가라는 유기체의 한 부분을 이루기 때문에 전체인 국가의 번영과 발전을 위해 개인의 이익 추구를 양보해야 할 뿐 아니라 개인이 희생해야 한다는 논리를 담고"[53] 있다. 이러한 국가주의적 시각은 문학작품 속에서 국가를 위해 몸바치는 군인들에 대한 칭송이나 찬사를 매체에 담아내기를 요구한다. 그러므로 작가들의 종군 체험을 담

50) 이윤수, 「편집후기」, 『전선시첩』 제2집, 문총경북지대, 1951, 98쪽.
51) 위의 책, 98쪽.
52) 위의 책, 98쪽.
53) 전재호, 『반동적 근대주의자 박정희』, 책세상, 2005, 133~134쪽.

은 시집이나 현역 군인들의 시집은 자연스럽게 국가주의에 바탕한 송가풍의 숭고미로 가득차기 마련이다. 전쟁 체험을 담은 수기류나 소설이 억압과 공포, 환멸의 기억을 주로 담아내었다면,[54] 한국전쟁을 세새로 한 시나 시문학 매체는 내상을 바라보는 시선에 숭고의 감정을 덧입힘으로써 전쟁을 수행하는 국가나 그 개인을 미화하고 있다. 『문예』 전시판에 실린 유치환의 '동북전선종군시초'란 부제가 달린 「보병과 더부러」는 이러한 모습을 잘 보여주고 있다. 「보병과 더부러」는 유치환이 포항에서 원산까지 동부전선을 종군하면서 쓴 작품이다.

> 원수를 물리치고
> 바람처럼 난데없이 밀어든 고을
> 어두운 거리 거리엔 뜻 아니
> 병차(兵車)소리 총검(銃劍)소리의 파도
> 보라
> 군데 군데 모닥불 화광(火光)을 에워
> 비록 융의는 낡고
> 풍모는 풍찬에 야윘으되
> 오히려 원수에게도 자랑 높은 군병(軍兵)이여 조국의 의지(意志)여
> 너희 밤하늘에 별 같이
> 조국의 변변방방(邊變方方)을 이같이 지켜지라[55]

생사를 초월한 장병들에게서 화자는 숭고의 감정을 느끼고 있다. 숭고의 감정은 대상을 미화시키며 시적 공간을 칭송의 어조로 가득차게 만든다. 죽음은 단순한 죽음이 아니라 "수많은 젊은 목숨들이 인류와

54) 유임하와 서동수의 앞의 논문 참고.
55) 유치환, 「보병과 더부러－아름다운 군병」, 『문예』 전시판, 1950.12, 22~23쪽.

조국의 이름으로 바친" "영광의 수난"[56]이란 것이다. 그러므로 개인의 '생사(生死)'가 거대한 이념 앞에 아름답게 인식되는 것이다. 전쟁이란 국가의 수난이 애국이라는 숭고한 이념을 통해 극복되는 것이다. 전쟁터에서 갖게 되는 화자의 대상에 대한 숭고한 감정은 병사들의 모습을 '파도'나 '별', '꽃' 등으로 격상시키며, 적의 시체조차 "한떨기 들꽃"[57]으로 비유하게 만든다. 이러한 수사의 원동력에는 개인을 압도하는 초월적인 존재로 국가가 자리잡고 있으므로 가능하다. "전선으로 가면 장병들의 태도가 아름답다는 것은 누구나가 말하는 바이다. 사실 부대장으로부터 저 아래 일개 이등병에 이르기까지 생사에 대한 그 담담한 태도가 참으로 아름답다"[58]는 유치환의 진술이 이를 뒷받침하고 있다. 이호우 또한 「깃발」이란 시조를 통해 "때 묻지 않은 목숨들이 비로소 받들은 깃발은 / 성상(星霜)도 범하지 못한 아아 다함 없는 젊음이여"[59]란 절대적 칭송의 어조를 드러내 보인다. 표상으로서의 '깃발'은 범접할 수 없는 위엄으로 영원의 자리에 위치하게 되는 것이다.

4. 결론

1948년 남, 북한 정권의 수립은 좌 · 우가 서로 견제, 대립하던 '해방공간' 문학의 장이 새로운 국면에 접어들었음을 의미한다. 이 시기 문학의 장에서는 지배이데올로기의 파급과 그것의 재생산이란 새로운

---

56) 유치환, 「보병과 더부러－전문(前文)」, 『문예』 전시판, 1950.12, 21쪽.
57) 위의 책, 24쪽.
58) 위의 책, 20쪽.
59) 이호우, 「깃발」, 『전선문학』 창간호, 1952.4, 26쪽.

담론이 퍼져나가기 시작하였다. 38 이남에서는 일민주의의 제창, 보도연맹의 결성 등을 통해 규율과 통제의 시선을 강화해 나갔다. 이 시기에 발간된 문학 매체는 한국전쟁 직전의 문학이 전쟁기 문학으로 이동되는 상황을 보여준다는 점에서 중요하였다.

한국전쟁 직전과 한국전쟁기의 문학 매체는 전쟁이란 인적, 물적 상황의 악화 속에 기존 매체의 폐간과 새로운 매체의 탄생이 이루어지고 있었다. 한국전쟁 전후의 많은 문학 매체들은 이러한 시기적 배경을 바탕으로 생성되고 있었다. 『문예』와 『시문학』 등은 한국전쟁 직전에 창간되어 한국전쟁이 발발한 이후에는 '전시판'이란 매체의 기획을 통해 국가주의 이념을 수용하고 있다는 점에서 동일하다. 『문예』지가 '문단주체세력'이 빚어내는 권력의 매체 쪽에 가까웠다면, 『시문학』은 그러한 영향 하에 있는 취향의 매체 쪽에 가까웠다고 할 수 있다. '순문예' 내지 '순수시'를 표상으로 내세우면서 정치보다 작품으로 승부하고자 하였던 『문예』나 『시문학』은 한국전쟁으로 인해 매체의 전략을 근본적으로 수정하지 않을 수 없었다. 한국전쟁이란 국가의 위기상황은 '문단주체세력'인 문협정통파가 구축하고자 하였던 순수문학의 장에 일대 변화를 요구한다. 이들은 그들의 존립근거인 순수문학의 장을 지켜내기 위해 반공주의를 기반으로 한 국가주의 이데올로기를 매체의 기본 편집 방침으로 삼게 된다. 미적 자율성의 입지를 주장하는 순수문학과 전쟁 수행의 수단 내지 탄환으로 도구화되는 전쟁문학은 쉽게 합일될 수 없는 것이었다. 그러나 순수문학은 '문단주체세력'이 내세우는 주된 표상이었으며, 이것 자체의 존립을 위협하는 공산주의는 이들에게 용납할 수 없는 대상이었다. 그래서 반공주의와 순수문학은 공산주의의 침략 앞에 쉽게 결합할 수 있었던 것이다. 반공주의는 순수문학의 외피를 감싸면서 한국전쟁기와 그 직후 문학의 주된 담론으로 자리 잡아 50년대 이후 문단에서 지속적으로 재생산되었다. 국가의 위기 상황 앞에서 우파 문인들의 이념적 근거가 되었던 '순수'문학은 '전시판' 매체의 편집과 기획, 다양한 전선 매체의 출판을 통해 그 존립의 장을 넓혀 나갔다.

한국전쟁이란 큰 역사적 변혁은 이처럼 기존의 문학 매체에 충격을 주어 그 구성담론에까지 영향을 미쳤다고 할 수 있다. '전시판'으로 기획된 『시문학』과 『문예』 이외에 『전선시첩』, 『전시문학독본』, 『전선문학』 등의 다양한 문학 매체들 및 그것에 실린 작품들도 반공주의에 기반한 국가주의 이념을 잘 드러내 보이고 있다. 한국전쟁 전후 국가주의 이데올로기에 의해 호명되는 각종 문학 매체는 더욱 강화된 동일화 이데올로기를 문학 매체에 구축하였다. 이데올로기와 텍스트의 관계가 더욱 견고해지면서 문학 매체의 기획이나 구성에까지 국가주의적 시선이 작동되기 시작하였다. 이 시기의 매체 편집진 내지 작가들은 이러한 이념을 문학 매체의 구성과 배치, 또는 작품의 선택과 배제를 통해 규제하였다. 한편 전쟁기의 시작품은 전쟁 체험을 직접적으로 드러내는 경우가 많았으나, 일부 시인들은 전쟁 체험을 칭송과 숭고의 대상으로 표상화하는 방식을 사용하였다. 이들은 '별', '꽃', '깃발' 같은 표상을 통해 반공주의를 숭고한 이념으로 격상시켜 보였던 것이다.

/ 3장 /

한국전쟁기 팔봉 김기진의 문학 활동과 전선 매체

1. 서론

한국 현대문학사에서 팔봉 김기진만큼 큰 진폭을 보인 작가는 별로 흔하지 않다. 김기진은 1920년대 초 '백조' 동인에서 신경향파 작가로 초기 프로문학 형성에 중요한 역할을 하였다. 그는 프로문학 내부에서도 회월 박영희와의 소설건축설 논쟁, 예술대중화론을 주도하면서 끊임없이 긴장을 유발시키던 문제적 인물이었다. 일제강점기 프로문학자로서 김기진의 비평활동은 김윤식의 『한국 근대문예비평사 연구』 이후 많은 연구자들의 관심의 대상이 되었다.[1] 이에 비해 해방 이후 김

1) 김윤식, 『한국 근대문예비평사 연구』, 한얼문고, 1973; 장사선, 「팔봉 김기진 연구」, 서울대 석사논문, 1973; 홍정선, 「신경향파 비평에 나타난 '생활문학'의 변천과정」, 서울대 석사논문, 1981; 이주형, 「김기진의 통속소설론」, 『국어교육연구』 15, 국어교육학회, 1983; 임규찬, 「팔봉 김기진의 프로문학론에 대한 고찰」, 성균관대 석사논문, 1986; 이미순, 「팔봉 김기진 문학론 연구–형식론을 중심으로」, 서울대 석사논문, 1988.

기진의 행적이나 문학적 성과에 대해서는 연구자들이 크게 주목하지 않았다. 해방 이후 김기진 문학에 대한 연구자들의 접근은 거의 전무하다 해도 과언이 아니다. 이는 그의 문학 활동의 주 무대가 일제강점기 프로문학일 것이라는 선입견이 강하게 작용한 결과라 할 수 있다. 김기진은 박영희와 더불어 초창기 프로문학의 핵심인물이긴 하였지만, 카프 해체 전후, 일제 말기에도 다방면에 걸친 문학 활동을 지속하고 있었다. 김기진은 박영희의 전향 선언문에 대해 논박하면서 카프비평가로서의 자기 위치를 정립해 보려는가 하면, 『해조음』, 『청년김옥균』 같은 장편소설을 통해 경향성을 드러내거나, 직전 역사에 대한 관심을 드러내 보이기도 하였다. 그러나 그의 이러한 지적 모색의 과정은 일제 말기 파시즘에 동조함으로써 심각한 균열의 양상을 드러낸다.

일제 말기 김기진의 행적 및 작품에 대해서는 임종국의 『친일문학론』이나 친일반민족행위 진상규명위원회의 활동으로 어느 정도 그 윤곽이 드러났으나[2] 해방 이후 김기진의 문학 활동에 관해서는 여전히 관심의 대상에서 멀어져 있다. 이는 김기진이 다른 작가와 달리 해방직후 문학 활동을 곧바로 재개하지 않은 것과 깊은 관련이 있다. 프로문학자로서의 경력과 일제 말기 친일 행적이 해방기 문단에서 그리 내세울 만한 것이 못 된다는 사실은 해방기 5년 내내 그의 글쓰기를 가로막는 장애물이었다. 프로문학으로부터 전향하여 친일 행적을 보여주었다는 점에서 김기진의 경우 백철이나 박영희와 크게 다를 바 없었다. 그러나 백철이나 박영희는 문단활동이 위축되긴 하였지만 해방기 문단과 완전히 절연된 것은 아니었다. 백철이 『조선신문학사조사』(1948)와 현장비평으로, 박영희가 『문학의 이론과 실제』(1947)를 통해 문학사 내지 문학원론을 쓰면서 문단 재기를 모색하였던 데 비하

2) 임종국, 『친일문학론』, 평화출판사, 1966, 240~247쪽; 친일반민족행위 진상규명위원회, 『친일반민족행위 진상규명 보고서』 Ⅳ-1, 2009, 889~932쪽.

면, 김기진 문학의 해방기 공백은 별스러운 데가 있었다. 물론 그가 인쇄공장을 경영하는 생활인으로서의 삶을 영위하기에 바빴다고 하더라도 문단 주류에서 크게 벗어나지 않았던 김기진이었기에 그의 절필은 주목할 만한 것이었다. 그러나 한국전쟁의 발발과 더불어 다시 시작된 김기진의 문학 활동이 문학사에서 도외시될 정도로 미미한 것이 아니란 점이 문제다. 김기진이 한국전쟁 당시 반공담론 유포자로서 한국전쟁기 문학을 선도하고 있었음을 생각하면 1950년대 반공주의 문학의 형성 과정과 그 성격을 규명하는데 그의 존재는 빠뜨릴 수 없는 것이라 할 수 있다. 한국전쟁 초기 인민재판의 와중에서 구사일생으로 살아난 김기진은 한국전쟁기 전선 매체에 여러 편의 시, 수필, 평론들을 발표하게 된다. 그런데 이러한 글들은 대부분 남한의 국민·국가 만들기와 관련되어 있는 경우가 많았다. 한국전쟁기 김기진의 글쓰기는 한국전쟁 이후 남한 문단의 형성과정과 밀접한 관련을 가진다는 점에서 논고의 대상이 될 충분한 가치가 있다. 한국전쟁기 김기진 문학에 대한 연구는 두 가지 측면에서 연구의 의의가 있다. 하나는 지금까지 프로문학에 치중되어 있던 김기진 문학을 50년대 문학까지 확장함으로써 김기진 문학의 전모를 파악할 수 있게 한다는 점이고, 다른 하나는 한국전쟁기 김기진 문학을 통해 이 시기 문학의 주된 담론이었던 반공주의를 기반으로 한 국가주의 이데올로기의 생산과정을 추적해 볼 수 있다는 점이다.

본 연구는 한국전쟁 직후 국민·국가 만들기라는 새 국가 건설에 참여한 김기진 문학에 대한 내, 외적 접근이라 할 수 있다. 김기진이 다시 글쓰기를 재개한 계기가 한국전쟁이라면 한국전쟁은 김기진에게 무엇을 가져다주었으며, 어떤 전환의 계기를 마련해 주었는가? 김기진이 한국전쟁을 전후해 글쓰기를 다시 시작한 논리는 무엇이었으며, 그러한 활동을 통해 그가 안착한 지점은 어디였는가? 본고는 이러한 점에 초점을 두고 김기진의 육군종군작가단의 가입과 그 활동, 전선 매체를 통해 그가 내세웠던 주된 이념과 주장, 종군현장에서 생산된 종군시편의 특성 등을 규명해 보고자 한다.

2. '인민재판' 체험과 종군작가단 가입

8 · 15해방부터 한국전쟁 발발까지 김기진의 문학 활동은 거의 공백상태이다. 김기진은 「우리가 걸어온 길—문인이 겪은 해방 · 건국 · 동란」[3]에서 해방 공간의 역사적 사실이나 상황을 나열하는 것 이외에 자신의 행적에 대해서는 거의 언급하지 않고 있다. 그러나 「우리가 걸어온 30년」[4]에서 그는 해방 5년 동안 문단에 나서지 않고 인쇄업자로서 지낸 연유가 스스로의 근신 때문이라는 고백을 하고 있다. 이로 미루어 보면 해방에서 한국전쟁 발발까지 그는 의도적으로 문학 활동을 하지 않고 소시민적 생활인으로 살았음을 알 수 있다.[5] 인쇄소를 경영하던 김기진이 다시 문학 활동을 시작한 것은 한국전쟁 발발 후 '인민재판'을 겪고 난 이후부터이다.

> 나는 그동안 30여 년간 내가 스스로 심중에 작정한 바 있어 스스로 나의 붓대를 꺾고서 나의 글을 발표하지 아니한 때가 두 번 있었다. 그 처음은 1935년 3월부터 1943년 12월까지이니, 이때는 내가 당시의 어용지 『매일

---

3) 홍정선 편, 『김팔봉문학전집Ⅱ—회고와 정리』, 문학과지성사, 1988, 111쪽.
4) 위의 책, 121쪽.
5) 해방직후 김기진은 일본인이 남긴 대성당 인쇄주식회사를 18만원에 인수하여 출판사업을 시작하였다. 위의 책, 183쪽.

신보』사에 기자생활을 시작하였던 까닭이다. 그러다가 1943년 12월 8일 이후 생각한 바 있어 다시 집필하여 오다가 1945년 6월말에 북경에서 평양에 있는 일본헌병대원에게 체포되어서 귀국한 후 8 · 15해방을 맞이하고서, 이때부터 나는 또 다시 나의 붓대를 꺾기로 결심하였나. 처음에 3년간 꺾어 두기로 작정하였던 것을, 1948년 8월 15일에 내 스스로 1년을 연장하고, 49년 8월 15일에 다시 1년을 연장하야서 50년 8월 15일 이후부터는 내가 글을 쓸 작정을 하였던 것이다. 그러나 그보다 먼저 이 해에 6 · 25 적침(赤侵)이 일어나고, 나는 이해 7월 2일에 지금의 국회의사당 현관에서 '인민재판'을 당하였다. 나는 타살형을 받고서 죽었던 것이다. 그리하야 2일 오전 11시 반경에 타살당했던 나는 7월 6일 오후에 저절로 소생하여 적치하의 서울에서 은거하고 있다가 9.28을 맞이하였다. 그런고로 이해 8 · 15가 지나면 나는 내가 스스로 정한 기한을 채우고서 집필활동을 하여도 좋다 그러하였는데 그후 직시(直時) 중공의 참전으로 말미암아 우리는 작전상 후퇴를 하였고, 나는 1951년 1월 3일에 서울을 탈출하여 대구에 가서 피난생활을 해 왔다.[6)]

위의 글에서 김기진은 일제 말에서 해방, 한국전쟁에 이르는 자신의 글쓰기 역정을 비교적 자세하게 밝히고 있다. 여기서 김기진은 1935년 3월부터 1943년 12월까지 1차 절필했음을 밝히고 있다. 그런데 이 시기는 카프 제2차 검거사건으로 1935년 초 전주경찰부에서 70일 만에 풀려나 형 김복진의 권유로 총독부의 기관지격인 『매일신보』에 입사하여 기자생활을 시작하던 시기이다.[7)] 1935년부터 1940년 초까지 5년 동안 김기진은 『매일신보』의 기자로 재직하였으며, 1938년과 1939년은 『매일신보』의 사회부장까지 역임[8)]하였다. 그는 이 시기에

6) 김기진, 「후기」, 『심두잡초』, 영문사, 1954, 196~197쪽.

7) 홍정선 편, 앞의 책, 270~271쪽.

"붓대를 꺾기로 결심하고서 문학적, 사상적 글을 안 썼다"[9]고 하지만 1938년부터 1943년 12월까지 많은 친일적인 문예작품을 발표하고 있다.[10] 그렇다면 김기진은 왜 절필이란 용어를 써 가면서 1935년부터 1943년까지 자신의 글쓰기를 부인하고 있을까? 이는 『심두잡초』를 발간한 해방 이후의 상황과 밀접한 관련이 있을 수 있다. 이미 해방직후 반민특위의 미체포자로 명단이 발표[11]된 바 있던 김기진으로서는 일제 말기의 지난 행적을 다시 드러내 보이고 싶지 않았다고 할 수 있다. 비록 '1943년 12월 8일 이후 생각한 바 있어 다시 집필'을 시작하였다는 진술이 있지만 이것만으로는 앞의 진술의 신빙성을 담보할 수 없다고 하겠다. 또한 1943년 상황에 다시 글을 쓰기 시작한 것이 조선문인보국회 상무이사, 평위원 및 평론수필부회 회장 등의 직책으로 국내외 각종 행사를 통해 '문장보국'을 선동하는 친일문학행위와 관련된 것이었다면 해방직후 문단에서 그가 설 자리는 더 이상 없었다고 할 수 있다. 이는 해방직후 2차 절필의 주된 원인이 되기도 하였다.

---

8) 『소화13년 신문총람』(일본전보통신사, 1938, 441쪽) 및 『소화14년 신문총람』(일본전보통신사, 1939, 435쪽) 참고. 한편 『매일신보』 1940.2.2일자에 의하면 이때 편집국장 김형원, 사회부장 김기진이 의원해임된 것으로 나온다.

9) 홍정선 편, 앞의 책, 405쪽.

10) 이 시기에 쓴 작품의 목록 일부를 살펴보면 다음과 같다. 「제주도 南총독 수행기」, 『매일신보』, 1938.9.20~9.27; 「소록도를 보고 광주로－南총독 수행기」, 『매일신보』, 1938.9.28~9.29; 좌담 「조선문학과 조선작가」, 『삼천리』, 1939.1; 「역사적 장행」, 『삼천리』, 1939.7; 산문 「문예시감」, 『매일신보』, 1940.2.27~2.29; 산문 「대아세아주의와 김옥균 선생」, 『조광』, 1941.11; 시 「아세아의 피」, 『매일신보』, 1941.12.13, 12.16; 「대동아전쟁에 의해서 무엇을 배우십니까」, 『국민문학』, 1942.2; 산문 「국민문학의 출발」, 『매일신보』, 1942.1.9~1.14; 산문 「역사적 명령」, 『매일신보』, 1942.1.28; 시 「대동아전쟁송」, 『조광』, 1942.2; 시 「신세계사의 첫 장－황군의 싱가폴 점령의 첩보를 듣고」, 『매일신보』, 1942.2.20; 산문 「'신세계사의 첫 장' 쓰던 날」, 『대동아』, 삼천리사, 1942.5; 산문 「조선영화の신출발」, 『춘추』, 조선춘추사, 1942.8; 시 「님의 부르심을 받들고서」, 『매일신보』, 1943.8.1; 시 「가라 군기 아래로 어버이들을 대신해서」, 『매일신보』, 1943.11.6; 시 「나도 가겠습니다」, 『매일신보』, 1943.11.6 위의 작품들의 내용은 친일반민족행위진상규명위원회, 『친일반민족행위진상규명 보고서 Ⅳ-1』, 2009, 889~932쪽에서 일부 참조할 수 있다.

11) 「남은 반민(反民) 27명 양심 있으면 자수하라」, 『경향신문』, 1949.8.20.

1945년 8월 15일 오후 한시 반, 종로 네거리 화신 넓은 길에는 사람의 물결이 가득하였다. '독립 만세'를 높이 부르는 사람…… 감격하고 흥분해서 서로들 어깨를 끌어안고 몸부림치는 사람……. 사람의 물결은 파도처럼 건물과 건물 사이에서 출렁거렸다. 이때 나는 빌딩 3층에서 아침에 들고 나왔던 점심 그릇을 펼쳐놓고 점심을 먹으면서 이 광경을 내려다 보고 있었다. 그리고 마음 속으로 스스로 물어보았다. '남들은 감격해서 저렇게 열광하는데, 너는 감격을 느끼지 못하고 밥만 처먹고 있느냐?'

나는 나 자신을 이렇게 힐책했다. 그때 나는 약간 죄송하다는 느낌은 느꼈지만, 그보다도 앞날이 어지러워서 내다보이지 아니하는 답답한 심정을 더 크게 의식하였다. — 이날이 올 줄은 짐작하고 있었지만 이렇게 빨리 이날이 닥칠 줄은 몰랐구나. 어떡하나. 아무 준비도 마련되지 못했는데, 이렇게 갑자기 해방이 된다면 앞으로 이 혼란을 어떻게 치르어야 하나?[12)]

김기진은 갑작스럽게 다가온 해방의 풍경에 다른 사람처럼 크게 감격하거나 흥분하지 않고 있다. 오히려 답답함을 느끼고 있는 자신을 발견하고 당황스러워한다. 해방 직전까지 친일행위에 앞장서고 있던 김기진으로서는 민족의 앞날도 문제려니와 앞으로 자신의 처신도 문제될 수밖에 없었던 것이다. 김기진은 해방이 되자 스스로 3년간 근신을 결심했고, 1948년 8월 15일에 다시 근신 1년을 자신에게 언도했고, 1949년 8월 15일 또 1년을 연장하여 그 죄를 씻으려 하였다[13)]고 하니 그의 말을 빌리면 해방에서 한국전쟁 직전까지를 완전히 자숙의 시간으로 보냈던 셈이다. 해방공간에서의 2차 절필이 속죄의식에서 나왔다고 한다면 좌 · 우파의 많은 문학인들이 큰 자성(自省) 없이 해방직

12) 김기진, 「우리가 걸어온 길—문인이 겪은 해방 · 건국 · 동란」(『동아일보』, 1958.8.15~8.19), 홍정선 편, 앞의 책, 111쪽.

13) 김기진, 「우리가 걸어온 30년」, 홍정선 편, 『김팔봉문학전집 II—회고와 정리』, 184쪽.

후 문학 활동을 곧바로 재개한 것에 비하면 그래도 양심적인 행동이라 할 수 있다.

김기진이 다시 문학인으로 돌아온 것은 한국전쟁기였다. 한국전쟁은 김기진에게 죽음과 삶이 함께 교차한 공간이었다. 한국전쟁 당시 서울이 함락되자마자 김기진은 남로당 청년들에게 잡혀가 '인민재판'을 받고 가사(假死) 상태에 이르렀다.[14] 인민재판에서 기적같이 살아남은 김기진은 이후 다시 활발한 문학 활동을 펼치는데 그 시작은 전쟁문학에의 적극 참여였다. 이는 새로운 국가의 '국민'으로서 국민·국가 만들기 프로젝트에 그 자신이 적극 참여하기 시작하였음을 의미한다. 김기진은 새로운 국가의 국민으로서 자신의 입지를 확실히 규정할 필요가 있었다. 일제 말기의 친일 경력 이외에도 '카프'의 중심인물로 좌파활동에 가담하였던 전력을 가진 김기진이 반공주의 국가에서 살아남기 위해서는 나름대로 생존의 논리가 필요하였다. 김기진에게 '인민재판' 체험은 육체에까지 다가온 위험이었지만 새로운 국가에 자신을 참여시킬 수 있는 중요한 계기로 작용하였다고 할 수 있다. 인민군에 의해 신체에 직접 가해진 공포의 전율은 김기진을 철저한 반공주의자로 변신시켰다. 반공주의는 이승만 정부의 국민·국가 만들기의 중요 기제였다. 새로운 국가가 내세운 지배 이념이 일민주의 하의 반공주의라면 새 국가의 시책인 반공주의에 적극 동조하고 앞장서는 것이야말로 국민으로서의 자격을 확실히 구비하는 것이 된다. 프로문학 활동 경력과 친일 행적을 동시에 가진 김기진은 새로운 국가에서 자신의 국민으로서의 자격을 확실히 드러내 보여야 하였다. 신경향파 문학을 주도하면서 카프의 중심 인물로 활동했던 김기진으

14) 김기진은 1950년 7월1일 잡혀가 7월 2일 인민재판을 당하고 죽음 직전까지 갔으나 7월 6일 기적적으로 다시 살아났다.(김기진, 「나는 살어있다」, 홍정선 편, 『김팔봉문학전집V－논설과 수상』, 문학과지성사, 1989, 555~618쪽 참고)

로서는 자신이 공산주의와 관련이 없음을 반공주의 체제에서 확실히 증명해 보일 필요가 있었다. 이를 위해서 김기진이 선택한 것은 육군종군작가단의 가입과 그것의 기관지였던 『전선문학』같은 전선 매체에 글을 쓰는 일이었다.

육군종군작가단은 1951년 5월 26일 육군본부가 있던 대구에서 결성되었다. 종군작가단은 왜 생겨났는가? 그것은 "국민총궐기의 부르짖음에 발맞추어 작가들이 맡은 바 국민적 사명을 다하기 위하여 작가단을 결성하고 전 · 후방의 연결 및 국민 전의 앙양(國民戰意昂揚)에 이바지하기"[15] 위해서였다. 종군작가단은 국가의 위기상황에서 '붓을 총으로 삼아' 국군과 같이 싸우기를 희망하는 문인들의 결집체라 할 수 있다. 첫 결성 당시의 종군단원은 단장 최상덕, 부단장 김송, 상임위원은 최태응, 이덕진, 박영준이었으며 단원은 정비석, 김영수, 장덕조, 임긍재, 조영암, 김이석, 박인환, 이봉구, 성기원, 양명문 등이었다. 종군작가단의 주된 사업은 주로 일선 종군, 종군기 발표, 종군 보고 강연회 개최, 종군문학집 발간 등이었다.[16] 이후 종군작가단의 정

---

15) 『정훈대계』 I , 대한민국국방부, 1956, B237쪽.

16) 이 당시 종군작가단의 활동은 아래의 「작가단 결성과 사업」(『전선문학』 창간호, 1952.4, 39쪽)에 비교적 잘 나타나 있다. "결성 즉후의 작가단으로서는 단원 전체가 종군을 할 것과 종군을 끝낸 뒤에는 보고강연 및 종군기, 작품 등으로 종군의 수확을 발표하자는데 중점을 두었다. 그리하여 수명의 단원이 각 전선을 종군하고 돌아와 대구, 서울에서 2회에 선한 보고대회를 개최하는 한편 종군기, 전공기 등을 다수 발표하였다. 그러나 종군이 일부 단원에게만 실시되고 지역적으로 분산된 것과 기타 이유로 전반적 실행이 되지 않음으로 팔월 하순에 이르러서는 단(團)의 강화책을 다시 강구하기 시작했다. 따라서 종군에만 편중할 것이 아니라 전시하 작가로서의 근본적인 활동을 전개하기 위하여 우선 기관지를 발행하기로 하였다. 그러나 기관지도 재정적 기초가 전무한 작가단으로 용이한 것은 아니었다. 12월에 이르기까지 구체적 성안(成案)이 이루어지지 않았으며 결국은 좀더 강력한 구성원이 필요함으로 12월 1일 임시총회를 소집하여 신단원(新團員)의 가입을 보았고 역원(役員)의 개선도 단행하였다. 여기에 군에서도 작가단의 움직이려는 노력을 이해하고 한편 원조를 나리는 동시 장래 활동에 대한 기대를 두터히 하게 되었다. 원래 시국에 호응한 문학운동과 위기에 봉착한 조국의 건국을 목적으로 하는 작가단이매 그 활동범위는 광범하기 짝이 없을 것이다. 그리하여

비와 함께 기관지 발행, 종군문학 방송, 연극 발표, 지방순회 강연, 문학의 밤 개최, 국군 위문 등으로 점차 확대되었다. 그해 말 확대 개편된 종군작가단 편성표를 보면 다음과 같다.

> 단장 최상덕
> 부단장 김팔봉, 구상
> 출판전임위원 김팔봉
> 방송전임위원 양명문
> 섭외전임위원 구상
> 상무위원 정비석 최태응
> 사무국장 박영준
> 편집 황준성(黃俊性) 이호우 윤석중
> 시 이덕진(李德珍) 장만영 양명문 박귀송 구상
> 소설 김이석 장덕조 최태응 정비석 박영준 최상덕 손소희
> 평론 김팔봉
> 희곡 김진수 김영수
> 작곡 하대응(河大應) 김동진 김기수(金基守)
> 미술 김용환(金龍換) 이순재(李順在)[17]

이 편성표에 의하면 1952년 당시 김기진은 종군작가단의 부단장이자 출판 전임위원으로 평론부에 소속되어 활동하고 있었음을 알 수 있다. 해방이 되면서 거의 문단 활동을 중지하고 있던 김기진이 부단

12월 1일 역원 개편 이후 1개월간 각 전선에 단원을 파견하였으며 제2회의 종군보고대회를 개최하였으며, 문총경북지부의 문화인 시국대강연회를 3일간에 선하여 응원 실시했다. 기관지도 구체적 방안이 생기어 출판하게 되었고 방송, 강연 등으로 애국운동을 전개하게 되었다."

17) 육군본부정훈감실, 『정훈업무의 회고와 전망』(4285년도판), 4286, 93쪽.

장이 된 것을 보면 『백조』 시절부터 문학활동을 시작한 김기진이 문단에서의 위치나 명망도를 어느 정도 인정받은 결과라 할 수 있다. 프로문학과 친일문학 경력을 갖고 있던 김기진은 인민재판 체험을 남한 우파 문단의 구성원으로 전신할 수 있는 계기로 삼았다.

> 6 · 25때 서울서 내빼지 못하고 빨갱이들한테 붙들려서 타살을 당했다가 이렇게 목숨이 살아나 가지고 내가 병원에 들어눠서 생각한 것은 이번 전쟁은 〈소비에트 역사의 해체〉까지 가서 끝을 내야겠는데 과연 유엔군이 거기까지 전쟁을 밀고 나가줄 것인가 아닌가 의심스러운 점이었다. 그러다가 〈1 · 4〉후퇴를 부득이 하고서 대구에 피란해 있을 때 〈육군종군작가단〉이 결성되었다. 그때 내 나이가 30만 되고 몸을 제대로 쓰기만 했었다면 그때 나는 총을 메었지 종군작가단에 들어가지 아니했을 것이다. 총을 어깨에 못 메니까 총 멘 사람의 마음으로 일선에나 나가보고 싶었던 것이 그때 나의 심경이었다.[18)]

"내 나이 30만 되고 몸을 제대로 쓰기만 했었다면 그때 나는 총을 메었지 종군작가단에 들어가지 아니했을 것이다"란 진술 속에는 그의 종군작가단 가입이 군인이 되어 총을 메는 것과 동격임을 보여준다. 종군작가단원에게 글쓰기는 무엇인가? 종군작가단장인 최독견은 『전선문학』 창간사에서 "이 세대에 생을 타고 나서 불행한 조국과 고민하는 겨레로 더불어 이제 생사의 관두(關頭)에서 우리들이 가진 유일무이의 무기인 철필(鐵筆)을 들고 포연탄우(砲煙彈雨) 속에 우뚝 서"서 "돌격하는 것이다"란 진술을 통해, 종군작가단의 펜이 전시상황 속에서 "수류탄이며 야포며 화염방사기며 원자수소의 신무기"[19)]가 될 것을

18) 김팔봉, 「총을 메어보지 못한 대신」, 『육군』 71호, 36쪽.(신영덕, 「한국전쟁기종군작가 연구」, 고려대 박사논문, 1993, 15쪽 재인용)

요구하고 있다. 일반적으로 '펜'이 환유하는 것은 글쓰기 행위를 말하지만 이것은 같은 금속성인 탄환이나 포탄으로 쉽게 전이될 속성을 지니고 있다. 펜은 종군작가단원에게 적군과 싸워 이길 정신적 무기로 인식됨으로써, 총이나 탄환 같은 무기로 쉽게 전화(轉化)되는 것이다.[20] 대부분의 작가들이 이러한 인식하에 종군작가단에 가입하였겠지만 김기진의 종군작가단 가입은 인민재판 이후 자신의 존립 근거를 확보하는데 중요한 통과의례의 하나였다고 할 수 있다. 보통 사람이라면 인민군의 인민재판에서 살아남았다는 사실 하나만으로 불충분한 과거 이력을 충분히 덮을 수 있지만, 좌파와 친일 전력을 가진 김기진이 우파 문단의 헤게모니에 다시 복귀하기 위해서는 국가가 개입하는 조직에 가담하여, 그것에 부합하는 글쓰기를 하는 것만큼 확실한 것은 없었다.

김기진은 그의 글에 자주 '인민재판'의 기억을 등장시킨다든지, 아니면 '빨갱이' 혐오증을 드러내었다. 『심두잡초』에 실린 수필이나 『전선문학』의 논설을 통해 그는 자연스레 반공주의자임을 내외에 천명하고자 하였다. 인민재판이란 극한 체험을 겪은 뒤 그가 문협 정통파가 주도하는 남한 문단에서 다시 부상하기 위해서는 종군작가단 가입과 이 당시 국가주의 이데올로기인 반공주의적 글쓰기를 하는 것보다 더 적합한 일은 없었을 것이다. 한국전쟁기 김기진은 종군작가단의 기관지인 『전선문학』에 지속적으로 글을 발표하고 있다. 『전선문학』은 육군종군작가단의 기관지로 한국전쟁 당시 대표적인 전선 매체였다. 1호부터 7호까지 발간되었는데 김기진은 1호부터 5호까지 한 번도 빠지지 않고 원고를 싣고 있다. 종군작가단에 가입하여 그것의 기관지인

19) 최독견, 「창간사」, 『전선문학』 창간호, 1952.4, 9쪽.
20) 이 당시 문총경북지대에서 나온 『전선시첩』 2집(1951)의 편집후기(98쪽)에서도 이윤수는 시를 "한 개의 신념의 탄환"으로 호명한다.

『전선문학』에 지속적인 글을 쓰는 것은 남한 문단에서 그의 존재를 확실히 각인시키는 일이기도 했다. 김기진이 종군작가단에 가입하여 이들과 동렬 내지 주도적 위치에 섰다는 것은 인민재판이란 극한 체험을 계기로 반공주의를 그의 신념으로 받아들였음을 의미한다.

현재 남아있는 김기진의 수필집으로는 『심두잡초』(1954)와 『김팔봉수필집』(1958) 등이 있다. 『김팔봉수필집』은 『심두잡초』의 재판으로 표지만 달라졌다. 수필집 『심두잡초』에는 한국전쟁의 상황을 배경으로 1951년 3월 이후부터 쓴 글이 실려 있다. 이곳에는 「'인민재판' 그 후의 전말기」 이외에도 인민재판 체험이 곳곳에 언급되고 있는 것으로 보아 김기진에게 인민재판의 충격은 대단히 컸던 것으로 보인다. 즉 인공 치하 서울에서 신체까지 다가온 위기는 그의 삶에서 공산주의를 부정과 배제의 대상으로 자리잡게 만들었다. 철저한 반공주의자로의 변신은 프로문학 경력자답지 않은 선택이라 할 수 있다. 그는 육군종군작가단 부단장으로 전선을 종군하고, 각종 수필과 체험담을 통해 반공주의자임을 내외에 천명하였다. 그는 한국전쟁을 "멸공(滅共)의 성전(聖戰)"[21]으로 규정하면서 이것은 "우리의 사명이요, 민족의 운명이요, 세계의 의지"[22]라고 주장한다. 『심두잡초』에 실린 상당량의 수필만 보더라도 김기진이 이 당시 시나 논설보다 수필 쓰기에 비중을 두고 있음을 알 수 있다. 수필이 자신의 내면이나 체험을 고백하기 쉬운 장르였기에 반공주의자로서의 자신의 입지를 드러내기에 더 적합하였던 때문이기도 하였다.[23] 수필 곳곳에서 그는 인민군을 '불한

21) 김기진, 『심두잡초』, 영문사, 1954, 88쪽.

22) 위의 책, 92쪽.

23) 한국전쟁기의 대표적인 체험기로는 김기진의 『나는 살아있다』(1950); 유진오, 모윤숙, 이건호, 구철회의 『고난의 90일』(수도문화사, 1950); 오제도 편의 『적화삼삭9인집』(국제보도연맹, 1951) 등이 있다. 서동수는 문인들이 비문학적인 영역에 공을 들인 이유에 대해 당시 남한의 상황이 문인들로 하여금 형상화에 치중할 만한 여유를 주지 못했던 것에서 찾고 있다. 즉 반공이 아니면 죽음이라는 현실은 그들에게 창작보다는 거친 숨

당'[24]이나 '아귀떼'[25]로 묘사함으로써 그들을 모멸과 혐오의 대상으로 그려낸다.

3. 『전선문학』과 반공주의 이념의 유포

종군작가단원으로 참가한 김기진은 『전선문학』 창간호에서 5집까지 필진으로 참가하고 있다. 이는 전시상황 속에서 가용할 수 있는 필진 자체가 그리 넓지 못하였던 『전선문학』의 상황과 관련이 있을 수도 있지만, 김기진이 『전선문학』이란 전선 매체의 담론 구성자로 자리잡고 있음을 보여주는 것이라 할 수 있다. 종군작가단 부단장으로서 기관지인 『전선문학』 매체의 주된 필진으로 참가한 김기진은 적극적인 반공주의 이념의 유포자로 그의 글쓰기 전략을 구사하고 있다. 김기진은 『전선문학』에 7편의 글을 발표하고 있는데,[26] 이중 「군인과 종교」, 「전쟁문학의 방향」, 「정신의 빈곤」, 「두 아들에 대해서」 등은 반공주의 이념에 바탕을 둔 국가주의적 시선을 잘 드러내 보인 글이다.

결의 직접적 고백과 토로를 요구하게 만들었다는 것이다. 그는 '나는 빨갱이가 아닌 반공주의자'임에 대한 고백이자 항변으로 이들 체험기를 읽고 있다.(서동수, 「한국전쟁기 반공텍스트와 고백의 정치학」, 『한국 현대문학연구』 20집, 한국 현대문학회, 90쪽 참고)

24) 김기진, 『심두잡초』, 영문사, 1954, 14쪽.

25) 김기진, 「군인과 종교」, 『전선문학』 2집, 1952.12, 17쪽.

26) 육군종군작가단의 기관지인 『전선문학』에 발표한 김기진의 글의 목록은 다음과 같다. 「문학노트(1)」, 『전선문학』 창간호, 1952.5; 「군인과 종교」, 『전선문학』 2집, 1952.12; 「전쟁문학의 방향」, 『전선문학』 3집, 1953.2; 「두 아들에 대해서」, 『전선문학』 3집, 1953.2; 「신춘문학좌담회」(김기진, 구상, 박목월, 최인욱, 김종길, 정비석), 『전선문학』 3집, 1953.2; 「정신의 빈곤」, 『전선문학』 4집, 1953.4; 「제1보충대방문기」, 『전선문학』 5집, 1953.5.

생명의 구상화된 것이 육신이요 이 생명의 주인은 정신이다. 그러면 모든 인류의 생명의 주인인 정신이 세계대전을 최근 40년간 두 차례 했다. 지금 제3차로 이 세계전쟁을 좁다란 한반도 위에서 하고 있다. 하나는 인간의 존엄성과 개성의 자유와 인류의 평등을 수호하는 진영의 정신군이오 하나는 인간의 정신은 물질의 소산이라는 물욕에 굶주린 아귀떼들이다. 개성의 존엄과 자유와 평등을 수호하는 고매한 정신은 물질에 헤매는 아귀떼를 청소하고야 말 것이다. …… 이 생명은 육신에만 있는 것은 아니다. 스크린에 비치는 형상이 영화의 실체가 아니고 영사기의 렌즈 뒤에서 돌아가고 있는 필림이 영화의 실체인거나 같이 이 생명 있는 육신은 호국의 꽃으로 산화할지라도 우리의 호국대의의 정신은 삼천리 권역을 수호한다. 영원히! 영원히!"[27]

위의 글은 「군인과 종교」인데, 군인과 종교의 속성을 이야기하면서 정신의 중요성을 거론한다. 김기진이 이 글에서 정신의 중요성을 강조하는 이유는 유물론, 즉 공산세력을 비판하기 위한 논거이기 때문이다. 그는 '물욕에 굶주린', '물질에 헤매는 아귀떼'란 수사를 통해 공산세력에 대한 혐오감을 강하게 드러낸다. 생명이 육신에만 있는 것이 아니라 했을 때 군인의 육신이 국가를 위해 산화하는 것은 당연한 일이 된다. 그는 육신은 '호국의 꽃'으로 산화할지라도 '삼천리 권역을 수호'하는 '호국대의의 정신'만은 영원하다는 논설을 통해 국가주의 이데올로기의 전파에 온 힘을 기울인다. 「군인과 종교」가 전선에 나아간 군인의 호국정신을 고취하는 것에 가까웠다면 「전쟁문학의 방향」은 한국전쟁을 제재로 한 전쟁문학이 갖추어야 할 요소를 적시하고 있다는 점에서 김기진의 이 당시 전쟁문학관을 엿볼 수 있는 자료

27) 김기진, 「군인과 종교」, 『전선문학』 제2집, 1952.12, 17쪽.

라 할 수 있다. 김기진은 이 글에서 전쟁문학이 갖추어야 할 요소로 다섯 가지를 들고 있다.

> 첫째, 적의 공산주의 사상이 여하히 그것이 교묘하게 구성되었던 간에 그 사상의 내면에 있는 비합리성 허위성을 폭로하고 그 모순을 지적하고 그 반진리임을 적발하야 독자대중을 그들의 기만에서 격리해야 하며 동시에 그 사상의 기계적, 공식적 체계를 격파해야 한다.
>
> 둘째, 퇴폐적 경향을 완전히 해탈하여야 한다.
>
> 셋째, 희망적인 것, 다시 말하면 생활고의 온갖 시련을 극복하고서 강인하기 짝이 없는 만큼 동란의 와중에서 늠늠히 생존하여가는 용자(勇姿)－지금 이 순간의 대한의 전모가 이 일점에 집약되어 있는 만큼 이 의미에서 가져야 할 문학은 광명의 문학이어야 한다.
>
> 넷째, 인간성의 부활과 개조가 전 세계 인민의 당면 과제이므로 우리문학도 이러한 요구를 바탕으로 윤리적인 것이라야 한다.
>
> 다섯째, 싸우고 있는 우리의 문학은 싸우는 마당과 그 마당 뒤에서 거두어지는 이야기이다. 그런고로 여기에는 특별히 강조할 필요도 없이 저절로 조국애－동포애, 전우애가 골자(骨子)가 된다. 전쟁의 목적은 승리함에 있다. 우리의 문학도 승리 없이는 존재하기 불능한 것이다. 그러므로 우리문학의 불가결의 요소는 철석같은 전우애, 동포애, 조국애의 발양과 열화같은 적개심의 앙양이다. 이것 없는 문예품은 우리나라는 물론이거니와 세계 자유진영의 아무 사람도 읽어주지 아니할 것이다.[28)]

위의 글에서 첫째와 다섯째가 김기진이 내세운 전쟁문학의 중요한 요소라 할 수 있다. 그 주장의 내용은 전쟁문학이 공산주의의 비합리

---

28) 김기진, 「전쟁문학의 방향」, 『전선문학』 제3집, 1953.2, 60~63쪽.

성과 허위성을 폭로해야 하며, 전우애, 동포애, 조국애의 발양과 열화 같은 적개심을 앙양해야 한다는 것이다. 전쟁문학은 전쟁 수행 내지 전의를 고취하기 위한 목적문학이라 할 수 있다. 인민재판을 체험한 김기진이 공산주의에 대해 이러한 적개심을 드러내 보이는 것은 당연한 일이다. 김기진은 '전쟁문학의 방향'을 타진하면서 공산주의 세력을 적대시함으로써 반공주의 담론의 유포자로 자리잡는다. 『전선문학』에서 김기진은 시나 소설이 아닌 비평적 글쓰기를 통해 공산주의를 적대화하는 데 앞장선다. 카프 시절 화려하게 비평가로 활동한 바 있던 그였기에 '이데올로기로서의 단선적 생의 표출방식'[29]인 비평은 전신(轉身)을 모색하던 그에게 적합한 글쓰기 방식이었다고 할 수 있다. 비평이 심정적 차원을 넘어서 논리가 필요하다고 했을 때, 김기진이 전쟁문학의 방향을 논의하면서 부닥친 것이 '순수'의 문제였다. '순수'는 남한 문단을 장악하기 시작한 문협정통파가 내세운 주된 표상이었다. 그런데 김기진은 전쟁문학과 순수문학을 동일자로 결합시키기 위해 '순수'를 '진실'과 환치시킨다. '진실'을 표현한 것이라면 전쟁소설이건 가정소설이건 '순수'와 다른 것이 아니라는 것이다. 김기진은 구상, 박목월, 최인욱, 김종길, 정비석이 참가한 「신춘문학좌담회」에서도 "생명, 진실, 영혼에의 추구, 파악"을 강조하고 "진실로 윤리성이 풍부한 생명—인간성의 진지한 탐구 개조의 문학"[30]이 이 전쟁 중에 점화되어야 함을 요구한다. 진실이 가치판단을 함유한 사실을 의미하는지, 창작 주체의 표현단계에서의 진정성을 의미하는지조차 분명히 정의하지 않고, 김기진은 '진실'과 '순수'를 등가에 놓고 있다. 이는 전쟁문학과 문협정통파가 내세우는 표상으로서의 순수문학을 반공주의란 잣대 아래 성급히 결합시켜 보이려는 몸짓이라 할 수 있다.

29) 김윤식, 『한국근대문학사상사』, 한길사, 1984, 312쪽.
30) 「신춘문학좌담회」, 『전선문학』 제3집, 1953.2, 100쪽.

한편 김기진은 『전선문학』 3집에 수필 「두 아들에 대해서」를 발표하고 있다. 최전선에 두 아들을 보낸 김기진은 아내의 걱정과는 달리 "나는 아들이 최전선에 있는 것으로 인해서 아무런 근심 걱정, 불안감, 고적감을 느끼어 보지 못하였다"[31]라고 진술한다. 또한 후방에 근무하기를 바라는 아내의 소원과 달리 아들은 스스로 일선 근무를 자처하는데 이는 아버지인 김기진의 생각과 동일하다. 또한 글의 말미에 아들에게 보내는 편지글의 내용을 삽입해 두었는데, 내용은 「군인과 종교」에서의 논조와 대체로 비슷하다. 그런데 이 글에는 아들을 일선에 보낸 아버지로서의 고민이나 걱정은 전혀 나타나지 않는다. 아들도 마찬가지이다. 국가에 몸 바친 훌륭한 아들을 둔 아버지와 일선근무를 자처하는 늠름한 아들만 존재할 뿐이다. 이 글에는 신변체험 수필이 흔히 갖고 있는 글쓴이의 솔직한 내면 고백의 목소리는 거의 나타나지 않고 있다. 대신 국가주의 이념을 강조하고자 하는 반공이념 전달자로서의 목소리만 가득차 있을 뿐이다.

「정신의 빈곤」은 「군인과 종교」에서 강조하던 정신의 중요성을 다시 강조하고 있는 글이라 할 수 있다. 김기진은 사회주의 정신을 낡아빠진 고물로 치부하면서 현실에 적합한 새 정신이 우리 문학에 배태되고 탄생되어야 한다고 주장한다. 그런데 그가 내세우는 것은 "영성계발(靈性啓發)의 정신"[32]이다. 영성은 총명한 자비의 본체(本體)이며, 인(仁)도 의(義)도 예(禮)도 모두 총명한 자비의 지체(肢體)가 된다는 것이다. 그는 미증유의 한국전란 속에서 우리 문학이 영탄과 희열의 문학이 아닌 고도의 정신을 발양시키는 '영성계발의 문학'이 되어야 하며, 이것으로 적의 '무기로서의 문학'과 맞서야 한다고 주장한다. 이러한 문학을 통해 육체적인 문학작품을 배격하고 사회주의 정신보다 일

31) 김기진, 「두 아들에 대해서」, 『전선문학』 3집, 1953.2, 90쪽.
32) 김기진, 「정신의 빈곤」, 『전선문학』 4집, 1953.4, 5쪽.

층 청신한 고도의 합리적인 정신을 이루어내야 한다는 것이다. 그러나 김기진이 내세우는 정신 내지 영성 계발의 논리는 체계적이지 못하다. 고도의 정신을 발양시키는 '영성 계발의 문학'의 개념도 막연하고 그것의 구체적인 방법 또한 명확히 제시되어 있지 않기 때문이다. 인간이 육체를 아끼는 것은 생명이 이에 의탁하는 까닭이며, 육체의 생명을 구하자면 정신을 구하지 않으면 안 된다는 것이 논거의 전부이다. 사회주의 문학에 대한 대타적인 것으로, 막연한 정신만 내세운 '영성 계발의 문학'은 구체적인 논거나 방법 부족의 측면에서 또 다른 '정신의 빈곤'을 드러낸 것에 불과하다고 할 수 있다. 김기진은 미국에 대한 우호적 시선을 바탕으로 정신의 중요성을 거듭 강조하면서 전쟁 중 새롭게 나아가야 할 문학의 방향으로 '영성 계발의 문학'이란 것을 제시하고 있다. 그러나 이는 이름만 달라졌지 「군인과 종교」에서 육체보다 정신을 강조하던 근본 입장에서 크게 나아간 것은 아니었다.

김기진은 위에서 본 것처럼 육군종군작가단의 기관지인 『전선문학』에 논설이나 수필 등을 발표하면서 그의 반공주의 내지 국가주의 이데올로기를 강하게 드러내 보였다. 남북이 대치하고 있는 전시상황에서 전선 매체를 통해 이념의 우위를 확보하는 것이 군인들의 전투 못지않게 중요하다고 할 수 있다. 그러므로 김기진은 전선 매체를 통해 항상 육체보다 정신을 강조하고, 공산주의를 적대시하는 타자 배제의 원리를 그의 글의 중심으로 삼았던 것이다.[33] 김기진이 육군종

33) 한국전쟁에서 정신의 중요성을 강조한 아래의 글은 전쟁기 김기진의 글쓰기 논리와 거의 유사하다고 할 수 있다. "무릇 한 나라가 전쟁에 이기기 위하여서는 단순히 무기만 가지고서는 충분하지 못하다. 거기에는 또한 정신의 힘이 큰 구실을 하는 것이다. 그런데 이 정신의 힘은 우리가 싸우는 전쟁이 옳은 전쟁이고 정의가 우리 편에 있고, 따라서 우리는 이 전쟁에 반드시 이겨야만 하고 또 이길 수 있다는 신념으로부터 우러나오는 것이다. 더욱이 선전과 모략과 기만을 일삼는 공산주의와 싸워서 이기기 위하여서는 무력으로뿐만 아니라 사상적으로도 이겨야만 비로소 완전한 승리가 되는 것이다. 그러므로 우리가 이 전쟁에 이기기 위하여서는 무엇보다도 공산주의라는 것이 어째서

군작가단의 기관지인 『전선문학』 말고도 공군본부 정훈감실에서 펴낸 『공군순보』 등의 매체에도 글을 쓰고 있는 것으로 보아 이 당시 군에서 발행하는 전선 매체의 중요성을 그가 잘 인식하고 있었음을 보여준다. 더구나 공군본부 정훈감실에서 발행한 『공군순보』에는 「근대전의 양상과 병법」이란 글을 기고하였는데 여기서 그는 동, 서양의 군사전략적 지식을 소개하고 있다.[34] 이로 미루어 볼 때 그는 문학적 지식 외에도 가능한 한 모든 지식을 동원하여 반공주의와 국가주의 이념을 드러내 보이고자 하였다. 『전선문학』이나 『공군순보』같은 전선 매체에 반공주의와 국가주의적 시선으로 점철된 글을 발표하는 것은 남한 우파 문단에서 그의 존립 기반을 더욱 확실히 하는 것이기도 했다. 비록 인민재판에서의 생존이란 확실한 면죄부가 있긴 하였지만 한국전쟁 후 우파 문단의 주류로 부상하기 위해서는 더욱 철저한 자기검열과 반공주의 이념의 재생산이 필요하였던 것이다.

4. 종군시와 낙관적 전망의 제시

종군작가단의 작품은 크게 두 가지 목적을 지니고 있다. 하나는 "전쟁예술을 창달하여 후방 국민의 동란에 대한 사색을 인도"하는 것이고, 다른 하나는 "장병의 의욕을 제고"시키는 것이라 할 수 있다.[35] 종군예술작품은 "전선 부대 또는 후방 부대에 종군하여 현지에서 취재

그릇된 것이고 민주주의는 어째서 정당한 것인가를 철저히 인식하도록 하지 않으면 안된다."(『사변과 우리의 각오』, 경상북도 경찰국, 1953, 1~2쪽)

34) 김기진, 「근대전의 양상과 병법」, 『공군순보』 16호, 1952.3, 20~21쪽 참고.

35) 『정훈업무의 회고와 전망』, 육군본부정훈감실, 1953.3.31, 92쪽.

하는 소재를 소설, 수필, 시, 콩트, 희곡, 음악, 회화 등으로 표현하는 작품을 말하는 것"[36] 으로 그 작품은 주로 "중앙의 일간신문지, 종합잡지, 『국방』, 『사병문고』, 『전선문학』 등의 발간물에 게재"[37]하였다. 또한 수시로 종군보고대회, 문학과 음악의 밤 등을 기획하여 시민들을 동원하였다.[38]

육군종군작가단 부단장이었던 김기진 또한 이 당시 전선 매체에 종군기나 종군시를 상당량 게재하고 있었음이 확인된다. 우선 군부대 방문기로 『전선문학』 5집에 발표한 「제1보충대방문기」를 들 수 있다. 보충대란 날마다 군인들이 들어오고 군인들이 각 부대로 배속되어 나가는 곳이다. 간단히 말하면, 주로 전투에서 부상당한 군인이 후방 육군병원에서 입원치료 후 완치되면 다음 부대로 배속받기 전 잠시 머물러 있다 가는 중간 부대라 할 수 있다. 김기진은 1보충대의 식사상황, 면회실 등을 둘러보고 "감복(感服)"하는가 하면, 정훈과장의 성실함과 근면함에 "존경"의 시선을 보내기도 한다.[39] '감복'과 '존경'의 수사는 전시상황 속에서 군 시설의 훌륭함과 책임자의 근면, 성실, 정직성을 부각시킴으로써 군인이나 국민들을 안정시키고 국가주의 이념을 강화하는 데 기여한다고 할 수 있다.

---

36) 위의 책, 92쪽.

37) 위의 책, 95쪽.

38) 이 당시 육군종군작가단이 남긴 발자취를 조항별로 정리하면 다음과 같다. 1. 일선 종군=총회수 220회, 종군 연일수 924일, 2. 종군보고 강연회=대구, 부산, 서울 등 8회, 3. 문학의 밤=주로 대구에서 종군문학을 발표, 14회, 4. 기관지 발행=전쟁문학을 대표하는 기관지 『전선문학』을 7호 발행, 5. 문인극 상연=전의 앙양을 위한 시국적인 각본으로 작가단원 및 일반 작가들을 망라하여 연극을 공연함. 상연 횟수 대구 2회, 부산 1회, 서울 3회, 6. 지방순회 강연=문총과 공동 주최로 2차에 결쳐 각도 중심 도시가 거행함, 7. 시국강연회=정전 반대 강연회를 대구에서 개최, 8. 육군의 밤 방송 6회, 9. 벽시운동 및 시화전 2회, 10. 부대가(部隊歌) 및 군가 작곡 작사 수십편, 11. 기타 군 기관에 관한 여러 가지 협조.(『정훈대계』 I , 국방부, 1956, B237쪽 참고)

39) 김기진, 「제1보충대 방문기」, 『전선문학』 5집, 1953.5, 41쪽.

한편 김기진의 종군 상황을 직접적으로 보여주고 있는 글로 『심두잡초』에 실린 「오백십오마일의 전선」이 있다. 김기진은 이 글에서 종군 당시의 정황과 심정을 피력하는 한편, 곳곳에 종군시를 부기(附記)해 놓고 있다. 이를 통해 김기진의 종군시초의 생산 맥락을 어느 정도 짐작해 볼 수 있다.

> 1951년 7월 이후 '제한된 전쟁'을 하는 동안, 나는 백오십오마일에 걸친 우리 국군의 방어진용을 거의 다 다녀보았다. '마음 든든하다' — 한 마디로 말해서 국군의 수비상황은 이러하였다. 휴전회담이야 어찌되었든지간에, 백두산에 태극기 꽂고 두만강물에 발을 씻자는 우리 장병들의 기백은 백오십오마일 어데를 가든지 우리가 면대(面對)하여 느끼는 광경이다. '저격고지'와 그 일대의 능선에서 혈전이 있기 전 일이지만 나는 제17연대의 생일잔치에 참석하였던 일이 있다. 우연히 내가 도착한 날이 그 전날이었던 까닭이다. 나는 이 기념일의 식장에서 국군의 정연한 규율과 충천하는 사기를 보고서 '17연대 만세'라는 두운(頭韻)을 달아서 다음과 같은 시를 한 편 써서 연대장 은대령에게 진정(進呈)하고서 사단 O・P로 직행하였던 터이다.
>
> 십년을 하루같이 백년을 하루같이 칠야에 횃불처럼 세상을 비치면서 연속해 뒤에 오는 청년의 모범되세 대한의 젊은이들 한덩어리 뭉치어서 만년을 누립시다 만대를 누립시다 세월이 끝나는 날까지 길이 보존합시다[40]

「오백십오 마일의 전선」은 김기진의 종군시가 실제 군부대 방문이란 종군 현장을 통해 생산되었음을 확인하게 해 준다. 종군기나 종군

40) 김기진, 「백오십오 마일의 전선」, 『심두잡초』, 영문사, 1954, 162~163쪽.

시의 목적이 후방 국민들을 안심시키고 전선의 군인들에게 사기를 진작시키는 것과 관련된다면 김기진의 이 글은 그 목적을 달성하고 있다고 볼 수 있다. '마음 든든하다'란 이 한 마디 말은 김기진이 이 글에서 발하고자 하는 최고의 수사라 할 수 있다. 백오십오 바일의 군부대 방문을 통해 김기진이 본 것은 장병들의 기백과 충천하는 사기였다. 김기진은 이러한 감격을 종군시초로 제시해 보이고자 하였던 것이다.

김기진의 종군시편은 『신천지』 속간호(8권 1호, 1953.4)에 「동부전선」이란 이름으로 게재되어 있다. 「동부전선」이란 큰 제목 아래 「동해」, 「욱일승천」, 「꿈엔들」, 「함정(陷穽)」, 「5사단 먼저가자 북으로!」, 「'화랑'에 부침」, 「낙산사」, 「양메리」, 「돌아오는 길」, 「상승장군」 등이 그것이다. 이 10편의 시는 「동부전선」이란 큰 제목을 볼 때 김기진이 직접 동부전선을 종군하면서 쓴 작품으로 보인다.[41] 그렇다면 김기진은 종군시에서 무엇을 말하고자 했으며, 그것을 어떠한 방식으로 드러내고 있는지 살펴보자.

> 아츰의 해가 솟는다
> 찬란한 새아츰의 해가 솟는다
> 동해 바다가
> 불덩이를 뿜드시
>
> 오늘도 어제 같이
> 온 누리를 비초이는
> 우주의 광명체
> 지구의 만물 찬가를 울린다

41) 이 중 「상승장군」은 중부전선에서 쓴 것이란 부기가 있는 것으로 보아, 김기진이 종군작가로 동부전선뿐만 아니라 중부전선까지 종군하였음을 알 수 있다.

이곳은 동해안 고성
북으로 오십리 더가면 삼일포
월미산 저기 보이고
비로봉 멀리 서북에 보이네

마음 설레이고
정신 샛별 같이
백두산까지 단숨에!
오! 태양은 이를 알리라!

대한반도는
지금 세계의 중심
젊은 우리들 머물지 않고
인류를 이끌고 돌진한다.

존엄과 자유
신이 주신 인간의 본연!
열여섯 나라 인종의 무리 모여
새 역사를 창조하는 곳.

우리는 태양같이
세계의 중앙에 있다.
두 팔을 벌리고서
저 해를 껴안어라![42]

42) 김기진, 「동부전선－욱일승천」, 『신천지』 속간호(8권 1호), 1953.4, 145쪽.

「욱일승천」에서 화자는 고양된 목소리로 동해안의 고성에서 북쪽을 조망하면서 전 세계의 힘을 모은 곳이 한반도임을 드러내 보인다. 종군 도중 맞이하는 동해의 일출도 그에겐 예사롭게 보이지 않는다. '욱일승천'이란 아침 해가 하늘에 떠오른 것, 또는 그런 기세를 말한다. 욱일승천이 떠오르는 아침 해처럼 세력이 성대함을 비유하는 말이라면 김기진은 아침 해를 한반도의 운명에 견줌으로써 전쟁 승리의 낙관적 전망을 제시해 보이고자 하였던 것이다. 우주의 광명체인 태양이 온 누리를 비추고 있는 이 공간은 밝음으로 가득 찬 가슴 벅찬 곳으로 묘사된다. 세계 16개국이 참전하여 '새 역사를 창조'한다든지, '인류를 이끌고 돌진'한다는 말은 남쪽 이념의 정당성을 보여주려는 시어들이다. '백두산까지 단숨에' 북진할 수 있다는 전쟁 승리의 낙관적 열망은 온 누리의 빛으로 조명된다. 김기진은 아침 해, 즉 태양의 표상화를 통해 남북 이념 대결의 장에서 반공주의 이념의 절대적 우위를 확보하고 그것의 정당성을 영원화시키고자 하는 것이다. 한편 '백두산'은 승리에 대한 당위성과 북진통일의 염원을 나타내는 시어로 그의 시에 자주 등장한다. '백두산'은 "우렁찬 포성 / 적을 진감시키고 / 적막하던 산천 기뻐뛰는 듯 / 마른 나무 서 있으면서 춤춘다 / 꿈엔들 잊으랴! '백두산까지!"[43]처럼 북진통일의 표상으로 알레고리화되고 있는 것이다. 김기진은 '백두산'을 통해서는 승리의 당위성과 그것에 대한 열망을, '아침해'를 통해서는 전쟁 승리라는 낙관적 전망을 형상화해 보임으로써 종군의 목적을 달성하고자 하였다. 시조 「'화랑'에 부침」[44] 또한 마찬가지이다. 「'화랑'에 부침」은 「욱일승천」의 내용을

43) 위의 책, 146쪽.

44) 아츰해 솟는구나 파도를 헤치고서 / 동해에 솟은 해가 온누리 비초이니 / 구백십 이 고지에도 새 아츰 찾아왔네 // 월미산 저기있고 남강이 흐르는데 / 천구십 적의 「오 · 피」 눈앞에 보이건만 / 어찌타 미운 도적들 나타나지 않는고 // 적이야 있고없고 보이건 안 보이건 / 샘솟는 이 기운과 억세인 이 힘으로 / 우리가 닥치는 곳에 부서지고 말리라. 위

시조로 쓴 것이라 해도 틀리지 않을 만큼 서로 유사하다. 이 시조 또한 아침 해의 분출하는 힘과 결합한 '우리'의 기운 아래 저절로 소멸될 수밖에 없는 적의 운명을 그려내고 있다.

김기진이 종군시를 통해 보여준 글쓰기는 결국 북한에 비해 남한이 힘의 우위에 있음을 입증해 보이는 것이었다. 특히 '펜'을 '무기'로 인식했던 종군작가단의 경우 후방의 국민을 위무하고 전선의 군인들에게 사기를 북돋우는 역할을 하는 것이 가장 중요하였다. 그렇게 하기 위해서는 남한 체제가 북한의 공산 체제에 비해 확실한 우위에 있음을 드러내 보여야 했다. 그래서 김기진은 논설이나 수필을 통해서는 반공주의 이념의 정신적 우위를, 종군시초를 통해서는 승리에 대한 낙관적 전망을 제시하는 방식을 주로 사용하였던 것이다.

5. 결론

본고는 초기 한국프로문학에서 중요한 역할을 하였던 김기진의 한국전쟁기 문학 활동에 대한 연구이다. 이러한 연구는 지금까지 프로문학에 치중되어 있던 김기진 문학을 1950년대 문학까지 확장함으로써 김기진 문학의 전모를 파악할 수 있게 한다는 점, 한국전쟁기 김기진 문학을 통해 이 시기 문학의 주된 담론이었던 반공주의 이데올로기의 생산과정을 추적해 볼 수 있다는 점에서 그 의의가 있다 하겠다.

김기진은 프로문학과 일제 말기 친일문학 담론의 주된 생산자로서,

의 책, 147쪽.

일제강점기의 경우 문단의 주류에서 크게 벗어나 본 적이 없었다. 그러나 해방기에 접어들면서 행한 그의 절필은 그를 문단의 주류에서 벗어나게 만들었다. 이러한 김기진이 한국전쟁 발발 이후 다시 활발하게 문학 활동을 재개한다. 한국전쟁은 김기진에게 죽음과 삶이 교차한 공간이었다. 한국전쟁 당시 인공 치하 서울에서 김기진은 인민재판을 받고 가사(假死) 상태까지 갔다. 인민재판에서 구사일생으로 살아남은 김기진은 이후 전쟁문학에 적극 참여하면서 활발한 문학 활동을 펼치게 된다. 인민재판이란 극한 체험을 통해 김기진의 공산당에 대한 개인적 증오는 프로문학 경력자답지 않게 극에 달하며, 이러한 극한 체험은 한국전쟁 이후 김기진 문학의 중심 동력으로 자리잡게 된다. 인공 치하에서 신체에까지 다가온 위기는 그의 이후 삶에서 공산주의를 부정과 배제의 대상으로 자리잡게 만들었다. 인민재판 체험을 통해 체득한 공산주의에 대한 모멸과 혐오감은 그를 철저한 반공주의자로 전신(轉身)하게 하였으며, 이 기간 중 생산된 김기진 문학의 수사는 대부분 반공주의의 틀에서 크게 벗어나지 않았다.

신경향파 문학을 주도하면서 카프의 중심 인물로 활동했던 김기진으로서는 반공주의 체제에서 자신이 공산주의와 관련 없음을 확실히 증명해 내보일 필요가 있었다. 이를 위해 김기진이 선택한 것이 육군종군작가단의 가입과 그것의 기관지였던 『전선문학』 같은 전선 매체에 글을 쓰는 것이었다. 종군작가단 가입이 총을 메고 전선에 가는 것과 다름없다는 인식 아래 그는 국가이념을 선도하는 주체로서 활발한 문필활동을 시작하였던 것이다. 김기진은 인민재판에 대한 기억이나 '빨갱이'에 대한 혐오의 시선을 그의 글 속에 은연중에 드러냄으로써 반공주의자임을 내외에 천명하였다. 육군종군작가단 부단장으로 겪은 종군체험은 그의 각종 글쓰기의 주된 제재였다. 김기진이 종군기나 종군시를 통해 보여준 글쓰기의 밑바탕에는 타자 배제의 원리가 자리잡고 있었다. 그는 육체보다 정신을 강조하면서 물질에 바탕을 둔 공산주의를 적대시하고 배제하였다. '펜'을 '무기'로 인식했던 종군작가단의 일원으로, 그는 후방의 국민을 위무하고 전선에 나간 군인들의 사기를 북돋우는 종군문학의 역할을 원활히 수행하였던 것이다. 한국전쟁기에 행한 그의 글쓰기는 남한 체제의 이념이 북한의 공산체제보다 확실한 우위에 있음을 드러내는 행위였다. 그래서 김기진은 논설이나 수필을 통해서는 반공주의 이념의 정신적 우위를, 종군시초를 통해서는 승리에 대한 낙관적 전망을 제시함으로써 소기의 목적을 달성하고자 하였다. 반공주의 내지 국가주의적 시선으로 가득찬 그의 글쓰기는 남한 우파 문단에서 그의 존립 기반을 더욱 확실히 하는 것이었다.

한국전쟁기 내내 반공주의에 바탕한 국가주의 담론을 주도하던 김기진이 한국전쟁 이후 왜 『통일천하』 같은 역사물로 퇴보해 갔는가에 대한 고구(考究)는 다음의 과제로 남겨둔다. '통일천하'란 제목 자체가 전쟁의 상흔과 사상의 혼란을 통일하려는 의도가 있었는지는 모르지만 대중 역사물로의 퇴보는 더 이상 1950년대가 김기진의 시대가 아니었음을 보여주는 것이라 할 수 있다.

제3부
현대시의 교재화와 정전

/ 1장 /
문학교과서와 정전(正典)의 문제

1. 서론

해방 이후 교수요목기부터 7차 교육과정까지 국어 또는 문학교과서는 여러 차례의 개정을 통하여 사회 여건의 변화를 수용해 왔다. 새로운 시대가 새로운 패러다임을 요구한다면 7차 교육과정의 문학교과서는 이러한 변화를 적극 수용한 결과물이라 할 수 있다. 그렇다면 7차 문학교과서의 내용 체계는 현 국어과 교육의 수준과 위상을 보여주는 잣대가 된다. 이것에 대한 검토 및 위상 제고는 새로 개정될 교육과정의 원천적 토대가 된다는 점에서 의미 있는 작업의 하나가 된다고 할 수 있다.

7차 교육과정에 들어서면서 국어 교과 과목은 6차에 비해 더욱 세분되었다. 6차가 공통 필수 과목(국어)과 과정별 필수 과목(화법, 독서, 작문, 문법, 문학)으로 나누어진데 반해, 7차는 국민 기본 공통 과목(국어), 일반 선택 과목(국어생활), 심화 선택 과목(화법, 독서, 작문, 문법, 문학) 등으로 세분화하여 선택 과목 영역을 확대하였다. 결국 선택 중심 교육과정과 심화 · 보충형 수준별 교육 과정의 운영을 표방하고 있는 7차 국어과 교육과정은 학습자 중심의 패러다임을 교육과정에 구현시키고자 하는 노력의 일환이라 볼 수 있다. 이를 위해서는 "국어과의 교육 내용 선정과 정선, 수준별 교육 과정의 도입, 교과별 학습량의 최적화와 수준 조정 등 학습자에게 의미있는 학습경험을 제공해 줄 수 있는 교육과정의 구성"[1)]이 필요하다. 위에 제시된 항목 중 국어과의 교육 내용 선정과 정선의 문제는 교육과정의 영역 설정 문제[2)] 못지않게 국어과 교육과정 구성의 기본이 된다고 하겠다. 강의식, 주입식 위주의 교사 주도의 수업에서 교과서는 학습자가 쉽게 접근할 수 없는 성채(城砦)였다. 그러나 새로운 패러다임에 의해 시작된 7차 교육과정 교과서는 학습자나 교사의 조건 및 상황에 따라 재구성될 수 있는 가변의 실체로 자리잡았다고 할 수 있다. 수업의 과정 속에서 적합한 교재(교과서)의 상정 내지 재구성이 필요한 것도 이 때문이다. 그러나 이러한 과정도 이미 만들어진 교과를 매개로 확대, 축소된다는 점에서 교과서의 의미가 약화되는 것은 아니라고 할 수 있다. 교과서는 교육과정을 실현하기 위한 학습의 잣대를 제시해 준다는 점에서 여전히 중요하다. 문학교과서의 경우 교과서에 실린 작품의 선정 내지 구성이 어떻게 이루어졌는지 살펴보는 것은 문학교육의 내용 목표와 관련된 것이라 할 수 있다.

---

1) 교육부 고시 1997-15호, 『고등학교 교육과정 해설』, 교육부, 2000, 8쪽.

2) 『문학교육학』 제18호(한국문학교육학회, 2005.12)에는 '새로운 국어교육과정과 문학교육의 미래'란 특집으로 유영희, 「국어과 교육과정 개정 논의의 현황－문학교육과정과 관련하여」; 최지현, 「국어과 교육과정과 문학교육과정」; 염은열, 「국어 활동 영역과 문학 영역의 관계 설정에 대한 연구」; 김동환, 「심화과목으로서의 문학교육의 미래」 등이 실려 있어 새로운 국어과 교육과정 개정 논의에서 문학교육의 위상을 점검해 볼 수 있다.

교과서에 문학 작품을 실을 때 교과서 편찬자들이 작품 목록을 어떻게 구성했느냐 하는 것은 정전(正典, canon)의 문제와 연결된다. 그러나 국어교육 내지 문학교육에서 정전 구성의 문제는 별로 심각하게 논의된 적이 없다. 교과서 편찬자의 취향이나 편의에 의해 선택된 작품들이 교과서에 버젓이 실리는 일들이 허다하였다. 이것은 정전 구성의 원리나 선택과 배제의 명확한 기준 등 가르칠 대상에 대한 진지한 검토 과정이 부족한 데서 기인하였다. 본고에서는 이러한 정전 구성의 원리와 논란에 대한 검토를 통해 정전 논의의 양상을 개괄해 보고, 7차 교육과정 문학교과서 부분에서 정전의 문제가 어떻게 다루어지고 있는지를 살펴보고자 한다.

2. 정전 논의의 양상

정전에 대한 논의는 영미 문학의 경우 우리보다 훨씬 활발하게 이루어지고 있다. 정전의 개념 및 분류 방법에 대해서는 파울러(Alastair Fowler)와 길로리(John Guillory)의 설명이 도움이 된다. 먼저 이들의 논의를 중심으로 정전에 대한 개념을 간략히 정리해 볼 필요가 있다.

정전(正典, canon)은 측정의 도구로 사용된 '갈대'나 '장대'를 뜻하는 고대 그리스어 'Kanon'에서 유래된 말인데, 그 후 'Kanon'은 '규칙' 혹은 '법'이라는 의미를 갖게 되었다. 문학비평가들에게 중요한 그 말의 의미는 서기 4세기에 처음 나타났는데, 그때 '정전'은 텍스트나 작가의 목록, 특히 성서와 초기 기독교 신학자들의 책을 뜻하는 말로 사용되었다. 이러한 맥락에서 '정전'은 그 사용자들에게 다른 것들보다 더 보존할 가치가 있는 어떤 작가나 텍스트를 의미하는 것으로 받아들여졌다.[3] 한편 파울러(Alastair Fowler)는 정전을 "적어도 일정 기간 동안 배타적인 완전성을 누리는 작품들의 집합"[4]으로 본다. 결국 문학교육에서 정전이란 "현재 사용되고 있는 권위적 교재의 목록"을 말하며, 때로는 "확립되어야 할 바람직한 교재의 목록"[5]을 뜻한다고 볼 수 있다. 학습자들이 배울 만한 모델이 되는 고전적인 작품의 선정, 즉 정전화는 문학비평가 내지 문학교육학자들의 주된 관심사가 된다. 물론 정전이 반드시 교과서의 작품 목록만을 의미하는 것은 아니다. 작품을 선정하고 목록화하는 작업은 학교 제도권 차원을 넘어선 한 문화권의 문제로 확대되기 때문이다. 정전 선정 작업이 학교 제도권 내에 있든 바깥에 있든, 정전의 문제는 정전이 선택되고 배제되는 그 사회 내지 그 사회가 가진 문화의 층위와 관련이 깊을 수밖에 없다. 즉 정전의 선택 내지 배제의 과정은 그러한 정전이 배태된 사회는 물론 그 당시의 문화적 상황을 규명해 주는 중요한 단서가 된다고 할 수 있다. 그러므로 정전이란 말 속에는 그 사회의 문화적 층위나 이념에 따른 선택이나 배제의 원칙 같은 것이 이미 암시되어 있다고 할 수 있다.

파울러는 정전을 다양한 방식으로 분류하고 있는데, '공식적 정전 Official Canon'과 '개인적 정전 Personal Canon', '잠재적 정전 Potential Canon'과 '접근 가능한 정전 Accessible Canon', '선택된 정전 Selective Canon'과 '비평 대상이 되는 정전 Critical Canon' 등이 그것이다. '공식적 정전'은 교육, 후원 제도, 저널리즘을 통해 제도화된 것을 말하고, 뒤의 것은 개인적인 선호에 따른 것이다. '잠재적 정전'은 보존되어 있

3) John Guillory, 박찬부 역, 「정전(正典)」, 『문학연구를 위한 비평용어』(프랭크 랜트리키아 외 공편), 한신문화사, 1996, 303쪽.

4) Alastair Fowler, "Genre and the Literary Canon", New Literary History, 1979, 98쪽.(송무, 『영문학에 대한 반성』, 민음사, 1997, 342쪽 재인용)

5) 송무, 「문학교육의 '정전' 논의」, 『문학교육학』 창간호, 1997 가을, 293쪽.

는 구비문학을 포함하여 쓰여진 모든 글을 뜻하나 많은 사람들이 쉽게 접근할 수 없다. 그 이유는 희귀 자료로서 큰 도서관에서 특별 관리되기 때문에, 출판 유통이 제한되었던 특수한 사정으로, 또는 연행(performance)의 성격을 가진 것이기 때문에, 또는 검열의 이유로 접근이 제한되기 때문이다. '선택된 정전'은 '접근 가능한 정전' 가운데서 특별히 선호되어 공식화된 교과 과정에 선택된 것들이다. 반면 '비평 대상이 되는 정전'은 좀더 제한적인 것인데 계속적으로 비평가들의 주목을 받고 논의의 대상이 되는 것이다. 그는 최근의 정전 논의의 대상이 되는 것은 '선택된 정전'들과 '비평 대상이 되는 정전'이 주로 해당된다고 지적한다.[6]

길로리(John Guillory)는 정전의 형성 과정에서 작품이 제외되는 문제에 특히 주목하여, 정전을 둘러싼 옹호론자와 비판론자의 논쟁을 다음과 같이 요약한다. 정전 비판론자들은 고전이라 불릴 수 있는 위대한 작품의 정전화 과정에 여성 작가, 비(非)백인 작가, 하층계급 출신 작가들이 제외되어 왔음을 발견한다. 그런데 이러한 원인을 그는 성, 종족, 계급의 문제에 대한 서구 사회의 편견 내지 억압에서 찾는다. 정전 형성의 역사가 일종의 음모, 즉 사회적 · 정치적으로 강력한 집단에 속하지 않은 자, 또는 지배 집단의 이데올로기를 표현하지 않은 자들의 작품이 암암리에 억압, 배제되는 것과 관련이 있다는 것이다. 반면 정전 옹호자들은 어떤 작품이 다른 작품보다 우수하다는 것은 틀림없으며, 그것이 정전성을 띤다는 것은 연속적인 세대를 통해, 가능하면 많은 세대를 통해 인정받았다는 것을 의미한다고 주장한다. 여러 세대를 거치면서 추인 받은 결과로 구성된 정전이 지금 세계 명작으로 알려져 있는 작품들이라는 것이다. 한편 길로리는 정전에 대

6) Alastair Fowler, 앞의 논문; 송무, 앞의 책, 342~343쪽 재인용.

한 옹호와 비판은 판단 행위에서 시작되는데, 그 판단의 문제가 주관적이고 상대적이어서 여러 논란이 일어날 수 있다고 본다. 판단에는 예술작품의 미학적 측면, 또는 그 작품을 판결하는 집단의 관심 내지 이데올로기의 문제 등 복잡한 측면이 개입되기 때문이라는 것이다. 그래서 일반적으로 "정전 열어 놓기"[7]의 과정을 통해 적절한 대표성을 지닐 수 있도록 조처하기도 한다는 것이다. 어떤 작품이 위대하다는 판단은 일정한 제도적 맥락, 즉 그 작품의 재생산을 가능하게 할 수 있고, 여러 세대의 독자들에게 그것을 계속적으로 재소개 시킬 수 있는 장치 속에서 이루어졌을 때 의미가 있다고 본다. 그는 정전 형성이 어떤 사회적 맥락, 혹은 제도 속에서 이루어지고 있는가의 문제라고 보는 것이다. 결국 정전이 어떤 사회적 집단을 대표하지도, 절대적 미적 가치의 개념을 대변하지도 않는다는 것이다. 그보다는 문학 작품들이 어떻게 연속적인 여러 세대와 시대에 걸쳐 생산되고 보급되며, 재생산되고 재독되며, 다시 가르쳐지는지에 대한 역사적 상황과 관련된다는 것이다. 정전의 비판자들이 위대한 텍스트가 '최종 불변의 선정'으로부터 배제되었다고 생각하는 것은, 실은 역사적 맥락으로 볼 때 문학적 생산수단, 읽고 쓰는 능력 그 자체로부터의 배제와 관련된 것이었다. 그렇다면 문학적 정전의 형성을 결정하는 역사적 상황을 이해하기 위해서는, 그것의 역사를 텍스트의 생산과 수용의

---

7) "정전 열어놓기"는 정전에 대한 자유주의 비판의 일종으로 그것은 민주주의의 기준에 의존하는데, 여기서의 의견의 불일치는 소수집단에게 대표성의 권리의 보장을 항상 추구하는 공동체적 의사 결정 과정에 의해서 해결되도록 되어 있다. 이러한 자유주의 비판으로부터 오직 일정한 사람만이 훌륭한 문학을 생산해 낼 수 있거나 판단할 수 있다는 통념으로부터 학생들이 깨어났다는 것이다. 그러나 이러한 자유주의적 비판도 큰 모순점이 있을 수 있다는 점을 간과해서는 안 된다. 만약 어떤 작품들(비정전적 작품들)이 정전적 작품 못지않게 훌륭하다는 것을 주장하려면, 그것은 진정한 문학적 가치의 개념을 밀수입해야 한다는 모순점이 있다는 것이다.(John Guillory, 박찬부 역, 「정전」, 『문학 연구를 위한 비평용어』, 한신문화사, 1996, 306쪽)

역사로서 보는 것이 중요하다고 그는 생각한다.[8)]

길로리와 파울러 등의 정전 논의는 우리 나라 영문학계 정전 논의의 바탕이 되었는데 고갑희,[9)] 송무[10)] 등의 글을 통해 그 논지가 확대되고 있다.

고갑희는 「정전의 탈신비화와 한국의 영문학 교육」에서 길로리의 관점을 바탕으로 정전을 둘러싼 영국과 미국에서의 논쟁을 살펴보고, 정전의 문제와 관련된 국내 학자들의 입장 차이를 밝히고 있다. 그는 길로리가 말한 정전 옹호론자와 비판론자의 논지를 정전의 신비화, 정전의 탈신비화, 탈정전의 관점으로 정리하고, 이것과 연관시켜 문학연구와 문화연구라는 구분에 대한 입장을 살핀다. 또 이러한 논의가 국내에서의 인문학 / 민족 · 민중문학 / 문화론에서 어떠한 작용을 하는지를 논하고 있다. 고갑희의 이러한 논의는 정전화된 텍스트에 대한 도전이 거세지고 있는 최근의 문학교육 상황에서 과거의 정전화된 텍스트의 탈신비화 내지 정전의 수정 문제, 교육 현장에서의 정전의 의미 등을 묻고 있다는 점에서 의미가 있다.

한편 송무는 「국민문학의 이념과 정전의 형성」, 「정전 형성과 영문학 교육의 전략」이 실린 『영문학에 대한 반성』(민음사, 1997)이란 책 대부분에서 정전의 문제를 다루고 있어 주목된다. 그는 길로리 등 서구 학자들의 정전 논의를 바탕으로 기존 영문학의 권위와 정당성에 의의를 제기하며 1960년대 후반부터 정전 비판 형식으로 등장한 도전적 담론들의 성격과 배경을 종족, 성, 계급의 범주를 통해 추적한다. 종족, 성, 계급 담론은 백인 아닌 작가, 여성, 대중(하층계급)의 도전이라

8) John Guillory, 앞의 책, 304~315쪽 참고.

9) 고갑희, 「정전의 탈신비화와 한국의 영문학 교육」, 『영문학 교육과 연구의 문제들』(김용권 외), 한신문화사, 1996.

10) 송무, 「국민문학의 이념과 정전의 형성」, 「정전 형성과 영문학 교육의 전략」, 『영문학에 대한 반성』, 민음사, 1997.

할 수 있으며, 이는 인종주의, 남성주의, 엘리티즘에 대한 대항 정전의 형식을 띤다는 것이다.

송무는 정전이 형성되는 방식에 대한 세 가지 부류의 의견을 요약, 제시한다. 하나는 정전 자체가 갖는 속성과 힘이 사람들로 하여금 그것을 선택하게 한다는 것이다. 다른 하나는 권력과 문화적 헤게모니를 가진 집단이 그들의 헤게모니를 정당화하기 위한 이념적 형식으로 그것을 선택하며, 마지막 하나는 사람의 의도와 직접적인 관계없이 더 광범한 문화의 운동 법칙에 의해 형성된다는 것이다. 이를 다시 정리하면 첫째는 정전적인 텍스트들은 그것에 내재한 위대한(보편적으로 존경받을 수 있는) 가치들로 인하여 정전으로 선택된다는 생각이며, 둘째는 정전의 형성이 권력 투쟁, 또는 지배 계급의 사회통제 방식으로 이루어진다는 것이다. 즉 공동체의 문화적 표현과 그것을 평가하는 가치가 정치적으로 규정된다는 것을 뜻한다. 다시 말하면 텍스트가 그것이 가진 훌륭한 점 때문에 정전에 포함되는 것이 아니라 어떤 이유들로 해서 학교에서 가르쳐지기 때문에 정전이 된다는 것이다. 셋째는 정전은 출판, 구입, 보존, 인용, 낭송, 번역, 공연, 인유, 모방되는 갖가지 가치 평가 행위들을 통해 재생산되고 전수되는 텍스트들이라는 것이다. 이는 정전의 형성이 특정 텍스트가 가진 다양한 재구성 가능성, 시대적 조건, 문화적 선택과 전수의 매커니즘 사이에 이루어지는 계속적인 상호작용의 결과라고 보는 것이다. 다시 말하면 이것은 정전의 형성과 문화적 역학 작용이 서로 긴밀히 연관되어 있음을 보여주는 입장이라 할 수 있다.[11)]

국어교육 내지 문학교육에서 정전에 대한 관심이 부상(浮上)한 것은 1990년대 후반부터라고 할 수 있다. 교수요목기부터 7차 교육과정까

11) 송무, 『영문학에 대한 반성』, 민음사, 1997, 344~359쪽 참고.

지 정전의 구성과 해체가 끊임없이 이루어져 왔지만 정전에 대한 논의가 국어교육 내지 문학교육의 차원에서 본격적인 관심의 대상으로 부각되지 못한데 대한 반성의 결과 이들의 논의가 시작되었다고 할 수 있다. 이들의 논의는 주로 영미 문학에서의 정전 논의를 수용하는 방식으로 시작된다. 『문학교육론』(구인환 외, 삼지원, 1988)에서 시작된 교과서 내지 교재에 대한 관심이 1990년대 후반에 접어들면서 최지현,[12] 정재찬,[13] 송무,[14] 서경석,[15] 윤여탁[16] 등에 의한 정전 논의로 이어졌다. 영문학에서 활발히 논의되던 정전 논의가 이들의 논의를 기점으로 국어교육 내지 문학교육에서 정전 구성의 문제에 대한 관심을 촉발시키는 계기가 되었다고 할 수 있다.

최지현[17]은 저항시 담론을, 정재찬[18]은 우리 문학교육의 지배적 담론이 순수문학 중심의 정전 구성과 분석주의 중심의 주해 방식에 있다는 점을 중심으로 그것과 이데올로기의 관련 양상을 살펴보고 있다. 이들은 정전 비판론자들의 논리를 바탕으로 문학교육 현장에서 교과서에 실린 시들과 지배 이데올로기의 관계를 규명해 보이는데 초점을 맞춘다. 최지현은 이어서 「문학교육에서 정전과 학습자의 정서 체험이 갖는 위계적 구조에 관한 연구」[19]를 통해 정전성에 대한 그의 관심을 정서 체험의 문제와 결부시켜 논의의 폭을 확장시켰다. 정재

12) 최지현, 「한국 현대시 교육의 담론 분석－1940년대 저항시를 중심으로」, 서울대 석사논문, 1994.

13) 정재찬, 「문학교육의 지배적 담론에 대한 연구」, 서울대 박사논문, 1996.

14) 송무, 「문학 교육의 '정전' 논의」, 『문학교육학』 창간호, 태학사, 1997.

15) 서경석, 「정전의 해체와 생성」, 『한국문학』, 1997 봄.

16) 윤여탁, 「문학교재 구성을 위한 현대시 정전 연구」, 『국어교육연구』 5집, 서울대 국어교육연구소, 1998.

17) 최지현, 「한국 현대시 교육의 담론 분석－1940년대 저항시를 중심으로」, 서울대 석사논문, 1994.

18) 정재찬, 「현대시 교육의 지배적 담론에 관한 연구」, 서울대 박사논문, 1996.

19) 최지현, 「문학교육에서 정전과 학습자의 정서체험이 갖는 위계적 구조에 관한 연구」, 『문학교육학』 제5호, 2000 여름.

찬 또한 「문학 정전의 해체와 독서현상」[20]을 통해 학위논문의 논의를 정전의 문제를 중심으로 초점화시켰다.

서경석은 「정전의 해체와 생성」[21]에서 대학 문학교육에서 정전이 어떠한 변화를 겪고 있는지를 문제삼는다. 문학사란 끊임없이 새롭게 쓰여지는데, 그 과정 속에서 낡은 정전은 해체되고 새로운 정전이 성립하며 둘 사이의 격투가 벌어지게 된다는 것이다. 문학사의 경우 그 구성 뼈대에 대한 반론이 계속 제기되고, 그러한 과정을 통해 문학사는 스스로 반성하고 다시 재정립해야 할 처지에 놓이게 된다고 본다.

윤여탁은 「교재 구성을 위한 현대시 정전」[22]에서 6차 문학교과서에 수록된 시 텍스트의 목록과 작가의 목록을 조사하고, 그 경향을 통계적으로 분석하여 정전 구성의 문제점을 검토하고 있다. 그 결과 6차 문학교과서에서는 그동안 우리 시문학사에서 높이 평가되었던 시인들인 서정주, 김소월, 김영랑, 이상, 청록파, 유치환, 이육사, 윤동주 등과 그들의 작품, 그리고 해금 시인 중 정지용, 백석의 작품, 1950년대 이후에 주로 활동한 박재삼, 신경림, 황동규, 김수영, 신동엽 등과 그들의 작품이 다수 수록되었다고 보았다. 이런 현상에서 우리 문학교육에서 순수시와 저항시가 여전히 '준정전'의 역할을 하고 있으며, 부분적으로 현대의 시 작품과 리얼리즘이나 모더니즘 계열의 시 작품이 1990년대 이후에 추가되고 있음을 알 수 있다고 하였다. 전체적으로 보면 6차 문학교과서도 여전히 중요 시인의 대표 작품이 주로 수록되고 있으며, 그 시인이나 텍스트들 또한 일제강점기에 집중되고 있음을 알 수 있어, 동시대성과 거리가 있는 과거의 텍스트들이 '준정전'의 위치를 확고하게 차지하고 있음을 확인하고 있다. 윤여탁의 이러

20) 정재찬, 「문학 정전의 해체와 독서현상」, 『독서연구』 제2호, 1997.

21) 서경석, 「정전의 해체와 생성」, 『한국문학』, 1997 봄.

22) 윤여탁, 「교재 구성을 위한 현대시 정전」, 『리얼리즘의 시 정신과 시 교육』, 소명출판, 2003.

한 연구는 기존 정전의 재고를 통하여 다양한 가능성과 비판과 변화를 수용할 수 있는 정전 개념, 그것을 기초로 하는 정전 구성의 필요성에 대한 절감에서 나왔다고 할 수 있다.

한편 이렇게 형성된 정전은 공동체의 지속적인 관심과 보호를 받기도 하나 때로는 해체의 위협에 직면하기도 한다. 심지어 해체적 교육학의 영향으로 '정전에 대한 회의' 내지 '정전의 이데올로기적 토대를 폭로'[23]하는 과정을 통해 정전의 권위가 도전받기도 한다. 현재 문학 정전이 되는 텍스트들이 가지고 있는 사고(思考), 제도, 관습 등에 대한 도전이 거세고 일어나고 있다. 이는 기존의 텍스트들이 구성하고 있는 사고나 세계에 대한 반발이라 할 수 있다. 남성 중심, 서양 중심적 사고나 식민주의 세계관에 대한 대항 담론으로 페미니스트 비평이나 오리엔탈리즘, 탈식민주의 비평 등이 부상하는 것도 이러한 것과 관련이 있다고 할 수 있다. 정전 구성의 경우, 그 구성 당사자들의 이데올로기나 세계관이 개입되기 마련이며, 이는 문학교육 제도와 밀접한 관련이 있다고 할 수 있다. 문학교육에서 교재의 목록이 바람직하게 구성되었는지의 여부는 문학교육에서 무엇을 가르칠 것인가 하는 것과 관련되는 중요한 문제거리라 할 수 있다. 이러한 관점에서 최근 제기된 국어교과서에서 서정주 시가 왜 배제되는가에 대한 의문[24]도 정전의 해체와 생성이란 관점을 통해 그 해결의 실마리를 찾을 수 있으리라 생각된다.

---

23) 김중신, 『문학교육의 이해』, 태학사, 1997, 271쪽.

24) 손진은, 「문학교육과 제재 선정의 문제－서정주의 시를 중심으로」, 『우리말글』 33집, 2005.

3. 문학교과서와 정전의 문제

문학교육 현장에서 곧잘 제기되는 '무엇을 골라서 어떻게 가르칠 것인가'란 물음에서 '무엇'은 정전 선택의 문제이고, '어떻게'는 교수학습방법의 문제라 할 수 있다. 학습 대상이 되는 정전과 그것의 교수학습방법은 교육현장에서 서로 불가분의 관계에 놓여 있다. 그런데 정전 구성의 문제는 교수학습방법에 비해 다소 소홀하게 다루어진 것이 우리 문학교육계의 현실이었다. 문학교육 현장에서 '어떻게'란 방법적 측면에 치중하다 보니 가르칠 대상에 대한 논의는 상대적으로 빈약하게 진행된 감이 있다. '어떻게'에 못지 않게 '무엇을' 가르칠 것인가에 대한 관심의 제고 또한 경시할 수 없다. 정전과 관련된 송무의 아래와 같은 지적은 대상과 방법의 문제를 함께 고민하고 있다는 점에서 시사하는 바가 크다.

> 정전이 바람직한 교재의 목록을 뜻한다면 이에 대한 논의는 문학교육 상황의 세 차원에서 이루어질 수 있다. 첫째는 교재 선정의 차원이다. 이 때는 교재의 목록이 가르쳐야 할 문학의 범례적 가치를 골고루 체험시킬 수 있도록 짜여졌는가, 그렇지 않았다면 교재의 목록을 어떻게 짜야 할 것인가 하는 것이 문제가 된다. 둘째는 교수법의 차원이다. 정전을 어떻게 읽음으로써 학생들로 하여금 범례적 문학적 가치를 효과적으로 체험시키고 그들의 문학적 능력(literary competence) 을 기를 수 있는가, 또는 정전에 섞여 있을 수 있는 바람직스럽지 못한 부분을 어떻게 가려내고 가르쳐야 할 것인가 하는 것이 문제가 된다. 셋째는 제도의 차원이다. 이때는 교과과정, 학점제도, 평가제도 등이 효과적인 정전 교육이 이루어질 수 있도록 짜여져 있는가 하는 것이 문제가 된다.[25]

송무는 주로 교재 선정의 차원에 머물러 있던 정전 논의를 교수법이나 제도의 차원으로 확장하였다. 다시 말하면 교재 선정과 교수법이 별개의 것이 아니라 정전의 문제와 서로 긴밀히 연결되는 것임을 주지시켰다. 가르칠 대상과 매개되지 못하는 수업 전략은 공허한 이론에 그칠 공산이 크기 때문이다. 그러므로 7차 문학교과서 정전 구성의 양상도 대상과 방법의 통합적 시각이란 측면에서 논의의 초점을 잡아볼 필요가 있다.

7차 문학교과서는 이전 문학교과서에 비해 정전 구성의 경우 상당히 개방적인 면모를 보여주고 있다. 그것은 기존 정전의 권위에 대항하거나 새로운 정전의 추가로 완강한 정전 구성의 벽을 깨뜨리려는 시도와 관계있다고 하겠다. 7차 문학교과서에서 정전의 확대는 크게 두 가지 차원에서 이루어지고 있다. 하나는 납 · 월북 작가의 수용을 통한 정전화 과정이고, 다른 하나는 동시대 작가의 정전화 과정이다.

교수요목기부터 6차 교육과정까지 국어나 문학교과서에 실린 작가나 작품 목록은 큰 틀에서 보면 별 차이가 없다. 현대시의 경우 주로 순수시, 저항시, 청록파 중심으로 정전이 구성되었다. 다시 말하면 문학교과서는 '시문학파, 문장파, 문협정통파'의 '순수문학적 담론'[26]을 수용하는 방식으로 정전이 구성되고 있다는 것이다. 이러한 정전 구성의 방식으로 말미암아 문학교과서에서 그와 대립되는 카프 문학으로 대표되는 진보적 문학의 수용은 원천적으로 불가능하였다고 할 수 있다. 그러나 1988년 월북 작가 해금(解禁)을 기점으로 학계는 카프 문학을 민족문학사란 큰 틀 속에서 대폭 수용해 나가게 된다. 그러나 1990년대 초반의 카프 문학과 해방기 문학에 대한 증폭된 관심과 연구 열기에도 불구하고 이들의 문학교과서 수용은 즉각 이루어지지 못

25) 송무, 「문학교육의 '정전' 논의」, 『문학교육학』 창간호, 1997 가을, 294쪽.
26) 정재찬, 앞의 책, 113쪽.

했다. 6차 문학교과서에 납북 내지 재북 작가였던 정지용, 김기림, 백석 등의 작품이 새로운 정전으로 등장하였을 따름이다. 7차 18종 문학교과서 '본문' 및 '제시문', '학습활동'란에 실린 현대시 및 현대소설, 수필 부문의 납·월북 작가의 작품 현황을 살펴보면 다음과 같다. 괄호 속의 숫자는 작품이 실린 횟수이다.

> 백석, 「여우난골족」(2), 「남신의주유동박시봉방」(4), 「여승」(6), 「멧세소리」(1), 「동해」(1), 「국수」(1), 「북방에서」(1), 「고향」(2), 정지용, 「향수」(10), 「장수산 1」, 「그대들 돌아오시니」(1), 「유리창1」(3), 「고향」(1), 「폭포」(1), 이용악, 「낡은집」(3), 「우라지오 가까운 항구에서」(1), 「풀벌레소리 가득차 있었다」(1), 「오랑캐꽃」(1), 「그리움」(1), 「막차 갈 때마다」(1), 「전라도 가시내」(1), 임화, 「우리 오빠와 화로」(3), 「네거리의 순이」(1), 「지상의 시」(1), 김기림, 「바다와 나비」(2), 오장환, 「고향 앞에서」, 박태원, 「소설가 구보씨의 1일」(7), 홍명희, 「임꺽정」(2), 이기영, 「고향」(1), 이태준, 「돌다리」(1), 「복덕방」(2), 「까마귀」(1), 함세덕, 「동승」(7), 김용준, 「두꺼비 연적을 산 이야기」(1), 「매화」(1), 「추사글씨」(1)

위에서 보듯 7차 문학교과서에서 이루어진 납·월북 작가의 작품 수용은 이전 교과서에 비해 상당히 대폭적이다. 그러나 여전히 일부 작가에 편향되어 있어 정전 구성이 이데올로기의 규제로부터 완전히 벗어난 것이 아님을 보여준다. 오장환, 박세영, 이기영, 한설야, 김남천 등의 작품이 문학교과서의 주된 정전으로 자리 잡지 못하고 있는 현실은 이를 잘 말해 준다. 이 시기에 납·월북 작가로서 주된 정전으로 등장한 작가들은 정지용, 백석, 이용악, 박태원, 이태준, 함세덕 등이다. 그런데 일제강점기 소위 카프 작가들의 작품은 7차 문학교과서에 거의 선택되지 않고 있어 주목된다. 1930년대 후기 시인인 백석이나 이용악의 경우는 별개로 하더라도 정지용이나 박태원, 이태준 등은 1930년대 초반 오히려 카프에 맞선 인물임을 상기할 필요가 있다. 사실상 이들은 시문학파 또는 구인회 활동을 통해 카프문학과 대립되는 순수문학 내지 모더니즘 문학의 기수로 활동한 작가였다. 이들은 해방 직후의 행적 때문에 문학사적 평가와는 별도로 50년대 이후 국어교과서에서 배제되었지만 6차, 7차 문학교과서로 넘어오면서 그들의 작품은 문학교과서의 주된 정전으로 자리잡는다. 그들의 복원은 30년대 문학사에서 차지하는 그들과 그들 작품이 가진 위상 때문이라 할 수 있다.[27]

한편 카프 '전향축'이든, '비전향축'이든 카프 소속 작가들의 작품은 교과서의 주된 정전으로 쉽게 자리잡지 못하고 있다. 물론 이기영의 「고향」이 7차 문학교과서 학습활동란 등에 일부 수록[28]되고 있기는 하지만 중심 작품으로 부상하지는 못하고 있다. 해방 직후 검인정 교과서에 등장했던 김남천, 박세영[29] 등의 작품은 거론조차 되지 못하고 있다. 납 · 월북 작가에 대한 규제나 검열이 완화된 마당에 이들이 쉽게 정전으로 선택되지 못한 이유는 우선 교과서 집필자의 자기 검열도 한 원인이 되었겠지만 이념의 문제보다 정전으로서의 작품 선택

27) 이들과 비슷한 행적을 걸었던 시인 오장환의 경우 그의 시사적 위상이나 평가에 비해 교과서의 정전화 과정은 미약하다고 할 수 있다. 6차 문학교과서 중 대한교과서(한계전 외, 1997), 『고등학교 문학(상)』, 86쪽 단원의 마무리 부분에 그의 작품 「모촌」이 실려 있다. 7차 문학교과서 중 대한교과서(오세영 외, 2003)의 『고등학교 문학(하)』, 219쪽 학습활동 부분에 그의 시 「고향 앞에서」가 실려 있기는 하지만 그와 동시대와 활약했던 백석, 서정주, 이용악 등에 비해 그의 작품의 교과서 수용은 거의 없다고 해도 과언이 아니다. 정전으로서의 오장환 시의 문제점에 대해서 논의를 좀더 확장시켜 볼 필요가 있다.

28) 천재교육(홍신선 외, 2003)의 『고등학교 문학(하)』, 275쪽의 학습활동란에 「고향」의 일부분이 실려 있다.

29) 김사엽의 『중등 신생국어교본』(초급 3학년용, 경상북도 학무국, 1946)에는 박세영의 「산제비」가, 손학범 · 정학모가 중심이 된 사범대학 국문학회 편찬의 『고급국어』 권1(범인사, 1947)에는 이기영, 이태준, 김남천, 함세덕, 박치우의 작품이 실려 있다.

기준[30]에 부합되지 못하였기 때문이라 할 수 있다. 다소 예외적인 경우지만 카프 소속 작가의 작품으로 교과서의 정전으로 계속 등장하고 있는 것이 임화의 「우리 오빠와 화로」이다. 물론 「우리 오빠와 화로」는 프로시의 양식(樣式)을 개척한 '단편서사시'의 대표적 작품이다. 이 작품은 해방 직후 군정청 문교부에서 발간한 국어교과서인 『중등국어교본』(상)에 이미 수록된 바 있다. 『중등국어교본』의 주된 정전으로 선택되었던 「우리 오빠와 화로」는 단정(單政)을 전후한 국어교과서에서 배제되는데, 그것은 그 당시 작품보다도 작가의 조선문학가동맹 주도, 미군정에 의한 시집 『찬가』(백양당, 1947)의 판매금지 조치, 월북 등 그의 행적과 관련이 깊다고 할 수 있다. 7차 문학교과서에서 「우리 오빠와 화로」는 다시 교과서 정전으로 구성되는데, 그것을 둘러싼 맥락을 잠깐 살펴볼 필요가 있다. 「우리 오빠와 화로」는 디딤돌(김윤식 외)과 대한교과서(오세영 외)의 본문에 수록되어 있다.[31] 그런데 2개의 교과서 모두 문학사 부분에 이 작품이 실려 있다는 점은 주목을 요한다. 이것은 「우리 오빠와 화로」가 가지는 문학사적 중요성이 교과서 선정의 주된 동기였음을 보여준다. 6차 교육과정 전까지 문학사는 일반적으로 지식의 관점에서 논의되기 십상이었다. 소위 범례적(範例的) 가치를 구현하기 위한 '고전'으로서의 정전 선택이 아니라 문학사를 알기 위한 지식 측면에서의 정전 선택이라 할 수 있다. 대한교과서(오세영 외)의 「우리 오빠와 화로」에 대한 작품 접근 내지 이해 방식은 이

30) 송무는 바람직한 문학교육 재료로서의 정전은 "공동체 안의 충돌하는 이념들을 조정하면서, 또 한편으로는 변화하는 문화 양식에 창조적으로 대응함으로써 국민 공동체와 인류 공동체의 바람직한 미래의 삶을 형성하는데 도움이 될 범례적 언어 표현 양식을 보여주어야 한다는 까다로운 조건을 만족시켜야 한다"고 주장한다.(송무, 앞의 논문, 296쪽)

31) 임화는 7차 문학교과서보다 1년 앞서 발간된 국민공통기본과목의 하나인 10학년 『고등학교 국어(상)』(교육인적자원부, 2002) 33쪽에 박완서의 「그 여자네 집」 속에 시 일부가 인용되고 날개 부분에 그에 대한 간략한 소개가 이루어지고 있다. 미군정기에 발간된 『중등국어교본』(1947) 이후 국정교과서에서 임화의 복권이 처음으로 이루어진 경우이다.

러한 관점에서 크게 벗어나지 않고 있다.

> ① 이 시는 카프계의 중추적 역할을 한 임화의 초기 대표작이다. 누이동생을 서정적 자아로 하여, 노동 운동으로 감옥에 간 오빠에게 편지 형식을 빌려 애정과 용기를 보내는 설정이 주목할 만하다. 서정성과 서사적 구성을 잘 살려 현실에 대한 개혁 의지를 담고 있는 이 시를 통해, 당시의 계급주의 문학과 시대적 현실의 관계를 살펴보도록 하자.
>
> ② 이 작품은 일제 강점기 카프 계열의 시 중 대표작으로 꼽힌다. 김기진은 임화의 이와 같은 시형식을 '단편서사시'라는 명칭으로 규정하면서, 카프 시의 대중화 · 예술화를 달성한 것으로 평가하였다. 이 작품은 식민지 시대의 노동 현실과 노동자의 투쟁을 영남이 일가의 비극을 통해 간접적으로 묘사하고 있다.
>
> ③ 이 작품은 당대 좌파 비평가들에게 감상성에 젖어 이념성을 상실했다는 비판을 받기도 한다. 다음 자료를 통해 임화의 시가 지니는 의의와 한계에 대해 토론해 보자.[32)]

위에서 ①은 작품 개관이라 할 수 있는 '단원의 길잡이' 부분이고, ②는 작품 마지막 부분에 실린 '이해와 감상'란의 일부이다. ③은 '수용과 내면화'란 학습활동 부분 중 '비판적 수용'에 실린 부분이다. 「우리 오빠와 화로」의 이와 같은 접근 방식은 1920~30년대 카프 문학의 흐름을 이해하기 위한 교수학습 전략에 가깝다 할 수 있다. 물론 「우리 오빠와 화로」가 문학사의 전범(典範)이 될만한 가치를 구현하고 있

32) 오세영 외, 『고등학교 문학(하)』, 대한교과서(주), 2003, 196~199쪽.

지 않다는 뜻이 아니다. 단지 이 교과서의 접근 방법상의 맥락을 통해 볼 때 「우리 오빠와 화로」는 문학사적 지식 내지 정보 습득 차원에서의 정전 구성임을 알 수 있다. 그런데 디딤돌 문학교과서(김윤식 외)의 교수학습활동은 좀더 포괄적이고 가치 지향적이라 할 수 있다. "계급의식과 함께 현실 투쟁과 개혁의 의지가 담겨 있는 단편 서사시"가 이 시인데, "계급 문학의 특성과 단편 서사시의 양식적 특성을 알아보자"[33]라는 작품 개관 부분은 대한교과서(오세영 외)의 경우와 별반 다를 바 없다. 그렇지만 학습활동 부분이 문학사의 지식 습득만으로 이루어져 있지 않다는 점은 주목된다. 학습활동은 크게 '꼼꼼히 읽기', '시야 넓히기', '표현하기'란 부분으로 나누어져 있는데, '꼼꼼히 읽기'는 작품의 양식상 특성 및 작품 내적 부분을, '시야 넓히기'와 '표현하기' 부분에서는 작품의 상호텍스트 확장 및 내면화의 문제를 중심으로 접근하고 있다. 「우리 오빠와 화로」란 작품의 접근 방식을 통해 수용자의 내면화 양상 및 작품의 교육적 가치를 지향하고자 하는 집필자의 의도를 읽어낼 수 있다. 정치(精緻)한 해석의 과정이나 통로는 정전의 위상을 재확립시킬 수 있다. 다시 말하면 짜임새 있는 학습활동이나 수업방법은 정전의 가치와 합당성을 보완해 주는데 일정한 기여를 하게 된다는 것이다.

동시대 작가와 작품의 정전화 과정은 기존 정전의 무력화 내지 해체적 사유에 그 기반을 두고 있다. 동시대 작가나 작품들이 우리 문학교과서에 대폭 수용되지 못한 원인의 하나로 6차 교육과정의 교육부 고시 제1992-19호(1992.10.30)를 들어 볼 수 있다. "문학 작품의 선정은 문학사의 평가를 받은 것들로 한다"[34]는 교육부의 지침은 문학교과서 정전 선택에 하나의 규제로 작용하였다고 할 수 있다. '문학사적 평가'

33) 김윤식 외, 『고등학교 문학(하)』, 도서출판 디딤돌, 2003, 232쪽.

34) 『교육부 고시 제1992-19호에 따른 고등학교 국어과 교육과정 해설』, 교육부, 1995, 385쪽.

가 정립되지 아니한 작품의 경우, "결정론적 가치 매김을 공교육의 장면에서 규정하는 것은 교육 내용의 타당성 면에서 많은 위험 요소를 지니게 된다는 우려"[35]가 이러한 규제의 근거이다. 그 결과 '지금 이곳'에서 이루어지고 있는 문학 작품들이 6차 문학교과서에 적극적으로 수용되지 못하였던 것이다. 그런데 7차 교육과정 문학교과서의 집필 지침이 된 교육부 고시 제1997-15호에서는 '문학사적 평가'를 받은 작품이라는 작품 선정상의 지침이 없어졌다. 집필상의 유의점에 '문학사적 평가'라는 항목이 사라짐으로써 검인정 교과서의 집필자들은 정전 선택에 더욱 많은 자유를 얻게 되었다. 그러나 외적 검열은 사라졌지만 집필자 스스로의 내적 검열의 형태는 여전히 작품 선정 과정에 관여하였다고 할 수 있다.[36] 그럼에도 불구하고 '문학사적 평가'라는 잣대의 삭제는 7차 문학교과서에 '지금 이곳'의 문학을 대폭 수용하는 계기로 작용하였다. 기존 문학교과서에 잠정적으로 적용되었던 시대 하한선인 1980년대 이후 작품의 문학 교과서 수용 현황은 이제 일일이 목록을 작성하기 힘들 정도이다. 현재 문단의 중심에서 활동하는 작가들은 물론이고 학생들의 작품까지 문학 이론이나 작품을 설명하기 위한 보조 재료로 등장한다. 이들은 기존 정전에 대항하면서 정전의 탈신비화 내지 해체를 주도하기도 하고, 새로운 정전으로 구성되기도 한다.

동시대인 1980년대 이후의 문학 작품은 7차 문학교과서에 들어서면서 완전히 개방되었다. 이는 기존의 정전 텍스트만으로는 수용자인 독자가 접하고 있는 다양한 문화 상황을 직접적으로 반영하지 못하는

35) 위의 책, 385쪽.

36) 그 하나의 예로 북한문학의 수용 정도를 들 수 있다. 남, 북 대립이란 분단 상황하에서 통일지향 문학 단원에 북한문학을 어느 정도 수용할 것인가에 대한 논란은 앞으로도 계속될 것이다. 당위와 현실 사이에서 문학교과서의 집필자든 심의자든 상황의 변화에 따른 내적 검열의 강화 내지 완화가 반복될 것으로 보인다.

현실과 관계 깊다. 컴퓨터 통신의 발달로 다른 어느 시기보다 글쓰기가 자유로워진 지금 '고전'적인 정전만으로는 독자들의 욕구를 감당하기 어렵다. 달리 말하면 기존에 구성된 권위적 정전만으로는 현란하게 펼쳐지는 '지금 이곳'의 문학을 반영할 수 없다는 사실이다. 영문학에서 이러한 정전 구성에 대한 의문은 이미 제기된 바 있다. 이는 정전의 탈신비화란 이름으로 불려지지만 "엘리어트와 파운드의 70년도 넘은 시가 마치 우리와 동시대의 작품인 것처럼 여전히 문학연구에서 널리 교수되고 있는 사실"[37]에 대한 비판이 그것이다. 우리 문학교육 현실은 더욱 심각하다고 할 수 있다. 여전히 김소월, 한용운, 김영랑, 이상, 서정주, 이육사, 윤동주, 이광수, 현진건, 염상섭, 채만식, 김유정 중심으로 구성되는 문학교과서의 정전화 양상은 이를 잘 보여주고 있다. 학생들이 매일 접하는 구체적 삶과 동떨어진 문학 정전은 문학에 대한 흥미를 떨어뜨리게 하기 쉽다. 기존 문학교과서 구성체제에 대한 비판과 반성은 80년대 후반부터 계속되어 왔다.[38] 물론 이들의 요구는 문학교과서 개정시마다 집필자들이나 문학현장 교사들의 정전 구성, 교수학습 방법 등에 반영되기도 하였지만 여전히 미흡하였다고 할 수 있다. 7차 문학교과서는 이러한 부분들을 해결하려는 의욕을 보여주고 있지만 정전의 선정 및 확대와 관련된 더욱 깊이 있는 논의가 요구된다고 하겠다.

한편 정전과 관련된 교수학습 방법의 모색이 7차 문학교과서에 시도되고 있는데 그 주된 방법 중의 하나가 상호텍스트성을 활용한 정전의 확대이다. 두꺼운 작품 선집 형태의 교과서[39]가 아닌 이상 현행

---

37) 안토니 이스트호프, 임상훈 역, 『문학에서 문화연구로』, 현대미학사, 1994, 208쪽.

38) 문학교육연구회의, 『삶을 위한 문학교육』, 연구사, 1987; 교육출판기획실, 『교과서와 친일문학』, 동녘, 1988; 이남호, 『교과서에 실린 문학작품을 어떻게 가르칠 것인가』, 현대문학, 2001 등은 교과서에 실린 문학작품에 대한 문제점을 지적하고 있다.

39) 과정 중심 읽기나 작품의 수용과 창작에 대한 상세한 안내가 있는 현행 문학교과서 방

문학교과서의 체계상 많은 작품을 실을 수 있는 방안은 별로 없다. 정전으로 선택된 작품은 지면상 제한을 가질 수밖에 없는데 상호텍스트성은 그러한 제약을 극복할 수 있는 방안 중의 하나가 될 수 있다. 학습활동의 과정 속에 상호텍스트적인 관계에 있는 작품들을 학생들이 최대한 접할 수 있는 기회를 확보함으로써 사실상의 정전 확대에 기여하는 셈이라 할 수 있다. 예를 들면 민중서림 문학교과서의 경우 엮어 읽기 활동의 하나로 상호텍스트성의 원리를 제시한다.

> 한 작가의 작품을 집중적으로 감상하거나, 문학적 성향이 비슷한 여러 작가의 작품, 또는 동시대의 작품 등을 비교하여 그 공통점과 차이점을 찾아 봄으로써 문학의 보편성에 대한 체험을 할 수 있을 것이다. 작품 사이에는 상호텍스트성이 존재하는데 염상섭의 '삼대'에 나오는 인물과 채만식의 '태평천하'에 나오는 인물을 비교한다든가, 고려가요 '가시리'와 황진이의 시조, 김소월의 '진달래꽃' 을 엮어 읽는 활동은 모두 상호텍스트성의 원리를 전제한 것이다.[40]

이 교과서는 상호텍스트성의 원리를 기반으로 '문학의 수용과 창작' 단원을 구성하여 정전의 확대를 도모하고 있다. 예를 들자면 노천명의 「자화상」을 본문으로 제시하고 윤동주의 「자화상」, 서정주의 「자화상」, 이상의 「거울」 등을 '더 읽을거리'란에 마련한다. 또한 이에 그치지 않고 '창조적 재구성'란과 '창작'란에 고흐와 렘브란트의 자화상을 매개로 쓴 강홍구의 「미술관 밖에서 만나는 미술이야기」란 글과 '고형렬의 시 「자화상」까지 제시하였다.[41] 노천명의 「자화상」이란 한

식보다 두꺼운 작품집 형태의 정전 모음집이 문학교과서가 되어야 한다고 주장하는 학자들도 있다.

40) 김창원 외, 『고등학교 문학(상)』, 민중서림, 2003, 198쪽.

41) 위의 책, 210~213쪽 참고.

편의 시를 학습하면서 윤동주, 서정주, 이상, 고형렬의 시 및 강홍구의 글이 가지는 상호텍스트적 맥락을 파악할 수 있도록 하였다. 또한 일부 문학교과서에서는 상호텍스트의 원리를 제시하지는 않았지만 박목월의 「불국사」, 현진건의 「불국사 기행」, 현진건의 「무영탑」 등을 통해 갈래의 선택 원리를 밝혀보고자 하였다.[42] 상호텍스트성의 원리 활용은 교과서란 제한된 지면에서 다양한 작품을 학습하는 효과를 거두는 동시에 작품 간의 관계 파악을 통해 텍스트를 문화론적 맥락까지 확장할 수 있는 계기가 된다고 할 수 있다. 작품 선집 형태의 문학교과서가 아닌 이상 상호텍스트성을 활용한 정전 읽기는 문학교육에서 상당히 유용하게 활용될 수 있을 것으로 보인다.[43] 상호텍스트성의 원리 활용은 정전 제시와 관련하여 다양한 작품을 적절히 연계시켜 학습할 수 있는 효과가 있다고 하겠다. 특히 정전으로 확정되지 못한 '지금 이곳'의 현재적인 문학 작품들은 본문과 연계된 학습활동이나 이해와 감상이란 교수학습 과정 등을 통해 학습 대상으로 부상하게 된다. 물론 학습활동에 끼어든 '지금 이곳'의 문학 내지 문화적 요소는 대부분 기존 정전의 모방, 개작 등의 형태를 취하고 있는데, 앞으로 좀더 다양한 방법의 모색이 요구된다. 이러한 과정을 통해 정전도 점차 탈신비화되거나 해체와 생성이 더욱 가속화될 것으로 보인다.

---

42) 강황구 외, 고등학교 문학(상)』, 상문연구사, 2003, 87~90쪽.

43) 상호텍스트성을 활용한 교수학습방법에 대해서는 졸고, 「상호텍스트성을 활용한 시 교육의 방법」, 『선주논총』 7집, 금오공대 선주문화연구소, 2004, 57~98쪽 참고.

4. 결론

'교과서에 실린 문학 작품을 어떻게 가르칠 것인가'라는 물음은 정전 선택과 교수학습방법의 문제를 동시에 함의하고 있다는 점에서 중요하다. 이는 별개로 분리되어서 논의될 성질의 것이 아니다. 그런데도 최근의 학교 현장에서의 문학교육 논의는 학습대상보다도 그것을 '어떻게' 가르치느냐 하는 방법 문제에 치중해 온 감이 있다. 방법에 치우친 이러한 연구 성향은 반성되고 극복되어질 필요가 있다. 그것은 학습대상인 정전(正典)의 정립 문제와 연계될 수 있을 때만이 의미가 있기 때문이다. 정전은 일반적으로 '확립되어야 할 바람직한 교재의 목록'을 뜻하지만, 강의 요목 내지 교과과정의 문제와 연관된다는 점에서 특히 중요하다. 이것이 문학교육 상황에 투입될 때는 교재 선정, 교수법, 제도의 차원으로까지 확대된다고 할 수 있다.

7차 교육과정 하의 문학교과서는 정전 구성에 있어 상당히 개방적인 면모를 보여주고 있다. 문학교과서의 집필자들은 대항정전을 통해 기존 정전의 권위에 도전하거나 새로운 정전을 생성시킨다. 7차 문학교과서에서 정전의 확대는 크게 두 가지 부문에서 시도되고 있는데 하나는 납 · 월북 작가의 수용을 통한 정전화 과정이고, 다른 하나는 동시대 작가의 정전화 과정이다. 납 · 월북 작가의 정전화 과정은 이념의 문제보다 정전으로서의 작품 선택 기준이 더욱 많이 작용된 것으로 판단되었다. 그 결과 카프 작가의 경우 임화의 경우를 제외하면 정전 선택이 미약한 편인데 반해, 30년대 후반 작가(백석, 이용악 등)나, 그 당시 카프에 맞섰던 작가들(정지용, 박태원, 이태준 등)의 작품이 더욱 많이 정전으로 선택되었다. 한편 동시대 작가 작품들의 정전화 과정은 현재의 삶과 동떨어진 기존의 정전에서 벗어나 '지금 이곳'의 문학을 반영하려는 욕구와 관련된 것이었다. 그래서 동시대 작가들 뿐만 아니라 학생들의 작품까지 대폭 문학교과서에 수용됨으로써 정전은 탈신비화되고 확대되었다. 동시대 작가들의 작품은 문학의 '수용과 창작' 부분이나 '문학사' 부문의 대표 정전으로 구성되기도 하지만 주로 학습활동의 자료로 제시되는 경우가 많았다. 이는 제한된 교과서 분량 속에서 상호텍스트적인 관계에 있는 작품들을 학생들이 최대한 접할 수 있게 하는 교과서 구성 전략 때문이었다. 이러한 정전 구성의 방식은 정전 선택과 교수학습과정을 긴밀히 연결지을 수 있는 장점이 있었다.

정전은 고정불변의 작품 목록이 아니다. 시대와 문화에 따라 정전은 변하기 마련이다. 끊임없이 정전의 해체와 수정이 일어나는 것도 이 때문이다. 이러한 변화의 도정(道程)에서 문학교과서 또한 많은 변화를 겪고 있다. 이는 먼저 정전 구성과 교수학습방법에 대한 변화로 나타나고 있다. 변화에 대한 지속적인 관심과 조정은 새로움을 향한 모색의 도정에서 반드시 겪어야 할 과정이다. 그러므로 기존 정전에 대한 도전과 변화에의 요구는 새로운 문학교과서를 만드는 데 활력으로 작용하게 될 것이다.

/ 2장 /

한국전쟁 전후, 현대시의 국어교과서 정전화(正典化) 과정

1. 서론

교과서는 "교육과정을 실현하는 수단적 자료이며 도구"[1)]라 할 수 있다. 교과서는 학교에서 교사와 학생을 연결하는 매개체로서 교육과정의 방향을 제시하며, 그것을 교육현장에서 실천적으로 투입할 때 준거가 되는 가늠자이다. 다시 말하면 "학교 교육의 기본이 되는 것으로 개별 교과에 관한 표준 저작물이며, 학습의 과정에서 중심 역할을 하는 책"[2)]이 교과서인 것이다.

물론 수업의 과정 중에 교실에서 교사는 다양한 교재를 사용할 수

1) 구인환 외, 『문학교육론』(4판), 삼지원, 2004, 251쪽.
2) 서울대 국어교육연구소, 『국어교육학사전』, 대교출판, 1999, 71쪽.

있다. 그 결과 최근에 들어오면서 교과서는 교과용 도서인 책자 이외에도 수업에 사용할 수 있는 다양한 자료인 음반, 영상, 전자 저작물로까지 그 범위가 확대되고 있다.[3] 그러나 본고에서 다루고자 하는 교과서는 교수학습과정을 구현하기 위해 학생들이 교실에서 사용하는 교과용 도서인 서책(書冊)으로 한정하여 사용한다. 교과서는 수업에서 사용될 수 있는 다양한 교재 중 가장 주된 교재로, 교수-학습의 과정에 절대적인 영향을 미친다고 할 수 있다. 그러므로 어느 시대나 국가의 지배 이데올로기나 국가 수준의 요구가 교과서에 반영되기 마련이었다. 교과서가 국가의 주된 통제나 규율의 과정 속에 놓이게 되는 것도 주로 이러한 이유 때문이라 할 수 있다.

교수요목기(1946.9~1954.8) 이후 학교 현장에서 교육과정의 실현을 위해 가장 손쉽게 활용된 교재가 국정 교과서 또는 검인정 교과서였다. 그런데 교수요목기의 국어교과서 내지 '준교과서'[4]에 대해서 아직까지 그 발간 상황이나 실제 사용된 교과서의 실증적 검증 작업이 제대로 이루어지지 못하고 있는 상태이다. 혼란기에 사용된 교과서들은 국어교육사의 측면이 아니라 오히려 교육박물학 내지 자료사적 입장에서 산발적으로 정리되고 있는 실정이다. 그러므로 그것이 아직까지 체계적으로 정리된 적은 없다.[5] 개화기, 일제강점기의 국어교육 자료보다 해방기나 한국전쟁기의 교과서를 구하기가 더 어려운 것이 현재의 사정이다. 혼란기의 상황으로 인한 자료의 망실과 교과서 발행 상황의 불확실성이 그 주요한 원인이라 할 수 있다. 그러므로 이 시기의

3) 2002년 6월 25일 공포된 초중등교육법 대통령령 제17634호에 의하면 교과서를 "학교에서 학생들의 교육을 위하여 사용되는 학생용의 서책, 음반, 영상 및 전자저작물 등을 말한다"라고 규정하고 있다.

4) 여기서 '준교과서'란 문교부에서 발행한 국어 독본이 아닌 중등학교에서 사용되던 일반 국어교재류 내지 검인정 교과서를 말한다.

5) 박붕배(1997), 허재영(2004) 등에 의해 1차 자료의 목록 정도가 검토된 바 있다.

교과서 내용 체계를 검토하기 위해서는 실증적 차원에서의 자료 복원이 우선시되어야 할 것이다. 그런 연후에 그것이 생산된 교육과정의 특성이나 그것의 시기별 특징을 천착해 내는 작업이 동시에 이루어져야 할 것이다. 또한 교과서에 남겨 있는 이데올로기의 개입 양상도 동시에 구명되어야 할 것이다. 교과서는 교과서 발행 주체들의 이데올로기가 개입되기 마련이다. 역대 정권이 그들의 지배 이데올로기를 교과서를 통해 국민에게 주입시키려 한 것도 교과서가 미치는 영향력 때문이라 할 수 있다. 어떻게 보면 매 시기의 정권은 '감시와 처벌'[6]의 도구로 교과서를 적절히 이용했다고 할 수 있다. 국가의 교육 통제는 다양한 방식으로 진행되는데, 국가는 "교육법을 통해 교육을 통제하고, 학제 · 교육과정 · 입시제도 · 문교행정 등을 통해 통제를 구체화"[7] 한다. 그 중에서도 교육과정과 교과서는 "가장 강력한 통제 수단"이 되는데, 그 이유는 교육과정의 결정 자체가 "문화의 선택과정이며 가치판단 과정이기 때문"[8]이라 할 수 있다.

본 연구는 한국전쟁 전후(前後) 교과서의 정전화(正典化) 과정과 국어교과서에 투입된 국가의 지배 이데올로기 투영 양상을 살펴보고자 한다. 그래서 본고는 연구 대상을 한국전쟁기의 국어교과서 내지 '준교과서'로 그 범위를 좁혀, 한국 현대시 제재가 어떻게 중등학교 국어교과서에 수용되어 나갔는가를 살피는 데 그 초점을 둔다. 이러한 작업을 통해 한국전쟁 기간 동안 한국전쟁 제재 시들이 교과서에 정전(正典)[9]으로 자리매김 되는 과정과 그러한 작품들이 가진 교육 목적과

---

6) 미셸 푸코, 오생근 역, 『감시와 처벌』, 나남출판, 1997.

7) 김창원, 「문학교육과 국가통제」, 『문학교육의 방법』, 한길사, 1991, 18쪽.

8) 위의 글.

9) 정전(正典, canon)은 측정의 도구로서 사용된 '갈대'나 '장대'를 의미하는 고대 그리스어, 'Kanon'에서 유래된 말이다. 그 후 'Kanon'은 '규칙', 혹은 '법'이라는 제2의 의미를 갖게 되었고, 이 의미는 그 말의 주된 의미로서 현대 유럽의 여러 언어들 속으로 계승된다.(John Guillory, 박찬부 역, 「정전」, 『문학연구를 위한 비평용어』, 한신문화사, 1996,

효과를 동시에 규명해 보고자 한다. 연구의 대상 범위는 1950년부터 1953년까지 소위 한국전쟁 기간 동안 발행된 교과서를 중심으로 삼되, 그 전후(前後)의 교과서 또한 논의의 과정 중에 부분적으로 활용하고자 한다.

303쪽) 사전에 따르면 이 말은 나중에 막대, 봉(棒), 자, 리드 악기, 규칙, 표준, 모범, 엄격한 비평, 운율 체계, 점성술 표, 한계, 경계, 세금 평가 등의 뜻을 가지게 된다. 라틴어 'canna'는 갈대, 막대기, 피리 등의 뜻을 가지고 있었고, 'canon'은 축척, 자, 정전, 모범, 수로, 매년 바치는 곡식, 금, 은 따위의 공물, 교회의 경전을 뜻했다. 후기 라틴어에서 'cannonum'의 복수형태인 'canonnes'는 모양의 유사성 때문에 대포나 총을 뜻했다. 대문자로 표기될 때는 기독교의 성경을 나타낸다. 대문자로 쓰인 것이 확대되어 성스러운 책이라는 뜻을 나타내기도 한다. 이 말은 유럽에서 4세기경 성경의 텍스트나 저자들, 초기 기독교 신학자들을 가리키는 말로 사용되었다. 그와 함께 보존 가치가 있는 저자들(텍스트들)의 선택 원리를 암시하게 되었다.(송무, 『영문학에 대한 반성』, 민음사, 341쪽 참고) 이러한 맥락에서 정전은 그 사용자들에게 다른 것들보다 더 보존할 가치가 있는 어떤 작가나 텍스트를 말하는 것으로 받아들여졌다.(John Guillory, 앞의 책, 303쪽) 정전은 넓은 의미로 쓰일 때에는 한 문화권 안에서 높은 가치를 부여받고 계속 보존되고, 계속 재생산되는 텍스트들을 총칭하며, 이 경우는 '고전적 명저'라는 뜻과 거의 동의어로 쓰이거나, 때로 '위대한 책'들이라는 말과 같은 의미로 사용되기도 한다.(송무, 앞의 책, 342쪽) 한편 파울러는 정전이라는 말이 "적어도 일정기간 동안 배타적인 완전성을 누리는 작품들의 집합"(Alastair Fowler, "Genre and Literary Canon", New Literary History(송무, 앞의 책, 342쪽 재인용)을 뜻한다고 본다. 문학교육에서 정전이란 "현재 사용되고 있는 권위적인 교재의 목록"을 말하며, 논의 상황에 따라 "확립되어야 할 바람직한 교재의 목록"(송무, 「문학교육의 '정전' 논의」, 『문학교육학』 창간호, 293쪽)을 뜻한다고 할 수 있다. 정전화(正典化)란 "관습적으로 고전이라고 불리는 것들의 선정"(John Guillory, 앞의 책, 304쪽), 즉 문학 작품의 정전 선정과정을 말한다. 문학교육에서 교재의 목록이 바람직하게 구성되었느냐 아니냐 하는 것은 문학교육에서 무엇을 가르칠 것인가 하는 것과 관련되는 중요한 문제거리라 할 수 있다.

2. 한국전쟁 전후 현대시의 국어교과서 정전화 과정

1) 첨언(添言)을 통한 타자 적대화의 기획

한국전쟁이 가져다 준 파괴와 혼란의 경험은 외부의 적에 대한 적대감 표출 못지 않게 내부의 통제와 이념의 통일을 요구하게 되었다. 그 결과 "전쟁을 경험한 다수의 사람들에게 있어서 총체적 파괴의 경험은 존재론적 위협 앞에서 자기 안정을 도모하고자 하는 자기 몸부림을 강화하고 정당화"하게 되며, 이는 "생존의 논리가 왜 배타적인 자기 보호와 타자에 대한 절멸의 기획"[10)]으로 이어지는가에 대한 물음과 직결된다. 타자에 대한 적대감 내지 증오감은 내부의 질서를 더욱 강화시키는 계기가 된다. 이것은 미셸 푸코가 지적하는 바 '규율'과 관련되며, 이러한 규율은 "지배 계급의 권력을 실행하는 수단"[11)]이 된다. 그 규율은 개인을 권력이나 지배적인 담론에 종속되도록 구성하는 역할을 하며, 그 규율에 동조할 수 없는 사람들을 배제시킨다. 푸코의 설명에 의하면 규율은 분할과 통치의 수단이다.[12)]

한국전쟁 기간 동안의 교과서 또한 '자기 보호와 절멸'의 이데올로

---

10) 권명아, 『역사적 파시즘－제국의 판타지와 젠더정치』, 책세상, 2005, 18쪽.

11) 다이안 맥도넬, 임상훈 역, 『담론이란 무엇인가』, 한울, 1992, 139쪽.

12) 푸코는 18세기 말엽의 처벌과 유럽과 미국에서 새로운 계급권력이 발전시킨 '규율기제'를 통합하고 있는 장소가 바로 감옥이라는 점에 초점을 맞춘다. 감옥을 거쳐 나온 사람들은 규율에 잘 길들여진 개인이 되기보다는 범죄조직에 충성을 다하는 범죄자가 되기가 더욱 쉽다는 것이다. 그러므로 감옥은 배제의 기능을 수행하게 되며, 감옥은 범법자들을 다루기 쉬운 범죄 집단으로 형성하는 수단이 되어 그들을 감옥의 담 밖에서까지 '계속적인 감시' 아래 두게 된다는 것이다. 규율은 감시와 평가를 통해 이런 기능을 해왔다는 것이다. 감독관의 응시와 같은 감시는 노동자나 학생들의 행동을 규제하고 '전체적으로 확정되지 않은 비동조자들의 영역'을 판단하는 억압적 수단이었다.(위의 책, 126~127쪽 참고)

기 기획과 밀접한 관련이 있다고 할 수 있다. 한국전쟁 기간에 나타난 반공주의 이데올로기가 애국주의 담론과 결합하면서 한국전쟁 전후의 교수요목기와 1차 교육과정기의 교과서에 그대로 적용되었다고 할 수 있다. 이 당시 국어교과서의 외적 의장(意匠)을 통해 반공주의와 결합한 애국주의라는 지배적인 담론이 어떻게 구성되어 나갔는지를 살펴보기로 한다. 이러한 작업을 하기 위해서 우선 한국전쟁 당시의 교육 상황을 먼저 점검해 볼 필요가 있다.

> 전란으로 인하여 한국의 학생들은 교과서를 잃고 학용품을 잃었다. 그러나 전시교육은 교실 없고 교과서 없고 학용품 없이 시작되었다. 노천(露天)에서 생활을 교재로 교육이 시작되었을 때 문교부는 교과서 문제를 해결하고 전시생활을 지도할 수 있는 전시교재를 학생들에게 제공하고저 『전시독본』을 1 · 2학년용, 3 · 4학년용, 5 · 6학년용의 3종을 각기 3회에 걸쳐 발간하였다.[13)]

위의 글은 초등교육에 관한 상황이지만 전란의 혼란 속에 정상적인 교육체계가 작동하지 못하고 있던 전란 당시의 모습을 잘 보여준다. 이 글에서 우리는 노천(露天)에서 '전시독본(戰時讀本)'을 사용할 수밖에 없었던 열악한 교육 상황을 엿볼 수 있다. 또 이 당시 발행된 교과서가 '전시생활을 지도'할 수 있게 만들어졌다는 점을 밝히고 있는데, 이것을 통해 전시교재의 교육목표가 전시상황과 밀접한 관련이 있음을 알 수 있다. 한국전쟁 중에 제시된 교육목표를 구체적으로 살펴보면 다음과 같다.

13) 한국교육10년사간행회 편, 『한국교육10년사』, 풍문사, 1960, 139쪽.

1. 대한민국은 민주보루로서 민주주의 국가 건설에 모든 희생을 바치고 있다. 따라서 교육은 민주주의에 대한 확고한 이해 인식과 민주주의 생활의 실천을 내용으로 하여야 한다.

2. 우리는 현재 북한 괴뢰군, 중공군과 싸우고 있다. 따라서 교육은 현재의 전국(戰局)을 정확하게 파악하게 하고 멸공필승의 신념을 견지하는 내용을 목표로 한다.

3. 현재 우리나라에는 국제연합군이 동원되어 싸우고 있다. 세계사상 초유의 일로서 집단 안전보장의 필요와 집단 완전보장을 위하여 공헌할 수 있는 소지를 배양하는 내용을 교육목표로 한다.[14)]

이러한 내용들은 전시교육의 중점을 "멸공 필승의 신념을 배양하고 전국(戰局)과 국제집단 안전보장의 인식을 명확히 하여 전시생활을 지도"[15)]하는 데 둔다는 1951년 2월 25일 문교부(장관 백낙준)가 발표한 「전시하교육특별조치요강」의 내용을 구체화한 것이라 할 수 있다. 「전시하교육특별조치요강」은 전시체제하 비상교육방침으로, 그 내용은 반공주의에 기반한 국가주의 이데올로기를 강화한 것이라 할 수 있다. 국가가 국민들에게 지배 이데올로기를 강요, 강화하는 것은 강제에 가까우며, 이는 국민들의 동의를 전제로 할 때 성공할 수 있다. 전란 중의 교육목표가 비상시에 만들어진 임시적인 것이라 할지라도 전 국민의 동의를 구하기 위해서는 다양한 계몽의 기획이 필요하였다. 계몽의 체계는 동일한 인식체계에 속하지 않은 타자 이데올로기를 배제, 배척하게 된다. 이 당시 계몽의 기획자들은 자유민주, 애국, 통일 등과 거의 동의어로 사용되기도 했던 반공 이데올로기의 다양한 변주를 통해 그들의 지배 이데올로기를 주입시켜 나갔다고 할 수 있다. 이

14) 위의 책, 139쪽.
15) 오천석, 『한국신교육사』, 현대교육총서출판사, 1964, 456쪽.

당시 발행된 초 · 중등학교 '전시독본', 즉 전시교재의 이름만 보더라도 반공 이데올로기와 결합된 국가주의 시선을 쉽게 확인할 수 있다.

초·중등학교 전시(戰時) 교재[16)]

구분		1집	2집	3집	인쇄처	초판발행
초등 학교용	전시 생활1	비행기	탱크	군함	합동도서 주식회사	1951.3.25
	전시 생활2	싸우는 우리나라	우리는 반드시 이긴다	씩씩한 우리 겨레	합동도서 주식회시	1951.3.25
	전시 생활3	우리나라와 국제연맹	국군과 유엔군은 어떻게 싸우나?	우리도 싸운다	조선교학도 서주식회사	1951.3.6
중등 학교용	전시 독본	침략자는 누구냐?	자유와 투쟁	겨레를 구출하는 정신	조선교학도 서주식회사	1951.3.6

위의 도표는 이 당시 발행된 전시교재의 이름이다. '전시 생활을 지도'한다는 목표가 있기는 하였지만 전시교재의 이름이 상당히 자극적이며 전투적임을 알 수 있다. 이것은 전쟁 상황 및 전시 이데올로기를 노골적으로 표현함으로써, 반공 이데올로기를 국민들에게 주입시키기 위한 교육적 효과를 노린 것이라 볼 수 있다. 전시교재의 이름이나 전시하의 교육 목표를 살펴 볼 때 전쟁의 상대편인 공산주의 세력들에 대한 강한 적개심은 승공, 멸공의 차원으로 확대된다. 상대방을 배척, 적대시하고 이쪽 체제에 대한 상대적 우월감을 확인하는 과정을 통해 반공주의는 더욱 안정적 논리를 확보해 나갈 수 있었던 것이다. 반공주의를 기반으로 한 '통제와 규율'의 과정이 전란하의 비상교육체제에 작동하게 된 것은 적과 대치하고 있는 이러한 긴박하고 혼란한 전시의 상황을 배경으로 한 것이었다. 유엔이나 연합군에 대한 우호적 시각이 국어교과서의 첨언으로 실리게 된 것도 반공주의란 국가

16) 이종국, 『한국의 교과서 출판 변천 연구』, 일진사, 2002, 266쪽.

주의 시선의 확장 내지 기획과 관련이 깊다고 할 수 있다. 이러한 의도는 좀더 다양한 방식으로 추진되었는데 우선 주목해 볼 것이 이 당시 교과서 속 표지에 널리 실린 첨언들이다.

이 교과서의 종이는 미국 사람들이 자유 아시아 위원회를 거쳐, 대한민국 학교 어린이들에게 보낸 선물이다. 미국 사람은, 사람의 자유와 나라의 독립을 굳게 믿는다. 이런 굳은 신념을 가졌으므로, 그들은 한국의 어린이들이 자유롭게 공부를 계속할 수 있게 하기 위하여, 이 책과 또 수백만 책의 교과서를 찍어낼 종이를 대한민국 문교부에 부쳐 준 것이다. 대한민국 문교부 장관 백낙준[17)]

이 책은 국제연합 한국재건위원단(운끄라)에서 기증한 종이로 박은 것이다. 우리는 이 고마운 마음에 감사하는 마음으로, 한층 더 공부를 열심히 하여, 한국을 부흥 재건하는 훌륭한 일꾼이 되자. 대한민국 문교부 장관[18)]

이상은 한국전쟁 기간 동안 발행된 국어교과서 뒷 표지 판권란 윗부분에 박힌 문구(文句)이다. 인용한 두 책의 내용은 크게 다르지 않다. 1952년도 책에서 미국사람들로 표기된 것이 1953년도 책에서는 국제연합 한국재건위원단인 운크라로 바뀌어 있다. 또한 주체가 앞의 것은 미국 사람이며, 뒤의 것은 한국의 어린이로 바뀐 것이 다르다. 앞 책은 미국 사람들의 자유 존중 사상과 나라의 독립에 대한 믿음을 강조한다. 동시에 이들이 한국의 어린이들에게 시혜적 태도를 베풀었다는 내용으로 되어 있다. 뒤의 책은 미국이 주도하고 있는 국제연합 한국재건위원단인 운크라에 우리 어린이들이 감사하는 마음을 갖고,

17) 『중등 국어』, 문교부, 1952, 뒷표지 안쪽.
18) 『중학 국어』, 문교부, 1953, 뒷표지 안쪽.

한국을 부흥 재건하기 위해 열심히 공부하자는 내용이다. 국제연합 지원체제에 빠진 전란하의 극심한 경제난을 이들 교과서들은 잘 보여주고 있다. 교과서 발행의 재료인 종이까지 미국이나 국제연합의 도움을 받을 수밖에 없었던 상황을 이 첨언들을 통해 읽어낼 수 있다. 동시에 미국과 국제연합에 대한 감사한 마음을 통해 자유민주주의 이념의 공고화와 그러한 이념을 확산시키려는 계몽의 기획을 읽어낼 수 있다고 하겠다. 이러한 첨언들은 한국전쟁이 끝난 직후인 1955년까지 지속되었지만 전쟁이 끝날 무렵인 1953년부터 '우리의 맹세'란 첨언으로 일부 대체되기도 하였다.

> 우리의 맹세
>
> 1. 우리는 대한민국의 아들 딸 죽음으로써 나라를 지키자.
> 2. 우리는 강철같이 단결하여 공산 침략자를 부시자.
> 3. 우리는 백두산 영봉에 태극기 날리고 남북통일을 완수하자.[19)]

이는 한국전쟁 직후에 편찬된 『중학국어공부』 1－1에 실린 첨언이다. 나중에 2항의 경우 '부시자'가 '쳐부시자'란 더 강한 어조로 바뀌었다. '우리의 맹세'란 이름으로 나타난 이 첨언은 한국전쟁 직후인 1953년 이후 교과서 또는 단행본 출판물에 널리 실려 반공교육의 문구로 적절히 활용되었다. 한국전쟁의 직접적 당사자인 공산세력에 대한 적대감과 배제의 논리가 이러한 국가주의 이데올로기의 직접적 주입 형태로 나타난 것이었다. '우리의 맹세'는 국가주의적 이데올로기가 간접화, 내면화되지 못하고 직접적인 권유와 지시의 형태로 노출된 경우라 할 수 있다. 이 첨언들은 한국전쟁 직후 채택된 반공 이데올로기가

---

19) 『중학국어공부 1－1』, 문화당, 1953, 내지 뒷면.

국가주의 차원에서 유포되는 모습이라 할 수 있다. 이 첨언들은 전쟁의 당사자인 타자에 대한 노골적인 적개심과 절멸(絶滅)의 의욕을 강하게 보여주고 있다. 이러한 첨언들을 통해 지배정권은 국민들에게 반공주의와 결합한 애국주의 이데올로기를 주입시켜 나가려 했던 것이다. 이는 국가주의 시선이란 획일화된 시각을 교과서와 공적 출판 매체를 통해 기획해 나가고자 했던 국가적 의욕의 소산이라 할 수 있다.[20)]

타자를 적대시하고 절멸시키려 했던 '통제와 규율'의 과정은 국어교과서의 내용체계에서도 나타나고 있다. 전시교재나 초등학교 교과서에 비해 중등학교 국어교과서의 경우 '통제와 규율'의 과정이 간접화되거나 다소 미약하게 작동된다. 문교부에서 발행된 『고등국어』의 경우 전쟁 관련 소단원은 찾기 어렵다.[21)] 1953년 3월 31일에 발간된 『고등국어』 1－2의 경우 21개의 소단원 중 1단원만 한국전쟁을 제재로 한 단원이다. 소단원 21 '유·엔과 우리나라'가 그것이다. 반면 같은 날 발간된 초등학교 교과서 『국어』 5－1학기 경우를 보면 전체 13개의 소단원 중 소단원 11 '싸우는 일기', 소단원 12 '싸우는 우리 공군', 소단원 13 '민주주의와 공산주의'가 실려 있다. 또 소단원 10의 경우 전쟁과 관련된 짧은 글, 속담, 표어 등을 소개하고 있다. 이 교과서에 실

---

20) 이 당시 국가가 교육을 통한 국민 통제의 방법으로 택한 것 중의 하나가 사상전이었다. 사상전은 크게 두 가지로 나누어 진행되었는데 하나는 '국민사상지도원'을 설치하여 국민들에게 자본주의 사회의 이론적 근거를 선전하는 동시에 한국민의 사상 확립과 계몽 및 선전을 목적으로 사상총서와 『사상』이라는 월간지를 발행는 것이었으며, 또 하나는 라디오, 필름, 포스터, 팜플렛, 강연 등의 형식을 이용한 사상전을 전개하는 것이었다. 전시교재의 발행도 국가적인 수준에서의 지도와 통제를 도모하고자 한 사상전의 일환이라 할 수 있다. 이 전시교재는 교과목의 구분이 없이 그 자체가 국어과이면서 동시에 사회과 교과서의 역할을 했다. 전쟁 상황 자체가 교육의 장이자 자원이 되고 있는 것이다.(한준상 · 정미숙, 「1948~1953년 문교정책의 이념과 특성」, 『해방 전후사의 인식』 4, 한길사, 1989, 355~361쪽 참고)

21) 해방 직후부터 한국전쟁 직전까지의 교과서는 대단원, 중단원, 소단원으로 이어지는 내용체계의 구조화가 아직 이루어지지 않고 있다. 소단원의 나열만으로 이루어져 있는 것이 이 당시 국어교과서의 특징이라 할 수 있다.

린 표어 몇 가지를 소개해 보면 「싹싹 쓸어내자, 쓰레기와 오랑캐」, 「피 흘려 찾은 고장, 땀 흘려 부흥하자」, 「우리 대신 몸 다치신 상이 군인 위문하자」, 「언니들은 일선에서, 우리들은 학교에서」, 「삼일정신 이어받아 조국통일 이룩하자」 등이다.[22] 전쟁이 끝나갈 무렵인 1953년 3월 31일 같은 날 발간된 국어교과서라도 고등국어보다 초등국어교과서에 전쟁 소재 단원 내지 문구가 더욱 직접적으로 제시되어 있음을 알 수 있다. 또한 『고등국어』는 소단원 21 '유·엔과 우리나라' 외에 전쟁의 내용을 즉각적으로 반영하고 있지 못한 반면 중등 내지 중학 국어교과서는 한국전쟁 제재 작품들을 적극 수용하고 있어 흥미롭다. 1953년 9월 15일 발간된 『중학국어』 1－2를 보면 '조국애'란 대단원을 두고 있는데 5개의 소단원 중 3개의 소단원(22. 이은상, '조국에 바치는 노래', 24. 강소천, '방패연', 25. 정비석, '애국가의 힘')이 한국전쟁을 제재로 하고 있다. 또한 1953년 3월 31일 펴낸 『중학국어』 2－1에도 오영진의 시나리오 「바다」와 종군기자의 수첩인 「탄막을 뚫고」가 실려 있다. 물론 한국전쟁 기간 중에 『중등국어』가 다시 『중학 국어』와 『고등국어』로 구분되어 출판된 사정[23]을 고려하면 문제시 안 될 수도 있다. 그러나 이 당시 대다수 아이들의 교육이 초등 내지 중학 정도에서 그쳤던 것을 감안하면 계몽의 기획자들은 초등, 중등 수준의 교과서에 전쟁 제재 단원 내지 반공, 애국주의 단원을 더욱 확충시키고자 했

---

22) 이 교과서는 전쟁 직후인 1951년 8월 31일 61쪽으로 발간된 『초등국어』 5－1의 증보판이라 할 수 있다. 전시판 교재로 발행한 1951년판 『국어』 5－1은 8개의 소단원으로 이루어져 있는데 이중 2개의 소단원(5. 싸우는 일기, 7. 민주주의와 공산주의)이 전쟁을 제재로 하고 있다.

23) '고등국어'는 1952년에 6년제 학제가 중학교 3년, 고등학교 3년으로 나뉘면서 편찬된 교과서로서 1952년에 초판을 보았다. 중 · 고등학교를 분리하기 전에 6년제에 따른 교과서가 1950년에 편찬되었는데, 이 책은 전 6권 체제로 편찬되었으며, 이를 나누어 교재 단원을 늘리면서 다시 '중학국어' 6권(각 1, 2학기)과 '고등국어' 3권으로 발전 개편되는 시기의 교재가 되었다. '중등국어'는 한국전쟁 이전부터 6년제 중등학교에 공급된 교과서를 말한다.(박붕배, 『한국국어교육전사』 중, 대한교과서주식회사, 1997, 82~122쪽 참고)

음을 알 수 있다. 주로 초, 중 저학년 국어교과서에 전쟁과 관련된 직접적 제재나 전쟁 관련 삽화가 더욱 많이 반영된 것도 이러한 이유 때문이라 할 수 있다.

이 당시 지배 권력은 '우리의 맹세' 같은 강령 문구나 다양한 첨언을 통해 타자 적대화의 이데올로기를 국민들에게 적절히 전파시켜 나갈 수 있었다. 교육 현장의 교과서 또는 출판 매체를 통해 수행된 계몽의 논리는 반공주의, 친미주의를 바탕으로 한 애국주의 담론 형태로 정착되어 나갔다. 이러한 담론들은 타자에 대한 적대화 및 내부의 통제와 검열, 동일화를 위한 전략의 한 방법으로 구사되었다고 할 수 있다.

2) 반공주의와 애국주의 담론의 결합

미셸푸코는 우리 사회가 동일자와 타자들을 나누는 경계선들의 복잡한 체계로 되어 있다고 주장한다. 이를 달리 말하면 한 사회에서의 나눔의 여러 체계들은 반드시 배제(排除)의 체계를 함축한다고 할 수 있다. 한 사회에 존재하는 각종의 나눔은 단순한 이론적인 문제가 아닌 평가의 문제이며 권력의 문제이기도 하다. 이러한 나눔을 통해 스스로를 정립하는 동일자와 그 나눔의 경계 바깥으로 밀려나는 타자가 대립하게 된다. 한 사회의 정립은 그의 반정립을 필수적으로 요구한다. 어떤 것의 동일성이 아닌 것, 즉 타자성(他者性)이 요구되는 것이다. 한 동일자가 자신의 동일성을 정립하기 위해서는 자신이 아닌 것을 상정해놓고서 그 타자에 스스로를 대립시킴으로써 자신의 동일성을 정립하는 것이다.[24] 이러한 동일성을 유지하기 위해서 한 사회체계 속에 '감시와 규율'이 작동하게 되는 것이다. 감시와 규율의 체계는 교과서

24) 미셸 푸코, 이정우 해설, 『담론의 질서』, 새길, 1997, 60~66쪽 참고.

의 경우 앞에서 살펴본 바와 같이 직접적 첨언을 통해 제시되기도 하지만 대부분 정전의 구성, 즉 정전화의 과정을 통해 작동한다고 볼 수 있다.

한국전쟁기 현대시의 국어교과서 정전화 과정을 살펴보기 위해서는 한국전쟁 이전의 국어교과서가 어떻게 이루어졌는지를 먼저 살펴볼 필요가 있다. 일제의 식민 지배로부터 벗어난 해방기의 경우 국어와 국사에 대한 관심은 다른 어느 시기보다 증폭된 시기라 할 수 있다.[25] 더구나 근대 신식 교육 제도를 통해 식민 교육을 체험해야만 했던 우리 민족에게 해방의 의미는 각별한 것이었다고 할 수 있다. '민족'이란 이데올로기 아래 모두가 하나로 뭉쳐야 된다는 합리성과 당위 앞에 각자가 가진 이데올로기는 차후의 문제가 될 수밖에 없었다. 그래서 국어교과서의 경우도 좌 · 우파 모두가 참가한 중립적인 교과서의 연합 형태로 그 출발점을 삼고 있다. 이 시기 국어교과서가 "좌우 합작의 민족주의적 교과서"[26]적 성향을 띠고 있는 것도 이 때문이다. 조선어학회를 저작자로, 군정청 문교부에서 발행된 『중등국어교본』 상(발행일 1946.9.1), 중(1947.1.10), 하(1947.5.17)권에 실린 현대시 분야의 필진을 보면 다음과 같다.

이병철, 김광섭, 한용운, 김동명, 정지용, 김소월, 조명희, 이병기, 이은상, 김동명, 김기림, 변영로, 임화(이상 상권), 정지용, 김광섭, 백기만, 양주동, 이병기(이상 중권), 정지용, 오장환, 김소월, 조지훈, 정인보(이상 하권)

---

25) 최영해, 「출판계의 회고와 전망」(『출판대감』, 조선출판문화협회, 1949, 6쪽)을 참고해 보면 해방 직후에 한글책과 국사책에 대한 요구가 많았음을 알 수 있다. 이 당시 나온 교과서류에 가까운 책으로 권덕규, 『조선사』, 정음사, 1945; 조선어학회, 『한글 첫걸음』, 군정청 학무국, 1945; 진단학회, 『국사교본』, 군정청 문교부, 1946; 한글문화보급회의, 『국어의 빠른 길』, 국학도서출판관, 1946; 김성칠, 『조선역사』, 정음사, 1947 등이 있다.

26) 강진호, 「반공주의의 규율과 '국어' 교과서」, 『민족문학사연구』, 2005 통권 28호, 358쪽.

이병철을 제외하면 일제강점기 동안 기성시인으로 상당한 역량을 발휘했던 시인들로 교과서의 필진들이 구성되어 있다. 좌 · 우파 시인들이 특별한 구분 없이 망라되어 있어 아직까지 뚜렷한 이념의 분화가 이루어지지 않고 있음을 보여준다. 물론 좌익 작가의 작품이라 해서 이데올로기적 내용의 시가 실린 것은 아니다. 임화의 「우리 오빠와 화로」, 오장환의 「석탑의 노래」, 이병철의 「나막신」, 김기림의 「향수」 등의 시가 좌익의 시라 볼 수 있는데, 임화의 시를 제외하고는 크게 계급주의적 성향의 시가 아니다. 오히려 순문학적 성격이 강하다고 할 수 있다.[27] 해방 직후의 교과서 편찬은 시급한 현장의 요구로 인해 교육과정이나 교과서에 대한 미군정의 입김이 개입될 여지가 별로 없었다고 할 수 있다. 조선어학회와 진단학회 회원을 중심으로 만들어진 교과서들은 편수나 집필을 맡은 개인이나 집단의 성향과 밀접한 관련을 맺고 제재나 작품이 선정되는 경우가 태반이었다. 『중등국어교본』은 좌 · 우 연합적 성격을 띰으로써 어느 정도 균형과 중립성을 견지할 수 있었다고 할 수 있다.

한편 1948년 단정(單政) 수립 전후로 오면서 문교부 발행의 국어교과서로 넘어오면 차츰 편향된 모습을 보여주게 된다. 군정청 학무국, 군정청 문교부가 아닌 문교부 명의로 조선교학도서주식회사에서 발행된 중등국어교과서로는 『중등국어』 1(1948.1.20), 『중등국어』 2(1948.8.19), 『중등국어』 3(1948.8.30) 등이 있다. 이들 교과서가 발행된 1948년도는 남한만의 총선거(5.10), 제헌헌법 공포(7.17), 초대 대통령 이승만 선출(7.20), 정부 수립(8 · 15) 등으로 이어지는 정국의 상황으로 미루어 볼 때 미군정에서 1공화국으로의 정권 이양기로 볼 수 있다. 이 시기에 국어

27) 『중등국어교본』의 이러한 성격을 이 당시 학무국 편수관의 역할을 맡은 가람 이병기의 역할과 관련해서 논의한 것으로 정재찬, 「현대시 교육의 지배적 담론에 관한 연구」, 서울대 박사논문, 1996; 강진구, 「문학텍스트의 정전화 과정과 문학권력」, 『한국문학권력의 계보』(문학과비평연구회), 한국출판마케팅연구소, 2004가 있다.

교과서는 발행 주체가 군정청에서 문교부로, 교과서 명은 『중등국어교본』에서 『중등 국어』로 교체되었다. 『중등국어』 1, 2, 3에 실린 현대시 제재 단원의 필진과 작품을 보면 다음과 같다.

> 한용운 「복종」, 이병철 「나막신」, 노천명 「장날」, 신석정 「산수도」, 이병기 「봄」, 이은상 「봄」, 김기림 「봄」, 김상옥 「봉숭아」, 「분꽃」, 변영로 「벗들이여」, 김소월 「엄마야 누나야」, 김동명 「바다」, 이은상 「가고파」, 김광섭 「비 갠 여름 아침」, 이병기 「천마산협」(이상 『중등국어』 1), 김소월 「기회」, 「산유화」, 양주동 「선구자」, 정지용 「춘설(春雪)」, 신석정 「들길에 서서」, 정지용 「고향」, 박종화 「탱자」(이상 『중등국어』 2), 조지훈 「마음의 태양」, 신석정 「돌」, 조운 「어머니 회갑에」, 「비 맞고 찾아 온 벗에게」, 김기림 「못」, 이병기 「계곡」, 「가섭봉」(이상 『중등국어』 3)

이상 『중등 국어』 1, 2, 3의 발행 시기는 1948년 전후이다. 이 시기는 아직까지 우리 정부가 수립되는 와중에 있었기 때문에 『중등국어교본』의 영향권에서 완전히 벗어나지는 못하고 있다. 그 결과 좌익 계열 시인들의 작품 또한 배제의 대상으로 크게 부각되지 않고 있다. 이 시기에 발간된 교과서에 새로운 지배 이데올로기가 주입되기에는 시간적 여유가 별로 없었다고 할 수 있다. 그래서 미군정기의 교과서 체제가 대부분 그대로 유지되고 있는 상태이다. 그러나 남한에서의 정치 정세의 변화와 더불어 일부 좌익 시인들의 작품이 『중등국어』 1, 2, 3에서 배제되고 있다. 『중등국어교본』에 실려 있던 오장환, 임화, 조명희 등이 작품 재조정 과정에서 제외되고 있는 것이다.

대한민국 정부의 수립(1948.8.15), 북한에서의 인민 정권 탄생(1948.9.9)은 한반도에서 실질적 분단이 구체화되어 나타난 것이라 할 수 있다. 이 당시 수립된 대한민국 정부의 정체성을 강화하기 위해서는 애국 애족의 정신이 필요하였으며, 이는 "반공교육의 강화"[28]로 나타났다. 반공주의는 "원래 공산주의를 반대한다는 내용을 갖는 대타 개념"이지만, 이 당시의 "이념적 갈등을 봉합하고 조정하는 내부 통제용 이데올로기로 기능"[29]했다고 할 수 있다. 이러한 교육의 방침은 국어교과서의 작가와 작품의 선정 과정 속에 반영되었다고 할 수 있다. 문교부는 1949년 8월 29일 『중등국어』 ①을 시작으로 1950년 4월 25일 『중등국어』 ⑥[30]까지 6권의 중등 국어교과서를 발행하였다. 정부 수립기인 1948년에 발간된 『중등국어』 1과 정부 수립 후인 1949년에 발간된 『중등국어』 ①을 비교해 봄으로써 변화된 정전 선택의 잣대를 엿볼 수 있다. 이 두 교과서의 구성을 살펴볼 때 중복된 소단원은 조동탁 「무궁화」, 현신규 「산림을 사랑하자」, 노천명 「장날」, 신석정 「산수도」, 채만식 「금강」(『탁류』의 부분), 현진건 「서울의 봄」, 「궁복과 정년」, 「풍속 몇 가지」, 「화단을 바라보면서」, 노자영 「우리집 정원」, 이상 「개」 등이다. 그런데 『중등국어』 ①에는 『중등국어』 1에 실렸던 이병철의 「나막신」, 이기영의 「원터」(『고향』의 부분), 조운의 「영광에서」, 김기림의 「청량리」, 「봄」, 박찬모의 「소」, 이태준의 「해촌일지(海村日誌)」, 김동석의 「나팔꽃」 등이 모두 배제되었다. 배제된 이들 작가들의 공통점은 해방기 좌 · 우 대립의 와중에서 진보적 성향의 사상을 선택한 좌파 작가들이었다. 월북 작가 중 「비로봉을 오른다」의 박노갑의 경우만 이 두 교과서에 실려 있는 것으로 보아 이 당시 박노갑의 사상 선택이 확실하지 않았음을 보여준다. 단정 이후 한국전쟁까지의 국어교과서는 이처럼

28) 한국교육10년사간행회 편, 앞의 책, 130쪽.

29) 강진호, 앞의 책, 370쪽.

30) 『중등국어』 ⑥이 6 · 25 직전에 실제 발행되었는가에 대해 허재영(2004)은 박붕배의 "『중등국어』 ⑤를 개발하고 ⑥을 개발하는 시점에서 전쟁이 났기 때문에 이 교과서는 개발된 바 없다"는 증언을 이용하여 그 실체 여부에 대한 의문을 제기하고 있다. 그러나 고서연구가 오영식이 소장하고 있는 실물 자료를 통해 1950년 4월 25일 『중등국어』 ⑥이 실제 발행되었음을 확인할 수 있었다.

월북 문인 또는 국민보도연맹(國民保導聯盟)에 가입한 문인들이 자연스럽게 배제되어가는 과정이라 할 수 있다. 이러한 과정 속에서 이병철, 정지용, 김기림 등의 작품들이 배제되어 나갔다. 대신 이전의 군정기 교과서에서 부상한 적이 없었던 청록파 시인들의 작품들이 한국전쟁을 전후하여 선택되기 시작하였다. 전조선문필가협회 소속의 청년문학가협회를 중심으로 한 젊은 문인들의 문단 헤게모니 장악은 이후 남한에서의 국어교과서 정전 구성에 상당한 영향력을 미쳤다고 할 수 있다. 순수시 중심의 교과서 정전 구성은 이 시기 이후 우리 교과서의 주요 담론구성체로 자리 잡게 된다.

그렇다면 한국전쟁은 국어교과서의 정전 구성에 어떠한 영향을 미쳤는가? 결론적으로 말하면 한국전쟁은 애국주의라는 새로운 담론을 교과서 구성체제에 자리 잡게 만드는 계기로 작용하였다고 할 수 있다. 단정을 전후하여 국어교과서 현대시 제재 단원에 정착되기 시작하던 순수시, 저항시 담론에 한국전쟁을 기점으로 애국시 담론이 추가되었던 것이다.

한국전쟁기에 발간된 중등학교 국어교과서는 『중등국어』 또는 『중학국어』, 『고등국어』 등의 이름으로 발행되고 있다. 순수시를 제외한 애국주의로 무장한 한국전쟁을 제재로 한 현대시가 이들 교과서에 실린 현황을 살펴보면 다음과 같다.

① 『중등국어』 3－2(문교부, 1952.9.30) : 모윤숙, 「국군은 죽어서 말한다」
② 『중등국어』 2－2(문교부, 1952.1.31) : 유치환, 「원수의 피로 씻은 지역－서울 재탈환의 날에」
③ 『중학국어』 1－2(문교부, 1953.9.15) : 이은상, 「조국에 바치는 노래」
④ 『중학국어』 2－1(문교부, 1953.3.31) : 유치환, 「원수의 피로 씻은 지역－서울 재탈환의 날에」

⑤ 『중등문예독본』(김광주, 대덕문화사, 1951.10.20) : 조지훈, 「다부원에서」, 「다부원의 가을」, 장만영, 「피난민」

⑥ 『중등문학독본』(최근학, 대동문화사, 1952.4.15) : 조영암, 「시신을 넘고 혈해를 건너」, 박종화, 「오직 자유를 얻기 위하여」, 모윤숙, 「어머니의 기도」

⑦ 『고등글짓기 독본』(정비석, 창조사, 1953.4.1) : 유치환, 「영아」, 김춘수, 「순정」

①에서 ④까지는 문교부 발행의 국어교과서이며, ⑤에서 ⑦까지는 이 당시 학교에서 직접 사용되었던 검인정류의 '준교과서'라 할 수 있다. 위의 작품 목록은 이들 국어교과서에 실린 한국전쟁을 제재로 한 현대시의 작품 현황이다. 물론 시인들이 한국전쟁을 제재로 많은 시를 창작하였다는 것은 시 장르 자체의 특성과 관련이 있다고 할 수 있다. 현실에 기동성 있게 대처할 수 있는 시 장르 특유의 속성이 격동기 시 창작의 근원으로 작용하였다고 할 수 있다. 그러나 전, 후방에서 마구 쏟아지는 시 작품 창작과는 별개로 이것이 교과서에 즉각 실렸다는 것은 주목을 요한다. 해방 초기인 미군정기의 경우에도 국어교과서에 실린 현대시 작품들은 그 당시의 작품이 아닌 일제강점기 작품들이 대부분이었다. 그런데 한국전쟁기의 교과서가 바로 전쟁 당시에 창작된 작품들을 즉각적으로 실었다는 것은 무엇을 말하는가? 이는 이러한 참전시, 전쟁시를 통해 노리는 바가 있었기 때문이다. 그것은 한국전쟁이란 큰 역사적 '풍랑'[31]을 통해 동일성 집단과 타자 집단을 뚜렷히 구분할 필요가 있었고, 타자 집단에 대한 배제의 논리가 시급히 요청되었던 사실과 관련이 있다고 할 수 있다. 결국 지배 권력

31) 모윤숙, 시집 『풍랑』, 문성당, 1951.

은 페쇠(Pêcheux)식으로 말하면 동일화 전략을 구사하고 있었다고 할 수 있다. 그들의 이념이나 이미지에 "자유롭게 동의하는 착한 주체"[32]를 재생산해 내고 싶었던 것이다. 그래서 이들이 선택한 이데올로기가 반공주의와 결합한 애국주의 이데올로기라 할 수 있다. 이들은 전쟁시들을 교육 현장에 직접 투입함으로써 그 교육적 효과를 노렸다. 이들은 전쟁시의 교과서 정전화를 통해 승전의식 및 애국심을 고취할 수 있는 동일화 전략을 구사하였던 것이다. 교과서야말로 지배 이데올로기를 주입시킬 수 있는 가장 적절한 매체였기 때문이다.

해방 직후부터 한국전쟁 전까지 지속되어 오던 현대시의 정전화 과정은 지배 이데올로기의 확립과정과 그 궤를 같이하고 있다.[33] 48년 남, 북한 단독 정부 수립으로 분단이 가시화된 시기에 『중등국어교본』 수록 작가들이 일부 배제되어 가는 과정은 이를 잘 보여주고 있다. 이는 "신생 국가가 만들어지는 상황에서 교육은 더욱 더 지배집단의 사회 · 정치적 요구를 충실히 반영"[34]하기 때문이다. 정부 수립 직후의 국어교과서에 남, 북 각자의 정체성을 드러내는 좌 · 우 이데올로기가 분명히 투영되기 시작한 것도 이 때문이라 할 수 있다. 정부

32) 다이안 맥도넬, 앞의 책, 53쪽.

33) 지배 이데올로기의 확립과정은 이 당시의 문교정책의 변화에서 잘 드러나고 있다. 안호상이 초대 문교장관이던 1948년부터 50년 초까지의 문교정책의 당면 과제를 국내적으로는 이승만의 통치이데올로기를 수입된 자유민주주의를 확고히 하는 것으로 보았고, 국외적으로는 공산주의와 대항하여 국토와 사상의 분열을 통일하는 것으로 보았다. 안호상은 일민주의(一民主義)를 통해 사상적 안정과 국민사상을 귀일시켜 반공체제를 확립하는 것을 최대의 과제로 삼았다. 백낙준이 문교장관이던 1950년 초부터 1953년까지의 문교정책은 '전시교육체제'라는 중앙집권적 비상교육행정으로, 교육에 대한 강한 통제를 통한 반공 이데올로기 교육과 국방 교육을 내용으로 삼을 수밖에 없었다. 백낙준은 반공을 지배 이념으로 하는 일련의 교육내용과 형식을 전시교육을 통해 실현하고자 하였다. 안호상 문교장관이 일민주의라는 이름으로 우회적으로 내세웠던 반공 이데올로기 교육은 백낙준에 의해 공식 교육과정으로 채택되게 되었던 것이다.(한준상 · 정미숙, 앞의 책, 343~369쪽 참고)

34) 위의 책, 343쪽.

수립 직후의 남한 교과서에 수용된 현대시 정전들은 대부분 순수시였으며, 이는 해방 직후 전조선문필가협회 산하 청년문학가협회가 내세웠던 순수문학의 논리[35]와 합치되는 것이라 할 수 있다. 순수시와 저항시의 선택 과정은 작품 자체에 대한 면밀한 검토와 합의를 통해서 이루어졌다기보다 작자가 가진 이데올로기 유무와 관련이 많았다. 이런 결과 단정(單政) 이후 좌파 내지 월북 작가들은 교과서에서 배제되어 나갈 수밖에 없었다. 단정 이전의 교과서에는 김남천, 박태원, 이기영, 박세영, 임화 등의 작품들이 제목의 일부가 바뀌긴 하였지만 교과서에 일부 실려 있었다.[36] 그러나 단정 이후의 교과서에서 이들의 작품은 다른 사람의 작품으로 교체되거나 제외되어 나갔다.

단정기에 지배권력이 타자를 배제해 가는 과정이 교과서의 작품 선택 과정 속에 은연중에 반영되어 있었다고 할 수 있다. 그래서 선택되었던 교과서의 순수시 정전은 단정 이후 동일화 이데올로기를 재생산해내는데 큰 기여를 했다고 볼 수 있다. 순수시 정전은 겉으로는 무당파(無黨派), 무채색인 것처럼 보이지만 전체적으로는 우파의 이데올로기적 형식 틀에 복무하고 있었다고 할 수 있다. 한국전쟁은 이러한 순수시 중심의 교과서에 전쟁의 참상이나 애국심을 고취하는 반공주의

35) 순수문학론의 대표적인 글로 김동리의 「순수문학의 진의」, 조지훈 「순수시의 지향」 등이 있다. 이들의 순수문학론은 좌파 문단에 대항한 비정치적 문학론을 내세우고 있었지만 결과론적으로 남한 우파 문단의 옹호 및 권력으로 이어짐으로써 비순수적인 것이 되고 말았다고 할 수 있다. 한편 김한식은 김동리의 순수문학론을 반공주의와 순수문학의 상동성을 중심으로 고찰한 바 있다.(김한식, 「김동리 순수문학론의 세 층위」(상허학회, 『반공주의와 한국문학』, 깊은샘, 2005)와 이주형, 「김동리 '순수문학론'의 반현실주의」(『김동리』, 살림, 1996) 참고)

36) 『중등국어교본』보다 '준교과서'류에 좌익 작가의 작품이 더욱 많이 실려 있다. 손학범, 정학모가 저작자이며, 사범대학 국문학회 편찬으로 되어 있는 『고급국어』 권1(범인사 판, 1947)에는 많은 월북작가들의 작품이 실려 있는데, 이기영 「마을의 밤」, 이태준 「조선의 소설들」, 김남천 「개화」, 함세덕 「추석」, 박치우 「학생은 시대에 앞서라」 등이 그것이다. 한편 김사엽이 저작자인 『중등신생국어교본』(초급 3학년용, 경상북도 학무국, 1946)에는 박세영의 「산제비」가 실려 있다.

이데올로기를 직접적으로 개입시키는 계기를 마련하였다. 그 결과 전쟁을 기화로 '통제와 규율'의 감시 체계가 적극적으로 작동하게 되었던 것이다. 한국전쟁기에 발행된 국어교과서에 실린 현대시 정전은 반공주의와 애국심 고취라는 이데올로기를 반영한 시들이었다. 민족적 재난 앞에 타자를 적대시하고, 국가의 통제와 규율 속에서 반공의식 및 애국심을 고취할 수 있는 작품들이 필요하였던 것이다.

한편 일시적 필요에 의해 선택된 작품들이 이후 국어교과서에서 현대시 정전으로 지속적으로 구성되지 못한 것은 자명한 일이다. 즉 한국전쟁 제재의 현대시들은 반공 이데올로기가 지속되는 한국전쟁기나 그 직후의 교과서에는 널리 채택될 수 있었다. 그러나 혼란과 격변의 동요가 차츰 가라앉는 1차 교육과정기에 접어들면서 감정적이고 선동적인, 전쟁을 제재로 한 시들은 교과서에서 차츰 배제되어 나가기 시작하였다. 물론 교수요목기에서 1차 교육과정기로 접어들면서도 여전히 반공주의와 애국심 고취라는 지배 이데올로기는 변하지 않았지만 한국전쟁을 직접적 제재로 선택한 작품들이 정전으로 구성되기에는 많은 문제가 있었다고 할 수 있다. "지배 이데올로기를 직접적으로 진술하고 강요하는 국사, 사회, 도덕, 국민윤리 등의 교과에 비한다면 국어교과서 속의 지배 이데올로기는 상대적으로 간접화"[37]되기 때문이라 할 수 있다. 그 중에서도 시나 희곡장르는 소설 장르보다는 이념 노출이 더 직접적이고 순간적이라 할 수 있다. 한국전쟁을 기화로 한국전쟁 제재시는 국어교과서에 정전으로 대폭 수용되면서 탈이념적인 순수시와 더불어 이 당시 현대시 정전의 두 축을 형성하였다. 그러나 국어교과서 또는 준교과서에 실린 모윤숙, 유치환, 조영암 등의 이러한 시들은 상대에 대한 적개심과 승리에 대한 의지만 강하게 노출되어

37) 차혜영, 「국어교과서와 지배 이데올로기」, 『반공주의와 한국문학』, 깊은샘, 2005, 103쪽.

있어 전범(典範)으로서의 교과서 정전이 되기에는 미흡한 점이 많았다고 할 수 있다. 이는 달리 말하면 국어교과서에 실린 한국전쟁 제재시들이 '정당한 정전'[38]으로 자리매김되지 못하였다는 것을 의미한다.

한국전쟁을 제재로 한 이러한 시들은 1차 교육과정기에 접어들면서 기존 정전을 보완하거나 대치하는 기능을 가진 '대안 정전(alternative canon)'[39]으로 쉽게 교체되어 갔던 것이다. 그렇지만 한국전쟁 당시 학교, 교과서, 출판 매체를 중심으로 시작되었던 지배 이데올로기의 동일화 내지 계몽의 전략은 3차 교육과정기에 접어들면서 반공주의와 결합한 애국적 민족주의 담론을 통해 다시 강하게 부상하게 된다.

3. 결론

계몽의 주요 전파 수단인 교육과 매체는 서로 불가분의 관계에 놓

38) 송무의 '정당한 정전'에 대한 다음과 같은 진술은 참고할 만하다. "정전은 보통 국민교육의 대상으로 선택될 만하다고 여겨지는 저자와 글을 일컫는 말로 알려져 있다. 그것은 한 공동체의 문화적 특질을 잘 표현하고 그 삶의 표준과 이상을 잘 제시하는 것이다. 한 공동체의 문화적 특질은 그것이 내세우는 전통과 그 전통을 계승하고 발전시켜 나가려는 이상에서 잘 표현된다. 전통과 이상은 변화하며 발전하는 것이기 때문에 정전이 대표하는 문화적 특질들은 그것에 속하는 텍스트들의 공통적 속성에 있다기 보다 그것이 공동체 안에서 맡는 기능에서 발견될 수 있다. 문제는 정전이 공동체 안에 있는 충돌하는 관심들과 이상들을 어떻게 대표하느냐 하는 것이다. 한 공동체 안에는 지배적 이념이 있는가 하면, 구식의 이념도 있고, 새로 등장하는 대항적 이념도 있다. 이때 정전은 이 충돌하는 이념들을 조정하면서 과거와의 연속성 속에 새로운 미래의 삶을 형성할 수 있는 희망적인 범례를 제시해 주는 텍스트들로 수립되어야 한다. 그렇게 수립되는 정전만이 정당한 정전이라 할 수 있다."(송무, 「국민문학의 이념과 정전의 형성」, 『영문학에 대한 반성』, 민음사, 1997, 336~337쪽)

39) 임상훈, 「테크놀로지와 영문학 교육」, 『영문학 교육과 연구의 문제들』, 한신문화사, 1998, 236쪽.

여 있다고 할 수 있다. 교육을 위해 활용할 수 있는 중심 매체의 하나가 교과서이며, 계몽의 기획자들은 교과서를 통해 그들의 지배 이데올로기를 주입시킨다. 교과서는 교육과정을 실현하는 수단적 자료이며 도구라 할 수 있다. 그러므로 교과서에 실린 작품의 정전화 과정은 무엇을 가르칠 것인가에 대한 물음을 함의하고 있다는 점에서 중요하다고 할 수 있다.

한국전쟁 전후 현대시의 국어교과서 정전화 과정은 해방 직후부터 한국전쟁 전까지 지속되어 오던 지배 이데올로기의 확립과정과 그 궤를 같이하고 있었다. 한국전쟁이란 큰 '풍랑'은 도리어 동일성 집단과 타자 집단을 뚜렷이 구분할 수 있는 계기를 마련해 주었다고 할 수 있다. 계몽의 주체들은 전쟁을 통해 타자 적대화의 기획을 도모하고, 반공주의와 애국주의 담론을 부상(浮上)시켜 더욱 동일성 집단의 공고한 체계를 구축할 수 있었다. 이들은 먼저 국어교과서의 외적 의장(意匠)에 다양한 첨언(添言)을 추가하는 방식을 통해 직접적 계몽의 논리를 전파하였는데, 이러한 첨언들은 이후 교과서에도 지속적으로 사용되었다. 이들은 교과서에 전쟁 제재 단원 내지 반공, 애국주의 단원을 더욱 확충시켜 나가는 한편, 전쟁과 관련된 직접적 제재를 많이 싣거나, 전쟁 관련 삽화 내지 첨언을 적절히 이용함으로써 타자에 대한 적대화를 적극적으로 도모할 수 있었다. 또 하나 주목할 것은 국어교과서의 정전을 참전시, 전쟁시 중심으로 구성함으로써 반공주의와 애국주의 담론을 결합시켰다는 점이다. 이들은 교과서를 통해 전쟁시들을 교육 현장에 직접 투입함으로써 그 교육적 효과를 배가시키는 한편, 승전의식 및 애국심을 고취할 수 있는 동일화 전략을 구사하였던 것이다. 이 당시 국어교과서 정전화 과정은 단정 이후 지배집단의 동일화 이데올로기를 재생산하는데 크게 기여하고 있었다고 할 수 있다. 한국전쟁 전후 현대시의 국어교과서 정전화 과정을 통해 교과서야말로 '통제와 규율'이란 국가주의 시선을 가장 잘 반영시킬 수 있는 매체임을 확인할 수 있었다.

동일화 이데올로기의 재생산이란 정전 구성의 방식은 "자유롭게 동의하는 착한 주체"[40]의 재생산에는 기여할 수 있을지는 몰라도 문제 제기적 시각을 가진 "비판적인 공동 탐구자"[41] 내지 주체적인 인간의 형성에는 적합하지 않았다고 할 수 있다. 그래서 지금 이 시점에서 되풀이되는 정전 논의는 여전히 유효하다고 할 수 있다. 정전의 탈신비화 내지 해체, 그리고 새로운 정전 구성에 대한 논의가 끊임없이 이어져야 하는 것도 이 때문이다.

---

40) 다이안 맥도넬, 앞의 책, 53쪽.
41) 파울루 프레이리, 『페다고지』, 그린비, 2002, 102쪽.

/ 3장 /

해방기의 시조 담론과 시조문학 교재의 양상

1. 서론

지금까지 시조에 대한 연구는 많았지만 시조교육에 대한 연구는 별로 학계의 주목을 받지 못하였다. 시조교육에 대한 연구는 주로 각 대학 교육대학원의 석사학위논문을 중심으로 간헐적으로 이루어져 오다가 김선배,[1] 한창훈,[2] 김덕현[3] 등의 박사논문을 통해 시조 연구의 영역 안으로 자리 잡게 되었다. 시조가 한국문학이 내세울 수 있는 중요 장르임에도 불구하고 국어교육사 차원에서 시조교육의 문제는 그만큼 소홀하게 다루어졌다고 할 수 있다. 김선배의 『시조문학 교육의

1) 김선배, 『시조문학교육의 통시적 연구』, 박이정, 1998.
2) 한창훈, 『시가교육의 가치론』, 월인, 2001.
3) 김덕현, 『시조문학교육론』, 박이정, 2004.

통시적 연구』는 개화기부터 제5차 교육과정기까지 초 · 중 · 고등학교 국어과 교육을 통해서 이루어진 시조문학 교육의 통시적 내용을 다루고 있다. 그러나 연구 범위의 넓이가 갖는 한계로 말미암아 각 시기별 시조문학 텍스트의 존재 양상이나 가치의 규명에는 다소 미흡하였다고 할 수 있다. 그에 의하면 개화기 교과서에는 시조가 수용되지 않았으며, 1924년 조선총독부 발행의 『신편 고등조선어급 한문독본』에 처음으로 시조 단원이 수용되었다고 한다.[4] 이후 일제강점기의 『조선어독본』, 『신편 고등조선어급 한문독본』, 『중등교육 조선어급 한문독본』 등에 시조 텍스트가 실렸으나 조선어 교육이 제2외국어 차원에서 이루어지고 있어 국어교육의 전사(前史)로 보기에는 많은 문제점을 안고 있었다고 할 수 있다. 한편 김덕현의 『시조문학교육론』은 제7차 교육과정기의 초 · 중등 '국어'와 '문학' 교과서에 실린 시조문학 텍스트의 실태와 수용양상을 다루고 있고, 한창훈의 『시가교육의 가치론』은 강호시가와 문학 교육의 문제를 가치론적 측면을 통해 관련지어 보이고 있다. 본고는 이러한 연구를 기반으로 하여 해방이란 격변의 시기에 시조문학이 어떠한 방식으로 존재하였고, 그것이 시조문학 교재 속에 자리매김되어 갔는지를 살펴보고자 한다.

일제강점기에 이루어진 시조에 대한 제 논의들은 그 담론의 왕성함에도 불구하고 식민당국의 통제와 규율의 교육정책 하에서 제대로 형성될 수 없었다. 1920년대 중반부터 일기 시작한 시조부흥운동이 시조에 대한 담론을 자극시켜 『백팔번뇌』나 『시조유취』, 『노산시조집』, 『가람시조집』 같은 시조집의 출간을 가져왔으나, 제대로 민족문학 유산으로서의 시조의 가치를 발견하는 데까지는 나아가지 못하였다. 진정한 의미의 국어교육이 출발한 해방기는 시조교육사 차원에서 보면

4) 김선배, 앞의 책, 76~77쪽.

시조문학 교육의 본격적 출발기가 되어야 한다고 할 수 있다. 민족문학 건설의 당위성 속에 우리문학의 전통적 장르 중의 하나인 시조의 중요성도 새삼 부각되어야 했었다. 그럼에도 불구하고 시조교육사의 연원이라 할 수 있는 이 시기의 시조나 시조교육에 관한 연구는 본격적으로 시도된 바 없었다고 할 수 있다. 본고는 민족문화의 수용과 보급이 시급하였던 해방기에 시조가 어떠한 처우를 받았으며, 시조가 교육정전 속으로 어떻게 편입되고 있는가를 밝히는데 그 초점을 둔다. 해방기 시조에 관한 제 담론과 더불어 시조집 내지 2차 텍스트로서의 시조교육 교재의 출판 현황을 점검함으로써 해방기 국어교재에 선택된 시조가 어떠한 과정을 통해 정전화되었는지 구명하게 될 것이다. 다시 말하면 본고는 1920년대 시조부흥운동 이후 다소 주춤해졌던 시조에 관한 제 담론들이 해방기 상황에서 어떻게 다시 부상하며, 그것이 교육담론 속으로 정착되어 가는가에 대한 연구라 할 수 있다. 해방은 우리말 우리글에 대한 관심을 집중시켰으며, 그것의 중요 문학 유산인 시조에 관한 여러 출판물을 생산 가능하게 하였다. 그러한 출판물들은 주로 시조 보급 차원의 교재 형태를 띠고 있었다. 이러한 시조문학 교재들은 지금까지 연구자들에게 큰 관심의 대상이 되지 못하였다. 그 원인은 이러한 시조문학 교재들을 교육정전으로서의 시조의 정착이란 큰 맥락에서 살펴보지 못하고 시조를 다룬 단순 참고물 내지 학습교재 정도로 취급하였기 때문이라 생각된다. 그러나 필자는 본고에서 해방기 다른 어느 시기보다 많이 출판된 시조문학 교재를 주목함으로써 이들을 통해 해방기 국어교재에서의 시조의 구성양상과 그것의 수용과정을 살펴보고자 한다.

2. 해방기의 시조 담론

해방직후 시조는 긴급히 마련된 문학좌담회에서 먼저 언급된다. 『대조』 창간호(1946.1)에 실린 「벽초 홍명희 선생을 둘러싼 문학담의(談議)」에서 시조는 귀족적 문학 형식으로 치부된다. 참가자는 홍명희, 이태준, 이원조, 김남천 등인데 홍명희는 시조를 현대에 적합하지 않은 형식으로, 이원조는 귀족적 형식으로, 김남천은 귀족들의 문학 유희로 치부한다.[5] 이 중 이태준만이 시조의 가치와 보존을 인정하나 좌담의 주된 제재로 떠오르지 못한다. 물론 이 좌담회의 참가자들이 최남선 등의 시조부흥론자가 아닌 비교적 프로문학 측에 가까운 논자들이란 사실을 염두에 둘 필요가 있다.

이들과 달리 좀 더 시조의 긍정적인 측면을 중심으로 시조를 논해보고자 한 것이 이호우의 「시조의 본질」(『죽순』 제3집, 1946.12)이다. 이호우는 이 글에서 시조를 '봉건시대의 귀족적 잔재' 내지 '현대생활 정서에 맞지 않은 낡은 형'으로 치부하는 것은 잘못된 선입견이라 본다. 특히 그는 시조는 정형시이지만 이 정형은 내용적 정형이지 결코 외형이 가져오는 정형만의 정형은 아니라고 규정한다. 시조도 자유시처럼 단지 시조 독자의 율과 형을 가지고 있을 뿐이라는 것이다. 이호우는 또한 시조 담당층의 문제를 중심으로 국민시가로서의 시조의 속성을 다음과 같이 논의한다.

> "모든 문학면이 한 계급에 독점 예속되었던 그 시대에 있어서도 오직 이 시조만은 계급을 초월하여 널리 애송 구전되어 항상 국민과 함께 호흡해

---

5) 이태준 외, 「벽초 홍명희 선생을 둘러싼 문학 담의(談議)」, 『대조』 창간호, 1946.1, 68쪽.

왔다는 사실에 비추어 시조는 가장 보편성을 가진 국민시로서 발양(發揚)되어 왔고 앞으로도 길이 발달해 갈 것으로 믿지 않을 수 없는 바이다. 그는 시조 자체가 보편성을 내포한 까닭이다. 만약 보편성을 내포한 것이 아니였드면 비록 어떤 권력으로 강요했더래도 그 생명을 이제껏 지속해 올 수는 없었을 것이다."[6]

이호우는 시조가 이렇게 오래 지속되고 민족의 시로 대우받게 된 것이 결국 계급을 초월한, 전 국민이 공감할 보편성을 구비하였기 때문이라고 본다. 결국 이호우는 시조가 "평이 간결한 내용형과 율조를 내포한 율동이 우리의 정취와 언어태(言語態)에 자연적으로 부합"되기 때문에 이것만으로도 "국민시화적(國民詩化的) 소질"[7]을 갖출 수 있었다고 본다. 시조에 대한 이호우의 이러한 논리는 『이호우시조집』(영웅출판사, 1955)의 「후기」에서 더욱 확장된다.[8] 이호우의 이러한 시각은 시조가 일부 음풍농월, 강호한정류에 머문 귀족문학의 일부라는 지적에 대한 이호우 나름대로의 반격이라 할 수 있다. 해방 벽두 좌담에서 이원조나 김남천의 시조의 귀족문학적 성격에 대한 언급은 대담 중에 진지한 성찰 없이 이루어진 측면이 강하였다. 반면 이호우의 「시조의 본질」은 좀 더 시조의 장르론적 속성까지 따져 들어가면서 시조의 미래까지 예측하고자 한 글이라 할 수 있다.

해방 이후 우리말과 전통에 대한 재인식이 필요한 시점에서 일부

6) 이호우, 「시조의 본질」, 『죽순』 제3집, 1946.12, 10~11쪽.

7) 위의 책, 11쪽.

8) "한 민족 국가에는 반드시 그 민족의 호흡인 국민시가 있고 또 있어야만 하리라 믿는다. 나는 그것을 시조에서 찾고 이뤄 보려 해 보았다. 왜냐하면 먼저 서민적이어야 할 것임에, 그 형(型)이 간결하여 짓기가 쉽고 외우고 전하기가 쉬우며, 또한 그 내용이 평명(平明)하고 주변적이어야 할 것이므로, 시조의 현대시로서의 성장을 저해하고 있는 정형, 즉 단형과 운율적인 비현대성이 국민시적 형(型)으로서는 도리어 적당한 요소가 될 수 있기 때문이다."(이호우, 「후기」, 『이호우시조집』, 영웅출판사, 1955, 123쪽)

논자들에 의해 시조가 과거의 낡은 형식으로 치부되었음에도 불구하고 해방기의 막바지에 김기림은 시조의 가치를 재론한다. 김기림의 「시조와 현대—버림받는 시조의 재검토」(『국도신문』, 1950.6.9~1950.6.11)는 시조의 가치에 대한 자세한 언급이란 점에서 주목된다. 김기림은 시조를 현대에 부활시키려는 최남선, 정인보, 이병기, 이은상, 조운 등의 1920년대 시조부흥운동의 공적을 높이 평가한다. 이러한 인식이 나오게 된 바탕에는 김기림이 시조를 고전문학 유산 일반의 계승 문제와 연계되는 것으로 파악했기 때문이다. 여기서 김기림은 형식적인 측면에서 정형시인 시조가 갖고 있는 장점에 주목한다.

> 「규격」에서 필요에 따라 적당히 이탈할 수 있는 융통성이 준비되었다는 것과 또 종장에 남겨둔 너무나 너그러운 탈출로가 마련되어 있었다는 이 두 가지 점은 시조의 형식의 어떤 위대성을 표시하는 것 같다. 초장, 중장에서는 어느 정도 형식상의 타성을 느끼다가도 종장의 변화 풍부한 전개와 귀결에서 우리는 시조의 끝없는 묘미를 맛보는 것이다. 시조의 생명이 처음에 꿈틀거리다가도 이 대목에 와서는 툭 튕겨나며 불거지는 것 같다. 그러나 시조의 정형의 진정한 신비로운 구석은 이러한 음수의 기계적인 계산을 따져감으로써만 도달할 수 없는 것으로 그 외형을 규정하는 내면적인 약속을 깨치지 못하면 수박 겉핥기가 되는 것 같다. 즉 초장에서 상(想)을 일으켜서 중장에서 그것을 부연하거나 반복하거나 전개하였다가 종장에 가서는 돌연 뜻하지 않은 전환이나 비약을 꾀하도록 되어 있는 내면적인 제약이 결국은 음수의 산술로 되어, 밖에 나타나버린 것으로 볼 적에만 시조의 정형은 그 본질이 해명된 것이라 하겠다.[9]

---

9) 김기림, 「시조와 현대」(『국도신문』, 1950.6.9~6.11), 『김기림 전집』 2, 심설당, 1988, 343~344쪽 재인용.

김기림의 시조 형식에 대한 이러한 시각은 그가 시조를 단순히 겉모습의 틀로서만 파악하지 않고 있음을 보여준다. 시조의 형식이란 것이 내용에 의해 규제되면서 그것이 시조형식의 '변조'와 '융통성'으로 나타나고 있다는 인식이 그것이라 할 수 있다. 김기림 주장의 핵심은 시조가 현대문명의 다면적인 정서의 세계를 어떻게 살리느냐 하는 점에 있다. 그는 기존의 상투적인 복고적인 형식만으로는 그것이 다소 어려울지 몰라도 "어느 면 하나하나를 예각적으로 붙잡아내는 한 「에피그람」의 형식"[10)]이 시조의 가능성을 보여준다고 본다.

이호우나 김기림의 시조 논의는, 해방 초기 좌담회에서 시조의 가치에 대한 문제를 제기하다 그만 둔 이태준에 비해서는 시조의 내용과 형식 문제에 대해 구체적으로 나아간 시조담론이라 할 수 있다. 이태준, 이호우, 김기림 등으로 이어지는 시조 논의는 이 당시 발간된 개인 시조집의 서, 발, 후기 등에 나타난 담론들을 통해 지속적으로 이어진다. 해방기의 시조집 출간은 해방이 가져온 출판 상황의 변화에 힘입어 비교적 활발하게 이루어졌다. 1920년대 시조부흥운동에 참가하였던 이병기, 정인보, 조운 등이 시조집을 발간하는 한편, 새로 등장한 시조시인들의 시조집 또한 출간되기 시작하였다. 이 시기에 출판된 개인 창작 시조집을 살펴보면 다음과 같다.

저자	시조집	출판사	발행연도	비고
이병기	『가람시조집』	백양당	1947, 재판	문장사, 1939 초판
김상옥	『초적』	수향서원	1947, 초판	
양상경	『출범』	자가본	1947, 초판	
조운	『조운시조집』	조선사	1947, 초판	
정인보	『담원시조』	을유문화사	1948, 초판	
박종옥	『상원시조집』	고려문화사	1948, 초판	

10) 위의 책, 346쪽.

일제 말기 『문장』지의 시조 부문 고선(考選) 위원이었던 이병기는 『가람시조집』을 1947년 백양당에서 배정국(裵正國) 장정으로 표지를 완전히 새롭게 하여 다시 발간하였다. 『가람시조집』의 재판 발행은 이병기가 교주(校註)한 박문문고 12번의 『역대시조선』의 재편 발행과 더불어 그의 시조 대중화 작업과 맞물려 있다. 이처럼 해방기에 접어들면서 이병기는 시조집 출판과 더불어 강연,[11] 국어교과서 편수,[12] '시조연구회' 결성[13] 등 활발한 시조 보급 활동을 펼쳐 보인다. 또한 각종 시조집의 서문을 통해 해방된 조국에서의 감격을 표출하고 시조의 위상을 자리매김하고자 노력한다. 김상옥 시조집 『초적(草笛)』의 서문에 실린 가람 이병기의 글은 이러한 모습을 잘 드러내 보여주고 있다.

"오래도록 흐리기만 하고 가물던 이 땅에 따스한 새 햇빛과 반가운 비소리가 들리어 산과 들도 다시 푸르고 짓밟힌 길바닥에도 파랗게 낭이잎이 돋아나고 또 보리밭머리로는 종달새가 지절거리고 떠오른다. 이제 그 말 못하게 곡절 많던 지난 날 우리들의 서러운 정서를 도맡아 가지고 이러고 저러고 읊어낸 이것이 낱낱이 구슬처럼 고와라. 누군들 귀여워하지 않으

11) "점심 때 이화고녀(梨花高女)에 가서 대동한묵회서 할 서화 전람에 출품한 서화를 심사하였다. 장발, 이시영, 김진우도 왔다. 분량은 적으나 김구, 조완구, 이시영 선생의 글씨는 품(品)이 높다. 종래 서화 전람에 볼 수 없던 것이다. 점심을 먹고 왔다. 오후 4시 반 국립도서관 강당으로 갔다. 이재욱, 김광균, 김기림, 임화 군을 만났다. 「시조와 신시」에 대하여 한 시간 강연, 회원은 백여 명, 이는 시인의 집과 문학동맹에서 주최하는 현대시 강좌, 6시 대관원(大觀園)으로 갔다. …… 중등국어 임시 교본 제2권 편찬을 마감했다."(이병기, 『가람문선』, 신구문화사, 1966, 145쪽)

12) "국어교과서 중학교의 것은 내가 편수의 주임을 맡았다. 초등 · 중등 기타 국어교과서 편수에 대한 토의를 문예 · 학술 · 교육단체를 망라하여 하자 하고 나는 문화건설협회에 가 이원조 군을 보고 상의하니 게서 여러 문화단체와 이미 이 문제를 의논하고 건의문을 지었다 하며, 그 건의문을 보니 편수과의 생각과 부합하였다. 서로 좋다 하고 나는 게서 위원 다섯만 추천해 달라고 부탁하였다."(이병기, 『가람문선』, 신구문화사, 1966, 144쪽)

13) '시조연구회'는 1946년 7월 12일 결성되었다. 회장은 이병기, 부회장은 이주환, 성경린 등이었다.(문덕수 편, 『세계문예대사전』 상, 성문각, 1975, 1200쪽)

랴. 이 귀여운 것을 그저 두지 않고 널리 널리 펼치자는 것이 이에 출판되는 김군 상옥의 지은 이 「초적」이란 시조집이다. 그 다정다감한 정은 새로 피어나는 풀잎과 종달새 노래와도 다름이 없다. 우리는 해방의 첫 봄을 맞으며 과연 이것은 우리에게 진실한 좋은 선물이 아닌가. 다만 저자의 기쁨보다도 우리의 기쁨이 더 크지 않은가 하며 나는 말을 더하지 않으련다."[14)]

이병기는 일제강점의 상황을 "오래도록 흐리기만 하고 가물던 이 땅"으로 비유하면서, 해방된 새로운 나라에서 시조집 『초적』을 갖게 된 기쁨을 감격적으로 표현하고 있다. 이병기는 『초적』이 "그 말 못하게 곡절 많던 지난 날 우리들의 서러운 정서"를 잘 드러낸 시조집으로 평가한다. 이러한 평가는 시조가 우리 민족의 정서를 가장 잘 드러낼 수 있는 형식이란 인식의 기반 하에서 나온 것이다.[15)]

한편 정인보의 시조집인 『담원시조』(을유문화사, 1948)의 「서」에 실린 양주동의 발언은 시조 양식의 속성에 대한 구체적인 요소를 언급하고 있어 주목된다.

유래 시조란 쉬운 듯 가장 이루기 어려운 문학의 형식이니, 그것의 현대의 시조에 있어서 더욱 그러하다. 그 곤란은 대개 다음의 수점(數點)이라고 생각한다. 첫째는 워낙 그 형식이 국촉(局促)하여 언어를 자유롭게 구사할 만한 용무지지(用武之地)가 좁으므로 그 내용이 사뭇 평판적(平板

14) 이병기, 「서」, 시조시집 『초적』, 수향서원, 1947, 1~2쪽.

15) 이러한 인식은 『초적』에 실린 김상옥의 「후기」에서도 엿볼 수 있다.

"지낸날 나는 이 겨레와 이 강토를 이 글과 이 말을 마음으로 사랑하였으되 그의 받은 굴욕을 씻기에 분노보다 슬픔이 앞을 가리고 항쟁보다 원망으로 살아 이제 이렇게 오늘을 맞으니 가슴을 이개는 기쁨보다 도로 한되고 마음이 허전해짐을 느끼옵니다. 진실로 지낸날의 그 사랑이 입에 붙은 사랑이 아니면 내 너무 미지근하고 행동함이 없었음을 나는 이제사 뉘우치고 스스로 오장을 찢고 싶은 그러한 불같은 미움은 미움을 금치 못하옵니다."(김상옥, 「후기」, 시조시집 『초적』, 수향서원, 1947, 70쪽)

的)인 개념으로 판 박히기 쉬운 점이니 그 폐를 덜려면 무엇보다도 언외의 다감 은근(殷勤)한 「정(情)」으로써 그 척폭(尺幅)을 최대한으로 심화하여야 할 것이요, 둘째 그 형식의 규구(規矩)가 이미 째어져 있으매 그 법(法)을 체득하고 다시 그 법을 넘어 법외의 법에 소요키 위하여는 기전(起轉), 허실(虛實)의 심상(尋常)한 수단 외에 이양(異樣)한 천래의 「재(才)」로써 그 형식을 영화(靈化)하여야 할 것이요, 셋째 시조란 그 자체가 아무래도 과거의 것이니만치 이를 현대에 활용함에 있어서 숫제 고(古)하기만 하면 애초부터 진부하고 야단스럽게 신(新)한 체하면 홀랑 천부(淺膚)하여 모두 제 격이 아닌지라. 이를 구하려면 그 용어에 있어서 느긋한 고언(古言)과 알쭌한 현어(現語)를 영묘(靈妙)하게 포착하고 그 상념에 있어서 현대적인 감정에 전통적인 의취(意趣)를 우(寓)할 만큼 「식(識)」으로써 그 내용을 순화하여야 할 것이요, 넷째 그러고 끝으로 이 문학 형식의 부흥된 역사적 의의가 실제 민족적 정신의 제성(提醒)·보존에 있었던 만큼 그것은 다만 문학적인 감정이나 재화(才華)의 표현일 뿐만 아니라 이면에는 한 정신적인 체취와 이념적인 골수를 불가피적으로 요구하니 그를 위하여서는 상기 제 조건 외에 다시 이른바 「혼(魂)」으로써 이를 일관화하여야 할 것이다.[16]

양주동은 현대시조 창작의 지침으로 위에서 설명하고 있는 '정(情)·재(才)·식(識)·혼(魂)'의 4요소가 잘 어울릴 것을 요구한다. 양주동의 이런 요구는 단순히 '우리말 도로 찾기'나 민족문화 유산의 계승 내지 국어 인식 차원의 수준을 넘어서고 있음을 보여준다. 양주동은 시조작가들이 시조가 가진 문학적 장르로서의 특성을 잘 살려내어 자유자재로 창작할 수 있는 능력을 구비하는 것이 무엇보다 중요하다고

16) 양주동, 「서」, 『담원시조』, 을유문화사, 1948, 3~4쪽.

생각하였다. 양주동이 든 '정(情)·재(才)·식(識)·혼(魂)'은 시조가 단순한 의고적 장르에 머무르지 않고 현대적 장르로 자리매김되기 위해서 갖추어야 할 요소라 할 수 있다. 이는 곧 현대시조가 당면한 문제이기도 했다. 그러나 실제 이러한 요소에 근거한 시조 창작이 실제 얼마나 활성화되었는지가 문제된다.

해방 직후 현대 시조는 개인 시조집 또는 잡지, 신문 등에 많이 발표되었다고 할 수 있다. 김상옥의 시조집 『초적』이나 이호우의 시조집인 『이호우시조집』[17]도 해방 직후의 시조를 주된 작품으로 하여 구성된 것이다. 시조집이 아니더라도 중앙문화협회가 펴낸 『해방기념시집』(1945) 같은 일반 시집에도 정인보의 「십이애(十二哀)」와 안재홍의 「이몸이 울어」, 이극로의 「한양의 가을」, 이병기의 「나오라」 같은 시조가 실리기도 하였다. 이러한 배치의 방식은 시조 전문지가 아닌 잡지나 문예지의 편집에도 일정한 영향을 미쳐, 시조가 일정 부분 자리를 차지하는데 도움을 주었다. 특히 대구에서 이윤수가 주재한 『죽순』지의 경우 시조에 상당한 지면을 배려하고 있음이 눈에 띈다.[18] 『죽순』은 죽순시인구락부에서 1946년 5월부터 1949년 4월까지 10집을 발간한 시문학 매체이다. 매호마다 시조란을 배치한 것은 물론 동

17) 『이호우시조집』은 1955년 영웅출판사에서 출간되었지만 이 책에 실제 실린 시조 70여 편은 6·25동란 전까지의 시조를 추린 것이다.(이호우, 『이호우시조집』, 영웅출판사, 1955, 후기 참조)

18) 창간호에 이영도의 「제야(除夜)」, 이병화의 「설」, 이호우의 「춘한(春恨)」을, 2집에 이호우의 「맹세」, 「출범」, 「연모사」, 이영도의 「낙화」, 「춘초(春宵」, 이숭자의 「저녁」, 「기원」, 3집에 이호우의 「촉석루」, 이영도의 「먼 생각」, 「맥령(麥嶺)」, 4집에 이호우의 「춘정(春精)」, 「병실」, 이영도의 「병고(病孤)」, 「먼 등불」, 제5집에 이호우의 「길」, 「나그네」, 「비」, 이영도의 「제승당(制勝堂)」, 6집에 이호우의 「박쥐」, 「칠석야(七夕夜)」, 7집에 이호우의 「귀로」, 차상헌(학생시단)의 「호롱불」, 8집에 조향의 「SANATORIUM」, 이호우의 「나를 찾아」, 「너 앞에」, 「작별」, 이영도의 「세병관(洗兵舘)」, 「노을」, 「3월」, 홍진호(학생시단)의 「38선」, 9집에 이영도의 「낙화」, 이호우의 「바다」, 「공일(空日)」, 10집에 이호우의 「네의 천국」, 「산로일장(山路一場)」, 김영자(학생시단)의 「산」, 안선경(학생시단)의 「산」 등의 시조가 실려 있다.

인지적 성격을 띤 『죽순』의 매체적 특성 때문이기도 하지만 시조가 『죽순』지에서 상당한 대우를 받고 있었음을 보여주는 예라 할 수 있다. 이처럼 『죽순』지는 매호마다 시조를 싣고 있어 시조에 대한 대우가 다른 문학 매체에 비해 남달랐다고 할 수 있다. 『죽순』지는 이 당시 창작 시조의 발표 공간을 제공해 주고 있는 매체로서 그 의의를 찾을 수 있으며, 이러한 시조발표 공간을 통해 이호우, 이영도 등의 시조시인이 성장할 수 있었다.

3. 해방기 시조문학 교재의 구성 양상

1) 시조 보급형 교재의 출판과 '독본'의 구성

해방기의 출판 상황을 통해 볼 때 시조가 현대시 못지않게 해방기 시가(詩歌) 교육의 중심 제재로 선택되었음을 알 수 있다. 개인 시조집 아닌 시조를 보급, 계몽하기 위한 대중용 시조집 내지 시조교재의 출판이 이를 잘 보여주고 있다. 이들 출판물들은 주로 고시조집이 재출판된 것이거나 편찬자의 기준이나 시각에 맞게 편집된 시조들을 묶은 시조집인 경우가 많았다. 후자의 경우는 편찬자의 시각이 시조 선택의 절대 기준으로 작용하였으며, 이들은 주로 대중들이 쉽게 접할 수 있게 정선(精選)의 과정을 통해 축약되었다. 이는 실질적으로는 시조선집 내지 대표 시조선의 형식을 취한 것이라 할 수 있다. 이것은 국어교과서에 실릴 시조 정전이 어떻게 구성되는가 하는 문제와도 연결될 수 있는 것이라 할 수 있다. 해방된 조국에서 '조선어'와 민족문화의 전통을 확인하는 제재로 부상한 시조는 대중용 시조집 내지 시조 교육 교재를 통해 활성화되었다. 이 당시 출판된 대중독자를 염두에 둔 시조보급교재를 들어보면 다음과 같다.

편저자	시조집	출판사, 발행연도	비고
김안서	『애송시조집』	숭문사, 1946	
최영해	『조선시조집』	정음사, 1946	
정태진 편	『아름다운 강산』	신흥국어연구회, 1946	
주왕산 교정	『청구영언』	통문관, 1946	
함화진	『증보 가곡원류』	조선문화관출판부, 1946	종로인문사, 1943 초판
유창돈	『해설순국시조집』	건국사, 1948	
고정옥	『고장시조선주』	정음사, 1949	
안자산	『시조시학』	교문사, 1949	조광사, 1940, 초판
김삼불 교주	『해동가요』	정음사, 1950	

안자산의 『시조시학』은 1940년 조광사에서 발행된 것을 1949년 교문사에서 다시 펴낸 것이다. 『시조시학』의 재출간은 민족문학의 한 영역으로 시조의 위상을 다시 정립시키고자 하는 시대적 요청과 관련이 있었다고 할 수 있다. 고정옥은 『고장시조선주』를 통해 사설시조의 특성과 원리를 요약하고 사설시조 작품에 대한 주해(註解)를 시도하였다. 『청구영언』과 『해동가요』, 『가곡원류』 같은 조선후기 가집과 각종 대중용 시조집의 잇단 발간은 해방 직후 시조 흥성의 발판을 마련하는데 기여하였다고 할 수 있다.

한편 시조 보급을 목적으로 출판된 대중용 시조교재 선집들로 『애송시조집』과 『조선시조집』, 그리고 『아름다운 강산』 등이 있다. 이러한 시조선집 내지 시조 교재류 책자들에는 편찬자의 입김이 강하게 개입된다. 이들은 『청구영언』이나 『해동가요』, 『가곡원류』와는 다르게 해방기 시조 편찬자의 시각에 의해 새로 구성되었다. 이러한 시조

교재의 편찬에는 결국 대표 시조 정선이란 구성원리가 작동되었다고 할 수 있다. 이들 책자들은 지금까지 큰 주목을 받지는 못하였지만 시조가 정전으로 선택되는 과정을 보여주고 있기 때문에 시조교육사 내지 국어교육사에서는 중요하게 다루어질 필요가 있다. 대표 시소선 내지 명 시조선 형식으로 각종 정선 시조집이나 시조교육 교재에 시조가 자주 실리다 보면 자연 이것이 국어교재에 실릴 가능성 또한 상대적으로 높아지기 때문이다.

『애송시조집』은 일제강점기의 가투(歌鬪)인 「시조노리」와 유사한 형태로 100여 편의 시조를 선정, 배열하고 있어 주목된다. 「시조노리」가 시조대중화를 위한 놀이의 자료였다면, 『애송시조집』은 시조 보급의 효과를 노린 대중용 책자였다고 할 수 있다. 『애송시조집』의 내제지에는 김안서 선(選), 조병덕 화(畵)로 되어 있지만 실제 김안서가 시조 선택에는 관여하지 않고, 편집 겸 발행자인 한용선(韓鏞善)이 대부분 선(選)한 것으로 되어 있다.[19] 조병덕의 삽화에 시조 1편씩을 배열하고 있는데 이 형식은 일제강점기에 유행하던 「시조노리」의 모양과 유사하다. 가투(歌鬪)인 「시조노리」에 사용되는 시조가 100수인데 『애송시조집』 또한 100수를 정선하여 싣고 있다.[20] 이 책에 실린 시조들은 고시

19) "시조형의 현대적 가치는 여하간 이번 한군이 애송시조 백수를 뽑아서 두 번 다시 지나간 옛날을 돌아보려는 것을 나는 동호(同好)의 한 사람으로 대단히 기뻐합니다. 이 백수(百首)가 지금의 젊은이들에게 더구나 국어로서의 시가를 사랑하는 이들에게 주는 바가 있달시면 나는 진정한 의미로서의 선자(選者)로 한군(韓君)의 이 사업은 뜻이 깊어 그야말로 구슬의 값은 아는 이라야 안다고 할 것이외다."(김안서 선, 「서」, 『애송시조집』, 승문사, 1946)

20) '가투(歌鬪)'는 읽는 짝과 집는 짝이 일백 장으로, 집는 짝 일백 장을 두 명이면 두 명, 세 명이면 세 명이 똑 같이 나눠 가지고 있다가 다른 한 명이 가투의 읽는 짝을 읽으면 그 종장을 먼저 손으로 집어내는 이가 그 한 장을 먼저 따는 식이다. 1925년에 만들어진 '가투'는 그 체제와 판형을 한동안 유지하다가 명칭을 '시조노리'로 바꾸고, 종래 수요자들의 관념 때문에 '일명 가투'라 부기한 것으로 여겨진다. 이 당시의 여러 광고를 참조해 보고, 남아 있는 실물을 참조해 볼 때 1935년 한성도서에서 '시조노리' 카드를 발행한 것으로 추정된다.(임선묵, 「시조민속으로서의 시조놀이」, 『증보 개정 시조시학

조이지만 애송시 100수를 선정하여 '국어로서의 시가' 가치를 드러내 보이고자 하였다. 『애송시조집』은 김안서의 말처럼 젊은이들에게 우리말을 교육시키기 위한 목적과 연관된 시조문학 교재라 할 수 있다. 이러한 시조집의 형태는 일제강점기에도 이미 발간된 바 있다. 최남선의 『시조유취』(1928)나 조선문학전집의 제1권으로 출판된 신명균 편, 이병기 교열의 『시조집』(중앙인서관, 1943) 등이 그것이라 할 수 있다. 그러나 이들 책들은 『해동가요』나 『청구영언』, 『가곡원류』 등 시조집 여러 권을 참고하여 첨삭한 것에 지나지 않는다. 일제강점기 중앙인서관에서 나온 『시조집』의 두께가 '색인' 14쪽, '난어(難語)해설' 12쪽란을 제하고도 304쪽이나 된 반면에, 해방직후에 나온 『애송시조집』은 100쪽의 포켓 사이즈(가로, 세로 10×15센티)로 애송시조 100수의 시조만 정선한 것이라 교육적 효과가 훨씬 컸다고 할 수 있다. 특히 『애송시조집』의 경우 시조 한 편마다 삽화와 시조를 적절히 배치함으로써 독자들의 시조에 대한 흥미를 배가시켰다. 이처럼 『애송시조집』은 단순한 고시조집 편찬 차원이 아니라 시조를 독자 대중에게 가까이 다가가게 하기 위한 다양한 전략을 사용하고 있다는 점이 주목된다. 결국 이 책은 시조를 생활 속의 문학 장르로 부각시키기 위한 '애송(愛誦)'이란 표제를 사용하고 있는 바, 시조의 대중화 작업과 관련된 시조문학교재라 할 수 있다. 해방기 시조 논자들은 해방된 조국에서 '국어'로서의 시가의 대표적 장르로 시조를 들고, 그것을 통해 우리말 교육을 시도하였다고 할 수 있다. 『애송시조집』의 경우 시조 100수의 선정 잣대가 무엇인지는 분명히 나타나 있지 않지만 '애송'이란 표제에서 즐겨 낭송하거나 암송하기 쉬운 시조를 택하였음을 알 수 있다. 그러하였기에 자연 사설시조나 연시조 등은 선택에서 배제될 수밖에 없었다.

서설』, 단국대 출판부, 1981, 294~305쪽 참고)

최영해가 편한 『조선시조집』(정음사, 1946)은 일제강점기 중앙인서관에서 발간된 『시조집』과 별반 큰 차이가 없다. 그러나 시조 종류나 작품 편수가 훨씬 집약, 축소되어 있다. 『조선시조집』은 대중 독자를 염두에 둔 정선된 시조집으로서 그 기능을 다하였다고 할 수 있다. 한편 정태진이 편한 『아름다운 강산』(신흥국어연구회, 1946)은 '조선향토예찬'이란 표제를 달고 있는 시가집이다. 조선어학회의 정태진이 정선한 이 책은 현대시 38편, 고시조 65편, 한시 13편으로 이루어져 있다. '조선향토예찬 아름다운 강산'이란 표제어나 '조선어학회 정태진 추림'이란 글을 조합해 보면 『아름다운 강산』은 우리의 국토를 노래한 대표적인 시가를 선정하여 모아 놓은 책이라 할 수 있다. 그중에서도 고시조가 상당 부분을 차지하고 있어 주목된다.

이 당시 대중용 준(準) 국어 교재를 통해 시조의 정전 선택 과정을 더욱 분명히 보여주는 것은 문학독본류 책들이다. 해방기에 '독본'의 이름을 달고 나온 책으로는 이태준의 『상허문학독본』(백양당, 1946), 정지용의 『지용문학독본』(박문출판사, 1948), 김정환 편의 『현대문화독본』(문영당, 1948), 양주동이 편한 『민족문화독본』(청년사, 1946), 정렬모가 편한 『한글문예독본』(신흥국어연구회, 1946) 등이 있다. 이 중 양주동과 정렬모의 책이 시조문학 교육과 관련지어 볼 수 있는 독본류 교재라 할 수 있다. 양주동의 『민족문화독본』과 정열모의 『한글문예독본』이 대중적인 교육과 계몽을 목적으로 한 교재류 책이다. 양주동과 정열모의 '독본'을 통해 시조가 문학선집에 담기는 과정을 살펴볼 수 있다.

양주동이 편한 『민족문화독본』 상·하권은 시, 시조, 수필, 논설 등을 정선하여 국어 준교재 형식으로 만든 것으로 해방 이후 상당 기간 그 영향력을 미쳤다고 할 수 있다.[21] 『민족문화독본』 상권(1946, 청년사)에는 현대시가 17편(이하윤의 「고향」, 박종화의 「비로봉」, 조지훈의 「승무」, 김광섭의 「조국」, 정지용의 「춘설」, 「향수」, 김정식의 「진달래」, 「가는 길」, 「님의 노래」, 「먼 후일」, 「금잔디」, 「엄마야 누나야」, 유치환의 「식목제」, 박두진의 「개미(蟻)」, 「복사꽃이 피었다」, 김기림의 「무지개」, 「바다」), 현대시조가 3편(이은상의 「송도노래」, 안재홍의 「백두산 등척」 수필 중 실린 일부 시조, 변영로 「백두산 갔던 길에」), 『민족문화독본』 하권(청년사, 1946)에는 현대시가 12편(김기림의 「새나라송」, 「세계에 웨치노라」, 「우리들의 8월로 돌아가자」, 박종화의 「석굴암 대불」, 「십일면 관음보살」, 「영종(靈鍾)」, 「청자부」, 「백자부」, 정지용의 「백록담」, 「해협」, 「다시 해협」, 김광섭의 「해방의 노래」), 현대시조가 12편(이은상의 「금강행」, 이병기의 「난초」, 「파초」, 「매화」, 「수선」, 「서향(瑞香)」, 정인보의 「순국선열추념문」에 삽입된 시조 6편) 등이 실려 있다. 『민족문화독본』은 체제가 일련번호도 없이 글의 제목이 나열되는 식으로 구성되었다. 차례의 제목을 중심으로 보면 현대시조보다 현대시가 더 많은 비중을 차지하고 있어 시조는 상대적으로 적어 보인다. 그러나 실제 배치된 수는 그리 크게 차이가 나지 않는다. 그렇다면 고시조는 왜 한 편도 실리지 않았는가?[22] 이는 『민족문화독본』의 구성방침과 관련되어 있다고 볼 수 있다. 글의 필진을 살펴보면 모두 편집자인 양주동과 같이 활동한 당대의 사람들이다. 그런 결과 자연 이은상, 이병기, 정인보 등 현대시조 작가들의 작품이 주로 선택될 수밖에 없었던 것이다.

반면 정렬모의 『한글문예독본』(신흥국어연구회, 1946)은 해방 이듬해 순한글 문예를 정선하여 만든 독본류 책이다. 『한글문예독본』의 첫 권을 보면 전체 39단원 중 시조가 2단원이다. 또 '23. 정몽주' 단원에

---

21) 양주동의 『민족문화독본』(하)권 4판의 판권란을 보면 1946년 11월 5일에 초판 발행되었으며, 1948년 4월 5일에 4판이 발행된 것으로 되어 있다. 거의 1년 반 만에 4판을 발간하였으니 『민족문학독본』이 이 당시 우리 말과 우리 글에 대한 대중 독자들의 욕구에 상응한 교재였음을 알 수 있다.

22) 물론 김성칠의 「육신묘」 부분에 성삼문, 박팽년, 이개, 유응부 등의 시조가 실려 있기는 하나 이는 육신묘란 글을 써가는 와중에 인용한 것에 불과하다.(김성칠, 「육신묘」, 『민족문화독본』 상(양주동 편), 청년사, 1946, 20~27쪽 참고)

그의 '단심가'가 실려 있다. '단심가'까지 합쳐 이 책에 실린 고시조는 전부 7수이다. 그런데 이 책에는 양주동의 책과는 다르게 현대시조가 단 한 편도 실려 있지 않아 이채롭다.

지은이	고시조	비고
길재	오백년 도읍지를~	평시조
원천석	흥망이 유수하니~	평시조
정몽주	이몸이 죽어죽어~	평시조
이황	고인도 날 못보고~	평시조
이황	청산은 어찌하여~	평시조
박팽년	가마귀 눈비 맞아~	평시조
작가 미상	남은 다 자는 밤에~	평시조

위의 도표는 『한글문예독본』에 실린 시조로 절개나 회고, 면학을 노래하는 시조들이 대부분이다. 주로 유학의 이념을 반영하고 있는 시조들이라 할 수 있다. 『민족문화독본』이나 『한글문예독본』은 현대시조와 고시조 중 어떠한 작품이 정선되어 시조문학교재 내지 국어교재에 실리는지를 보여준다. 물론 이러한 작품 선정의 배후에는 편찬자 나름대로의 문학관이나 시조를 보는 시각, 또 이 당시 사회의 요구 등이 은연중에 깔려 있다고 할 수 있다. 편찬자가 어떤 시조를 선택, 수록할 것인가라는 고민의 과정을 통해 시조 정전은 탄생된다. 누구나 애송하는, 대표적인 시조를 선택하고 싶은 욕구와 교재 편찬 당시의 사회나 독자들의 요구가 적절히 배합되어 시조 텍스트가 시조문학교재에 수록된다고 할 수 있다.

2) 시조 텍스트의 수용과정과 국어 교재

『민족문화독본』이나 『한글문예독본』은 '민족문화'를 바탕으로 첫 걸음을 디딘 해방기 국어교육의 준교재로서 독특한 영역을 구축하고 있었다. 반면 김종식의 『시조작시법』(대동문화사, 1948)은 해방기 시조문학 교재의 구체적 모습을 보여준다. 특히 이극로의 서문은 해방기 현실에서 시조의 위상을 잘 보여주고 있어 주목된다.

> 시조는 조선민족의 고유한 문학이다. 그러나 이것을 잘 연구하여 그 짓는 법이나 알아보는 법을 밝히지 못한 것은 우리 학술계의 노력이 부족하였던 것을 그대로 나타낸 것이다. 그런 가운데 해방이 되어 국학과 국민예술을 장려하게 되고 또 시조 부르는 법을 많이 배우고 있다. 그리하여 국민의 정서를 아름답게 하며 깨끗이 하여 평화스럽고 원만한 인간성을 이루고저 하는 빛이 보인다. 이때에 마침 김종식 님이 여러 해 동안 이 방면을 연구하여 이 시조에 대한 책을 내어주시니 이것으로써 누구나 시조 짓는 법과 알아보는 법을 알게 되었다.[23)]

이극로는 서문에서 두 가지 논점을 제시하고 있는 바, 하나는 해방으로 인해 '국학과 국민예술' 장려의 한 차원으로 시조가 부각되고, 시조가 국민의 정서를 아름답게, 깨끗이 하여 평화스럽고 원만한 인간성을 이루게 한다는 것이요, 또 하나는 『시조작시법』이란 교재가 대중들에게 시조 짓는 법과 알아보는 법을 쉽게 알려주는 책이라는 것이다. 이는 『시조작시법』이 학술용 책이 아닌 대중용 시조문학교재로서의 성격을 갖고 있음을 보여준다. 또한 "시조를 배우고 닦는 것이

---

23) 이극로, 「머리말」, 『시조작시법』(김종식), 대동문화사, 1948, 3쪽.

조선을 아는 길이며 조선을 찾는 길이며 조선을 사랑하는 길"[24)]이란 김종식의 말도 조선 사람과 시조의 관계를 언급한 것이다. 이를 통해 볼 때 이 책은 해방기 현실에서 독자 대중들이 쉽게 시조를 배울 수 있도록 만든 교육용 교재임을 알 수 있다. 이 책은 시조의 유래, 조율(調律), 시조시형의 종류, 자수, 시조구조(時調句調) 종류, 수사법을 81편의 고시조를 활용하여 설명하고 있으며, 새시조 편에서는 이은상, 안재홍, 이극로, 이병기, 정인보, 장두한(張斗翰), 조운, 영규(嶸叫), 김상옥, 김송파(金松坡) 등의 현대시조를 소개하고 있다. 이들 시조들은 모두 기존의 고시조집이나 현대시조집, 독본류 책 등에서 선정하여 가져온 것이다. 고시조의 경우는 항목의 설명에 적절한 고시조를 가져왔지만 현대시조의 경우는 선정된 시조의 출처를 보여주고 있어 이러한 시조들이 선정되어 수록되는 과정을 보여주고 있어 흥미롭다. '새시조'란에 실린 현대시조의 제목, 작가, 그 출처를 제시해 보면 다음과 같다.

지은이	제목	출처	비고
이은상	「선죽교」	『민족문화독본』	
안재홍	「천지가에서」	『아름다운 강산』	
이극로	「한양의 가을」	『해방기념시집』	
이병기	「수선」	『민족문화독본』	
정인보	「애국열사를 생각고」	『해방기념시집』	
장두한	「촉석루」	『아름다운 강산』	
조운	「선죽교」	『조운시조집』	
영규	「조선의 노래」	당선시조	
김상옥	「눈」	시조집 『초적』	

위의 도표를 살펴보면 『시조작시법』에 실린 현대시조는 조운, 김상옥, 영규의 시조를 빼고는 모두 2차 자료에서 가져온 것이 눈길을 끈

24) 김종식, 「자서(自序)」, 『시조작시법』, 대동문화사, 1948, 5쪽.

다. 『해방기념시집』, 『아름다운 강산』, 『민족문화독본』에서 1차적으로 선정된 시조들이 다시 『시조작시법』에서 선정되고 있음을 보여준다. 『시조작시법』은 시조가 정전화 되어가는 과정 속에서 중복적인 작품 수록의 양상을 보여주는 좋은 예라 할 수 있다.[25] 편자에 의해 중복 수록되는 시조는 시조문학 교재 내지 국어교과서에 실릴 가능성이 그만큼 더 높아진다고 할 수 있다. 이는 시조문학교재 내지 문학독본류 책자에서 선택된 시조가 다시 국어교과서에 실릴 가능성이 많다는 것을 보여준다.

해방기 국어교재 중 가장 중심이 되는 것은 군정청 학무국 발행의 『초등국어교본』이나 『중등국어교본』, 또 문교부 발행의 『중등국어』이다. 이 시기 국어교육의 방향성을 드러내는 중요 지침은 1946년 9월 1일 미군정청 편수국에서 발표한 '국민학교 국어과 교수요목'을 통해 살펴볼 수 있다. 이 가운데 '교수요지'[26]는 이후 전개될 국어교육에서 국어의 위상과 역할을 미리 규정한 것이라 할 수 있다. 이를 '교수사항'과 관련시켜 보면 교수요지는 언어사용기능인 읽기, 말하기, 듣기, 짓기, 쓰기 등을 강조하면서도 국어와 국민성의 관계, 국어문화,

---

25) 김종식은 이어서 한국전쟁 중 『대표시조 200수 정해』를 펴낸 바 있는데, 그 머리말에서 엮음의 변을 다음과 같이 밝히고 있다. "시조는 우리 민족의 자랑이다. 그것은 천년이라는 긴 세월을 두고, 우리 민족의 정서에 가장 정려된 시형으로 우리 선조들이 가장 많이 애송하여 왔기 때문이다. 지금까지 전하여진 시조 수는 약 이천 수 가량되며 작자도 약 이백 명이나 된다. 이 시조들은 모다 귀중한 작품이겠지만 그 중 가장 세상에서 널리 애송되고 보급되어 있는 시조 중에서 이백 수를 골라서 가장 쉽게 풀어서 대중에게 널리 펴는 것은 시조도를 위하여 우리의 국문학을 발전시키기 위하여 매우 보람 있는 일이라고 생각하여 이 책을 엮었다."(김종식, 「머리말」, 『대표시조 200수 정해』, 대동문화사, 1952, 1쪽)

26) "국어는 일상생활에 필요한 말과 글을 익혀, 바른 말과 맞는 글을 잘 깨쳐 알게 하고, 또 저의 뜻하는 바를 바르고, 똑똑하게 나타낼 수 있도록 힘을 길러주고, 아울러 지혜와 도덕을 북돋우어 국민된 도리와 책임을 깨닫게 하며, 우리 국민성의 유다른 바탕과 국문화의 오래 쌓아 온 길을 밝히어, 국민정신을 담뿍 길러내기에 뜻을 둔다."(미군정청 편수국, 「국민학교 국어과 교수요목」(1946.9.1), 교육부(2000), 『초 · 중 · 고등학교 국어과 · 한문과 교육과정 기준』(1946~1997), 5쪽 재인용)

국민정신 함양 등을 국어교육에 연계시키고 있다. 국어에 대한 이러한 인식은 1955년 제1차 교육과정이 제정, 공포되기 이전까지 국어교육을 관통하는, 국어 교재 구성의 저변에 작용한 근본 원리가 되었다고 할 수 있다. 이 당시 국어교육은 '국어교육의 당면문제'[27]란 표세를 달고 있는 단행본이나 일부 글 제목처럼 많은 문제를 안고 있기도 했지만, 국어는 도구교과로서 모든 교과의 중심에 있으면서 국가의 이데올로기를 간접적으로 전달하고 있는 교과였다. 미군정청 발행의 『초등국어교본』, 『중등국어교본』에서 정부 수립 전후, 문교부 발행의 『초등국어』, 『중등국어』, 『고등국어』 등으로 넘어가면서 국어 교재의 이념적 지향은 더욱 초점화된다고 할 수 있다. 해방기 국어교재의 구성도 초창기의 문자보급, 우리말 우리글 바로쓰기 등 국문인식이나 계몽의 기획 수준에서 국어, 국민, 국가 이데올로기의 간섭을 차츰 받고 있음을 보여준다. 해방기 군정청 문교부에서 발간된 『중등국어교본』 (상), (중), (하)권과 문교부에서 발간된 『중등국어』 ①~⑥에 실린 시조문학 텍스트를 살펴보면 다음과 같다.

『중등국어교본』 (상), (중), (하)권에 수록된 시조문학 텍스트

교재명	수록된 시조	비고
중등국어교본 (상)권 1946.9.1	11. 고시조	
	동창이 밝았느냐(남구만)	고시조
	묻노라, 저 선사야	고시조
	간 밤에 부던 바람(정민교)	고시조
	추강에 밤이 드니(월산대군)	고시조
	지당에 비 뿌리고(조헌)	고시조
	샛별 지자 종다리 떳다(이명한)	고시조
	청강에 비 듣는 소리(효종대왕)	고시조
	27. 고시조	
	남이 해할지라도(이정진)	고시조
	까마귀 검다하고(이직)	고시조

27) 조윤제, 『국어교육의 당면문제』, 문화당, 1947; 이희승, 「국어교육의 당면문제」, 『새교육』 2, 대한교육연합회, 1949.

	고인도 날 못 보고(이황)	고시조
	하늘이 높다 하고(주의식)	고시조
	마을 사람들아(정철)	고시조
	듣는 말 보는 일을(미상)	고시조
	전원에 봄이 드니(미상)	고시조
	태산이 높다 하되(양사언)	고시조
	32. 가을(이병기)	현대시조
	36 가고파(이은상)	현대시조
중등국어교본 (중)권 1947.1.10	6. 고시조	
	산촌에 밤이 드니	고시조
	북소리 들리는 절이(미상)	고시조
	문닫고 글 읽은지(이정진)	고시조
	추강 밝은 달에(김광욱)	고시조
	춘산에 눈 녹인(우탁)	고시조
	한 손에 막대 잡고(우탁)	고시조
	짚 방석 내지 마라(한호)	고시조
	23. 마음	
	아차산	현대시조
	39 고시조와 노래	
	질가마 좋이 씻고(김광욱)	고시조
	네 집이 어디메오(미상)	고시조
	우는 것이 뻐꾸기냐(윤선도)	고시조
	오려 고개 숙고(미상)	고시조
	어부사 (윤선도)	고시조
중등국어교본 (하)권 1947.5.17	5 고시조	
	단심가(정몽주)	고시조
	삭풍은 나무 끝에(김종서)	고시조
	장백산에 기를(김종서)	고시조
	한산섬 달 밝은(이순신)	고시조
	구레 벗은 천리마를(김성기)	고시조
	녹초 청강상에(서익)	고시조
	벽상에 걸린 칼이(김진태)	고시조
	십년 가온 칼이	고시조
	12. 적벽유	
	벽년도 잠깐이요(이은상)1	현대시조
	노 저어라	현대시조
	적벽이 어떻더뇨	현대시조
	25 가신님(정인보)	현대시조

『중등국어』 ①~⑥에 수록된 시조문학 텍스트

교재명	수록된 시조	비고
문교부, 『중등국어』 1, 조선교학도서주식회사, 1948.1.20	14. 고시조 고인도 날 못 보고(이황) 내해 좋다 하고(변계량) 잘 가노라 닫지 말며(김천택) 24. 봄(이병기) 봄(이은상) 30. 봉숭아, 분꽃, 봉숭아(김상옥) 41. 가고파(이은상) 47. 천마산협(이병기)	 고시조 고시조 고시조 현대시조 현대시조 현대시조 현대시조 현대시조
문교부, 『중등국어』 2 속판, 조선교학도서주식회사, 1948.8.19	11. 시조를 묻는 편지(김상옥, 이병기 34. 고향생각(이은상)	현대시조 현대시조
문교부, 『중등국어』 ①, 조선교학도서주식회사, 1950.4.25	9. 가고파(이은상) 13. 봉숭아(김상옥) 29. 옛시조 삭풍은 나무 끝에(김종서) 한산섬 달 밝은 밤에(이순신) 장검을 빼어 들고(남이)	현대시조 현대시조 고시조 고시조 고시조
문교부, 『중등국어』 ②, 조선교학도서주식회사, 1949.8.29	21 고향생각(이은상) 33. 옛시조 네 집이 어드메오 북소리 들리는 절이 마천령 올라 앉아 말 없는 청산이요	현대시조 고시조 고시조 고시조 고시조
문교부, 『중등국어』③, 조선교학도서주식회사, 1949.8.29	3. 고산과 시조문학 4. 오우가 25. 적벽놀이(이은상) 26. 시조 두 편 계곡(이병기) 가섭봉(이병기)	평문 고시조, 연시조 수필 중 일부 현대시조 현대시조 현대시조
문교부, 『중등국어』④, 조선교학도서주식회사, 1950.4.5	8. 오륙도(이은상) 성불사의 밤(이은상) 11. 풍파에 놀란 사공 풍파에 놀란 사공(장만) 안빈을 싫이 여겨(김천택) 공명을 즐겨 마라(김삼현) 홍진을 다 떨치고(김성기) 이런들 어떠하며(이황) 15. 매화사(정인보) 27. 산중신곡에서(윤선도)	현대시조 현대시조 고시조 고시조 고시조 고시조 고시조 현대시조, 연시조 연시조

문교부, 『중등국어』⑤, 조선교학도서주식회사, 1949.10.15	1. 장엄한 대 백두(안재홍) 3. 금수청산 말이 놀라거늘(미상) 두류산 양단수(조식) 마천령 올라 앉아(송계연월옹) 설악산 가는 길에(조명리) 천산에 눈이 오니(이정보) 청산도 절로 절로(송시열) 18. 어부사 춘, 하, 추, 동(윤선도)	수필 중 일부 현대시조 고시조 고시조 고시조 고시조 고시조 고시조 고시조, 연시조

환희와 감격, 이상이 좌절되어가는 냉혹한 해방기 현실 속에서 시조의 정전화 과정에 끼어든 이데올로기는 국가 관념이며, 새나라 건설에 도움되는 주된 덕목들임을 알 수 있다. 국어문화, 국민정신 함양이란 새로운 덕목을 국어교재에 반영시키는데 시조는 민족문화유산이란 특성 때문에 쉽게 정전으로 구성될 수 있었다. 위의 표는 고시조와 현대시조가 1946~50년 사이 국어교재에 한 번도 빠지지 않고 중요 단원으로 배치되고 있음을 보여준다. 한편 『초등국어교본』 (상), (중)권에는 시조가 배치되지 않고 (하)권에만 고시조 7편이 실려 있다. 이는 『초등국어교본』 (상), (중)권이 우리말 우리글을 배우기 위한 기초적 학습교재의 형태를 띠고 있는 것과 관련이 있다. 『초등국어교본』 (하)권부터 『중등국어교본』 (상), (중), (하)권에 시조는 반드시 등장하는 학습 제재였다. 『중등국어교본』 (상)권에 고시조 15편, (중)권에 고시조 12편, (하)권에 고시조 8편이 실려 있다. 『중등국어교본』 (상)권에는 이병기, 이은상, (중)권에는 이병기, (하)권에는 이은상, 정인보 등의 현대시조가 실려 있다. 이 당시 시조문학교재나 문학독본류 책에서 현대시조가 상당한 비중을 차지하고 있던 것과는 상반되게 국어교재에 실린 시조 텍스트는 고시조, 그 중에서도 평시조 중심으로 구성되고 있음이 주목된다. 이는 시조의 현대화란 시조담론의 부상에도 불구하고 실제 국어교재가 구성될 때에는 현대시조보다 고시조가 쉽게 정전으로 채택되고 있음을 보여준다. 이는 고시조가 시대적 변

화에 상관없이 쉽게 고전으로서의 가치와 속성을 지니고 있었기에 가능한 일이었다. 이후 국어교재 구성의 과정에도 시조는 우익의 보수 이념을 전달하는데 큰 무리가 없는 제재였기에 계속 확장되어 나갈 수 있었다. 1948년 대한민국 정부 수립 이후부터 한국전쟁기까지 국어 교재에 호명된 국가, 국민담론은 텍스트의 곳곳에 배치된다.[28] 시조 텍스트의 경우에도 일부 작품 목록의 변화가 일어나긴 하나 크게 바뀌지는 않는다. 다만 현대시조시인들의 작품들이 『중등국어교본』에 비해 문교부의 『중등국어』 ①~⑤(조선교학도서주식회사)에 오면 좀더 배치되는 비율이 늘어난다. 이은상의 「가고파」, 「고향생각」, 「적벽놀이」, 「오륙도」, 「성불사의 밤」, 김상옥의 「봉숭아」, 이병기의 「계곡」, 「가섭봉」, 정인보의 「매화사」, 안재홍의 시조 등이 그것이다. 그러나 국어교재에 수록된 현대시조의 제재 또한 국토나 자연, 고향에

28) 국민, 국가 담론과 시조의 관계를 잘 보여주고 있는 책으로 이태극의 『국민사상과 시조문학』(국립국민사상연구원, 1955)이 있다. 이 저서 자체가 국립국민사상연구원에서 발간된 것으로 사상총서 4번째 책이다. 『국민사상과 시조문학』은 주로 시조문학을 통해서 본 국민사상의 문제를 다루고 있다. 이 책은 국민사상과 관련된 충효, 신애(信愛), 우국개세(憂國慨世), 자유협동, 면학수득(勉學修德) 등 10개의 항목을 중심으로 시조를 간략히 논하고 있다. 이태극은 6·25전쟁과 문명의 전환 속에 국민의식의 고취가 필요하다고 보고 시조에서 민족정신을 찾아보고자 하였던 것이다. 시조문학을 통해 흐르는 국민들의 사상 내지 정신 또는 생활 태도를 살펴보자는 필자의 의도가 이 책에 잘 드러나 있다. 이는 곧 8·15해방과 6·25전쟁이란 현실 속에 국민정신을 진작시킬 사상적 도구로서 시조가 채택되었다는 것을 의미한다. 이러한 현실은 8·15해방의 "환희와 감격의 물결이 진정되기도 전에 38의 마선(魔線)이 생기고 남북 구역에 각각 외군(外軍)이 진주하여 국토와 민족의 양분은 무론 사상의 분열을 가져오게"(5쪽) 된 현실이다. 그렇다면 이 시기에 국민사상으로서의 시조는 왜 등장하는가? 그것은 시조가 지금까지 "국민생활과 민족사상을 가장 단적으로 표현하였고, 또 시대적으로 그 사상의 변천과 실태들을 잘 그려놓은 것"(8쪽)이라는 인식을 하고 있기 때문이다. 이러한 인식은 시조를 통하여 "민족의 삶의 모습과 이념"을 보게 된다는 것이며, 시조는 격동기에 "국민의 비분과 민족의 통분과 호소와 비애가 가장 솔직하게 표현"되며, "시조를 거울로 국민사상의 거취를 살펴"(8쪽) 볼 수 있다는 것이다. 결국 『국민사상과 시조문학』은 어려운 난국을 타개하기 위해서는 도의교육을 통해 투철한 민족사상을 고취시켜야 한다는 이념하에 국민사상의 선도와 정화의 이념을 시조와 연결시키고자 한 것이라 할 수 있다.

대한 향수를 대상으로 하고 있어 내용적 측면에서 고시조와 크게 다를 바 없다고 할 수 있다. 이처럼 시조 텍스트가 『초등국어교본』, 『중등국어교본』, 『중등국어』 같은 국어교재에 수록되기 시작하면서 그것의 선정과 배치에 교과서 편찬 주체의 이데올로기가 좀 더 강하게 개입되기 시작하였다. 국문 인식이나 초보적인 계몽의 기획 수준에서 차츰 국어, 국민, 국가 이데올로기를 주입시키기 적합한 시조 제재의 선택이 그러한 모습을 잘 보여준다.

한편 해방기 국어교재는 편수국 양해 하에 문교부 발행본의 보충용 내지 부독본 형식의 다양한 교재들로 구성되기도 하였다. 조선어학회의 정태진과 김원표가 편한 『중등국어독본』(한글사, 1946)이나 김사엽의 『신생국어독본 중등용』(경북교육협회, 1946), 『증정 개판 중등 신생국어교본』 1, 2, 3(경상북도 학무국, 1946), 박노갑 편의 『중등국어』(금융도서주식회사, 1949), 사범대학국문학회의 정학모, 손락범이 편찬한 『고급국어』(범인사, 1947) 등이 그것이다. 이들 교재에는 고시조, 현대시조뿐만 아니라 아동들에게 시조의 맛과 묘미를 전달하기 위한 설명글[29]까지 실리게 된다. 이처럼 해방기의 국어교재에 수록된 시조들은 이후 발행되는 국어교재 수록 시조의 예비 정전으로 구성되는 토대가 된다.

---

29) 박노갑이 편한 『중등국어』 3권(금룡도서주식회사, 1949)에 실린 이병기의 '시조연구'가 그 예이며, 『중등국어』 2 속판(조선교학도서주식회사, 1948)에 실린 '11. 시조를 묻는 편지'(김상옥과 이병기 간의 편지글)는 시조 창작의 과정과 퇴고의 과정을 보여주고 있어 흥미롭다.

4. 결론

해방기는 진정한 의미에 있어서 국어교육의 출발기라 할 수 있다. 이중어 글쓰기 상황 속에 조선어가 제2외국어로 전락하였으며, 그것조차 규율과 통제 속에 '국어(일본어) 상용'의 모진 세월 속에 놓여 있던 것이 일제 말기였다. 그러므로 일제의 구속과 압제로부터 벗어난 해방기는 우리말과 우리글에 대한 교육열을 크게 증폭시켰다. 그 결과 『한글 첫걸음』, 『국사교본』 같은 우리말과 우리 역사에 대한 각종 교재가 널리 보급되었다. '출판의 홍수' 시대라 할 만큼 수많은 서적들이 난무하였지만 이들은 계몽과 교육이란 틀을 크게 벗어나지는 않았다고 할 수 있다. 이 시기의 국어 교재들은 우리말, 우리글을 읽고 쓰는 능력을 가르치는 것 외에 민족문화의 보급이란 큰 임무를 수행해야 했다. 그러므로 이 시기 국어교과서와 준(準) 국어교재에는 국어와 민족문화의 속성을 보여주는 여러 텍스트들이 실려 있다고 할 수 있다.

본고는 먼저 국어교육의 중요 제재 중의 하나인 시조가 해방기에 어떻게 대우받고 시조문학교재 속에 정전화 되어 갔는지를 살펴보고자 하였다. 시조는 1920년대 시작된 시조부흥운동을 통해 그 위상이 정립되었음에도 불구하고 해방기의 시조담론은 활발하게 이루어지지 못하였다. 주로 좌담, 비평, 시조집의 서문, 후기 등을 통해 의견이 개진되는 수준이었다. 이태준, 이호우, 김기림, 양주동 등의 시조 논의에서 주목할 것은 시조의 형식이란 것이 내용과 별개의 것이 아니라 형식이 내용에 의해 규제된다는 일원론적 인식을 하고 있다는 점이다. 이들은 또한 시조부흥운동 이후 단절되어 왔던 시조 논의를 다시 재론하면서 '국민시'로서 시조가 가진 위상을 긍정적으로 자리매김하였다. 이러한 시조 담론에 힘입어 고시조의 보급과 현대시조의 창작이 활발하게 이루어졌다. 고시조의 보급은 주로 시조보급용 교재를 중심으로 전파되었고, 현대시조는 각종 시문학 매체나 개인 시조집을 통해 발표되었다. 해방기에 출판된 시조문학교재는 크게 두 종류로 나누어진다. 하나는『청구영언』이나『해동가요』,『가곡원류』처럼 고시조집을 재출간하거나 주해(註解)하는 책들이고, 다른 하나는 대중독자를 염두에 둔 시조 보급형 교재류 책자들이다. 본고에서는 후자를 특히 주목하였는데 그 이유는 편찬자의 기준이나 시각에 맞게 시조가 정선되고 축약되는 과정에서 시조 정전이 탄생된다는 점 때문이었다. 시조 정전은 시조선집 내지 시조선(時調選)의 형태로 시조가 정선되는 과정에 편찬자가 어떤 시조를 수록할 것인가라는 고민의 과정에서 선택된다. 누구나 애송하는, 대표적인 시조를 선택하는 과정은 전적으로 편찬자의 시각이나 기준에 달린 것이다. 그렇지만 되풀이되는 그러한 과정을 통해 시조가 정전화되기 때문에 이 시기에 출판된 많은 시조 보급형 교재는 단순 시조학습교재의 차원을 넘어선다고 할 수 있다. 본고에서는 특히『애송시조집』이나『민족문화독본』,『한글문예독본』 같은 '독본'류 교재와『시조작시법』 등을 주목하였다. 이어 시조 텍스트가『초등국어교본』,『중등국어교본』,『중등국어』 같은 국어교재에 수록되기 시작하면서 그것의 선정과 배치에 교과서 편찬 주체의 이데올로기가 반영되고 있음을 알 수 있었다. 국문 인식이나 초보적인 계몽의 기획 수준에서 차츰 국어, 국민, 국가 이데올로기를 주입시키기 적합한 시조 제재의 선택이 그것이라 할 수 있다. 시조 보급형 교재와 달리 국어교재에 고시조, 특히 평시조 위주의 시조가 많이 실리게 되는 것도 그 때문이다. 국어문화, 국민정신 함양이란 덕목을 간접적으로 국어교재에 실현시키는 데 고시조는 현대시조보다 더 적절한 요소를 갖고 있었다고 할 수 있다. 현대시조 또한 국토나 자연 예찬, 아니면 고향이나 그리운 대상을 노래한 시조들이 많이 교재에 수록되었다.

본고는 인멸되어 가는 해방기 시조문학교재의 현황을 점검하고 그것과 국어교재에 수록된 시조를 정전 구성의 측면에서 조명하였다. 이 시기 다양하게 발행된 초, 중등 국어교재 간 시조의 구체적 목록 비교 및 그것의 위계 문제, 또 한국전쟁 이후 시조의 정전화 양상 등은 후고의 과제로 남긴다.

제4부

현대시 교수학습 방법과 정전

/ 1장 / 교실에서의 시 읽기 단계와 그 확장

/ 2장 / 상호텍스트성을 활용한 시교육의 방법

/ 1장 /

교실에서의 시 읽기 단계와 그 확장

1. 서론

문학교육현장, 즉 교실에서 시 수업을 어떻게 할 것인가 하는 문제는 생각보다 간단하지 않다. 교실에서 교사, 텍스트, 학생이 서로 중층적으로 연결되어 있기 때문에 시 수업의 경우 3개체가 모두 수업의 주된 변인이 되어야 한다. 그런데 학교현장에서 시 텍스트 정전의 위계화가 잘 이루어지지 않은 것은 물론이거니와 시를 가르치는 문학교사나 수용의 주체인 학생 모두 시 수업에 상당한 부담을 가지고 있는 것도 사실이다. 이는 지금까지의 시 수업이 교실에서 올바르게 진행되지 못하여 왔음을 입증하고 있다. 달리 말하면 문학교실에서 학생들의 능동적이고 주체적인 시 읽기가 별반 이루어지지 못하고 있음을 말해준다. 이러한 현행 시 교육의 실태는 "문학의 수용과 창작활동을 통하여 문학 능력을 길러, 자아를 실현하고 문학, 문화 발전에 능동적으로 참여하는 바람직한 인간을 기른다"[1]는 7차 교육과정의 문학교육의 목표에 비추어 볼 때도 그 본질에서 많이 벗어나 있음에 틀림없다. 최근 들어 문학교육에 대한 관심이 증대되고 현행 시 교육에 대한 반성 또한 자주 제기되고 있는 것도 이 때문이다. 이제 문학교육도 외부 지식의 강제 주입이나 부분 지식의 암기를 넘어 작품의 온전한 이해와 감상에 도달하여야 할 시점이다. 그러기 위해서는 목적과 당위를 다시 한 번 꼼꼼히 생각해 보고, 현실 속에서 목적에 맞는 방법을 하나하나 찾아나가야 할 것이다. 시를 읽는 과정 속에서 흥을 되살려 나가기 위해서는 제일 먼저 시를 즐거움의 대상으로 접근해야 한다. 시는 본래 흥, 또는 노래와 관련이 깊거니와 인간의 감정이 지순할 때 저절로 흘러나온 순정한 것이라 할 수 있다. 공자가 말한 '思無邪'의 경지도 바로 이러한 것과 관련이 깊다고 말할 수 있다.

작가가 꿈과 상상력을 통해 작품으로 자신의 세계관을 드러낸다면, 문학교사는 실제 수업을 통해 학생들에게 당위와 이상을 효과적으로 전달하는 역할을 해야 한다. 학생들은 시 수업의 과정 속에서 이해와 감상이란 수용의 터널을 지나 새로운 글쓰기의 단계까지 나아가야 한다. 시 수업 과정의 중심은 물론 시 읽기이다. 그런데 교실에서의 시 읽기는 시 읽기의 단계에 따른 모형[2]을 통해 구체화된다. 이것은 교

1) 교육부고시 제1997-15호, 『고등학교 교육과정(1)』, 교육부, 1997, 80쪽. 한편 문학과목의 목표를 6차 교육과정에서는 다음과 같이 설정하고 있다. ① 문학 일반과 한국문학에 관한 체계적인 지식을 습득하게 한다. ② 문학작품을 즐겨 읽고 감상하게 함으로써 미적 감수성과 문학적 상상력을 기르게 한다. ③ 한국 문학 속에 나타난 민족의 삶과 정서를 이해하며, 이를 토대로 세계 문학 속에서의 한국 문학의 바른 위상과 방향을 추구하는데 이바지하는 태도를 가지게 한다.

2) 일반적으로 교실에서의 모형이란 수업모형과 연결될 수밖에 없는데, 수업모형은 학습자를 고려한 결과 최근 들어 교수·학습 모형이라 불려지기도 한다. 교수·학습 모형이란 "복잡한 수업현상을 기술하고 설명할 수 있으며 나아가 예언할 수 있는 수업의 주요 특징을 간추려 체계화시켜 놓은 형태 또는 전략"(서울대 교육연구소 편, 『교육학대백과사전』, 1999, 1680쪽)이라 할 수 있다. 교사들은 교실 상황 속에서 이용할 있는 여러 수업매체를 가지고 교수·학습 모형을 따라가며 학습목표에 도달할 수 있을 것이다.

실에서 시를 어떻게 읽고 수용할 것인가라는 문제와 연결되는데, 일반 시 읽기의 범주에서 크게 벗어나지 않는다고도 할 수 있다.

본고는 학습자 중심의 교육관을 바탕으로 시 읽기의 모형과 단계, 그리고 그 확장의 모습을 통해 교실에서 실현 가능한 여러 가지 시 읽기 방법을 모색하는데 그 목표를 두고 있다. 2장에서는 현행 시 교육에 대한 문제점 및 방향에 대한 비판적 검토를, 3장에서는 능동적이고 주체적인 시 읽기가 가능하도록 조작한 시 읽기 모형을 개발하고 각 단계별 특성을 서술하였다. 이어 4장에서는 7차 교육과정의 개정방향 가운데 중요 항목 중의 하나인 작품의 수용과 창작이란 측면에 초점을 두어, 3장에서 읽은 시 텍스트를 심화, 확산시킬 수 있는 확장의 다양한 방법들을 제시하였다.[3)]

결국 교수 · 학습 모형은 "교수, 학습에 관한 이론을 기반으로, 교수 · 학습의 효과를 높이기 위한 학습 전략"이나 "교수 전략 등을 통합하여, 정형화한 수업과정이나 절차"(최영환, 『국어교육학의 지향』, 삼지원, 2003, 267쪽)라고 할 수 있다. 교수 · 학습 모형은 이처럼 목표에 도달하기 위한 수업의 절차나 과정을 이끌어 주는 안내도 같은 것이다. 물론 여기서는 전 시간에 걸쳐 이루어지는 교수 · 학습 모형이 아니라 교실에서의 시 읽기 단계에 관한 접근 모형을 다룬다.

3) 7차 문학교육과정의 교수 · 학습 방법 항목의 개정 강조점은 Ⅳ항목 기술의 근거가 된다고 할 수 있는데 직접 관련된 몇 가지를 예시해 보면 다음과 같다. ① 구체적인 작품을 수용하고 창작하는 활동을 하는 가운데 문학능력이 신장되도록 지도하는 데 중점을 둔다. ② 작품의 수용활동은 강의, 강독에 치우치지 말고, 발표, 토의, 토론, 협동 학습, 현장 학습. 감상문과 비평문 쓰기 등 다양한 방식을 적절히 활용하여 지도한다. ③ 작품의 창작 활동은 처음부터 높은 수준을 요구하지 말고 학습자의 요구에 따라 개작, 모작, 생활 서정의 표현과 서사문 쓰기 등의 단계를 거치되, 자신의 삶과 밀접하게 연관되어 지도한다. 특히, 모든 학습자에게 전문적인 문예 작품 창작 활동을 지나치게 강조하지 않는다. ④ 학습자의 심리적, 문화적 요구에 부합되는 관련 텍스트를 효과적으로 활용하여 문학 활동의 폭을 넓히고 이해의 심도를 깊게 하도록 지도한다.(교육부 고시 제1997-15호(별책 5), 『국어과 교육과정』, 교육부, 1997, 154쪽 참고)

2. 시 교육의 문제와 반성

많은 사람들은 요즈음의 시가 어렵다고 이야기한다. 시인들은 기존의 문법 질서를 파괴하고 주관적인 언어의 변주들을 다양한 방식으로 발표하기도 한다. 그래서 일부 사람들은 디지털 시대를 맞아 시의 미래를 걱정하기도 한다. 물론 이러한 우려는 시에 대한 깊은 애정에서 나온 것이다. 시의 모습이 시대의 변화에 부응하여 다양하게 달라져 가는 것은 당연하다. 디지털 문화가 발전하면 할수록 그 역으로 인간과 인간, 인간과 사물의 관계 회복에 대한 필요와 요구가 더 늘어나고, 그것을 해결해 줄 무엇을 찾는다. 인류가 처음 지구상에 정착할 때부터 흥얼거리며 시작하였던 시는 인간의 생활 속에 알게 모르게 깊숙이 침투해 있다. 시는 일반 산문과는 달리 짧고 간결한 말 속에 많은 것들을 함축하고 있다. 이처럼 짧은 말이 많은 사람에게 감동과 울림을 준다는 것은 시가 가진 기능이 분명히 존재하고 있음을 말해 주고 있다.

그러나 지금까지의 우리 문학 교실은 학생들에게 시가 가진 이러한 감동과 울림을 전해주지 못했다. 시 수업 주체의 하나인 교사 대부분은 입시 위주의 교육 정책을 핑계삼아 기존의 주입식 수업방식을 되풀이하였다. 물론 부분적으로 문학적 감수성이 풍부한 일부 교사들이 시에 대한 나름대로의 식견과 감상의 틀을 가지고 창의적인 시 수업을 주도하고 있으나 아직까지 그 방식이 일반화의 과정에는 이르지 못하고 있다. 아직까지 많은 교사들에게 시를 가르친다는 것은 익숙하지 않은 일거리이다. 그러다 보니 의욕을 가진 교사들도 시 수업이 작품에 대한 자신의 인상비평 차원에 머무르기 일쑤이다. 그렇지 않으면 시를 경직되고 고정된 실체로 파악한 결과 기존의 도식적인 해설을 되풀이한다. 시를 생명체 있는 하나의 작품으로 보기보다 시 교육 하면 하나의 해부도를 떠올릴 수밖에 없는 것이 지금까지 우리 시 교육의 실정이었다. 이렇게 되다 보니 교사나 학생 모두에게 시 읽는 즐거움 같은 것은 사라진지 오래이다. 현재 시는 온전한 생명체로서 우리가 접근해가야 할 즐거운 대상이 아니라 극복하지 않으면 안 되는 문제풀이의 한 대상으로 전락하였다.

지금까지 시 교실에서는 역사주의적 접근 방식과 신비평(New Criticism)식 접근 방식이 주된 영향을 발휘하여 왔다. 역사주의 비평은 작품은 도외시한 채, 작가와 그 시대에만 지나치게 치중함으로써 시 수업 내내 작가의 생애를 탐색하거나 그가 산 시대에 빠져 허우적거리게 만들었다. 또 미국에서 도입된 신비평은 작품 자체에 우리의 눈길을 돌리는 데는 성공했지만 지나친 분석과 해체가 시가 주는 감동과 울림을 빼앗아 가버리는 결과를 초래했다. 사실 교사들이나 학생들 대부분은 시를 읽으면서 비유와 상징을 찾아내야 했고, 작가의 생애를 탐색하는 데 많은 시간을 보내야 했다. 물론 작품의 표현기법이나 작가의 생애가 필요 없다는 것이 아니다. 그것이 작품을 이해하는데 중요한 실마리가 되는 것은 주지의 사실이다. 그러나 그 작품이 주는 전체적 의미를 도외시하고 그것만을 부각시키니까 문제가 되는 것이다. 이제 이러한 방식이 가진 여러 문제점을 반성하고 좀더 새로운 시각에서 시에 접근할 필요가 있다. 시는 작자와 독자가 서로 공유하는 소통의 대상이다. 시를 즐거움의 대상으로, 울림과 감동을 주는 동적인 대상으로 볼 필요가 있다. 최근 들어 부각되기 시작한 수용미학, 더 나아가 구성주의 문예학 등은 모두 학습자의 경험 내지 교수·학습 과정의 방법을 강조한 것으로 시 교육의 방향성을 제시하는 것이라 할 수 있다.

7차 교육과정에서 국어과 교육과정의 방향은 크게 "학습자 중심교육, 통합적 접근, 국어 활동의 기본 지식 강조, 자율적이고 창의적인 학습, 다양한 보조 자료의 활용" 등으로 요약되며, 문학 과목은 그 "틀 위에 특히 정의적 영역을 강조하고 학습 결과의 내면화를 중시"하고 있다.[4] 이러한 방향 제시를 시 읽기에 적용하면 시 읽기의 과정이 능동적이고 주체적인 활동이 되어야 함을 말하는 것이라 할 수 있다. 이는 작가—작품—독자의 소통 구조에서 상대적으로 소외되었던 학습자인 학생들이 시 읽기의 중심에 서야 된다는 것을 의미한다. 교육의 방법 또한 학생들의 선경험(先經驗)이나 정서적 체험을 최대한 활용하여 학생들이 작품을 통해 삶과 문학의 총체적 진실을 이해할 수 있도록 하여야 한다.

3. 시 읽기의 모형과 단계

능동적이고 창의적인 시 읽기를 도울 수 있는 시 읽기 모형 및 단계는 어떻게 구안되어야 할까? 학생들이 즐겁게 시의 울림과 감동을 맛볼 수 있도록 하기 위해서는 시를 읽는 방법과 절차 같은 것이 제시되어야 한다. 그러나 그 방법이란 것이 개인마다 다르며, 다소 주관적 성향을 띨 수밖에 없기 때문에 하나의 보편적 틀을 제시하는 것은 쉬운 일이 아니다. 그러나 시 감상에 있어서도 거쳐야만 될 기본적인 절차 같은 것은 있기 마련이다. 이러한 방법이나 절차는 깊이 있는 모색과 다양한 시도 속에서 나올 수 있는 것이다. 시 읽기의 모색 과정은 교실에서 직접 적용할 수 있는 교수·학습 모형을 통해 구체화된다.

4) 우한용 외, 『고등학교 문학(상) 교사용 지도서』, 두산, 2002, 20쪽.

연구자들이나 현장의 문학교사들이 시 읽기의 모형 및 단계를 구안하려는 노력이 계속적으로 필요한 것도 이 때문이다. 시 읽기의 모형은 시 읽기의 과정이 나아가야 할 뚜렷한 목표와 방향을 제시해 준다는 점에서 의미가 있다. 그러나 이러한 모형이 모든 시에 기계적으로 적용된다는 생각 또한 위험하다. 텍스트의 조건이나 독자인 학생의 수준 등 여러 변인이 복합적으로 작용되어 어떤 모형이 결정되기 때문이다. 이 장에서 논의되는 시 읽기의 모형 및 단계 또한 시를 읽는 하나의 절대적인 잣대라기보다 시에 접근해 가는 하나의 통로로 보아야 할 것이다.

본 장에서 시도하고 있는 시 읽기 모형은 신비평이 강조하고 있는 텍스트 '자세히 읽기' 전략의 장점을 대폭 살리면서 학습자인 학생의 주체적이고 능동적인 시 읽기 과정을 중시한 것이다. 연상하기, 상상하기, 경험이나 사전 지식 되살리기 등을 통해 읽기 전 활동을 주목하였으며, 읽은 후 작품 수용의 내면화 과정을 대폭 보강한 것이라 할 수 있다. 이러한 시 읽기 모형은 기존의 지나치게 분석적이며, 수동적인 텍스트 중심의 시 읽기 모형의 한계를 벗어나게 해주며, 동시에 학습자인 학생이 시 읽기의 중심에 설 수 있는 근거를 마련해 준다. 이처럼 시 텍스트는 객관적이고 절대적인 고정 불변체로 객관적으로 존재하는 것이 아니라 주체인 학습자와의 중층적인 관계 속에서 의미가 재구성되어 나간다고 할 수 있다. 학습자가 처한 환경이나 수준 또한 고려의 대상이다. 기본 읽기와 깊이 읽기로 모형을 이중화 시켜 본 것도 그 때문이다.

시 읽기의 과정을 단계별로 정리해 보면 다음과 같은 모형이 만들어질 수 있다.

1) 시 읽기 모형

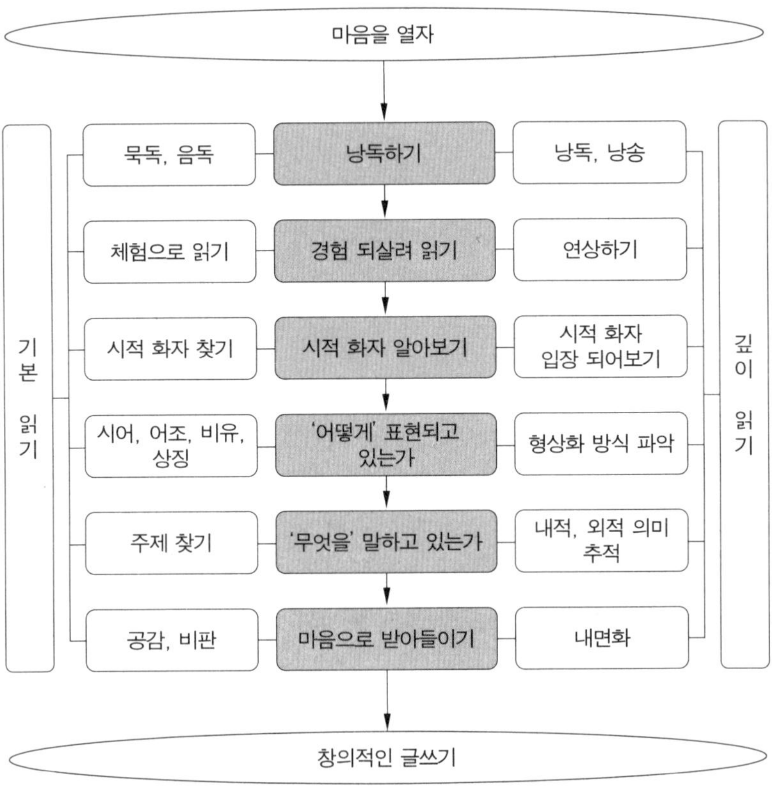

2) 시 읽기 단계

단계 1. **시를 여러 번 읽어 보거나 낭독해 본다.**

시를 읽기 전에 우리는 우선 시에 대해 마음을 열어야 한다. 마음을 연다는 것은 시를 읽을 준비가 되어 있다는 뜻이다.[5)] 시를 받아들일 마음의 준비가 되어 있지 않은 상태에서 아무리 좋은 시를 가져다 놓아도 아무 소용이 없다.

시를 읽을 마음의 준비가 되었으면 자신의 마음을 가라앉히고 조용히 시를 읽어 본다. 읽기는 "여러 부분들의 연주가 모여 심포니 오케스트라를 이루듯" "철자의 지각이나 단어 확인과 같은 여러 하위 기능들이 한데 어울려 통합적으로 수행될 때 일어난다."[6] 읽기 과정을 통해 종이 위에 있던 활자는 시로서 자신에게 다가온다. 이처럼 읽기는 "문자로 기록된 기호를 해독하는 과정이면서 동시에 이해를 위한 의사 소통의 과정"[7]이다. 읽는다는 것은 자신을 텍스트 속에 참여시켜 텍스트와 자신과의 상호작용을 유도하는 것이라 할 수 있다.

> 내가 그의 이름을 불러 주기 전에는
> 그는 다만
> 하나의 몸짓에 지나지 않았다.
>
> 내가 그의 이름을 불러 주었을 때
> 그는 나에게로 와서
> 꽃이 되었다.
>
> — 김춘수, 「꽃」 중에서

---

5) 우선 학생들이 시에 자주 접할 수 있는 학교급별 노력이 필요하다. 학교, 학급, 교과 차원에서 시 읽기 분위기를 미리 만들어 줌으로써 시에 대한 학습자의 마음을 열어 놓을 수 있다. 학교나 학급 차원에서의 「이 달의 명시」, 「이 주일의 명시」 게시는 물론이고, 국어나 문학 교과 시간의 경우 나의 시 수첩 만들기, 나의 애송시 갖기, 좌우명 시 구절 갖기, 시인의 생가나 시비 찾아가기 등의 다양한 수행평가 과제를 통해 학생들이 직접 생활 속에서 시를 체험할 수 있는 기회를 자주 갖도록 하는 것이 필요하다. 이러한 과정을 통해 학생들은 시에 대해 쉽게 마음을 열 수 있는 태도를 갖추게 된다.

6) 노명완 외, 『국어교육론』, 갑을출판사, 1991, 197쪽.

7) 최현섭 외, 『국어교육학 개론』(제2판), 삼지원, 2002, 308쪽.

위의 시처럼 대상을 인식하지 않고 지나가 버리면 그 대상은 나에게 아무 것도 아니다. 아무리 아름다운 시라도 읽지 않고 지나쳐 버리면 그 시는 나에게 어떤 의미로도 다가오지 않는다. 시를 인식하는 과정은 읽는 행위에서 처음으로 시작된다. 조용히 여러 번 읽다보면 시의 실체가 희미하게 다가올 것이다.

순정한 마음으로 겸허하게 시를 대할 때, 시는 비로소 우리를 자신의 세계로 안내한다. 만약 그래도 미흡하면 시를 큰 소리로 낭독해 볼 필요가 있다. 낭독[8]은 우리들이 텍스트와 만나는 첫걸음이라 할 수 있다. 묵독(默讀), 순독(脣讀), 낭독(朗讀)의 과정을 통해 시의 분위기와 정서를 느낄 수 있기 때문이다. 그래서 낭독은 "문자언어를 단지 음성언어로 전환하는 것이 아니라 낭독 자체가 작품에 대한 해석(oral interpretation)"[9]이 되는 것이기도 하다. 낭독을 통해 시는 우리의 육체적 감각 속에 구체적으로 분명히 다가온다고 할 수 있다. 읽거나 낭독하는 행위의 마지막은 암송이다. 반복되는 암송의 과정은 자기의 가슴 속에 시가 차츰차츰 내면화되어 가는 과정이라 할 수 있다. 옛날 우리 조상들이 한시 학습의 중요한 방법으로 암송을 택했던 것도 이러한 이유 때문이었다고 생각된다.

단계 2. **자신의 경험을 최대한 되살려 시상의 흐름과 시 속의 내용을 연상한다.**

---

8) 낭독을 음독과 구분하는 경우도 있다. 즉 낭독은 문자를 처음 소리내어 읽는 음독(音讀)과는 다르다는 것이다. 음독은 문자를 해독하기 위해 음성으로 바꾸고, 그것을 의미와 연결시키는 것으로 읽기 초기 단계에서 주로 사용되며, 낭독은 이러한 음독과는 달리 문자를 음성으로 바꾸면서 정서와 감정을 포함시키는 높은 수준의 소리내어 읽기 방법이므로 글의 의미 이외에 정서적 감상까지 포함시키는 높은 수준의 소리내어 읽기 방법이다. 그러므로 글의 의미 이해 이외에 정서적 감상까지 포함해야 한다는 견해가 그것이다.(서울대 국어교육연구소, 『국어교육학사전』, 대교출판, 1999, 162쪽)

9) 구인환 외, 『문학교육론』(제2판), 삼지원, 1996, 251쪽.

자신의 경험을 최대한 되살려 시를 읽어보는 것이 좋다. 시 속의 상황이나 시적 화자의 처지가 자신이 경험한 것과 동일하다면 그것은 더욱 실감나게 다가올 것이다. 우리는 누구나 기존에 알고 있는 자신의 지식이나 경험을 가지고 새로운 사물을 대한다. 다른 사람의 경험이 자신의 경험과 일치될 때는 이해가 더욱 쉽게 될 것이며, 공감의 정도도 깊어질 것이다. 경험의 공간이 공유되지 않으면 그 시가 그려내고 있는 시적 상황이 이해가 되지 않을 때가 많다. 그러니까 자신의 선지식(先知識)이나 선경험(先經驗)[10]을 최대한 되살려 시를 읽어내려고 노력하는 것이 중요하다.

헤어지자
섬세한 손길을 흔들며
하롱하롱 꽃잎이 지는 어느 날

---

10) 선지식, 또는 선경험은 학습자가 작품을 이해하는데 필요한 사전에 요구되는 기본적인 지식이다. 이러한 지식들은 학습자가 작품을 읽기 전에 미리 작품의 이해와 감상에 작용할 수도 있으며, 작품을 읽는 과정에서 능동적으로 작용하기도 한다. 학습자가 선지식을 활용하게 되면 작품의 이해와 감상은 한결 쉬워진다. 선지식이 하나도 없는 상태에서 학습자가 작품에 대해 총체적으로 이해를 하기란 쉽지 않다. 이는 배경지식이란 개념으로 설명될 수도 있는데 배경지식이란 언어를 통한 의사소통이나 언어적 정보처리의 과정에 임할 때 언어사용자가 기억 속에 이미 가지고 있는 지식을 말한다. 이해에서도 배경지식은 핵심적인 역할을 담당하는데, 이는 스키마 이론에 의해서 잘 설명된다. 독자는 언어 자료의 내용 그 자체를 있는 그대로 받아들이는 것이 아니라 독자의 기억 속에 저장된 배경지식을 이용해 해석하고 추론하여 상세화한다. 언어이해 과정에서 스키마가 하는 핵심적 기능은 사건이나 대상, 상황에 대한 구조화된 해석을 가능하게 하고, 텍스트를 넘어서서 예측을 하게 한다는 데에서 찾을 수 있다. 글의 독해는 곧 글의 여러 요소들과 기존 스키마를 대응하는 구성 과정이라고 볼 수도 있다. 시 읽기에도 독자가 글의 내용을 이해하는데 필요한 스키마를 최대한 활용할 수 있도록 지도하여야 할 것이다. 즉 학생들의 기존 스키마가 끊임없이 자극되고 활용되는 시 수업이 되도록 교사는 안내 활동을 지속적으로 하여야 한다.(서울대 국어교육연구소, 『국어교육학 사전』, 대교출판, 1999, 선지식, 배경지식, 스키마 항목; 노명완, 앞의 책, 220쪽 참고)

나의 사랑, 나의 결별
샘터에 물 고이 듯 성숙하는
내 영혼의 슬픈 눈.

— 이형기, 「낙화」 중에서

이 시는 사랑과 이별을 제재로 하여, 이별의 순간 겪는 아픔이 도리어 영혼의 성숙을 이룩한다는 전언(傳言)을 담고 있다. 만약 우리가 사랑하는 사람을 꽃잎이 지는 어느 날 이별한 경험이 있다고 생각해 보자. 그 이별하는 날 자신의 사랑에게 말은 못했지만 돌아서서 눈물 흘렸던 경험을 가진 사람이 이 시를 읽는다면 이 시는 그렇지 못한 사람보다 훨씬 쉽게 이해될 수 있을 것이다. 더구나 그 이별이 자신이 좀 더 어른으로 성숙하는 단계에서 가져야 했던 아픔이라면 말이다. 이 시를 읽는 순간 이 시인도 나와 똑 같은 경험을 하고 있었구나라는 공감에서 오는 기쁨, 즉 시인과 자신의 경험이 공유됨으로써 오는 상호교감 때문에 독자들은 깊은 감동을 받을 수 있는 것이다.

이 단계에서는 자신의 경험을 최대한 되살려 시를 읽어보도록 지도한다. 구성주의에서 말하는 '경험적 지식'[11]이 중요한 이유도 여기에 있다. 이러한 경험적 지식을 통하여 독자들은 작품을 해석할 수 있는 기반을 갖추는 것이다. 그러므로 독자는 자신의 경험을 최대한 떠올리면서 시적 화자와 경험을 공유하는 접점을 찾도록 노력해 보는 것이 중요하다. 이러한 과정을 통해 시는 우리에게 감동과 울림을 준다.

11) '경험적 지식'이란 문학에 대한 '존재론적 지식'과 대비되는 것으로, 이것은 구성주의적 동향을 바탕으로 한 문학교육론적 관점에서 중요하게 대두되었다. 이들은 지금까지의 문학교육에서처럼 문학에 대한 '존재론적 지식'을 교사가 주입식으로 '가르치는 형태'를 벗어나, 학생 스스로가 주체가 되어 능동적으로 '경험적 지식'을 학습하는 형태로 나아가야 한다고 주장한다.(지크프리트 J. 슈미트 편저, 『구성주의』(까치, 1995), 387쪽; 이상구, 『구성주의 문학교육론』(박이정, 2002), 196쪽 참고)

물론 자신의 경험과 일치하지 않는 시들도 있을 것이다. 이러한 시들은 자신이 미처 느끼지 못했던 또 다른 경험을 제공해 준다는 생각으로, 시를 읽어보자. 그러면 새로운 세계에 대한 인식의 기쁨으로 그 시에 접근해 갈 수 있을 것이다.

단계 3. **시적 화자를 찾아보고 화자의 입장이 되어 작중 상황을 이해한다.**

시적 화자[12]는 시를 이해하는 데 가장 중요한 요소의 하나이다. 시를 읽으면서 시 속에서 말하고 있는 사람이 누구인지 찾아보는 것은 그 사람의 시점에서 시를 읽는다는 것을 의미한다. 시적 화자를 찾았으면 그 사람이 어떠한 처지에 놓여 있는지 곰곰이 생각해 보도록 한다.

엄마야 누나야 강변 살자
뜰에는 반짝이는 금모래빛
뒷문 밖에는 갈잎의 노래
엄마야 누나야 강변 살자

— 김소월, 「엄마야, 누나야」

이 시에서 시적 화자는 어린 사내 아이이다. 그러면 어린 사내 아이는 누구인가? 어린 사내 아이는 시인 김소월이 만들어낸 가면, 즉 탈(퍼스나 : Persona)이다. 김소월은 '집이 없는 시대'에 유년시절의 행복했던 원형적 공간이 회복되기를 꿈꾼다. 그런데 그는 시인 자신의 얼굴

12) 시 속에 등장하는 목소리를 시적 자아, 시적 화자, 서정적 자아, 서정적 주체, 시적 주체, 서정적 주인공 등의 다양한 용어로 사용하고 있다. 이들 용어들은 논자에 따라 서로 혼용되어 쓰이거나, 논자의 개념 규정에 따라 약간씩의 차이를 보이기도 한다. 퍼스나에 대해서는 김준오의 『시론』(삼지원, 1995) 및 『가면의 해석학』(이우, 1987) 참고.

을 드러내지 않는다. 자신이 표현하고자 하는 가장 적합한 인물로 '어린 사내 아이'라는 탈, 즉 가면을 쓰고 이 시의 표면에 나타난다. 이처럼 시적 화자는 시인이 내세운 대리인이라 할 수 있다. 시인이 이렇게 가면을 쓴 것은 시인 자신이 직접 말하는 것보다 가면을 쓴 시적 화자의 입을 빌려 말하는 것이 자기의 의도를 전달하는 데 보다 더 적합하다고 생각했기 때문이다.

시적 화자의 표정에 따라 독자들이 느끼는 정감의 정도는 완전히 달라진다. 그러므로 우리가 시를 읽을 때 시적 화자가 어떠한 표정을 짓고 있는지를 밝혀내는 것은 그 시의 정서를 이해하는 데 상당히 중요하다고 할 수 있다. 그런데 시적 화자는 작품 속에서 다양한 변이의 과정을 보여준다.[13] 작품 속에서 자신의 모습을 완전히, 또는 일부만 드러내기도 하고, 때로는 얼굴을 감추기도 한다. 이처럼 시 속에 존재하는 시적 화자의 존재 양상이나 모습에 따라 시의 느낌이나 어조는 달라지게 된다. 그러므로 시 속에서 화자가 누구이며, 또 어떠한 표정을 짓고 있는지를 찾아내는 것은 시 이해의 중요한 과정이라 할 수 있다. 그 다음 화자가 어떤 상황에 처해 있는지, 그 화자가 자기를 둘러싼 세계를 어떻게 인식하고 있으며, 그런 세계에 어떻게 대처하고 있는지 등을 생각해 본다. 시적 화자가 처해 있는 작중 상황의 이해를 통해 우리는 그 시의 모습에 한층 더 가까이 다가갈 수 있는 것이다.

단계 4. **'어떻게' 표현되고 있는가를 형상화 방식 등을 통해 따져 본다.**

시적 화자의 입장에서 시를 읽어보려고 했을 때 우리는 또 하나의

13) 졸고, 「시적 화자의 변이 양상에 대한 연구」, 『국어교육연구』 27집, 국어교육학회, 1997 참고.

벽에 부닥친다. 그것은 시만이 가지고 있는 독특한 표현 방식이나 낯선 시어 때문이다. 산문과 달리 시는 압축적이고 함축적인 시어를 사용하기 때문에 그 의미를 바로 알아내기 힘들다. 또한 비유나 상징 등을 사용한 경우가 많기 때문에 시를 잘못 읽고 그릇되게 해석하는 경우가 많다. 시에 있어서 언어는 매우 중요한 요소이다. 시인은 언어에 포착된 세상의 모습을 독자들에게 보여주고 있는 것이다. 그 언어의 섬세한 무늬들을 꼼꼼히 읽어보는 것은 신비평의 성과이긴 하지만 작품 이해의 가장 기본이다.[14] 이러한 자세히 읽기의 과정을 통해 시의 언어가 지시하거나 함축하고 있는 의미를 정확히 찾아낼 수 있다. 시어를 자세히 읽어가다 보면 시인이 즐겨 쓰는 말투에 자연 관심이 쏠린다. 그 시인이 구사하는 시의 말투에 따라 시의 느낌이 완전히 달라지기도 한다. 이를 시에서는 어조(語調)라고 하는데, 이는 무엇을 말하거나 대상을 대하는 태도를 의미한다. 어조에 따라 화자가 자기를 둘러싼 세계를 어떻게 대하는지 그 태도가 드러나는 것이다.

> 아이들이 큰 소리로 책을 읽는다
> 나는 물끄러미 그 소리를 듣고 있다
> 한 아이가 소리내어 책을 읽으면
> 딴 아이도 따라서 책을 읽는다
> 청아한 목소리로 꾸밈없는 목소리로
> "아니다 아니다!"라고 읽으니
> "아니다 아니다!" 따라서 읽는다
> "그렇다 그렇다!" 라고 읽으니

14) 시어를 꼼꼼하게 자세히 읽어 내는 것은 시 읽기의 가장 기초적인 단계이다. 일부 학생들이 시어를 잘못 읽고 있는 한 예를 들어보면, "우리가 물이 되어 만난다면 / 가문 어느 집에선들 좋아하지 않으랴"(강은교, 「우리가 물이 되어」)에서 '가문'을 가문(家門)으로 읽는 경우가 발견된다.

“그렇다 그렇다!” 따라서 읽는다
외기도 좋아라 하급반 교과서
활자도 커다랗고 읽기에도 좋아라
목소리 하나도 흐트러지지 않고
한 아이가 읽는 대로 따라 읽는다

이 봄날 쓸쓸한 우리들의 책읽기여
우리나라 아이들의 목청들이여.

— 김명수, 「하급반 교과서」

이 시는 겉보기에는 매우 단순하고 간결한 사실을 전달하고 있는 쉬운 시이다. 하급반 교실에서 아이들이 큰 소리로 책을 잘 따라 읽는 모습을 그려내고 있다. 그러나 이 시를 찬찬히 읽어 내려가다 보면 겉보기와는 다르게 무언가 꼬집고, 비판하고 있는 듯한 느낌을 받게 된다. 겉으로 진술된 것과 이면에 진술된 것이 서로 이반(離反)되어 있음을 알 수 있다. 겉으로는 순종적이고 획일적인 하급반 교실의 모습을 긍정적으로 묘사하고 있는 듯 하지만, 실상은 그렇지 않다는 데 이 시의 묘미가 있다. 우리가 이 시에서 아이러니(Irony)의 어조를 발견하는 것은 이 때문이다. 특히 첫 연과 둘째 연 사이의 “퍼스나의 극적 전환”[15]은 명백한 아이러니가 되게 한다. 시의 어조는 화자의 대상을 보는 태도나 분위기와 밀접한 관련이 있다고 할 수 있다. 또 작가에 따라 그가 즐겨 사용하는 어조가 있을 수 있다. 시 작품에서 흔히 사용되는 비유와 상징이 어떻게 사용되었는지도 눈여겨 볼 점이다. 그러나 이 단계에서는 시어나 말투, 비유나 상징 등의 표현기법에 지나치

15) 김준오, 『시론』, 삼지원, 2002, 310쪽.

게 치우치다가 그 시의 전체적 맥락을 놓치지 않도록 하는 태도가 항상 필요하다.

> 단계 5. **시가 전달하고 있는 것이나 시인이 말하고자 하는 것을 생각해 본다.**

시인이 세계에 대한 시적 인식을 어떤 장치를 통해 드러냈는가라는 질문을 흔히 던진다. 물론 시인의 세계 인식은 다양한 시적 언술과 장치를 통해 드러나기 때문에 작품에 드러난 전언만을 문제 삼아서는 그 작품이나 시인이 말하고자 하는 바가 온전히 드러나지 않는다. 그러나 너무 복합적으로 생각하다 보면 해석이나 감상의 실마리가 풀리지 않는다. 우선 작품이 말하고 있는 일차적 의미가 무엇인가를 곰곰이 생각해 본다. '무엇을', '어떻게' 표현했느냐 했을 때 '무엇'에 해당되는 것을 작품의 표면에서 읽어내고, 그렇지 않으면 행간에 숨은 의미나 시인의 정서를 느끼도록 노력해 본다. 이러한 과정을 통해 작품이 말하고 있는 중심 생각이나 의도, 또는 사상을 우리는 붙잡아 낼 수 있다.

그러나 시인이 말하고자 하는 의도가 작품 속에 항상 그대로 반영되어 나타나지는 않는다.[16] 작자의 의도와 서술된 결과가 항상 동일한 것은 아니기 때문이다. 작자의 의도는 이처럼 "직접적으로 행사되는 것이 아니라 텍스트의 구조와 서술을 통해 간접적으로 행사된다"[17]는 점을 항상 명심하여야 한다. 시 텍스트의 각 하위 요소들을 전체에서 부분으로, 다시 부분에서 전체로 통합해 나가며 시인이나 시가 말하고 있는 것을 생각해 본다. 시가 나에게 무엇을 말하고 있으

---

16) 신비평가들은 작자의 의도와 작품을 서로 혼동하는 것을 '의도의 오류'라 하며 역사주의 비평가들을 공격한다. 이는 작가의 의도와 실제 구현된 서술의 결과가 서로 다를 수 있음을 염두에 둔 것이라 하겠다.(이상섭, 『문학비평용어사전』, 민음사, 1988, 224~226쪽 참고)

17) 김창원, 『시교육과 텍스트 해석』, 서울대 출판부, 1995, 93쪽.

며, 내가 시에서 무엇을 느낄 수 있는지 그 의미를 생각해 보는 과정이 이 단계이다. 이러한 상호 조응을 통해 시가 전달하고 있는 것이나 시인이 말하고자 하는 것이 우리에게 차츰 다가오는 것이다.

단계 6. **시를 자신의 것으로 내면화시켜 본다.**

시를 읽고 받은 울림과 감동은 다시 자신의 삶 속에서 의미 있고 가치 있는 것으로 확대되어 나간다. 시 읽기의 마지막 과정은 이러한 내면화의 단계라고 할 수 있다. 블룸(J.S. Bloom)의 교육목표 분류 유목에 따르면 내면화 과정은 정의적 영역의 속성과 밀접한 관련을 갖는 것으로서, 학습자가 수용한 가치를 개념화하고 가치체계를 내적으로 조직화하여 그것을 자신의 인격 속에 용해시키는 과정이다. 이처럼 내면화란 "문학의 이해와 감상의 결과 한 인간의 내면에서 이루어지는 개성적 자기화 과정"으로 "인지적 · 정의적 영역의 목표를 포괄하면서 보다 구체적으로는 문학을 통한 세계 파악의 학습과정"이라고 할 수 있다.[18] 달리 말하면 어떤 가치관이 지식 내용이나 교훈으로 존재하는 것이 아니라 학습자가 진정으로 감동되어 어떤 행동의 변화까지 기대되는 상태를 말한다고 할 수 있다.

지금까지 일부 시 교육이 학문적 지식이나 내용 학습에 치중하였다면 이는 문학교육의 중요한 부분인 내면화 과정을 상대적으로 소홀히 하였다는 것을 의미한다. 특히 시는 정의적 영역과 밀접한 관련이 있으므로 학습자의 개인적 정서나 체험, 감수성 등이 어떻게 수용되어 나타나는가를 시 수업 단계에서 살피는 것은 중요하다. 그러나 "내면화의 핵심 단계인 가치화, 인격화, 사회화의 과정은 가시적 과정으로

18) 서울대 국어교육연구소, 앞의 책, 164쪽.

드러나지 않는 것이 보편적"이어서 수업 사태 속에서 가시적 작용으로 파악해 내는 것은 곤란하다.[19] 그러나 그렇다고 하여 내면화의 과정을 수업 단계에서 다루지 않는다면 바람직한 시 수업이 되지 않을 것임은 자명하다. 그래서 이 단계에서는 다양하고도 세심한 수업 방법이 모색되어야 하는데 내재화된 학습자의 정의적, 심리적 특성을 드러낼 수 있는 학습자의 체험이나 내면의식의 변화 같은 것을 측정할 수 있는 장치를 개발하도록 하여야 할 것이다. 유사한 작품군들을 통해 텍스트 상호성의 원리를 추적한다든지, 아니면 자신의 내면심리 변화에 대한 창의적인 글쓰기나 말하기 등을 시도하는 것도 하나의 방법이라고 할 수 있다.

4. 확장의 다양한 방법들

시 읽기 모형 및 단계를 통해 읽어낸 작품을 수용과 창작이라는 측면에서 더욱 확장하여 볼 필요가 있다. 이러한 확장의 과정을 통해 시 텍스트의 생산과 영향이란 관계적 맥락을 추적해 볼 수 있으며, 동시에 시 텍스트의 중층적 의미를 도출해 낼 수 있다. 이러한 작업은 시 읽기의 모형 및 단계에서 이루어진 작업들을 더욱 심화, 확산시켜 불확정적인 텍스트의 의미를 확정시키는 역할을 한다고도 할 수 있다. 아래와 같은 확장의 다양한 방법들은 시 읽기의 과정이 발산적 읽기의 과정으로 확장되어 나갈 수 있는 몇 가지 예시가 될 수 있다.

---

19) 위의 책, 165쪽.

1) 장르 바꾸어 표현하기

장르 바꾸기는 언어로 된 시를 그림이나 만화로 그려보게 하거나, 운문인 시를 산문으로 바꾸어 쓰게 하는 방법 등이 포함될 수 있다. 학생들로 하여금 시의 내용을 그림이나 만화로 그려보게 하는 것은 영상 매체에 익숙한 요즈음 세대들에게 시를 흥미롭게 학습시키기 위한 유용한 방법 중의 하나라고 할 수 있다. 그림이나 만화라는 것이 부분에 머무를 수도 있지만 학습자인 학생이 텍스트 수용의 과정에서 느낀 점을 때때로 날카롭게 드러내 보여준다는 점에서 이것은 상당히 효과적인 방법이라고 할 수 있다. 그림이나 만화 그리기의 과정은 텍스트에 대한 학습자의 반응 내지 수용 정도를 쉽게 알아낼 수 있다는 점에서 의미가 있다. 이를 가지고 사전 진단 평가의 자료로 사용할 수도 있고 학습의 결과를 인지하는 사후 형성 평가의 자료로도 사용할 수 있을 것이다. 또한 운문인 시를 산문으로, 산문을 운문인 시로 바꾸어 써 보게 하는 방법이나, 좀 더 확장하여 시를 소설로, 희곡으로 표현해 보기 등의 활동도 생각해 볼 수 있다.

귀뚜라미 소리 한 번, 또 한 번. 홀로 걷는 산길에 숨을 쉬는 것이라곤 작은 귀뚜라미와 나뿐이었다. 서서히 어둠이 찾아오는 가을 산길을, 차가운 바람을 맞으며 그렇게 나는 걷고 있었다.

벌써 몇 년 전일까? 이렇게 쓸쓸한 바람이 불어올 때면 평안도 산 깊은 금점판에서 그 여인을 만났던 기억이 아련히 떠오르곤 한다. 어딘가 슬픔이 깃든 그늘진 얼굴이 보는 이마저 쓸쓸하게 했던 그 여인! 나도 모르게 그 여인에게 옥수수를 사게 된 건 아마도 알게, 모르게 고여 있던 그녀의 눈물 때문이었던 것 같다.

그리고 다시 찾아온 가을, 며칠 전 나는 여름내 지친 마음이라도 다스릴까 하여 오랫동안 발길을 끊었던 인근의 높은 산 중턱에 있는 조그만 암자를 찾았다. 암자에서 한 여승과 합장으로 인사를 나눈 순간 나는 그녀가 낯이 익었다고 생각했다. 눈에 맺힌 눈물만 보았을 뿐 말 한 마디 나누지 못한 아쉬움 때문이었을까? 그 여승이 몇 년 전의 그 여인임을 알았다. 이미 모든 슬픔을 삼킨 듯한 그 스님은 옛날의 옥수수를 팔던 여인이 아니었다. 여승은 우수에 깃든 눈으로, 마치 먼 과거의 일처럼 속세의 이야기를 꺼내 놓았다.

큰 돈을 벌어오겠다며 어느 날 갑자기 집을 떠난 남편을 기다리기 십 년. 여인은 남편을 찾고자 곳곳을 돌아다녔지만 모두가 허사였다고 했다. 그 와중에 어린 딸마저 잔병치레가 잦더니 이내 숨을 거두고 말았다고 했다. 아이를 묻은 돌무덤에 도라지꽃이 필 때쯤 그녀는 스님이 되었다며 담담히 말하였다. 그러나 나는 또 다시 보고야 말았다. 담담한 목소리에 젖어드는 여인의 눈물을! 멀리서 산꿩 우는 소리가 들려오는 것만 같았다.

위의 글은 백석(白石)의 「여승」을 읽고 그것을 산문 형식으로 바꾸어 쓴 어느 학생의 글이다. 「여승」이 일제강점하 한 여인의 수난사를 형상화하였다는 것은 익히 알고 있는 사실이다. 서정시의 중요 속성 중 하나는 물론 '회감'[20]이다. 그러나 함축적이고 비유적인 시어로 되어 있는 「여승」을 서정시로만 읽을 때 많은 문제가 발생한다. 이것은 이 시가 강한 서사지향성이란 속성을 갖고 있기 때문에 발생한다. 그러므로 이 시를 이야기로 풀어내 볼 필요가 있다. 이 학생은 이 시의 화자와 주인공인 여승의 관계를 적절히 조정하여 그 줄거리를 산문으로 잘 풀어내었다고 할 수 있다. 이 학생은 산문의 언어와 시의 언어의 넘나들기를 통해 시의 언어가 가진 함축성, 운율성 등을 보다 더

20) 에밀 슈타이거, 이유영 · 오현일 역, 『시학의 근본개념』, 삼중당, 1978, 17~127쪽 참고.

잘 이해할 수 있었다고 할 수 있다.

장르 바꾸어 표현하기는 이처럼 각 장르 간의 특성 및 언어를 학생들이 자연스럽게 익히게 할 수 있는 효과가 있다.

2) 상호텍스트성을 활용한 생산과 수용의 영향 관계 파악

시 작품을 이해 · 감상한 다음 주제나 제제, 구조가 유사한 작품을 찾아내어 그것의 생성과정과 영향의 관계를 추적해 보는 것은 감상 체험의 확대 측면에서 의미 있는 작업이라 할 수 있다. 이때 '상호텍스트성(intertextuality)'의 개념이 등장한다. 상호텍스트성이란 한 텍스트가 다른 텍스트와 맺고 있는 연관성을 말한다. 크리스테바(J. Kristeva)에 의하면 모든 텍스트는 마치 모자이크와 같아서 여러 인용문들로 구성되어 있고 모든 텍스트는 어디까지나 다른 텍스트들을 흡수하고 그것들을 변형시킨 것에 지나지 않는다고 한다. 작가들이 써 낸 작품은 순수 자신의 영감에 의한 개인적 창작이라기보다 대부분 이전의 텍스트에서 얻은 텍스트의 영향을 바탕으로 써낸 것이라 할 수 있다. 상호텍스트성은 주어진 텍스트를 생산하고 수용함에 있어서 참여자들이 다른 텍스트 지식에 의존하는 모든 방식들을 포괄하는 것이라 볼 수 있다.[21)]

21) 상호텍스트성은 문학연구나 비평에서는 널리 사용되는 개념이었지만 문학교육에서 그만큼 널리 활용되지 않은 이유로 그 동안의 문학 교수 · 학습이 주어진 텍스트의 꼼꼼히 읽기와 분석에서 기인하였다고 보는 논자들도 있다. 7차 교육과정의 개정 강조점 중의 하나인 상호텍스트성의 문학교육방법으로서의 원용을 주장하는 다음과 같은 말들은 참고가 될 만하다. "문학텍스트란 그 자체의 존재적 가치와 함께 주체(학습자)에게 어떤 의미를 주느냐 하는 효용적 가치도 함께 추구되어야 한다. 주체가 의미가 없는 텍스트란 오로지 텍스트만을 위한 텍스트로서, 학교 교육이 끝나면 가치를 상실해 버리기 때문이다. 이 때 주체와 텍스트가 만나는 자리에 언제나 상호텍스트성이 개입하게 된다. 학습자의 심리적, 문화적 요구에 잘 부합되도록 관련 텍스트 간의 상호성을 효과적으로 활용하여 문학 활동의 폭을 넓히고 이해의 심도를 깊게 하도록 지도한다."

이처럼 상호텍스트성의 원리를 이용하면 한 작가의 다른 작품이나, 제재나 주제, 구조가 유사한 다른 작가의 작품을 묶어 학습함으로써 작품간의 유사성과 공통적 속성을 확실히 알게 되는 효과가 있다. 더구나 하나의 텍스트를 넘어서 다른 텍스트와의 관계 내지 확장을 통해 문화론적 맥락까지 파악할 수 있게 해 줌으로써 문학사란 틀 속에서 각 시인, 또는 작품의 개별적, 보편적 유형을 파악할 수 있게 해주는 근거가 되기도 한다.

언제부턴가 갈대는 속으로
조용히 울고 있었다.
그런 어느 밤이었을 것이다. 갈대는
그의 온 몸이 흔들리고 있는 것을 알았다.

바람도 달빛도 아닌 것.
갈대는 저를 흔드는 것이
제 조용한 울음인 것을 까맣게 몰랐다.
— 산다는 것은 속으로 이렇게
조용히 울고 있는 것이라는 것을
그는 몰랐다.[22)]

위에 제시된 신경림의 「갈대」가 원 텍스트라면 「갈대」를 학습하기 위해서 구조나 발상이 유사한 다른 작품을 학생들로 하여금 찾아오게 한다. 과제 수행 결과 생성된 작품이 이성선의 「나무」와 천상병의 「갈대」[23)]라 한다면 그것의 상호텍스트성을 학생들로 하여금 생각해 보

(우한용 외, 『고등학교 문학(상) 교사용 지도서』, 두산, 2002, 19쪽)
22) 신경림, 「갈대」, 『문학예술』, 1956.2, 170~171쪽.

게 한다. 작품의 유사성과 차이성을 좀더 세밀히 검토하기 위해서는 작품이 발표된 연대를 찾아보면 더욱 좋을 것이다. 그 결과 작품의 생성과 영향 관계를 고려해 볼 수 있을 것이다. 물론 구조나 발상이 유사하다고 해서 신경림과 천상병, 이성선이 서로 영향을 주고 받았다고 말할 수는 없다. 그러나 독자의 측면에서는 그 연대를 통해 작품들 간의 관계지움에 도움을 받을 수는 있다.[24] 그래서 이 세 작품이 아래의 도식처럼 영향과 생성의 관계라는 생산과 수용의 상호텍스트성이 가능해진다고 할 수 있다.

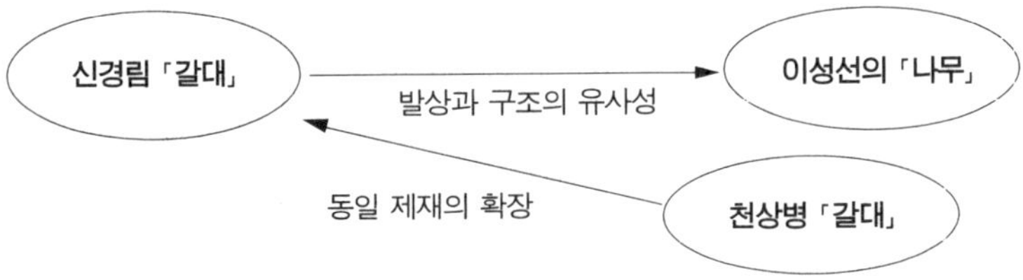

이러한 상호텍스트성을 이용한 시 수업방식은 한국 현대시를 중심으로 한 시 수업에서 적극적으로 모색되어야 할 부분이라 생각된다. 백석의「여승」, 오장환「모촌」, 이용악「낡은 집」 등을 서로 제재의 동일성이나 시적 화자의 변이 차원에서, 아니면 김기림의「바다와 나

---

23) 나무는 몰랐다. / 자신이 나무인 줄을 / 더욱 자기가 / 하늘의 우주의 / 아름다운 악기라는 것을 / 그러나 늦은 가을날 / 잎이 다 떨어지고 / 알몸으로 남은 어느 날 / 그는 보았다. / 고인 빗물에 비치는 / 제 모습을. / 떨고 있는 사람 하나 / 가지가 모두 현이 되어 / 온종일 그렇게 조용히 / 하늘 아래 / 울고 있는 자신을.(이성선,「나무」)
환한 달빛 속에서 / 갈대와 나는 / 나란히 소리없이 서 있었다. // 불어오는 바람 속에서 / 안타까움을 달래며 / 서로 애터지게 바라보았다. // 환한 달빛 속에서 / 갈대와 나는 / 눈물에 젖어 있었다.(천상병의「갈대」)

24) 신경림의「갈대」는 1956년 2월『문학예술』에 발표되었고, 천상병의「갈대」는 천상병 시집『새』(우문사, 1971)에 실려 있지만 실제 발표는 1951년 12월『처녀지』에 발표된 것으로 되어 있다. 이성선의「나무」는 그의 시집『새벽꽃 향기』(문학사상사, 1989)에 실려 있다.

비」, 김규동의 「나비와 광장」, 정한모의 「나비의 여행」, 문덕수의 「나비의 수난」 등을 동일성과 이니시에이션(initiation)의 과정을 통해 살펴보는 것 등은 그 좋은 예가 될 것으로 생각된다.

3) 패러디 기법을 원용한 비평적 글쓰기

패러디는 특정 작품의 모방이되 원작과는 차이를 지닌 모방으로서, 원작을 생산적이고 창조적으로 재기능화하는 방법이다. 다시 말하면 패러디는 "원전에 대한 모방의 형식이면서, 해석의 형식이고 또 비평의 형식"[25)]이라고 할 수 있다. 문학교육에서 패러디는 "일단 문학에 대한 탈(脫)신비화와 함께 친근한 접근을 가능하게 해" 주며, "특히 이는 상호텍스트성과 밀접한 관련이 있는 바 텍스트 능력을 신장시키는데 기여할 수"[26)]도 있다. 학생들에게 텍스트를 친근하게 접근하게 해준다는 측면에서 최근 포스트모더니즘 기법에서 주목되는 패스티쉬나 키치문학의 양상 등도 수업에 원용하여 학생들이 글쓰기에 쉽게 참여할 수 있도록 하여야 할 것이다. 또한 메타비평을 통해 텍스트의 지향점을 더욱 분명히 할 필요가 있다. 학생들의 시 읽기나 시 쓰기에 대한 교사의 비평, 아니면 동료 학생들 간의 비평적 글쓰기 등을 통해 중층적인 시 수업을 시도할 수 있다. 처음에는 초보적인 빈칸 메꾸기

---

25) 김준오, 『시론』, 삼지원, 2002, 238쪽.

26) 서울대 국어교육연구소, 『국어교육학 사전』, 대교출판, 1999, 758쪽. 한편 김준오는 『시론』(삼지원, 2002)에서 한 텍스트가 다른 텍스트와 결합하여 보다 더 큰 담론을 이루는 패러디를 상호텍스트성으로 설명하고 있다. 이어 그는 바흐찐(Mihail Bakthin)의 상호 관계 맺기의 언어관은 벌써 패러디적이고 상호텍스트적이라며 모든 문학은 선행하는 텍스트의 언어와 분리해서 존재하지 않는다는 바흐찐의 상호텍스트적 사고를 전혀 과장된 것이 아니라고 지적한다. 원전의 흡수와 변용을 특징으로 하는 패러디는 문맥의 다중화며 확산의 현상에 중점을 두는 상호텍스트성과 밀접한 관계를 맺을 수밖에 없다고 한다.

나 이어쓰기 등으로 시작해서 차츰 확장해 나가면 학생들이 비평적 글쓰기에 흥미를 가질 수 있을 것으로 생각된다.

안녕하세요 이상 씨

당신의 상담요청 메일을 잘 받았습니다. 한 편의 시에 당신의 고민이 집약되어 잘 드러나는군요. 우선 결론적으로 당신의 상태는 걱정할 것이 아니라고 말씀드릴 수 있습니다. 오히려 너무나 희망적입니다. 왜냐하면 당신의 혼란상태는 누구에게나 다 일어나는 것이기 때문입니다. 그리고 당신은 그것을 인식할 줄 알기 때문입니다. 대개의 사람은 자신의 내부에 일어나는 분열을 외면합니다. 그들은 그냥 자기 중심적으로 편안하게 살아가길 원할 뿐입니다. 자기의 내적 자아에게는 귀 기울이려 하지 않는답니다. 특히 자기를 들여다 보는 정신적 여유나 수준은 아무에게나 일어나지 않는답니다. 당신은 행운아입니다.

그러나 한 가지 알아두세요. 우리의 내부에는 양심적 자아만 있는 것이 아니랍니다. 인간 본연의 모습, 이기적인 본능들도 들어 있답니다. 당신은 그것이 확대되어 나타나면 견딜 수 없어 하는 것 같습니다.

인간은 나약합니다. 그것을 인정하시고 너무 이상적인 자신의 모습을 원하지 마세요. 이상적 자아의 모습을 지나치게 추구하다 보면 자신은 물론 남까지도 괴롭힐 수 있답니다. 당신의 지적, 사회적 수준이 사회적 책임을 내세우며 당신을 몰아 세울 수도 있겠지만 진정한 지성인은 자신의 나약함과 단점을 인정할 줄 아는 사람입니다. 다음에는 뵙기를 바라며……

당신의 상담 주치의

사는 기쁨 병원 정신과 전문의 ○○○

위의 글은 이상(李箱)의 「거울」을 보고 한 학생이 쓴 글이다. 이 글은 「거울」의 시적 화자를 지은이 이상으로 생각하고 그와 메일(mail)을 주고 받는 형식을 취하고 있다. 이상적 자아와 현실적 자아 사이에서 자기분열을 겪고 있는 시적 화자의 정신 진단을 하고 있는 정신과 전문의의 입장에서 글을 쓰고 있는 방식이 새롭다. 이 학생은 자신을 정신과 전문의로 타자화시킴으로써 시 읽기에서 쉽게 빠져들기 쉬운 주관화의 위험성을 극복하고 있다.

학생들의 글쓰기가 이어 쓰기나 간단한 패러디 같은 초보적인 단계의 글쓰기에 머무는 경우도 있지만 메타비평의 차원에까지 도달한 경우도 있다. 문학 교실에서 학생들의 반응은 생각보다 다양하게 나타난다. 텍스트의 수용과정에서 나타난 학생들의 다양한 글쓰기 방식은 기존 시교육론자들이나 현장교사들에게 신선한 충격을 주기까지 한다. 작품에 대한 고정된 시각의 교정은 물론 글쓰기의 새로운 형식 창출에까지 실마리를 제공한다는 점에서 비평적 글쓰기는 적극 권장할 만하다.

4) 시의 주인공, 또는 시적 화자에게 편지 쓰기

시적 화자나 시의 주인공들에게 편지 쓰기 활동은 "시를 화자 중심으로 감상하는 효과뿐만 아니라 시의 화자를 옹호하거나 비판하는 말하기나 글쓰기 활동을 통하여 학습자 자신의 생각을 표현하는 적극적인 활동을 유도"[27]할 수 있다는 점에서 유효하다. 이러한 글쓰기 방식은 학생들 자신이 화자의 처지가 되어보는 역할 놀이의 일종이라 할 수 있다. 이러한 활동을 통하여 학생들은 시의 화자나 주인공의 입장과 처지를 보다 잘 이해할 수 있게 된다. 물론 학생들이 화자의 발언에

---

27) 윤여탁, 『리얼리즘의 시정신과 시교육』, 소명출판, 2003, 265쪽.

전적으로 동의하지 않는 경우도 있을 것이다. 그런 경우에는 화자와 자신의 비교를 통해 그 간극을 확인해 볼 수도 있다. 만약 시적 화자나 주인공의 삶이 측은하고 안타깝게 느껴진다면 동정이나 연민의 감정 같은 것이 편지 속에 잘 나타나게 될 것이다. 이러한 활동은 감상의 과정 중 정의적 특성을 내면화할 수 있는 좋은 방법 중의 하나라 생각된다. 문학 수업에서 내면화의 중요성은 누구나 인정하는 것이지만 정의적, 심리적 특성이 강한 내면화 과정을 수업의 과정 속에 어떻게 드러내느냐 하는 방법 문제는 아직까지 논의의 대상이 된다.[28] 시적 화자나 주인공에게 편지 쓰기 전략은 작품의 수용과 이해의 과정 전부를 드러내 보여주는 것은 아니지만 학습자가 느낀 감정, 또는 심리 변화의 일부분이나 태도를 보여준다는 측면에서 의미가 있다고 생각된다.

「그 날이 오면」(심훈)의 시적 화자에게

안녕하세요? 저는 ○○○이라고 합니다.

아마도 당신은 벌써 돌아가셔서 제 편지를 읽지 못하겠지만 저의 마음을 하늘로 전합니다. 지금 저희는 당신의 피땀 어린 고통과 인내로 인해 해방이 되어 자유민주국가의 한 백성으로 잘 지내고 있습니다. 저희는 너무 편하게 자라서 당신의 그 고통을 다 이해할 수는 없지만 이 시의 표현을 보면서 조금이나마 이해해 보려 합니다. 얼마나 간절히 당신이 광복을

28) 구인환 외, 앞의 책, 248~249쪽에서는 문학제재 교수 · 학습 모형을 계획단계—진단단계—평가단계—내면화 단계로 설정하여 문학 교수 · 수업 모형이 계획단계, 진단단계, 지도단계, 발전단계, 평가단계로 이루어지는 일반적인 수업모형과 달라야 함을 주장하고 있다. 이는 문학과목이 일반 과목과는 달리 인지적, 심리적, 정의적 특성이 강화되어 있어 문학작품의 이해와 감상의 과정 속에서 학습자의 내면화 과정이 중요함을 고려한 것이라 할 수 있다. 한편 『문학교육원론』(김대행 외, 서울대 출판부, 2000), 373쪽에서는 이 모형이 학습 이후의 과정까지 고려하고 있다는 점에서 평가받을 만하지만 내면화의 단계를 수업 사태 속에서 가시적으로 파악하기 곤란하고 수업의 물리적 여러 여건 속에서 의도적으로 통제하기 어렵다는 점을 지적하고 있다.

바라왔는지는 당신이 남긴 직설적이고 강렬한 시 표현을 보면 잘 느낄 수 있습니다. 하지만 저는 지금까지 8 · 15해방의 의미를 사실 잘 몰랐습니다. 특히 "그 날이 오면 삼각산이 춤을 추고 한강이 용솟음"친다는 과장된 표현과 그 날을 위해 목숨을 바치겠다는 비장한 당신의 각오에 솔직히 많이 놀랐습니다. 저는 그 시대에 없었지마는 지금 눈을 감고 잠시 생각해 봅니다. 만약 아직도 광복이 되지 못했다면 어떻게 되었을까 하는 허황된 상상도 해 봅니다. 강렬히 바랐던 광복의 그 순간에 당신이 살아 있었다면 어떻게 행동했을까 하는 생각도 해 봅니다. 당신은 안타깝게도 해방이 되기 전에 돌아가셨더군요. 그렇게 그리워하던 해방도 보지 못하고 말입니다. 당신 같은 많은 사람들의 모진 고통 뒤에 얻은 조국 광복! 이것을 통해 저는 깨달았습니다. 한 가지 목표를 향해 목숨까지 바칠 수 있다는 열정과 의지, 그리고 그 기쁨을!

저는 지금 고등학생입니다. 공부로 인한 스트레스가 있지만 당신에 비하면 저의 고통은 너무나 보잘 것 없습니다. 이러한 작은 고통을 딛고 일어나 더 큰 사람이 되도록 노력하겠습니다. 그럼 안녕히 계십시오.

○○○ 드림

위의 글은 「그 날이 오면」(심훈)의 시적 화자에게 어느 학생이 쓴 글이다. 시적 화자의 행위와 굳은 의지에 감동한 학생이 그 시를 읽고 변화된 자신의 내면심리를 일부 보여주고 있다. 문학 작품의 수용 과정에서 나타나는 미적 체험이나 한 개인의 내면심리나 정서의 변화는 쉽게 밖으로 드러나지 않는다. 그러나 시적 화자나 주인공에게 편지 쓰기 전략은 이러한 부분들을 자연스럽게 드러내 보여준다는 측면에서 의미가 있는 학습활동이라 할 수 있다.

5. 결론

시 읽기 단계는 학습자인 학생의 정서와 상상력이 최대한 발휘되도록 교수 · 학습 양면에서 조작되어야 한다. 최근 시 교육의 동향 또한 역사주의 비평과 신비평의 한계를 극복하고 수용미학, 구성주의 문예학의 등장을 계기로 하여 학습자 중심의 능동적이고 주체적인 시 읽기의 방향으로 나아가고 있는 중이다. 지금까지의 시 읽기가 교사의 강의, 강독 차원에 머무른 단점들을 반성하고 학습자가 자신의 지식과 경험을 총동원하여 시 읽기 과정에 적극 참여할 수 있는 시 읽기의 모형 및 단계를 모색하는 것이 본고의 목적이었다. 읽기 전 활동, 읽기 중 활동, 읽기 후 활동이 서로 긴밀히 연계될 수 있는 시 읽기 모형을 통해 학생들의 여러 경험들이 텍스트 해석에 관여하고 반영될 수 있도록 하였다. 그래서 시 읽기 단계에 경험이나 사전 지식 되살리기, 연상하기, 작품 텍스트 자세히 읽기, 수용의 내면화 과정이 드러날 수 있는 방법 찾기 등이 시 읽기 과정에 개입되었다. 또한 7차 국어과 교육과정이 내세우고 있는 문학창작교육이 실제 교육 현장에서 실현될 수 있도록 시 읽기의 과정을 텍스트와 관련된 다양한 비평적 글쓰기 활동으로 연계될 수 있도록 노력하였다.

다양한 시 이론은 시를 읽기 위해 존재하는 것이며 이것을 시 교육 현장과 긴밀히 연결시키지 못한 것은 시 연구자나 현장 문학교사들의 책임이다. 시 읽기 주변에 포진하고 있는 역사주의 비평, 신비평, 독자반응비평(수용미학), 구성주의 문예학 등의 다양한 방법을 동원, 텍스트가 가지는 의미를 해석하고 따지며 시 읽기의 경로를 찾아가는 것은 우리가 할 몫이다. 중요한 것은 시를 읽고 배우는 교실은 항상 울림과 감동이 가득 찬 정의적 교실이 되어야 한다는 점이다. 시 교실은 학습자의 체험이나 기대지평이 활발히 오가는 그러한 의사 소통의 장소가 되어야 한다. 수용미학에서 텍스트는 독서행위의 실천 속에서 구현되는 의미작용의 과정이 되며, 독자도 작가만큼이나 중요한 존재로 부각된다. 최근 교실에서의 학습자의 부상(浮上)과 맥을 같이 한다고 할 수 있다. 학생인 학습자들이 시 작품을 즐겁게 접근하고 울림의 체험을 가질 수 있는 시 읽기의 모형이 지속적으로 모색되어야 하는 이유도 여기에 있다.

본 연구 또한 인상비평에 머무르기 쉬운 시 읽기를 시 읽기 모형과 단계, 그 확장의 모습을 통해 시 읽기의 과정을 드러내 보이려는 것이었다. 문학교실에서 해석의 과정이나 감상의 통로를 그리면서 수업을 하는 것과 그냥 막연히 인상비평에 가까운 수업을 하는 것과의 차이는 상당히 있을 것으로 생각된다. 앞으로 표현과 창작의 측면에서 내면화의 과정은 문학 수업에서 더욱 강조되어야 하며, 그것을 드러낼 수 있는 다양한 방법 및 장치들이 더욱 깊이 있게 개발되어야 할 것이다. 또한 이론과 현장을 매개시킬 수 있는 시 읽기 단계 및 모형, 그리고 수업에서 실험 가능한 확장의 방법들이 계속적으로 모색되어져야 한다.

/ 2장 /

상호텍스트성을 활용한 시교육의 방법

1. 서론

최근 시 교육 현장에서 작품의 중층적 의미와 그 연계된 맥락을 따져 보고자 할 때 주목받기 시작한 개념이 상호텍스트성이다. 상호텍스트성의 개념은 미하일 바흐찐(Mikhail Bakhtin)의 대화주의로 거슬러 올라가지만 그 용어를 문학적으로 맨 처음 도입한 사람은 줄리아 크리스테바(J. Kristeva)이다. 그녀는 「언어, 대화, 그리고 소설」(1966)에서 한 발화가 화자(작가)나 청자(독자) 또는 다른 발화(문학 작품)와 갖는 상호 관련성을 크게 '수평적' 관계와 '수직적' 관계의 두 가지로 구분하였다. 여기서 수평적 관계란 발화가 화자나 청자와 맺는 관계를 가리키며, 수직적 관계란 발화가 그 이전 또는 동시대적인 다른 발화와 맺는 관계를 가리킨다. 그런데 크리스테바는 바로 발화의 수직적 관계를 가리키기 위하여 상호텍스트성이라는 용어를 사용했던 것이다. 그녀에 따르면 모든 텍스트(발화)는 마치 모자이크와 같아서 여러 인용문들로 구성되어 있다. 모든 텍스트는 어디까지나 다른 텍스트들을 흡수하고 그것들을 변형시킨 것에 지나지 않는다고 하였다.[1]

한편 상호텍스트성의 개념은 컬러(J. Culler)에 의해 "한 텍스트가 한 문화의 다양한 언어나 의미 행위와 맺고 있는 관계, 그리고 그 문화의 가능성을 표현하는 텍스트들과 맺고 있는 관련성"으로, 벨지(C. Belsey)에 의해 "다른 문학 텍스트뿐만 아니라 더 나아가 그것이 씌어진 시대의 모든 지식, 그리고 당대에 통용되고 있는 모든 언술에 의존"한다는 개념 등으로 확대되기도 한다.[2] 상호텍스트성 이론의 원천이 되었던 바흐찐의 다성성(多聲性), 이어성(異語性) 이론은 대화적 특성이 강하게 나타나는 소설 장르에 국한하여 설명하고 있지만 오늘날은 소설 뿐만 아니라 시, 희곡 등 모든 문학 장르에 폭넓게 상호텍스트성이 나타난다고 말할 수 있다.

시 교육 현장에서 상호텍스트성의 활용은 아직까지 초보적 단계 에 머물러 있지만, 텍스트들의 상호관련성을 통해 텍스트의 중층적 의미를 읽어낼 수 있다는 점에서 상호텍스트성에 입각한 수업방식은 의미 있는 작업이라 할 수 있다. 작품의 분석이란 것도 개별 작품을 넘어 그것의 산출 토대와 문화적 맥락까지 파악할 수 있을 때 완료된다고 할 수 있다.

시 교육 현장에서 상호텍스트성을 적절히 잘 활용할 수 있는 분야는 창작과 읽기 교육 분야라 할 수 있다. 먼저 상호 텍스트성의 원리를 쉽게 활용할 수 있는 분야가 창작 교육 분야라 할 수 있다. 창작 교육에서 최근 강조되고 있는 패러디 기법은 기존 텍스트와 관계를 맺

1) Julia Kristeva, "World, Dialogue, and Art", 『포스트모더니즘의 이론』(김욱동), 민음사, 1992, 195쪽.
2) 위의 책, 207쪽.

어 그것을 수용, 변형한다는 측면에서 상호텍스트적이라 할 수 있다. 한국 현대시 창작기법에서 있어서 패러디는 중요한 기법 중의 하나이다. 이러한 패러디는 "모방과 변용"[3]이라는 두 축을 중심으로 이루어지는 현대시학의 핵심 개념이다. 패러디는 상호텍스트성과 밀접한 관련이 있다. 물론 패러디보다 상호텍스트성이 더욱 큰 개념이며, 상호텍스트성은 패러디와 달리 "비판성이 결여된, 가치중립적인 용어"[4]라 할 수 있다. 패러디의 경우 작가가 기존 텍스트를 수용, 변형시켜 새로운 텍스트를 발생시키며, 이 텍스트를 통해 원전의 의미를 독자들에게 재고시키는 역할을 한다. 특히 패러디 기법은 제7차 교육과정의 문학 영역에서 새롭게 강조되고 있는 창작부문을 학생들에게 학습시키는 데 좋은 효과를 거둘 수 있다. 우리 동양의 고전시학에서 논의되는 '용사(用事)'와 같은 인유(引喩)의 방식도 넓게 보면 텍스트 간의 상호 관계 맺기의 일종이라 할 수 있다. 학생들은 생산된 기존의 문학작품을 대상으로 개작하거나 이어 쓰기 활동, 작품에 대한 비평의 비평 같은 메타 비평 활동을 통해 상호텍스트성을 체험하게 될 것이다. 학생들은 자기들에게 주어진 기존 텍스트를 대상으로 인유(引喩)와 패러디 등의 방식을 통해 새로운 텍스트를 만들어낸다. 7차 교육과정에서는 '문학의 수용과 창작' 항목란을 통해 창작 활동을 강조하고 있다. 그러나 학생들에게 전문적인 문예작품 창작 활동이란 높은 수준을 강요할 수는 없기 때문에 "학습자의 요구에 따라 개작, 모작, 생활 서정의 표현과 서사문 쓰기 등의 단계"[5]를 제시하고 있다.

시 읽기의 경우에도 여러 작품을 엮어 읽는 활동을 통해 상호텍스트의 원리를 활용할 수 있다. 읽기 과정에 기존 텍스트 읽기를 통해

---

3) 김준오, 『시론(제4판)』, 삼지원, 1997, 235쪽.

4) Linda Hutchen, "The Politics of Postmodern Parody", 『한국 현대시와 패러디』(김준오 편), 현대미학사, 1996, 156쪽 재인용.

5) 교육부 고시 1997-15, 『고등학교 교육과정(I)』, 교육부, 1997, 83쪽.

자기도 모르게 형성된 스키마(schema)가 작용하기도 하지만, 다른 텍스트를 바탕으로 하기도 한다. 학생들이 어떤 작품을 읽을 때 형식이나 내용이 유사하다고 느끼는 것은 이전에 읽었던 마음 속에 형성된 선행 텍스트가 새로운 텍스트와 교접하여 발생하는 것이라 할 수 있다. 이미 경험한 소재, 제재, 형식 등은 새로 접하는 텍스트를 읽는데 많은 도움을 준다고 할 수 있다. 읽기 과정에서의 상호 텍스트성 활용은 앞으로 문학교육 현장에서 적극적으로 활용하여야 할 과제 중의 하나이다.[6] 문학교실에서 상호텍스트성이라고 하면 텍스트의 모방과 변이와 같은 패러디 측면만 강조하다 보니 텍스트 상호성의 전략을 염두에 둔 읽기 활동은 그 동안 큰 주목을 받지 못하였다. 독자, 즉 학습자가 작품을 읽는다는 것은 시 교육 현장에서 가장 중요한 문제의 하나이다. 이런 점에서 "저자에게는 일종의 암시이고 독자에게는 일종의 추론"[7]이라는 상호텍스트성에 대한 N.N. Spivey의 주장은 암시하는 바가 크다. 저자는 명시적인 안내 또는 언급으로 독자들이 다른 텍스트를 명확히 인지할 수 있게 하기도 하지만, 의도적으로 암시를 하지 않는 경우도 있다. 그런 경우에도 독자들은 다른 추론과 마찬가지로 '암시'를 인식할 수 있다는 것이다.[8] 유사한 주제나 소재, 제재가 갖고 있는 상호텍스트성이나 장르, 형식, 기법 등에 초점을 둔 상호텍

6) 지금까지 상호텍스트성이 문학교육 현장에서 적극 활용되지 못한 원인 중의 하나로 문학교실에서 큰 영향을 끼쳤던 신비평의 영향을 들 수 있다. 작품의 내재적 의미, 자족적 실체를 강조하면서, 개별 텍스트의 분석에 치중하고 있는 신비평은 텍스트와 텍스트 간의 관계나 영향 탐색으로까지 학습자들의 눈길을 돌리지 못하게 만들었다.

7) N.N. Spivey, 『Constructivist Metaphor』, 신헌재 외역, 『구성주의와 읽기 · 쓰기』, 박이정, 2004, 153쪽.

8) N.N. Spivey는 위의 책 154쪽에서 독자들이 텍스트 상호성을 인지하는 과정을 다음과 같이 설명하고 있다. "어떤 상호텍스트적인 관계들은 오직 독자로부터 비롯된 것임이 분명하다. 독자들은 저자가 인용하지 않았거나 특별히 언급하지 않은 다른 텍스트들과 연계시키면서 어떤 텍스트적 단서들에 반응한다. 이전에 읽었던 텍스트들의 일반적인 형식이나 문체에 관련해서 연계가 이루어지기도 한다."

스트성 모두 작품 읽기에서 소홀히 할 수 없는 중요 요소이다.

상호 텍스트성을 활용한 시 교육은 학생들이 유사한 담론, 형식, 주제, 제재 등을 가진 작품들을 서로 연계하여 학습해 나갈 수 있는 장점이 있다. 그런 과정을 통해 텍스트를 확장하여 가는 부수적 학습 효과도 거둘 수도 있다. 이는 "학습자의 심리적, 문화적 요구에 부합되는 관련 텍스트를 효과적으로 활용하여 문학 활동의 폭을 넓히고 이해의 심도를 깊게 하도록 지도한다"[9]는 7차 교육과정의 문학 교수·학습 자료의 한 요목과도 관련이 깊은 것이라 할 수 있다. 교수·학습의 방법 분야에서 상호텍스트성에 대한 이러한 인식은 6차 교육과정에서도 벌써 시도되었던 것을 더욱 확장한 것으로 볼 수 있다. 6차 교육과정에서는 '문학의 수용과 가치' 항목에서 수용미학의 성과를 받아들이는 한편, 문학교실에서 수용자인 학생을 문학 수용의 주체로 놓는다.[10] 이처럼 6·7차 교육과정에 제시된 항목들을 통해 볼 때 상호텍스트성을 교수·학습 방법으로 적극 활용하는 것이 우리 문학교육의 동향과도 부합되는 일임을 알 수 있다.

다양한 생활경험이나 문학적 관습 등이 반영된 텍스트를 서로 관련지어 학습하는 과정을 통해 학생들은 문학 활동의 폭과 깊이를 더할 수 있게 된다. 또한 학생들이 개별 작품에서 읽은 성과들을 다른 작품으로 연계, 확대해 가는 과정을 통해 작품의 중층적 읽기의 효과를 거둘 수 있음은 물론이다. 그러므로 생산자인 작가와 수용자인 학

9) 교육부 고시 1997-15, 『고등학교 교육과정(Ⅰ)』, 교육부, 1997, 83쪽.

10) 상호텍스트적 작품 읽기에서 수용 주체인 학생의 문화 체험은 중요한 것으로 판단된다. 이것을 6차 교육과정 교육부 고시는 다음과 같이 해설하고 있다. "문학교실에서 수용자는 학생이다. 수용자의 상황은 학생의 문화 체험이 된다. 문화 체험이란 문화 실천의 과정에서 이루어지는 제반 경험을 총체적으로 일컫는 개념인데, 다른 문화 현상을 접할 때 일종의 스키마로 작용하는 체험 내용을 말한다. 학생이 삶의 과정에서 실제로 얻은 체험과 이전에 읽은 작품의 독서 체험 등이 학생의 문화 체험이 된다."(교육부, 『고등학교 국어과 교육과정 해설』, 대한교과서주식회사, 1995, 347쪽)

습자 사이에 존재하는 중개자인 문학교사는 시 교육 현장에서 학습자가 상호텍스트성을 가진 시 작품들을 최대한 접할 수 있도록 학습 환경을 조작하고, 조절하여야 한다.

본고에서도 이러한 상호텍스트성을 활용한 시 교육의 일환으로 텍스트 맥락 짓기 활동을 시도해 보고자 한다. 맥락을 짓는 구체적 방법은 상호텍스트성을 가진 작품들을 상호 엮어 읽는 활동이다. 이처럼 상호텍스트적 관점에서의 시 교육 활동은 작품들을 무리 짓고 맥락 짓는데 중요한 역할을 한다.

본고가 다루고 있는 대상은 자아가 세계와 충돌하는 과정에서의 아픔을 그려내고 있는 김기림의 「바다와 나비」, 김규동의 「나비와 광장」, 정한모의 「나비의 여행」, 제재와 시적 화자의 시적 대상에 대한 태도가 유사한 이용악의 「낡은 집」과 백석의 「여승」, 오장환의 「모촌」, 정신주의적 현실대응방식이 드러난 정지용의 「장수산 1」과 백석의 「남신의주유동박시봉방」 등이다.

2. 텍스트의 상호 연계성을 통한 시 교육

1) 통과제의의 아픔과 세계와의 충돌–「바다와 나비」(김기림)와 확장된 텍스트

7차 교육과정의 문학교과서에 '나비'를 제재로 한 작품이 많이 있다. 김기림의 「바다와 나비」(금성출판사, 두산동아, 블랙박스, 중앙교육, 한국교육미디어, 대한교과서, 형설출판사)는 단연 관심의 대상이다. 물론 교과서에 어떤 작품이 많이 실려 있다고 해서 그 작품이 꼭 훌륭한 작품인 것은 아니다. 교과서 집필자들은 작품 제재 선정시 대부분 널리 알려져 있거나 학계에서 검정된 작품을 정전으로 선정한다. 그러나 짧은 집필 기간과 검정 기간이 갖는 한계성으로 말미암아 자신들의 취향에 맞는 작품을 졸속으로 선정하는 일도 허다하다. 우선 김기림의 「바다와 나비」를 원전 텍스트로 놓고 그 텍스트를 변형, 확장한 작품들을 검토해 보기로 한다.

아모도 그에게 水深을 일러 준 일이 없기에
힌 나비는 도모지 바다가 무섭지 않다.

靑무우밭인가 해서 나려갔다가는
어린 날개가 물결에 저러서
公主처럼 지쳐서 도라온다.

三月달 바다가 꽃이 피지 않아서 서거픈
나비 허리에 새파란 초생달이 시리다.[11]

1939년 4월 『여성』지에 실린 이 시는, 김기림의 제3시집 『바다와 나비』의 표제가 되어 유명해진 작품이다. 학생들에게 이 시를 가르칠 때 엮어 읽기 활동을 위한 몇 가지 순서를 생각해 보기로 하자.

① 우선 학생들에게 시적 상황을 차분히 떠올리게 할 필요가 있다. 예를 들면 교사는 학생들로 하여금 새파란 바다(청무우밭) 위를 날고 있는 하얀 나비를 그림으로 그려보게 하는 활동 등을 시켜 볼 수 있다.

11) 김기림, 「바다와 나비」, 『바다와 나비』, 신문화연구소, 1946, 39쪽.

② 나비와 바다의 관계가 어떠한지 학생들로 하여금 그 의미를 찾아보게 한다. 이는 나비와 나비를 둘러싼 세계를 자아와 세계의 관계로 학생들이 이해하는 데 효과적일 것으로 생각된다.

③ 나비를 제재로 한 다른 시들을 찾아오도록 하여 그 동일성과 차이점을 비교 검토하게 하여, 그 상호텍스트적 관계를 학생들이 파악하도록 한다.

④ 나비를 제재로 한 시들을 통합적 관점에서 시인들이 그러한 시들을 쓴 이유를 생각해 보도록 한다.

여기에서 ①과 ②는 시의 이미지를 마음 속에 떠올려 보는 활동 이라 할 수 있다. 「바다와 나비」를 이해하기 위해서 우리는 연상하여 읽기 활동을 통해 텍스트의 대체적 윤곽을 파악할 수 있다. 이러한 활동은 읽기의 기초 단계에 해당되는 것으로 이 시를 이해하기 위한 첫 번째 단계라 할 수 있다.[12] 학생들이 「바다와 나비」에 대해 보이는 반응은 대체적으로 다음과 같이 요약될 수 있을 것이다.

흰 나비는 세상물정 모르는 순진무구한 존재이다. 그래서 나비는 바다를 '청무우밭'으로 잘못 인식한다. 나비가 착각하여 내려 앉은 곳은 청무우밭이 아니라 수심을 알 수 없는 무서운 바다이다. 연약하고 어린 나비가 감당하기에는 그를 둘러싼 세계가 너무나 무섭고도 냉혹하다. 꽃이 피지 않은 바다는 나비에게 불모의 공간이며, 수심을 알 수 없는 공포의 장소이다. 바다는 나비가 청무우밭으로 착각할 정도로 초생달이 비치는 잔잔한 공간이지만 그 수심의 깊이는 알 수가 없

---

12) 교실에서의 시 읽기의 단계에 대해서는 졸고, 「교실에서의 시 읽기 단계와 그 확장」(『어문학』 제82집, 2003.12)에서 모색해 본 바 있다. 한편 강희근도 교실에서 시 맛보기 단계를 스며드는 맛보기 / 펴져나는 느낌 잡기 / 가슴 울리는 자리 젖어들기 / 화자의 자리에 서 보기 등의 4단계로 구분하여 설명하고 있어, 시 읽기의 과정에 도움을 받을 수 있다.(강희근, 『시 읽기의 행복』, 을유문화사, 2000, 42쪽 참고)

을 정도로 깊다. 그런데 아무도 수심의 깊이를 말해주지 않았다. 이는 나비 스스로 세상을 알아갈 수밖에 없다는 것을 의미한다. 자기 스스로 바다가 청무우밭이 아니라는 것을 알아차리는 데는 많은 노력과 아픔이 수반된다. 그러나 그것을 깨달았을 때는 잠시 쉴 곳조차 없는 바다 한 가운데에 떠 있는 자신을 발견한 뒤다. 나비는 날개가 절이는 아픔을 통해 세상을 알게 된 것이다. 바다 위에서 지친 상태로 돌아오고 있는 나비의 모습 위에 새파란 초생달의 이미지가 겹쳐져 있다.

이러한 학생들의 반응을 통해 이 작품이 나비가 세상을 알아가는 과정, 즉 이니시에이션(initiation)이란 제의적 과정을 그려내고 있다는 것을 알 수 있다. 또한 화자의 태도를 학생들에게 주목시켜 볼 수도 있다. 이 시의 화자는 작품 표면에 모습을 드러내지 않고 바다 위를 나는 나비의 모습을 포착하여 독자에게 보여주고 있다. 화자가 몸을 숨긴 결과 화자의 감정 노출은 자제되고 상대적으로 이미지의 묘사가 두드러진다. 창작 주체인 시인은 흰색과 청색의 선명한 대비를 통해 나비와 나비를 둘러싼 세계를 대립시킨다. 그렇지만 그 나비는 자신과 동떨어진 대상이 아니라 화자 자신이 변용된 모습이란 것까지 시 교육 현장에서 학생들은 추론해 볼 수 있다.

③은 「바다와 나비」를 상호텍스트적으로 접근하기 위한 하나의 방법론적 전략이다. 나비, 바다 등이 소재가 된 시들을 한국 현대시에서 찾아오게 하는 것은 어렵지 않은 과제라 할 수 있다. 이러한 과제 수행의 결과 18종 7차 문학교과서에서 학생들은 김규동의 「나비와 광장」(한국교육미디어), 박봉우의 「나비와 철조망」(교학사, 지학사―권영민), 정한모의 「나비의 여행」(금성출판사, 문원각, 중앙교육) 등을 쉽게 찾아 낼 수 있다. 비록 교과서에 실리지는 않았지만 문덕수의 「나비의 수난」 등도 확장된 텍스트로 교사가 적절히 제시해 줄 필요가 있다.

김규동의 「나비와 광장」은 김기림의 「바다와 나비」와 상호텍스트적 관계에 있는 작품이라 말할 수 있다. 김규동은 그의 저서나 대담 곳곳에서 김기림과의 관계를 밝히고 있는데 김기림이 그의 시작(詩作)의 원천임을 알 수 있다.[13] 이외에도 「바다와 나비」와 유사한 작품을 쓴 자가 스티븐 · 스펜더도 주목하고 있는 것을 볼 때[14] 이 시의 창작 당시 김규동은 내재적 텍스트로 「바다와 나비」를 염두에 두고 있었음이 틀림없다.

현기증 나는 활주로의
최후의 절정에서 흰 나비는
돌진의 방향을 잊어버리고
피묻은 육체의 파편들을 굽어 본다.

기계처럼 작열한 작은 심장을 축일
한모금 샘물도 없는 허망한 광장에서
어린 나비의 안막(眼膜)을 차단하는 건
투명한 광선의 바다뿐이었기에—

진공의 해안에서처럼 과묵한 묘지 사이사이
숨가쁜 Z기(機)의 백선(白線)과 이동하는 계절 속—
불길처럼 일어나는 인광(燐光)의 조수(潮水)에 밀려
이제 흰나비는 말없이 이즈러진 날개를 파닥거린다.
하—얀 미래의 어느 지점에
아름다운 영토는 기다리고 있는 것인가
푸르른 활주로의 어느 지표(地標)에

13) 대담, 「시와 시인을 찾아서—김규동」, 『시와 시학』, 1993 겨울, 54~67쪽.
14) 김규동, 『새로운 시론』, 산호장, 1959, 143~144쪽 참고.

화려한 희망은 피고 있는 것일까.

신도 기적도 이미
승천(昇天)하여 버린 지 오랜 유역(流域)—
그 어느 마지막 종점을 향하여 흰 나비는
또 한번 스스로의 신화와 더불어 대결하여 본다.[15)]

①과 ②와 같은 활동을 통해 학생들은 이 시를 읽으면서 소재나 대상의 전개방식이 매우 유사함을 경험하게 된다. 즉 "지금 읽고 있는 텍스트와 내용적으로 관련 있는 텍스트를 예전에 읽었을 경우, 이미 읽은 텍스트를 참조하여 내용을 파악"[16)]하게 되는 경험이라 할 수 있다. 나비와 대립되는 세계가 '바다'에서 '광장'으로 대치되어 있음을 학생들은 쉽사리 알아차릴 수 있다. 반면 김기림의 「바다와 나비」에서 보여지던 세계의 횡포와 광폭성이 더욱 구체적으로 드러나고 있다는 점에 많은 학생들이 동의할 것이다. 먼저 시 텍스트 읽기를 통해 학습할 수 있는 요소들을 살펴 보기로 한다.

나비를 둘러싼 세계는 "피묻은 육체의 파편들"로 난무한, 폐허로 덮혀 있는 "허망한 광장"이다. 이는 전쟁이 빚어내는 극한 상황의 모습들로 현대 문명의 불모성과 삭막함을 상징하고 있다. 나비의 눈 앞에 보이는 것은 막막하고 전망 없는 "투명한 광선의 바다"뿐이다. 전쟁으로 인한 폐허와 문명의 삭막함 속에 시인은 '나비'와 '바다'를 차용하여 문명비판적 시각을 드러내 보인다. 다시 말하면 나비를 둘러싼 공간은 "피묻은 육체의 파멸", "과묵한 묘지", "불길처럼 일어나는 인광(燐光)의 조수"가 가득 찬 전쟁과 불안과 죽음의 세계를 표상한다. 동시에

15) 김규동, 『나비와 광장』, 산호장, 1955, 43~44쪽.
16) 김도남, 『상호텍스트성과 텍스트 이해 교육』, 박이정, 2003, 137쪽.

"현기증 나는 활주로", "숨가쁜 Z기의 백선" 등은 현대문명의 무생명성과 삭막함을 드러낸다고 할 수 있다. 한 마리의 연약한 나비가 감당하기에는 세계의 삭막함과 불모성이 너무 크다. 그런 나비에게 비쳐시는 세계는 시계(視界)가 막막한 '두명한 광선의 바다'이다. 나비는 이러한 불안과 삭막한 문명의 틈바구니에서 앞으로 나아갈 방향감각을 상실하고 파닥거릴 뿐이다. 이러한 나비를 관찰하고만 있던 화자는 작품 후반부에 접어들면서 직접 모습을 드러내어 미래에 대한 회의를 한다. 신도 기적도 없어져 버린 이 폐허의 유역에 미래와 희망에 대한 불안의식을 드러내 보인다. 그것은 시적 화자가 기대하는 하얀 미래나 푸르른 활주로 등의 긍정적 색채 이미지에도 불구하고 시인이 기대하는 아름다운 영토나 화려한 희망이 별로 실현될 것 같지 않은데 대한 반문이요, 불안이라 할 수 있다. 그렇지만 그는 나비에 자신의 감정을 이입시켜 세계와 충돌, 대결하는 의지를 보여준다. 나비는 관찰의 대상에서 화자의 감정이 이입된 존재로 변이되면서,[17] 전쟁이 빚어내는 절망과 불안의 현대 문명과 또 한 번 대결하게 되는 것이다. 김기림의 「바다와 나비」가 끝까지 화자의 냉정한 시선 속에 놓여져 있었던 것과는 다르게 김규동의 「나비와 광장」의 나비는 시적 화자의 감정이 적극 이입됨으로써 광폭한 세계와 맞서는 존재로 격상된다.

정한모의 「나비의 여행」은 수업에 응용할 수 있는 또 다른 확장 텍스트이다. 이 시 또한 김기림의 「바다와 나비」를 원전으로 하고 있으

17) 김규동은 「나비와 광장」에 대해 말하면서 나비가 시인 자체의 변신인지도 모른다고 회고하고 있다. "한 마리의 나비가 폐허의 광장을 날아가고 있다. 그 나비를 바라보면서 시인에게는 여러 가지의 환상과 상념이 떠오른다. 한 마리 연약한 나비는 어쩌면 물결치는 환상과 어둡고 슬픈 상념을 지닌 시인 자체의 변신이거나 한 조고마한 육편(肉片)과도 같은 것인지도 모를 것이다. 현기증 · 돌진 · 파편 · 안막 · 차단 · 진공 · 이동 · 인광 · 지점 · 지표 · 종점 · 대결 등의 언어는 그러나 어린 생명체로서의 나비의 영상을 부조(浮彫)시키는데 무척 부자연스럽고 거칠는지 모른다."(김규동, 「현대시의 난해성」, 『새로운 시론』, 산호장, 1959, 53쪽)

며 2차적으로 생성된 김규동의 「나비와 광장」까지 참조하여 만들어진 작품이라 할 수 있다. 다시 말하면 이 작품은 김기림의 「바다와 나비」와 김규동의 「나비와 광장」과 상호텍스트적 관계에 놓여 있다고 할 수 있다.

> 아가는 밤마다 길을 떠난다.
> 하늘하늘 밤의 어둠을 흔들면서
> 수면(睡眠)의 강을 건너
> 빛 뿌리는 기억의 들판을
> 출렁이는 내일의 바다를 날으다가
> 깜깜한 절벽
> 헤어날 수 없는 미로(迷路)에 부딪치곤
> 까무라쳐 돌아온다
>
> 한 장 검은 표지(表紙)를 열고 들어서면
> 아비규환하는 화약 냄새 소용돌이
> 전쟁은 언제나 거기서 그냥 타고
> 연자색 안개의 베일 속
> 파란 공포의 강물은 발길을 끊어버리고
> 사랑은 날아가는 파랑새
> 해후(邂逅)는 언제나 엇갈리는 초조(焦燥)
> 그리움은 꿈에서도 잡히지 않는다.
>
> 꿈길에서 지금 막 돌아와
> 꿈의 이슬에 촉촉히 젖은 나래를
> 내 팔 안에서 기진맥진 접는

아가야

오늘은 어느 사나운 골짜기에서
공포의 녹수리를 만나
소스라쳐 돌아왔느냐.[18)]

정한모의 「나비의 여행」은 『사상계』 1965년 11월호에 발표되었으며 그의 시집 『아가의 방』에 실린 연작시 중의 하나이다. 정한모의 「나비의 여행」은 김기림의 「바다와 나비」의 모티프가 그대로 수용되어 있다. 즉 출발－시련－귀환의 여행 모티프가 그것이다. 또한 나비와 세계의 대립 구도도 여전하다. 「나비의 여행」에서 나비는 '아가'에 비유되어 있다. 아가는 물론 김기림의 「바다와 나비」에 나오는 나비처럼 세상 물정 모르는 순진무구한 존재이다. 학생들은 쉽게 이 시를 연상과 맥락 읽기 활동을 통해 다음과 같은 반응을 할 수 있을 것이다.

아가는 밤마다 꿈 속에서 길을 떠난다. 그러나 평화와 안정의 길의 여정에서 마주치는 것은 '깜깜한 절벽'과 '헤어날 수 없는 미로'이다. 나비가 미래에 대한 희망과 환상이 가득찬 '출렁이는 내일의 바다'를 날다가 부딪치는 것은 절망과 공포에 가득 찬 무서운 세계이다. 그러한 세계는 꿈 속이지만 아가에게 큰 충격과 상처를 안겨준다. 전쟁의 상흔과 공포가 아가의 무의식 세계인 꿈 속에서 재생되어 나타난다. 희망도 없이 불안과 공포만 가득한 세계의 밑바탕에서 아가는 강박관념에 시달리다 잠을 깬다. 물론 이러한 강박관념에 의한 초조와 불안감은 사랑과 그리움과 해후가 가득한 원형적 공간에 대한 원망(願望) 때문이다. 꿈에서 현실로 돌아오게 된 아가는 무서운 경험 때문에

18) 정한모, 「나비의 여행」, 『아가의 방』, 문원사, 1970, 34~36쪽.

식은 땀을 흘리며 '이슬에 젖은 촉촉이 젖은 나래'를 화자의 품 안에서 접는다. 아가의 꿈을 지켜보고(1연) 들여다보던(2연) 화자가 모습을 드러내어, 전쟁의 공포를 담고 있는 문명의 세계를 경험하고 돌아온 아가를 안는다는 것이 이 시의 내용이다. 전쟁으로 인한 공포와 불안이 가득한 세계와 대비된 순수한 아가의 세계를 옹호하고자 하는 화자의 휴머니즘적 소망이 잘 담겨 있는 작품이라 할 수 있다.

상호텍스트의 측면에서 다시 이 작품들을 살펴보기로 하자. 「나비와 여행」 또한 나비(아가)로 대표되는 순수한 세계와 그것과 대립된 공포와 불안의 세계를 대비하고 있다는 측면에서 김기림의 「바다와 나비」나 김규동의 「나비와 광장」과 크게 차이가 나지 않는다. 단지 나비가 아가로 비유되어 있다는 점과 시적 화자가 관찰자의 시선(「바다와 나비」)이나 대상에 감정이입된 경우(「나비와 광장」)가 아니라 화자가 직접 작품의 표면에 모습을 드러내 나비의 세계를 적극 옹호하고 있다는 점이 다를 뿐이다. 이러한 작품들의 동일성과 차이점을 명확히 이해시키기 위해서는 ③의 과제 수행을 교사가 적절히 통제, 조절하여야 할 것이다. 이 세 작품 외에도 학생들은 박봉우의 「나비와 철조망」이나 문덕수의 「나비의 수난」 등을 상호텍스트적 관점에서 접근해 볼 수 있다. '철조망'으로 상징화된 분단의 현실을 생채기 내며 날아가지 않으면 안되는 연약한 나비의 모습을 그려내고 있는 것이 「나비와 철조망」이다. 「나비와 철조망」은 나비를 둘러싼 "벽"[19]에 대한 항의이고 도전이다. 문덕수의 「나비의 수난」은 나비를 둘러싼 현대문명과의 싸움이다. 거대한 도회 문명과 대비된 연두빛 어린 나비를 "신이 찢어 보낸 한 점의 색종이"[20]로 은유하고 있는 이 시 또한 감당할 수 없는 물신(物神)의 세계 속에서 그래도 지켜져야만 하는 순수한 생명의 세

19) 박봉우, 「나비와 철조망」, 『휴전선』, 정음사, 1957, 19쪽.
20) 문덕수, 「나비의 수난」, 『새벽바다』, 성문각, 1975, 75쪽.

계에 대한 시인의 의지를 드러내 보인 것이라 할 수 있다.

④의 관점에서 다시 이 시들을 검토해 볼 필요가 있다. 한국 현대시에서 이렇게 많은 시인들이 나비를 제재로 시 작품을 쓴 이유에 대해 생각해 보는 시간은 동합적 작품 읽기에 해당한다고 할 수 있다. 이러한 작품들 중 김기림의 「바다와 나비」가 최초의 원전 텍스트였으며, 그 이후 많은 시인들이 「바다와 나비」를 직접 참조하거나, 그것으로 인해 생성된 2차 텍스트를 통해 나비를 제재로 한 작품을 창작한 것으로 보인다. 그런 점에서 이들 작품들은 상호텍스트적 관계에 놓여 있다고 할 수 있다. 이러한 작품들을 가르치기 위해서는 개별적 작품에 대한 이해와 감상이 끝난 다음 각각의 텍스트들이 어떻게 변형, 확장되어 나갔는지를 학습하게 할 필요가 있다. 이어서 이들 시들에 공통적으로 나타나고 있는 나비와 나비를 둘러싼 세계에 대해 서로 모둠토의를 해 보는 것도 좋을 것이다. 나비의 세계는 지켜져야 할 순수한, 원형적 세계를 나타내고 있고, 나비를 둘러싼 세계는 근대 문명, 또는 전쟁의 공포와 불안, 분단의 벽, 물신화된 현대 도시 등의 부정적이고 속악한 세계를 드러낸다. 이러한 간극 사이에서 나비는 세상을 여행하면서 부딪치고 좌절한다. 떠남과 귀환이란 여행의 과정은 세상의 모습을 드러내기에 좋은 방법이다. 그래서 쉽사리 날개를 가진 나비가 시의 제재로 채택될 수 있었다고 할 수 있다. 세상에 때묻지 않은 순수하고 연약한 나비의 세계는 훼손되지 않은 세계를 표상한다. 세계는 바다로 표상되는 근대문명으로, 때로는 전쟁의 불안과 공포가 가득 찬 현대문명으로, 한반도를 옥죄고 있는 분단현실로 변이되어 나타난다. 순수한 자아의 표상인 나비가 세계와 충돌하는 과정을 통해 나비를 둘러싸고 있는 세계의 불안과 속악성을 잘 드러내 보여주고 있다. 이러한 간극 사이에서 나비는 자기를 둘러싼 속악한 세계를 극복하려는 애처러운 날개짓을 하고 있는 것이다. 나비로 표상되는

세계와 나비를 둘러싼 세계 사이의 간극을 메꾸어 보려는 작자들의 강한 원망(願望)이 지속되는 한, 나비를 제재로 한 이러한 텍스트들은 되풀이되어 창작될 것으로 보인다.

이처럼 나비를 제재로 한 시 교육의 과정에서 학생들은 나비가 순진무구한 연약한 존재인데 반해 나비를 둘러싼 세계는 바다(근대문명), 광장(활주로), 분단의 현실, 삭막한 현대 문명 등으로 끊임없이 변모하고 있음을 알 수 있게 된다.

2) 황폐한 삶의 포착과 고향상실–「여승」(백석)과 확장된 텍스트

일제강점기의 궁벽한 현실을 시적 제재로 삼고 있는 작품을 가르칠 때 학습의 주체인 교사나 학생 모두 반영론적 관점으로 그것에 접근하기 쉽다. 그 결과 많은 문학교실에서는 쉽게 '의도의 오류'에 빠져들거나 대상 작품의 구조나 시적 화자의 정서 등에 대한 배려 없이 반영론적 요소 찾기에만 급급하는 경우가 많다. 동일하거나 유사한 제재를 가지고 만들어낸 작품은 일차적으로 상호텍스트적 관계에 놓여진다고 할 수 있다. 그런데 작품 생성의 원천인 현실을 작품으로 형상화시키는 방식은 시인에 따라 각각 다르다고 할 수 있다. 그래서 문학교육 현장에서, 다루는 내용 못지 않게 형상화 방식이 주된 관심의 대상이 되는 것도 이 때문이다.

백석의 「여승」은 국민공통 기본교육과정인 고등학교 국어(상)의 '6. 노래의 아름다움' 단원의 심화학습 부분과 심화선택 교과목인 7차 문학교과서 18종 중 2종의 문학교과서에 실려 있다.[21] 우선 「여승」은 고등학교 학생들이 일제강점하 유랑과 상실의 민족사를 학습하기에 적

21) 백석의 「여승」은 한국교육미디어와 교학사(김대행)에서 편찬된 문학교과서에 실려 있다.

절한 텍스트라 할 수 있다. 동시에 시적 형상화 방식도 쉽게 학습할 수 있는 좋은 자료라 할 수 있다.

여승은 합장하고 절을 했다
가지취의 내음새가 났다
쓸쓸한 낯이 녯날같이 늙었다
나는 불경처럼 설어워졌다

평안도의 어늬 산 깊은 금덤판
나는 파리한 여인에게서 옥수수를 샀다
여인은 나 어린 딸아이를 따리며 가을밤 같이 차게 울었다

섶벌같이 나아간 지아비 기다려 십년이 갔다
지아비는 돌아오지 않고
어린 딸은 도라지꽃이 좋아 돌무덤으로 갔다

산꿩도 설게 울은 슳븐 날이 있었다
산절의 마당귀에 여인의 머리오리가 눈물방울과 같이 떨어진 날이 있었다[22]

백석의 「여승」은 백석의 자가본 시집 『사슴』(1936)에 실려 있는 작품으로 성인 화자의 시점에서 한 여인의 수난사를 관찰하고 있는 주목할 만한 작품이다. 이러한 「여승」과 확장된 텍스트를 시 교육 시간에 가르치기 위한 엮어 읽기 활동의 순서를 잡아보면 다음과 같다.

---

22) 백석, 「여승」, 『사슴』, 선광인쇄주식회사, 1936, 46~47쪽.

① 학생들에게 이 시를 가르칠 때 시적 상황을 연상하면서 그림 등의 다양한 방법을 통해 시적 이미지의 전개를 시적 장치나 상황을 통해 생각해 보게 한다

② 일제 강점하 유이민의 현실을 다룬 작품들을 학생들로 하여금 찾아오게 한다. 그런 과정을 통해 학생들이 찾아온 작품을 서로 비교하고 각 장르상의 특징을 이해하도록 한다.

③ 상호텍스트적 관계에 있는 이용악의 「낡은집」과 오장환의 「모촌」을 통해 창작 주체인 시인이 시적 대상을 그려내는 방법을 통합해서 학습하도록 한다. 특히 시적 화자와 시적 대상의 관계가 어떻게 조절되고 있는지 살펴보는데 중점을 두도록 한다.

여기에서 ①은 시적 상황 및 시적 장치를 학습자의 마음 속에 떠올려 보는 활동이라 할 수 있다. 다시 말하면 학습자가 기존 스키마를 적극 활용해 시적 상황을 연상해 보는 한편, 시적 화자와 시적 대상 간의 관계 파악을 통해 시의 맥락을 이해하는 학습활동이 된다. 학생들의 텍스트 이해 결과 대략 다음과 같은 반응이 나올 것을 예상할 수 있다.

여인의 일생이 시적 화자의 기억 속에 재생된다. 그 기억은 여승이 되기 전까지 그 여인이 겪었던 과거사의 변주된 모습이라 볼 수 있다. 현재와 과거의 교차화된 시간 속에 금점판에서 옥수수를 파는 여인, 섶벌처럼 나가 돌아오지 않는 지아비, 아이의 죽음, 여승이 되는 날 등 많은 이야기가 함축되어 있는 것이다. 시간의 역행적 구조를 통해 재생된 과거는 여승이 된 한 여인의 비극적 수난사를 함축적으로 보여주고 있다. 시적 화자는 관찰자적 시점을 통해 시적 대상인 여인의 일생을 드러내 보인다. 즉 창작 주체인 시인은 현상적 화자인 '나'를 통해 시적 대상인 여승의 비극적인 운명을 부각시켜 보이고 있다. 물론 시적 대상을 바라보는 화자의 감정은 연민과 비애의 정서로 가득 차

있다. 그런데 연민과 비애의 정서는 시적 화자와 대상간의 거리 조절이란 창작 주체의 보여주기 전략 때문에 엄격히 절제되어 있다고 할 수 있다. "나는 불경처럼 서러워졌다", "나는 파리한 여인에게서 옥수수를 샀나"란 화사의 감정과 행위를 통해 주정적 정서의 일부가 드러나지 않는 것은 아니지만, 그것 또한 시적 대상을 부각시키는 부차적 구실 이상은 아니라고 할 수 있다. 시적 대상인 여인을 바라보는 시적 화자의 절제된 시선은 여인의 비극적 운명을 상대적으로 부각시킨다. 이러한 보여주기의 기법은 대상을 부각시키는 데는 유용한 방법이나 대상에 대한 자신의 감정을 드러내기에는 다소 부족한 방법이라고 할 수 있다. 그래서 창작 주체인 시인은 화자를 통한 행위와 감정의 노출 이외에 '산꿩'에 자신의 감정을 이입시키는 방법을 통해 시적 대상인 여승에 대한 자신의 생각을 드러낸다.

이상이 주로 학습자들이 이 시에 대해 대체적으로 접근할 수 있는 정보들이다. 창작 주체인 시인은 한 여인의 비극적인 수난사를 통해 가족이 해체되고 붕괴되어가는 당시의 상황을 독자에게 보여주고 있다. 그냥 교사가 이 작품이 30년대 비극적인 한 여인의 수난사를 그려내고 있다고만 가르친다면 너무나 소박한 반영론적 관점에 입각한 수업방식이라 할 수 있다. 교사는 이 작품을 가르칠 때 시적 대상을 바라보는 화자의 시선과 정서에 초점을 맞추어 가르쳐야 한다는 점을 잊지 말아야 한다.

②는 일제강점기 고향상실 모티프를 가진 작품을 통해 일제하 고향상실의식을 다룬 대표적 작품들을 탐색해 보는 활동이다. 학생들 은 고향상실을 다룬 다양한 작품들을 문학교과서나 참고문헌 등에서 찾아올 것이다. 학생들은 본고에서 다루고 있는 확장된 텍스트인 이용악의 「낡은 집」과 오장환의 「모촌」 이외에도 소설이나 희곡 갈래에서 고향상실을 다룬 작품을 찾아올 수 있다. 이런 경우에는 같은 주제가 각

갈래 간의 차이를 통해 어떻게 변이되어 나타나는가를 살펴볼 수 있는 좋은 교수 · 학습 기회가 될 것이다. 그런 작품들은 교사가 장르상의 차이나 특징을 적절히 제시해 주면 효과적일 것으로 생각된다.

교사는 ②의 활동 결과 검색된 이 세 작품이 일제강점하 가족 붕괴의 과정과 고향을 떠날 수밖에 없는 민중들의 이농(離農) 현장을 제재로 하고 있다는 점을 학생들에게 다시 한 번 주지시킨다. 한 걸음 더 나아간다면 왜 1930년대에 많은 작가들이 유독 고향상실을 제재로 한 작품을 많이 썼는가에 대한 심층적 물음도 던져 볼 만하다. 상호텍스트적 관계를 맺고 있는 백석, 이용악, 오장환 등의 시들은 고향상실의식이 강하게 내장되어 있다고 할 수 있다. 외적인 근대화에 의해 파괴되어 가고 있는 고향, 또는 가족공동체의 파괴를 부정하고 싶은 욕구가 이들 시인들의 가슴 속에 깊이 내장되어 있었다는 사실을 교사는 학생들에게 인지시킬 필요가 있다.

이용악의 「낡은 집」과 오장환의 「모촌」은 30년대 농촌의 궁핍과 유랑의 현실을 다루고 있다는 점에서 백석의 「여승」과 상호텍스트적 관계에 있는 작품이라 할 수 있다. 물론 이러한 작품들이 기존 텍스트의 수용과 변용을 통한 새로운 텍스트 발생이라고 단정지을 수는 없지만, 그래도 유사한 제재를 통한 작품 생성이란 공통점을 지니고 있다고 할 수 있다. 이 작품들은 첫째 이농과 유랑의 수난사를 작품 제재로 하고 있다는 점, 둘째 창작 주체가 시적 화자와 시적 대상과의 거리를 적절하게 조절하여 시적 대상을 부각시켜 보인다는 점 등이 상호텍스트성을 이루고 있다.

③은 상호텍스트적 관계에 있다고 생각되는 확장된 이들 작품들을 시적 화자와 시적 대상과의 관계라는 시적 장치를 통해 그 변별성을 규명해 보는 활동이다.

이용악의 「낡은집」은 문학교과서 18종 중 4종[23]에 실려 있으며, 리얼리즘 시의 교육에서도 널리 활용할 수 있는 중요한 작품이다.「낡은 집」은 1930년대 유랑의 농촌 현실이란 반영론적 측면말고도 창작 기법의 측면에서도 문제가 될 만한 작품이다.

날로 밤으로
왕거미 줄치기에 분주한 집
마을서 흉집이라고 꺼리는 낡은 집
이집에 살았다는 백성들은
대대 손손에 물려 줄
은동곳도 산호관자도 갖지 못했니라

재를 넘어 무곡을 다니던 당나귀
항구로 가는 콩시리에 늙은 둥굴소
모두 없어진지 오랜
외양깐엔 아직 초라한 내음새 그윽하다만
털보네 간 곳은 아모도 모른다

찻길이 놓이기 전
노루 멧돼지 쪽제비 이런 것들이
앞 뒤 산을 맘 놓고 뛰어다니던 시절
털보의 셋째 아들은
나의 싸리말 동무는
이 집 안방 짓두광주리 옆에서
첫 울음을 울었다고 한다

---

23) 이용악의「낡은 집」은 교학사, 상문연구사, 대한교과서, 형설출판사에서 편찬된 문학 교과서에 실려 있는 작품이다.

"털보네는 또 아들을 봤다우
송아지라도 불었으면 팔아나 먹지"
마을 아낙네들은 무심코
차그운 이야기를 가을 냇물에 실어 보냈다는
그날 밤
저릎등이 시름시름 타들어가고
소주에 취한 털보의 눈도 일층 붉더란다

갓주지 이야기와
무서운 전설 가운데서 가난 속에서
나의 동무는 늘 마음조리며 자랐다
당나귀 몰고간 애비 돌아오지 않는 밤
노랑 고양이 울어 울어
종시 잠 이루지 못하는 밤이면
어미 분주히 일하는 방앗간 한구석에서
나의 동무는
도토리의 꿈을 키웠다.

그가 아홉 살 되는 해
사냥개 꿩을 쫓아다니는 겨울
이 집에 살던 일곱 식솔이
어디론지 사라지고 이튿날 아침
북쪽을 향한 발자욱만 눈 우에 떨고 있었다

더러는 오랑캐영 쪽으로 갔으리라고
더러는 아라사로 갔으리라고

이웃 늙은이들은
모두 무서운 곳을 짚었다

지금은 아무도 살지 않는 집
마을서 흉집이라고 꺼리는 낡은 집
제 철마다 먹음직한 열매
탐스럽게 열던 살구
살구나무도 글거리만 남았길래
꽃 피는 철이 와도 가도 뒤울안에
꿀벌 하나 날아들지 않는다[24)]

「낡은 집」은 일제 수탈로 인한 농촌의 궁핍과 그것으로 인해 유랑의 길을 떠날 수밖에 없는 30년대 농민의 운명을 고향 상실의 입장에서 그려내고 있다. 식민지 농촌의 궁핍화 현상과 유이민의 문제는 1930년대 농촌의 '공적 쟁점'으로, 많은 시인들에게 관심의 대상이 되었다. 「여승」이나 「낡은 집」 모두 무너지고 해체되어가는 가족공동체, 즉 농촌공동체의 붕괴된 모습을 그려내 보이고 있다는 점에서 문제된다.

①의 활동의 방법으로 우선 학습자인 학생들에게 「낡은 집」의 구성상의 특징을 살펴보게 한다. 이 결과 학생들은 이 작품이 털보네의 이야기를 전달하는 부분과 그 이야기를 감싸면서 털보네로 대표되는 황폐한 삶의 모습을 드러내 보여주는 부분으로 나누어져 있음을 인지하게 된다. 처음 1, 2연과 마지막 8연은 강술(講述)의 형태를 빌어 털보네의 가족사와 황폐화된 공간의 모습을 드러내 보인다. 1, 2연과 8연에 의해 감싸지고 있는 액자 구조 형식의 3~7연에서 시적 화자는 그

24) 이용악, 「낡은 집」, 『낡은집』, 삼문사, 1938, 72~78쪽.

구체적 모습을 드러낸다. 시적 화자는 시적 주인공인 털보네의 셋째 아들의 '싸리말 동무'인 어린아이이다. 이 어린이 화자에 의해 털보네의 비극적 삶의 실상은 구체적으로 집약되어 나타난다. 여기서 어린이 화자는 자신의 동무인 털보 아들의 이야기를 직접 서술하기도 하지만 때로는 마을 아낙네나 이웃 늙은이의 말을 대신 전달함으로써 털보네 가족사를 객관적으로 독자들에게 보여주게 된다. 어린이 화자가 "울었다고 한다", "붉더란다" 등의 어구를 통해 마을 사람들의 이야기를 대리 전달하는 태도를 취하는 것도 이 때문이다. 가난 때문에 야반도주하지 않으면 안되는 털보네의 가족사를 드러내는 데 성숙되지 못한 어린이 화자는 주로 다른 사람의 말을 전달하는 차원에 머무르고 있다. 화자나 마을 사람들을 통해 시적 대상을 언술하는 행위 속에 연민과 비애의 정서가 묻어나고 있지 않는 것은 아니지만 털보네의 운명과 어느 정도 일정한 거리를 유지하고 있다. 이러한 거리는 액자 밖의 서술로 이동되면서 급격히 좁아진다. 털보네의 이야기를 강술(講述)하는 좀 더 성숙된 화자의 시각으로 털보네의 운명은 일제강점기 한 가족의 운명이 아니라 가난에 허덕이다 야반도주할 수밖에 없는 민중(백성)들의 운명임을 보여준다. 1연의 "못했니라"라는 진술은 이 부분의 화자가 역사를 조망할 수 있는 좀 더 성숙된 화자의 시각을 가졌음을 보여준다. 이 부분에서는 가난 때문에 야반도주할 수밖에 없었던 털보네의 가난의 원인이 개인의 문제 때문이 아니라는 것을 밝힌다. 일제 강점과 더불어 시작된 새로운 찻길은 항구로 가는 수탈의 신작로였으며, 재래식 이동을 담당했던 무곡을 다니던 당나귀나 늙은 둥글소는 이제 더 이상 털보네의 생계수단이 될 수 없음을 보여준다. 털보네가 떠나고 남은 '낡은 집'은 이제 부재와 소멸의 공간이다. 가난 속에서도 생기 가득 찼던 삶의 공간은, 이들 가족의 부재와 소멸로 인해 화자의 안타까움과 비애의 정서만 가득 묻어나는 초라한 공간이

되어버렸다. 시적 화자가 그려내는 과거의 공간은 가난 속에서도 도토리의 꿈을 키우던, 살구나무에 꿀벌이 날아들던 삶의 훈기가 비치던 장소였다. 그러나 현재의 공간은 이러한 모든 것이 상실된 부재와 암담함이 가득찬 장소이다. 창작 주체인 시인은 이 작품을 통해 일제강점하 가족공동체적 삶의 붕괴 과정과 민중들의 전망 없는 삶에 대한 연민과 슬픔을 드러내 보이고 있는 것이다.

같은 방법으로 다른 확장 텍스트인 오장환의 「모촌」을 보기로 하자. 「여승」이나 「낡은 집」과 마찬가지로 창작 주체인 시인은 여전히 이농(離農)의 현장에서 서술의 초점을 놓지 않는다.

> 추라한 지붕 썩어가는 추녀 우엔 박 한 통이 쇠었다.
>
> 밤서리 차게 나려앉는 밤 싱싱하던 넝굴이 사그러 붙든 밤. 지붕 밑 양주는 밤 새워 싸웠다.
>
> 박이 딴딴히 굳고 나무잎새 우수수 떨어지던 날, 양주는 새박아지 꿔어들고 추라한 지붕, 썩어가는 추녀가 덮인 움막을 작별하였다.[25)]

「모촌」의 경우 시적 화자가 시적 대상과 더욱 엄격한 거리를 유지하고 있다. 작품 표면에 화자는 모습조차 드러내지 않고 있다. 숨어서 찍은 카메라에 이농하는 한 부부의 모습이 포착되어 있을 뿐이다. 「모촌」은 「여승」보다 더욱 엄격한 관찰자적 시점을 유지하고 있는 경우라 할 수 있다. 「여승」에서 화자가 일시적으로 몸을 드러내 보인 반면, 「모촌」의 경우는 작품 표면에서 화자가 완전히 소멸되어 있다. 텍스트 표면에서 은폐화된 화자는 대상인 양주(兩主)의 모습을 더욱 부각시켜 주는 구실을 한다. 시적 화자가 시적 대상에 대한 자신의 감정을

25) 오장환, 「모촌(暮村)」, 『성벽』, 아문각, 1947, 53쪽.

드러내는 대신 대상을 부각시켜 독자로 하여금 대상에 대한 판단을 유도하는 창작전략이라 할 수 있다. 시적 화자에게 포착된 시적 대상은 초라한 지붕 밑의 '양주'이다. 생략이 고도로 구사되어 있는 이 시에 '양주'가 왜 밤새워 싸웠는지, 그 구체적 이유가 제대로 드러나 있지 않다. 그렇지만 이 시를 읽는 독자들은 박을 통해서 이들 양주가 겪는 가난의 절박함을 느낄 수 있다. 또 양주가 "새 바가지 꿔어들고" 움막을 작별할 수밖에 없는 것이 전망 없는 삶의 고달픔과 가난 때문임을 쉽게 알아챌 수 있다. 이 짧은 시를 통해 작자는 많은 이야기를 독자들에게 보여주고 있는 셈이다. 박 속으로 연명하다 고향을 떠날 수밖에 없는 '양주'의 상황은 일제강점하 유랑민의 전형적 모습에 다름 아니다.

③의 활동을 통해 이루어지는 이러한 상호텍스트적 읽기는 작품 개별 읽기를 넘어 서로 통합함으로써 학습의 효과를 높이는데 많은 기여를 한다. 이 활동에서는 텍스트 통합의 차원에서 서로 간의 공통점과 차이점을 규명해 보고, 드러내고자 하는 주제를 창작 주체인 작가들이 어떤 시적 장치를 활용하여 작품의 변별성을 보여주고 있는가를 학습할 수 있는 장이라 할 수 있다. 이들 세 작품은 창작 주체가 시적 화자와 시적 대상간의 적절한 거리 조절을 통해 자기가 그리고자 하는 대상을 부각시키고자 한다. 「여승」과 「낡은 집」은 시적 화자 '나'를 등장시켜 시적 대상과의 거리를 유지하면서도 그것에 대한 자신의 정서를 표출해 보이는 기법을 사용하고 있다. 반면 「모촌」은 시적 화자 자신이 텍스트 표면에서 은폐화됨으로써 오히려 대상이 객관적으로 부각되는 효과를 거두고 있다. 이러한 과정을 통해 학생들은 시적 대상을 그려내는 여러 가지 시적 장치들을 학습할 수 있게 된다.

3) 문화론적 맥락과 정신주의–「장수산 1」(정지용)과 확장된 텍스트

정지용의 「장수산 1」은 7차 교육과정의 18종 문학교과서 중 3종의 문학교과서에 실려 있다.[26] 이 작품이 3종 이상의 문학 교과서에 실려 있다는 것은 정지용의 위상이 우리 시문학사에서 차지하는 비중이 만만하지 않음을 보여준다. 정지용 시가 해방 직후 시행된 교수요목 시기에 잠깐 선을 보였다가 다시 우리 교과서에 정전(正典)으로 편입되는데 많은 시간이 걸렸다. 정지용 작품의 교과서 정전 편입은 80년대 후반부터 이루어진 해금이란 시대적 여건 외에도 문학교재 편찬자들의 "선별과 배제의 과정"[27]을 통한 의식의 전환이 가져다 준 결실이라 할 수 있다. 「장수산 1」이 고등학교 심화 선택 과정의 학습자들이 학습하기에 위계성이 적합한 텍스트냐 하는 문제가 있다. 다시 말하면 정지용의 「장수산 1」이 고등학교 2, 3학년 학생들의 문학 과목 수업 시간 중 다루기에 과연 적합한 텍스트인가 하는 정합성 문제가 제기된다는 것이다. 이 작품을 잘 읽어내기 위해서는 언어에 대한 섬세한 감각이 먼저 요구된다. 고어투의 문장과 산문조의 형식이 학생들에게 어렵게 느껴질 가능성이 많다. 「장수산 1」을 시교육 현장에서 가르치기 위해서는 이 시를 현대어로 쉽게 풀어 읽을 수 있는 선행 학습이 먼저 이루어져야 할 것이다.

伐木丁丁 이랬거니 아람도리 큰솔이 베혀짐즉도 하이 골이 울어 메아리 소리 쩌르렁 돌아옴즉도 하이 다람쥐도 좇지 않고 뫼ㅅ새도 울지 않어 깊은 산 고요가 차라리 뼈를 저리우는데 눈과 밤이 조히보다 희고녀! 달

26) 정지용의 「장수산 1」은 금성출판사, 대한교과서, 형설출판사에 의해 편찬된 문학교과서에 실려 있다.

27) 정재찬, 『문학교육의 사회학을 위하여』, 역락, 2003, 25쪽.

도 보름을 기달려 흰 뜻은 한밤 이 골을 걸음이란다? 웃절 중이 여섯판에 여섯번 지고 웃고 올라간디 조찰히 늙은 사나히의 남긴 내음새를 줏는다? 시름은 바람도 일지 않는 고요에 심히 흔들리우노니 오오 견듸랸다 차고 兀然히 슬픔도 꿈도 없이 長壽山 속 겨울 한밤내 —[28)]

위의 「장수산 1」은 1939년 3월 『문장』지에 발표된 작품으로 정지용의 제2 시집 『백록담』에 실려 있는 작품이다. 「장수산 1」과 상호텍스트성을 가진 확장된 다른 텍스트를 학습하기 위해서는 다음과 같은 엮어 읽기 활동 순서를 밟을 수 있다.

① 학생들에게 이 시를 가르칠 때 시적 상황을 연상하면서 텍스트를 정확히 읽어내려 갈 수 있는 능력을 구비하게 할 필요가 있다. 이러한 연상하기를 통해 시적 상황 및 맥락을 학생들이 생각할 수 있게 한다.

② 한국 현대시에 정지용의 「장수산 1」과 유사한 정신주의적 경향을 보이는 작품을 찾아 보게 한다. 그런 과정을 통해 검색된 백석의 「남신의주 유동 박시봉방」과의 상호텍스트적 관계를 파악하게 해 본다.

③ 확장된 텍스트인 백석의 「남신의주 유동 박시봉방」과 정지용의 「장수산 1」 등이 생성된 문화론적 맥락을 학생들이 이해할 수 있게 교사는 적절한 안내 내지 조처를 취한다.

①의 활동의 일환으로 「장수산 1」의 시적 상황과 맥락을 파악해 보면 대체로 다음과 같은 학습활동 결과를 얻을 수 있다.

산 속의 나무가 쓰러지면서 쩌러렁, 쩌러렁 정정(丁丁)하게 울리는

28) 정지용, 「장수산 1」, 『백록담』, 문장사, 1941, 12쪽.

것은 시적 화자의 상상 속에 이루어지는 감각 행위이다. 이러한 벌목의 소리는 산 속의 고요와 적막함을 도리어 일깨우는 계기로 작용한다고 할 수 있다. 멧새도 다람쥐도 소리내지 않는 산의 고요와 적막감이 차라리 뼈 속까지 서리게 하여 눈과 밤조차 종이보다 희게 보이게 만든다. 장수산 골짜기의 희고 흰 밤의 적막 속을 걸어가는 시적 화자는 여섯 판에 여섯 번 지고 웃고 올라간 웃절 중의 모습을 동경하고 모방하고자 한다. 웃절 중은 이미 세속의 번뇌를 벗어난 여유와 자족의 은일지사이다. 시적 화자는 이러한 은일지사의 삶과 자신의 삶을 동일시하고 싶은 욕망 때문에 그가 남기고 간 내음새를 줍고자 한다. 그러나 그는 아직 그러한 경지에 도달하지 못하였기에 "바람도 일지 않는 고요"에 마음이 심히 흔들린다. 세속의 시름에서 벗어나지 못한 화자이기에 고요와 정적 속에서도 번뇌에 시달리는 것이다. 이러한 흔들림 속에서 시적 화자는 더욱 큰 정신적 깊이로 현실을 견뎌나가고자 한다. "오오 견디랸다 차고 兀然히 슬픔도 꿈도 없이 이 장수산 속 겨울 한밤내"에서의 마지막 시구에서 보듯이 시적 화자는 현실의 시름에 대한 정신적 극복의지를 보여준다.

위의 해독이 다소 어렵기는 하지만 언어에 대한 섬세한 감각을 갖춘 고등학교 학생들에게는 그리 큰 문제가 아니 될 수도 있다. 하지만 더 큰 문제는 이 시 밑바닥에 깔려 있는 정신주의나 이 작품이 생성된 정신적, 철학적 기반 같은 문화적 맥락을 학생들이 어떻게 이해하느냐 하는 문제이다. 결국 이 작품을 올바로 읽기 위해서는 작품 외적인 배경지식이 요구된다. 「장수산 1」의 교수 · 학습 과정에서는 중개자의 위치에 있는 교사의 적절한 역할과 처방이 필요하다고 할 수 있다.

②의 활동 결과 학생들은 한국 현대시에 나타난 다양한 정신주의 작품을 찾아올 수 있다. 「장수산 1」에 나타난 정신주의는 30년대 후반의 정지용의 다른 산수시와 상호텍스트적 관계를 맺게 하며, 동시에

다른 시인들의 유사한 작품과도 상호텍스트적인 관계를 맺을 가능성을 보여준다. 정지용의 「장수산 1」과 상호텍스트로 묶을 수 있는 다른 작품으로 백석의 「흰 바람벽이 있어」나 「남신의주 유동 박시봉방」[29]을 들 수 있다. 이들 시들은 세속의 시름 속에서 견인주의적 정신을 추구하거나, 세속 속에서도 높고 맑은 경지를 추구하려 한다. 특히 「장수산 1」과 「남신의주 유동 박시봉방」의 마지막 구절은 현실에 대한 유사한 정신의 대응방식을 보여주고 있다는 점에서 특히 주목되는 작품이라 할 수 있다.

어느 사이에 나는 아내도 없고, 또,
아내와 같이 살던 집도 없어지고,
그리고 살뜰한 부모며 동생들과도 멀리 떨어져서,
그 어느 바람 세인 쓸쓸한 거리 끝에 헤매이었다.
바로 날도 저물어서,
바람은 더욱 세게 불고, 추위는 점점 더해 오는데,
나는 어느 木手네 집 헌 삿을 깐,
한 방에 들어서 쥔을 붙이었다.
이리하여 나는 이 습내 나는 춥고, 누긋한 방에서,
낮이나 밤이나 나는 나 혼자도 너무 많은 것 같이 생각하며,
딜옹배기에 북덕불이라도 담겨 오면,
이것을 안고 손을 쬐며 재 우에 뜻없이 글자를 쓰기도 하며,
또 문 밖에 나가지두 않구 자리에 누워서,
머리에 손깍지 벼개를 하고 굴기도 하면서,
나는 내 슬픔이며 어리석음이며를 소처럼 연하여 쌔김질하는 것이었다.

---

29) 백석의 「남신의주 유동 박시봉방」은 7차 교육과정의 경우 두산동아, 상문연구사, 지학사에서 편찬된 문학교과서에 실려 있다.

내 가슴이 꽉 메어 올 적이며,
내 눈에 뜨거운 것이 핑 괴일 적이며,
또 내 스스로 화끈 낯이 붉도록 부끄러울 적이며,
나는 내 슬픔과 어리석음에 눌리어 죽을 수밖에 없는 것을 느끼는 것이었다.
그러나 잠시 뒤에 나는 고개를 들어,
허연 문창을 바라보든가 또 눈을 떠서 높은 천정을 쳐다보는 것인데,
이때 나는 내 뜻이며 힘으로, 나를 이끌어 가는 것이 힘든 일인 것 을 생각하고,
이것들보다 더 크고, 높은 것이 있어서, 나를 마음대로 굴려 가는 것을 생각하는 것인데,
이렇게 하여 여러 날이 지나는 동안에,
내 어지러운 마음에는 슬픔이며, 한탄이며, 가라앉을 것은 차츰 앙금이 되어 가라앉고,
외로운 생각만이 드는 때 쯤 해서는,
더러 나줏손에 쌀랑쌀랑 싸락눈이 와서 문창을 치기도 하는 때도 있는데,
나는 이런 저녁에는 화로를 더욱 다가 끼며, 무릎을 꿇어 보며,
어느 먼 산 뒷옆에 바우 섶에 따로 외로이 서서,
어두워 오는데 하이야니 눈을 맞을, 그 마른 잎새에는,
쌀랑쌀랑 소리도 나며 눈을 맞을,
그 드물다는 굳고 정한 갈매나무라는 나무를 생각하는 것이었다.[30)]

확장된 텍스트인 백석의 「남신의주 유동 박시봉방」은 정신주의라는 문화적 맥락을 잇고 있다는 점에서 「장수산 1」과 엮어 읽기 활동을

30) 백석, 「남신의주 유동 박시봉방」, 『학풍』 창간호, 1948.9, 104~105쪽.

할 수 있는 좋은 텍스트 자료가 된다. 이 시를 다시 학생들이 ①의 방법으로 읽어 보도록 유도하면 대체로 다음과 같은 결과가 나올 것이다.

「남신의주 유동 박시봉방」의 시적 화자는 자기 자신에게 닥친 운명 내지 현실을 적극 헤쳐 나갈 의지를 별로 보이지 않는다. 오로지 외로움과 쓸쓸함 속에서 자신의 내부로 칩거하고 있다. 세상으로부터 소외된 시적 화자는 "내 뜻이며 힘으로, 나를 이끌어 가는 것이 힘든 일"이라 생각하고 "이것들 보다 더 크고, 높은 것이 있어서, 나를 마음대로 굴려가는 것"이라 생각하는 운명론에 빠져 있다. 그는 현실에 안주하지도, 적극 나서지도 못하는 이중성 속에서 자신만의 현실 극복 방법을 모색한다. 이는 외부현실과의 싸움도 아니며, 이상적 세계를 실현하려는 열망도 아니다. 그것은 자기 내부 세계로 깊이 침잠해 들어가는 방법이다. "어두어 오는데 하이야니 눈을 맞을, 그 마른 잎새에는 / 쌀랑쌀랑 소리도 나며 눈을 맞을 / 그 드물다는 굳고 정한 갈매나무라는 나무"를 홀로 생각해 보는 것이다. 이것이 시적 화자가 선택한 삶의 방식이다. 시적 화자는 "굳고 정한 갈매나무"와 자신을 동일시하고자 하나 이는 어디까지나 자신만의 폐쇄적 공간에서 갖는 자기 정신의 다짐에 불과하다. 시적 화자의 삶의 태도에서 견인주의 내지 정신주의의 모습을 쉽게 찾아볼 수 있다. 외롭고, 쓸쓸한 가운데 홀로 가져보는 견고한 정신의 세계는 속악한 현실세계에 함몰되지 않으려는 시적 화자의 힘겨운 노력이며, 강인한 정신의 버팀이다. 그러나 이러한 대응방식은 시적 화자를 둘러싼 외부 현실을 개조하는데 실질적인 아무런 힘이 되어주지는 못한다. 그렇지만 시적 화자가 소외된 운명론적 공간 속에서 힘겹게 버티어 보려는 자족의 정신만큼은 소중한 것이라 할 수 있다.

「장수산 1」이나 「남신의주 유동 박시봉방」은 자아를 둘러싼 세계에 직접 맞서지 않고, 탈속의 경지를 통한 정신의 견딤을 보여주고 있다는 점에서 충분히 상호텍스트적 학습 전략에 이용할 수 있는 좋은 자료가 된다고 할 수 있다.

③은 상호텍스트적 관계에 있다고 생각되는 정지용의 「장수산 1」을 백석의 「남신의주 유동 박시봉방」과 동시 학습하는 전략 구사를 통해 이 작품들이 갖고 있는 문화론적 맥락을 파악하는 활동이다. 이렇게 형식 또는 정신이 같은 맥락을 가진 시들을 엮어 읽음으로써 이 작품들의 배경과 정신주의라는 작품 외적 지식을 학습하게 되는 효과를 거둘 수 있다. 먼저 교사는 정지용이 「장수산 1」을 창작할 당시의 정신적 상황을 점검해 봄으로써 이 시를 학습자들이 더욱 쉽게 이해할 수 있는 계기를 마련할 필요가 있다.

정지용은 1920년대 후반에서 33년경까지의 초기 감각적 이미지즘의 세계를 거쳐, 30년대 중반에는 『카톨릭청년』지를 중심으로 한 종교시에 빠져든다. 정지용이 이러한 세계를 벗어나 동양적, 고전적 정신을 주조로 한 「옥류동」, 「구성동」, 「장수산」, 「백록담」 등을 발표한 시기는 주로 1930년대 후반이다. 이 시기는 실질적으로 정지용 시작(詩作)의 마지막 단계에 해당한다고 볼 수 있다.[31] 「장수산 1」 등이 실린 제2시집 『백록담』이 나올 무렵의 정신적 자취를 드러내고 있는 정지용의 다음과 같이 고백을 학생들에게 제시하면 더욱 학습의 효과를 높일 수 있을 것으로 생각된다.

31) 정지용이 1941년 1월 『문장』지에 「朝餐」, 「비」, 「忍冬茶」 등 10편의 신작시를 발표하는데 이 시들이 지용시를 실질적으로 마감하는 단계에 놓인 작품이라 할 수 있다.(최동호, 「산수시의 세계와 은일의 정 신」, 『불확정시대의 문학』, 문학과지성사, 1987, 11쪽 참고) 해방 이후 정지용은 『해방기념시집』 등에 일부 시를 발표하기는 하나 그의 글쓰기는 산문에 주로 치우치게 된다. 해방 이후 나온 정지용의 저작물도 『지용문학독본』(박문출판사, 1978), 『산문』(동지사, 1949) 등이 새로운 신작인 반면, 시집으로 출간된 『정지용시집』(건설출판사, 1946)이나 『백록담』(재판, 건설출판사, 1946; 삼판, 동명출판사, 1950) 등의 시집은 모두 일제강점기에 시문학사나 문장사에서 나온 시집의 재판, 삼판에 불과하다.

『백록담』을 내놓은 시절이 내가 가장 정신이나 육체로 피폐한 때다. 여러 가지로 남이나 내가 내 자신의 피폐한 원인을 지적할 수 있었겠으나 결국은 환경과 생활 때문에 그렇게 된 것이었다. 그러나 모든 것을 환경과 생활에 책임을 돌리고 돌아앉는 것을 나는 고사하고 누가 동정하랴? 생활과 환경도 어느 정도로 극복할 수 있는 것이겠는데 친일(親日)도 배일(排日)도 못한 나는 산수(山水)에 숨지 못하고 들에서 호미도 잡지 못하였다. 그래도 버릴 수 없어 시를 이어 온 것인데 이 이상은 소위 『국민문학』에 협력하던지 그렇지 않고서는 조선시를 쓴다는 것만으로도 신변의 협위(脅威)를 당하게 된 것이다.[32)]

1930년대 후반 어려운 환경에 처해진 정지용의 내면 풍경을 잘 드러내 보여주고 있는 것이 이 글이다. 생활에 활력을 잃고 정신이나 육체가 피폐한 지경에 이른 정지용이 '산수시'로 나아갈 수밖에 없었던 상황을 행간에 숨겨진 의미를 통해 읽어낼 수 있다. 그러나 일제 말기로 접어들면서 그마저도 불가능해진 상황이 되고 말았음을 그는 고백하고 있다. 정지용 후기시의 특징을 최동호가 "산수시와 은일의 정신"[33)] 이라고 규정지은 것도 황종연이 "정적감의 압도적 우세"로 특징지어지는 그의 시에서 "관찰되고 재현되어지는 자연 경관보다는 귀양 사는 심정으로 세상을 사는 사람이 꾸며낸 상상적인 풍경"[34)]을 읽어낸 것도 이러한 그의 정신적 맥락과 일맥상통한다고 할 수 있다. 결국 「장수산 1」은 압도해 오는 현실을 견디어 나가려는 정지용이 추구한 정신주의의 산물이라 할 수 있다. 「장수산 1」은 피폐하고 힘든 '환경과 생활'에 처해 있던 시인이 "장수산 속 겨울 한밤내" 맑은 정신으로 그것과 맞서

32) 정지용, 「조선시의 반성」, 『산문』, 동지사, 1949, 85~86쪽.
33) 최동호, 「산수시의 세계와 은일의 정신」, 『불확정시대의 문학』, 문학과지성사, 1987, 11쪽.
34) 황종연, 「한국문학의 근대와 반근대」, 동국대 박사논문, 1991, 199~200쪽.

고자 하는 정신적 깊이를 보여주고 있는 작품이라 할 수 있다.

「장수산 1」을 학생들에게 가르칠 때는 텍스트의 생산 토대에 대한 문화론적 맥락을 교사가 학생들에게 안내하는 것이 중요하다. 이러한 측면에 대한 배려 없이 이루어지는 「장수산 1」에 대한 개별 수업은 그 생성 토대와 절연된 개별 작품의 분석에만 그치게 되는 결과를 초래하게 된다.

「장수산 1」과 상호텍스트적 관계를 맺으면서 확장된 텍스트인 백석의 「남신의주 유동 박시봉방」 또한 문장파의 정신적 거점을 잇고 있다는 점을 또한 밝혀둘 필요가 있다. 문장파의 중심 인물이 이병기, 이태준, 정지용, 김용준임은 두말할 나위 없거니와, 백석 또한 이들의 정신세계와 그리 멀리 떨어져 있다고 말할 수는 없다. 백석은 이미 1930년대 후반 『문장』지에 여러 편의 시 작품을 발표하고 있다. 백석의 중요한 작품들이 『문장』지에 발표되고 있다는 것은 백석과 『문장』지, 그리고 정지용의 관계를 살펴볼 수 있는 중요한 실마리가 된다고 할 수 있다. 정지용은 이 당시 『문장』지의 시 추천 및 고선(考選)위원이었다. 백석의 시가 『문장』지에 실려 있다는 것은 그의 시가 문장파의 정신세계와 부합하였다는 것을 의미한다. 문장파의 정신세계란 무엇을 말하는가? 반근대, 즉 전통 지향적 세계에 대한 지향과 추구이다. 이들은 물질과 합리, 도시와 화폐가 중심이 된 소위 근대 지향적 세계를 거부한다. 일제의 파시즘적 침략이 극에 달했던 1930년대 말의 상황에서 근대란 대부분 침략세력인 일제를 거쳐 들어온 굴절된 것이었다. 도시, 문명, 물질로 표상되는 근대는 식민지의 상황 속에서 순응주의나 신기(新奇)한 것에 집착하는 사사(私事)주의로 떨어질 가능성이 있었다. 정지용(시), 이병기(시조), 이태준(소설), 김용준(수필, 삽화) 등은 잡지 『문장』을 중심으로, 그들만의 전통 지향적 세계를 만들어 내었다. 고전, 전통, 골동 등 옛 것에 대한 집착은 어떻게 보면 현실 퇴

행적인 복고주의적 모습이라 비판할 수도 있지만, 파시즘이 횡행하는 시대적 맥락 속에서는 우리 민족의 정체성을 지켜내려는 소중한 그들만의 현실대응방식이라 할 수 있다. 이태준의 수필집 『무서록(無序錄)』이나 김용준의 수필집 『근원수필(近園隨筆)』이 품어내는 상고주의(尙古主義)적 취향은 이러한 정신과 맞닿아 있다고 할 수 있다.

문화론적 맥락이 유사한 이들 작품들을 시 교육 현장에서 가르칠 때 작품의 산출 토대가 그 당대의 문화와 밀접한 관련이 있다는 것을 학생들에게 인지시킬 필요가 있다. 또한 이 시들이 정신적 견딤 내지 "마음"[35]이 문제되는 시대의 산물[36]임을 제시해 주어야 이 작품들에 대한

---

35) 이숭원, 「백석 시의 전개와 그 정신사적 의미」, 『현대시와 현실인식』, 한신문화사, 1990, 42쪽.

36) 「남신의주 유동 박시봉방」이나 「장수산 1」을 공시적 상호텍스트로 묶어 가르치려고 했을 때 문제되는 것은 작품의 창작 연대 문제이다. 텍스트 간에 상호 영향을 주고 받은 관계에 대한 실마리를 확인할 때 제일 쉽게 확인할 수 있는 것은 작품의 발표 연대일 것이다. 앞서 발표된 작품을 뒤의 작가가 변형, 확장시키는 것은 자연스런 일이기 때문이다. 그런데 백석의 「남신의주 유동 박시봉방」은 창작 연대가 확실하지 않다. 분위기나 느낌으로 볼 때 이 작품이 1930년대 후반의 작품으로 볼 가능성이 충분한데, 실제로 발표된 시기는 해방 공간이기 때문이다. 이 작품은 해방도 한참 지난 1948년 9월 『학풍』 창간호에 실려 있다. 그런데 이 작품이 발표될 당시 백석은 38선 이남의 서울에 있지 않았다. 그는 해방 이후에도 남하하지 않은 재북(在北) 시인으로 알려져 있다. 『학풍』의 편집 후기는 백석의 시가 해방 후의 신작이라고 밝히고 있다.(「후기」, 『학풍』 창간호, 120쪽) 그 외는 어떤 정보도 없다. 다만 「출판부 소식」에서 백석의 시집이 출간될 예정이라고 밝히고 있다.(「출판부 소식」, 위의 책, 119쪽) 이러한 사실은 백석과 『학풍』을 창간한 을유문화사는 상당히 밀접한 관계였으리라는 추측이 가능하다. 한편 『학풍』은 권두언에서도 밝히고 있는 바와 같이 학술논문 중심의 편집 의지를 천명하고 있는 120쪽 남짓한 잡지로, 편집인이 조풍연이다. 이 잡지는 창간호를 1948년 9월 25일 인쇄하여 1948년 9월 28일 발행하였으니 남한단독 정부 수립(8.15)과 북한 정권(9.9)이 들어선 바로 직후에 나왔다. 그런데 이 잡지 창간호에는 그 당시로는 상당히 호화로운 필진을 동원하고 있어 흥미를 끈다. 이상백, 이인영, 전석담, 안호상 등의 논문과 김병규, 김기림 등의 외국작가론, 홍이섭, 전석담 등의 서평란 필진 등을 통해 볼 때 『학풍』은 좌·우 논객을 가리지 않았던 학술 중심의 중립적 잡지였음을 알 수 있다. 그런데 이후 발간된 『학풍』 잡지와 비교해 보면 창간호의 문예면 필진들이 만만하지 않았음을 보여준다. 수필은 김용준, 이숭녕, 김기창, 서정주, 여상현, 배정국, 이양하, 석주명, 소설은 염상섭, 시는 백석의 작품이 실려 있다. 이중 주목할 만한 것은 근원 김용준이 이 잡지 창간호에 상당한 정도로 개입하고 있다는 사실이다. 그는 수필 「털보」를 쓴 것 외에 창

올바른 교수 · 학습이 이루어질 것으로 생각된다. 이러한 작품들을 그 당대의 문화론적 맥락과 분리해서 가르칠 때 이들 시가 갖고 있는 중층적 의미가 잘 드러나지 않을 것임은 자명한 사실이기 때문이다.

3. 결론

문학 작품을 분석하기 위해서 지금까지 문학이론이나 문학에 대 한 연구 방법들이 다양하게 모색되어 왔다. 이러한 이론들은 문학 작품을 보는 시야를 넓혀 주었고, 문학을 가르치는 교육현장에도 많은 도움을 주고 있다. 그러나 아직까지 문학을 과연 가르칠 수 있느냐 하는 근원적 물음부터 시 이론과 시 교육 이론의 변별성 문제 등 교육 현장에서 해결해야 할 많은 문제가 산적해 있다. 교육 현장에서는 시 이론을 작품의 이해나 감상에 적절히 활용하는 것 못지 않게 시 작품을 어떻게 학습자들에게 전달하는냐 하는 방법론의 모색 또한 시급한 실정이다.

본고는 상호텍스트성을 활용한 시 교육의 방법에 대한 시도이다. 상호텍스트성을 활용한 이러한 작업들은 시 교육 현장에서 작품의 중

간호의 얼굴이라 할 수 있는 표지화를 그렸다. 김용준은 1930년대 후반 정지용, 이태준, 이병기 등과 함께 문장파의 전통지향적 세계를 이끈 대표적 인물이다. 백석의 「남신의주 유동 박시봉방」도 이러한 정신적 세계와 밀접한 관련을 맺고 있는 작품이라 할 수 있다. 백석의 시가 그의 절친한 친구 허준이나 화가 정현웅, 아니면 근원 김용준 등에 의해 『학풍』 창간호의 편집진에게 전달되었는지는 몰라도 「남신의주 유동 박시봉방」이 「장수산 1」의 문화론적 토대가 되었던 문장파의 정신주의적 맥락을 잇고 있음은 틀림없다. 이렇게 볼 때 백석은 일제 말기에 이 작품을 창작하였으며, 해방 이후 북쪽 고향에 머물렀던 관계로 발표할 적절한 매체를 찾지 못하다가 『학풍』 창간호에 그의 작품을 발표한 것이라는 추정도 가능하다.

층적 의미와 그 연계된 맥락을 읽어낼 수 있다는 점에서 의미가 있다고 할 수 있다. 학생들이 유사한 담론, 형식, 주제, 제재 등을 가진 작품들을 학습할 때 그것들 간의 상호 관련성을 따져 보고 연계시켜 학습하는 것은 당연한 일이다. 그렇지만 우리 시 교육 현장에서 시 읽기는 지금까지 단일 텍스트에 대한 배경지식 강조 정도의 인지적 수준 형태에서 크게 나아가지 못하고 있다. 상호텍스트 이론에 따르면 하나의 텍스트를 올바로 이해하기 위해서는 영향 관계에 있는 관련된 작품을 참조해야 할 뿐만 아니라 부분적으로 텍스트에 조합된 다양한 관련 자료들을 동시에 참조해야 한다. 이 때 텍스트의 범위도 인쇄된 텍스트의 범위를 넘어 다양한 종류의 모든 텍스트로 확장되며, 이러한 텍스트는 상호 관련을 맺고 있다고 할 수 있다. 창작 주체인 작자들은 이미 알고 있는 기존 텍스트들의 정보나 형식을 의식적이든 잠재적이든 활용한다고 볼 수 있다. 학습자인 독자의 경우도 마찬가지라 할 수 있다.

본고 또한 이러한 관점에서 현대시 교육 시간에 활용할 수 있는 상호텍스트적 작품 읽기 활동의 방법을 모색해 보고자 하였다.

먼저 김기림의 「바다와 나비」와 확장된 텍스트를 통과제의의 아픔과 세계와의 충돌이라는 입장에서 다루어 보았다. 문학교과서에 실린 나비를 제재로 한 작품 중, 그 원전 텍스트는 김기림의 「바다와 나비」였다. 이 원전 텍스트 이후 많은 시인들이 「바다와 나비」를 직접 참조하거나, 그것으로 인해 생성된 2차 텍스트를 통해 나비를 제재로 한 작품을 창작하였다고 볼 수 있다. 이들 텍스트들은 대부분 출발–시련–귀환의 여행 모티프로 되어 있었다. 이러한 여행 모티프는 나비를 둘러싼 세계의 모습을 드러내기에 적합한 방식이었다. 이들 시들은 대부분 순진무구하고 연약한 나비가 자신을 둘러싼 세계에 공포와 좌절을 느낀다는 내용으로 되어 있다. 세계는 바다로 표상되는 근대

문명으로, 때로는 전쟁의 불안과 공포가 가득 찬 현대문명으로, 한반도를 옥죄고 있는 분단 현실로 변이되어 나타나고 있었다. 순진무구한 자아의 표상인 나비가 세계와 충돌하면서 겪는 아픔을 통해 나비를 둘러싸고 있는 세계의 불안과 속악성을 잘 드러내 보여주고 있었다. 나비로 표상되는 세계와 나비를 둘러싼 세계 사이의 간극을 메워보려는 창작 주체인 작자들의 강한 원망(願望)이 지속되는 한, 나비를 제재로 한 이러한 텍스트들은 되풀이되어 창작될 것으로 보인다.

다음은 백석의 「여승」과 확장된 텍스트를 황폐한 삶의 포착과 고향 상실이라는 측면에서 다루어 보았다. 백석의 「여승」과 이용악의 「낡은 집」, 오장환의 「모촌」 등은 일제강점하 농촌의 궁핍과 유랑의 현실을 다루고 있다는 점, 창작 주체가 시적 화자와 시적 대상과의 거리를 적절하게 조절하여 시적 대상을 부각시켜 보인다는 점 등이 상호텍스트성을 이루고 있었다. 「여승」과 「낡은 집」은 시적 화자 '나'를 등장시켜 시적 대상과의 거리를 유지하면서 대상에 대한 자신의 정서를 표출해 보이는 기법을 사용하고 있었다. 반면 「모촌」은 시적 화자 자신이 텍스트의 표면에서 은폐화됨으로써 오히려 대상이 객관적으로 부각되는 효과를 거두고 있었다. 이러한 통합적 과정을 통해 학생들은 시적 대상을 그려내는 여러 가지 시적 장치들을 학습할 수 있게 되었다.

마지막으로 정지용의 「장수산 1」과 확장된 텍스트를 정신주의와 문화론적 맥락이라는 잣대로 다루어 보았다. 상호텍스트적 관계에 있는 「장수산 1」이나 백석의 「남신의주 유동 박시봉방」의 교수 · 학습시 그 작품들의 생성 토대인 정신주의나 문장파의 세계관에 대한 이해가 선행되어야 함을 알 수 있었다. 그러므로 이들 작품들은 교수 · 학습 과정에서 중개자의 위치에 있는 교사의 적절한 처방과 안내가 필요한 작품이라 할 수 있었다. 이를 통해 학생들은 작품들의 생성 토대가 된 정신주의와 문장파의 세계관이라는 작품 외적 지식을 학습하게 되는 효과를 거둘 수 있었다. 문화론적 맥락이 유사한 작품들을 시 교육 현장에서 가르칠 때는 이들 작품들이 그 산출 토대가 된 당대의 문화와 밀접한 관련이 있다는 것을 학생들에게 인지시킬 필요가 있었다.

이상에서 논의한 바를 구체적 교수·학습 모형 같은 수업 전략을 통해 시 교육 현장에 투입시켜 볼 필요가 있다. 또한 교과서를 매개로 논의되는 여러 작품들을 상호텍스트성의 관점에서 연계하거나 엮어 읽기 활동을 해 봄으로써 시 읽기의 과정을 능동적, 주체적 시 읽기 과정으로 확대해 나갈 수 있으리라 생각된다.

| 참고문헌 |

기본자료

『1947년 조선년감』, 조선통신사, 1946.
『1948년판 조선년감』, 조선통신사, 1947.
『개벽』
『공군순보』
『금성』 1, 2, 3호.
『대조』
『문예』
『문장』
『문학』
『문학계』 1집.
『문학예술』
『시문학』
『신문예』
『신민』
『신지식』 임시창간호.
『신천지』
『인문평론』
『전선문학』
『전선시첩』 1집, 2집.
『죽순』
『중등국어교본』 상, 중, 하.
『중등국어』 1~5.
『학풍』
『협동』

김광현 외, 『전위시인집』, 노농사, 1946.
김규동, 『나비와 광장』, 산호장, 1955.
김기림, 『바다와 나비』, 신문화연구소, 1946.
______, 『새노래』, 아문각, 1948.
김두한 편저, 『백기만전집』, 대일, 1998.
김상옥, 『초적』, 수향서원, 1947.
김상훈, 『대열』, 백우서림, 1947.
김안서, 『애송시조집』, 숭문사, 1946.
모윤숙, 『풍랑』, 문성당, 1951.
문덕수, 『새벽바다』, 성문각, 1975.
민주주의민족전선 편, 『조선해방1년사』, 문우인서관, 1946.
박봉우, 『휴전선』, 정음사, 1957.
백기만 편, 『상화와 고월』, 청구출판사, 1951.
백석, 『사슴』, 선광인쇄주식회사, 1936.
상민, 『옥문이 열리든 날』, 신학사, 1948.
여상현, 『칠면조』, 정음사, 1947.
오장환, 『성벽』, 아문각, 1947.
유진오, 『창』, 정음사, 1948.
유치환, 『보병과 더부러』, 문예사, 1951.
______, 『생명의 서』, 행문사, 1947.
윤곤강, 『살어리』, 시문학사, 1948.
______, 『피리』, 정음사, 1948.
이병철, 『한하운시초』, 정음사, 1949.
이설주, 『방랑기』, 계몽사서점, 1948.
이용악, 『분수령』, 삼문사, 1937.
______, 『낡은집』, 삼문사, 1938.
______, 『오랑캐꽃』, 아문각, 1947.
______, 『이용악집』, 동지사, 1949.
이호우, 『비가 오고 바람이 붑니다』, 중앙출판공사, 1968.
______, 『이호우시조집』, 영웅출판사, 1955.
정인보, 『담원시조』, 을유문화사, 1948.
정지용, 『백록담』, 문장사, 1941.

______, 『산문』, 동지사, 1949.
정한모, 『아가의 방』, 문원사, 1970.
조선문학가동맹 시부위원회 편, 『연간조선시집』, 아문각, 1947.
조선문학가동맹서기국 편, 『건설기의 조선문학』, 백양당, 1946
조태연 편, 『조선시인선집』, 조선통신중학관, 1926.
홍정선 편, 『김팔봉문학전집』 1~6, 문학과지성사, 1988.

국내논저

감태준, 「이용악 시 연구」, 한양대 박사논문, 1990.
강진호, 「반공주의의 규율과 '국어'교과서」, 『민족문학사 연구』 28호, 2005.
______ 외, 『국어교과서와 국가이데올로기』, 글누림, 2007.
강희근, 『시 읽기의 행복』, 을유문화사, 2000.
경규진, 「반응중심 문학교육의 방법 연구」, 서울대 박사논문, 1993.
고은, 『1950년대』, 민음사, 1973.
고현철, 『현대시의 패러디와 장르이론』, 태학사, 1997.
고형진, 「1920~30년대 시의 서사지향성과 시적 구조」, 고려대 박사논문, 1991.
교육부, 『고등학교 국어과 교육과정 해설』, 대한교과서주식회사, 1995.
______, 『초 · 중 · 고등학교 국어과 · 한문과 교육과정 기준표』, 교육부, 2000.
교육부 고시 제1997-15호, 『고등학교 교육과정(1)』, 교육부, 1997.
구인환, 『문학 교수-학습방법론』, 삼지원, 1998.
______ 외, 『문학교육론』(2판), 삼지원, 1996.
________, 『문학교육론』(제4판), 삼지원, 2004.
권명아, 『역사적 파시즘－제국의 판타지와 젠더정치』, 책세상, 2005.
권영민, 『해방직후의 민족문학운동 연구』, 서울대 출판부, 1986.
김규동, 『새로운 시론』, 산호장, 1959.
김근수, 『한국잡지사』, 청록출판사, 1980.
______ 편, 『한국잡지개관 및 호별목차집(15년)』, 한국학연구소, 1975.
김기림, 『시론』, 백양당, 1947.
김기진, 『심두잡초』, 영문사, 1954.
김남식, 『남로당 연구』 Ⅰ, 돌베개, 1984.
김남희, 『현대시의 서정적 체험 교육 연구』, 서울대 박사논문, 2006.
김대행 외, 『문학교육원론』, 서울대 출판부, 2000.

김덕현, 『시조문학교육론』, 박이정, 2004.
김도남, 『상호텍스트성과 텍스트이해 교육』, 박이정, 2003.
김미혜, 「지식 구성적 놀이로서의 시 읽기 교육 연구」, 서울대 박사논문, 2007.
김병걸, 김규동 편, 『친일문학작품선집』 1 · 2, 실천문학사, 1986.
김사엽, 『중등 신생국어교본』 초급 3학년용, 경상북도 학무국, 1946.
김선배, 『시조문학 교육의 통시적 연구』, 박이정, 1998.
김송 편, 『전시문학독본』, 계몽사, 1951.
김용권 외, 『영문학 교육과 연구의 문제들』, 한신문화사, 1998.
김용직, 『한국 근대시사』상, 학연사, 1986.
______, 『해방기 한국시문학사』, 민음사, 1989.
______, 『한국 현대시사』 2, 한국문연, 1996.
김욱동, 『포스트모더니즘의 이론』, 민음사, 1992.
김윤식, 『한국 근대문예비평사 연구』, 한얼문고, 1973.
______, 『한국 근대문학사상비판』, 일지사, 1978.
______, 『(속)한국 근대작가론고』, 일지사, 1981.
______, 『한국 근대문학사상사』, 한길사, 1984.
______, 『해방공간 한국 작가의 민족문학 글쓰기론』, 서울대 출판부, 2006.
______ 외, 『해방공간의 문학사론』, 서울대 출판부, 1989.
김은자, 『현대시의 공간과 구조』, 문학과비평사, 1988.
김은전 외, 『한국 현대시사의 쟁점』, 시와시학사, 1991.
________, 『현대시교육론』, 시와시학사, 1996.
김재홍, 『한국전쟁과 현대시의 응전력』, 평민사, 1980.
김정우, 「시해석 교육내용 연구」, 서울대 박사논문, 2004.
김준오, 『가면의 해석학』, 이우, 1987.
______, 『시론』(제4판), 삼지원, 1997.
______ 편, 『한국 현대시와 패러디』, 현대미학사, 1996.
김중신, 『문학교육의 이해』, 태학사, 1997.
김진균 · 정근식 편저, 『근대주체와 식민지 규율권력』, 문화과학사, 1997.
김창원, 「시교육과 정전의 문제」, 『한국시학연구』 19호, 한국시학회, 2007.
______, 『시교육과 텍스트 해석』, 서울대 출판부, 1995.
______, 「문학교육과 국가통제」, 『문학교육의 방법』, 한길사, 1991.
김창집 외, 『출판문화 7호—출판대감』, 조선출판문화협회, 1949.

김춘식, 『미적 근대성과 동인지 문단』, 소명출판, 2003.
김한식, 상허학회, 「김동리 순수문학론의 세 층위」, 『반공주의와 한국문학』, 깊은샘, 2005.
김행숙, 『문학이란 무엇이었는가—1920년대 동인지 문학의 근대성』, 소명출판, 2005.
김현자, 『시와 상상력의 구조』, 문학과지성사, 1982.
남민우, 『문학교육의 역사와 성장의 시학』, 역락, 2006.
노명완 외, 『국어과 교육론』, 갑을출판사, 1991.
대구문인협회 편, 『이상화 전집—빼앗긴 들에도 봄은 오는가』, 그루, 1998.
대한민국국방부, 『정훈대계』 I , 1956.
문학과비평연구회, 『한국 문학권력의 계보』, 한국출판마케팅연구소, 2004.
민병도 · 문무학 편, 『이호우시조전집—차라리 절망을 배워』, 그루, 1992.
민주주의민족전선 편, 『조선해방1년사』, 문우인서관, 1946.
박기범, 「제7차 교육과정에 따른 문학교과서의 내용 분석 연구」, 『문학교육학』 제11호, 2003 여름.
박붕배, 『한국국어교육전사』(상), 대한교과서주식회사, 1987.
______, 『한국국어교육전사』(중), 대한교과서주식회사, 1997.
박신홍 · 송민정, 『출판 매체론』, 경인문화사, 1991.
박용찬, 『해방기 시의 현실인식과 논리』, 역락, 2004.
박윤우, 『한국 현대시와 비판정신』, 국학자료원, 1999.
박태일, 『한국 근대문학의 실증과 방법』, 소명출판, 2004.
______, 『한국 근대시의 공간과 장소』, 소명출판, 1999.
______, 「'여명문예선집' 연구」, 『어문론총』 43호, 2005.12.
박현수 엮음, 『박목월』, 새미, 2002.
배개화, 「1930년대 후반 전통담론의 탈식민성 연구」, 서울대 박사논문, 2004.
백기만 편, 『상화와 고월』, 청구출판사, 1951.
________, 『씨뿌린 사람들』, 사조사, 1959.
백철, 『조선신문학사조사 현대편』, 백양당, 1949.
사범대학 국문학회 편찬, 『고급국어』 권1, 범인사, 1947.
상허학회, 『한국 근대문학재생산제도의 구조』, 깊은샘, 2007.
________, 『반공주의와 한국문학』, 깊은샘, 2005.
서경석, 「정전의 해체와 생성」, 『한국문학』, 1997 봄.

서동수, 「숭고의 수사학과 환멸의 기억」, 『우리말글』 38집, 2006.12.
______, 「한국전쟁기 반공텍스트와 고백의 정치학」, 『한국 현대문학연구』 20집, 2006.
서울대 교육연구소 편, 『교육학대백과사전』, 하우동설, 1999.
서울대 국어교육연구소, 『국어교육학사전』, 대교출판, 1999.
선주원, 『시교육의 원리와 방법』, 박이정, 2003.
손진은, 「문학교육과 제재 선정의 문제－서정주의 시를 중심으로」, 『우리말글』 33집, 2005.
______, 김두한 편, 「백웅, 그 생명과 환희의 세계」, 『백기만 전집』, 대일, 1998.
송무, 「문학 교육의 '정전' 논의」, 『문학교육학』 창간호, 태학사, 1997.
____, 『영문학에 대한 반성』, 민음사, 1997.
신남철, 『전환기의 이론』, 백양당, 1948.
신범순, 『한국 현대시사의 매듭과 혼』, 민지사, 1992.
신영덕, 「한국전쟁기 종군작가 연구」, 고려대 대학원 박사논문, 1993.
안호상, 『일민주의의 본바탕』, 일민주의연구원, 1950.
양주동, 『문주반생기』, 신태양사, 1960.
여지선, 「1950년대 시조의 역사의식의 다층성」, 『시조학논총』 31집, 2009.
오성호, 『서정시의 이론』, 실천문학사, 2006.
오세영, 『문학연구방법론』, 시와시학사, 1993.
오천석, 『한국신교육사』, 현대교육총서출판사, 1964.
우한용, 『한국 근대문학교육사연구』, 서울대 출판부, 2009.
유봉호, 『한국교육과정사 연구』, 교학연구사, 1992.
유성호, 『현대시교육론』, 역락, 2006.
유영희, 『이미지로 보는 시창작교육론』, 역락, 2003.
______, 「교과서 문학 제재의 수용 양상 및 특징」, 『문학교육학』 제11호, 2003 여름.
유임하, 「정체성의 우화 : 반공 증언수기집과 냉전의 기억」, 『반공주의와 한국문학의 근대적 동학 Ⅰ』, 한울, 2008.
유종호, 『다시 읽는 한국 시인』, 문학동네, 2002.
육군본부정훈감실, 『정훈업무의 회고와 전망』, 1953.
윤여탁, 『리얼리즘의 시정신과 시교육』, 소명출판, 2003.
______, 『시교육론 · Ⅱ』, 서울대 출판부, 1999.
______ 외, 『국어교육 100년사』 1 · 2, 서울대 출판부, 2006.

윤영천, 『서정적 진실과 시의 힘』, 창작과비평사, 2002.
______, 『형상과 비전』, 소명출판, 2008.
______, 『문학의 교육, 문학을 통한 교육』, 문학과지성사, 2009.
______ 편, 『이용악시전집』, 창작과비평사, 1988.
이상언 · 조두섭, 『대구 · 경북 근대문인 연구』, 태학사, 1999.
이기성, 「해방기 신진시인 연구」, 이화여대 석사논문, 1991.
이기철, 『작가 연구의 실천』, 영남대 출판부, 1986.
이남호, 『교과서에 실린 문학작품을 어떻게 가르칠 것인가』, 현대문학, 2001.
이명찬, 『1930년대 한국시의 근대성』, 소명출판, 2000.
이병기, 『가람문선』, 신구문화사, 1966.
______, 『시조의 개설과 창작』, 현대출판사, 1957.
이봉범, 「반공주의와 검열 그리고 문학」, 『반공주의와 한국문학』, 깊은샘, 2005.
이상구, 『구성주의 문학교육론』, 박이정, 2002.
이상섭, 『문학비평용어사전』, 민음사, 1988.
이숭원, 『현대시와 현실인식』, 한신문화사, 1990.
이승만, 『일민주의 개술』, 일민주의보급회, 1949.
이어령, 『공간의 기호학』, 민음사, 2000.
이윤규, 『들리지 않던 총성 종이폭탄』, 지식더미, 2006.
이정우, 『담론의 질서』, 새길, 1997.
이종국, 『한국의 교과서 출판 변천 연구』, 일진사, 2002.
______, 『한국의 교과서』, 대한교과서주식회사, 1991.
이주형, 「김동리 순수문학론의 반현실주의」, 『김동리』, 살림, 1996.
______, 『한국현대소설과 민족현실의 인식』, 역락, 2007.
이중연, 『책, 사슬에서 풀리다—해방기 책의 문화사』, 혜안, 2005.
이진경, 『근대적 시 · 공간의 탄생』, 푸른숲, 1997.
이태극, 『국민사상과 시조문학』, 국립국민사상연구원, 1955.
이태준, 『상허문학독본』, 백양당, 1946.
임선묵, 「시조민속으로서의 시조놀이」, 『증보개정 시조시학서설』, 단국대 출판부, 1981.
임종찬, 「이호우 시조의 시적 변모—가람시조와의 거리」, 『태야 최동원선생회갑기념 국문학논총』, 삼영사, 1983.
장도준, 「정지용 시의 연구」, 연세대 박사논문, 1989.

장사선, 「팔봉 김기진 연구」, 서울대 석사논문, 1973.
전광식, 『고향』, 문학과지성사, 1999.
전재호, 『반동적 근대주의자 박정희』, 책세상, 2005.
정끝별, 『패러디시학』, 문학세계사, 2002.
정대호, 「이호우 시조에 나타난 비극성의 고찰」, 『어문학』 77집, 2002.
정재찬, 「문학 정전의 해체와 독서 현상」, 『독서연구』 제2호, 1997.
______, 『문학교육의 사회학을 위하여』, 역락, 2003.
______, 「현대시 교육의 지배적 담론에 관한 연구」, 서울대 박사논문, 1996.
정정순, 「시적 형상성의 교육내용 연구」, 서울대 박사논문, 2005.
정혜원, 「이호우 시조 연구」, 『시조학논총』 7집, 1991.
조두섭, 「이호우와 김윤식 시의 주체구성 양상」, 『한국말글학』 22집, 2005.
______, 『비동일화의 시학』, 국학자료원, 2002.
조연현, 『내가 살아온 한국문단』, 현대문학사, 1968.
조영복, 『1920년대 초기 시의 이념과 미학』, 소명출판, 2004.
조윤제, 『국어교육의 당면문제』, 문화당, 1947.
조지훈, 『시의 원리』, 산호장, 1953.
주강식, 「시조의 성정과 표현양식－가람과 이호우의 경우」, 『어문학교육』 5집, 1982.
차혜영, 「국어교과서와 지배 이데올로기」, 『반공주의와 한국문학』, 깊은샘, 2005.
최덕교 편저, 『한국잡지백년』 3, 현암사, 2004.
최동호, 『현대시의 정신사』, 열음사, 1985.
______, 『불확정시대의 문학』, 문학과지성사, 1987.
최두석, 「민족현실의 시적 탐구」, 『리얼리즘의 시정신』, 실천문학사, 1992.
______, 「백석의 시세계와 창작방법」, 『우리시대의 문학』 6집, 문학과지성사, 1987.
최미숙, 『한국모더니즘 시의 글쓰기 방식과 시 해석』, 소명출판, 2000.
최병두, 『근대적 도시 공간의 한계』, 삼인, 2002.
최승호, 「1930년대 후반기 시의 전통지향적 미의식 연구」, 서울대 박사논문, 1994.
______, 「이호우 시조에 나타난 생명의 미학」, 『대구어문논총』 14호, 1996.
최영환, 『국어교육학의 지향』, 삼지원, 2003.
최인자, 『국어교육의 문화론적 지평』, 소명출판, 2001.
최지현, 「문학교육에서 정전과 학습자의 정서 체험이 갖는 위계적 구조에 관한 연구」, 『문학교육학』 제5호, 태학사, 2000.
______, 「한국 현대시 교육의 담론 분석－1940년대 저항시를 중심으로」, 서울

대 석사논문, 1994.
최현섭 외, 『국어교육학개론』(제2판), 삼지원, 2002.
최현식, 『서정주 시의 근대와 반근대』, 소명출판, 2003.
친일반민족행위진상규명위원회, 『친일반민족행위 진상규명 Ⅳ-1』, 2009.
하동호, 「한국 근대시집총림서지정리」, 『한국학보』 제28집, 1982.
한국교육10년사간행회 편, 『한국교육10년사』, 풍문사, 1960.
한국문인협회 편, 『해방문학 20년』, 정음사, 1966.
한국 현대문학연구회, 『한국 현대시론사』, 모음사, 1992.
한기형, 「문화정치기 검열체제와 식민지 미디어」, 『대동문화연구』 51집, 2005.
_____ 외, 『근대어 · 근대매체 · 근대문학』, 성균관대 대동문화연구원, 2006.
한준상 · 정미숙, 「1948~1953년 문교정책의 이념과 특성」, 『해방전후사의 인식』 4, 한길사, 1989.
한창훈, 『시가교육의 가치론』, 월인, 2001.
허재영, 「과도기의 국어과 교과서」, 『교육한글』 16 · 17 합호, 2004.4.
현수, 『적치 6년의 북한문단』, 중앙문화사, 1952.
홍정선, 「신경향파 비평에 나타난 '생활문학'의 변천과정」, 서울대 석사논문, 1981.
황인교, 「이용악 시의 언술 분석」, 이화여대 박사논문, 1991.
황종연, 「한국문학의 근대와 반근대」, 동국대 박사논문, 1991.

국외논저(번역서)

가라티니 고진, 박유하 역, 『일본근대문학의 기원』, 민음사, 1997.
가스통 바슐라르, 곽광수 역, 『공간의 시학』, 민음사, 1994.
게오르그 루카치, 『소설의 이론』, 심설당, 1985.
니시카와 나가오, 윤대석 역, 『국민이라는 괴물』, 소명출판, 2002.
다이안 맥도넬, 임상훈 역, 『담론이란 무엇인가』, 한울, 1992.
디히터 람핑, 장영태 역, 『서정시 : 이론과 역사』, 문학과지성사, 1994.
롱기누스, 천병희 역, 「숭고에 관하여」, 『아리스토텔레스 시학』, 문예출판사, 2006.
루시앙 골드만, 『숨은 신』, 인동, 1980.
린다 허천, 김상구 · 윤여복 역, 『패러디이론』, 문예출판사, 1992.
미셸 푸코, 이정우 해설, 『담론의 질서』, 새길, 1997.
________, 오생근 역, 『감시와 처벌』, 나남출판, 1997.
바흐찐, 『바흐찐과 대화주의』, 나남, 1990.

발터 벤야민, 『발터 벤야민의 문예이론』, 민음사, 1983.
베네딕트 앤더슨, 윤형숙 역, 『상상의 공동체』, 나남, 2002.
베르너 파울슈티히, 황대현 역, 『근대초기 매체의 역사』, 지식의 풍경, 2007.
슬라보예 지젝, 이수련 역, 『이데올로기라는 숭고한 대상』, 인간사랑, 2002.
아도르노 · 호르크하이머, 김유동 역, 『계몽의 변증법』, 문학과지성사, 2005
안토니 이스트호프, 임상훈 역, 『문학연구에서 문화연구로』, 현대미학사, 1994.
에드워드 렐프, 『장소와 장소상실』, 논형, 2005.
에밀 슈타이거, 『시학의 근본개념』, 이유영 · 오현일 역, 삼중당, 1978.
월터 J. 옹, 이기우 외역, 『구술문화와 문자문화』, 문예출판사, 2003.
위르겐 하버머스, 『공론장의 구조변동』, 나남출판, 2002.
이마누엘 칸트, 김상현 역, 『판단력 비판』, 책세상, 2005.
이-푸 투안, 구동회 · 심승희 역, 『공간과 장소』, 도서출판 대운, 1999.
이효덕, 박성관 역, 『표상 공간의 근대』, 소명출판, 2007.
장 보드리야르, 하태환 역, 『시뮬라시옹』, 민음사, 1992.
장-뤽 낭시 외, 김예령 역, 『숭고에 대하여—경계의 미학, 미학의 경계』, 문학과지성사, 2005.
존 톰린슨, 강대인 역, 『문화제국주의』, 나남출판, 1994.
츠베탕 토도로프, 최현무 역, 『문학사회학과 대화이론』, 까치, 1988.
파울루 프레이리, 『페다고지』, 그린비, 2002.
프랭크 렌트리키아 · 토마스 맥로프린 공편, 『문학연구를 위한 비평 용어』, 한신문화사, 1996.
피에르 부르디외, 정일준 역, 『상징폭력과 문화재생산』, 새물결, 1997.
＿＿＿＿＿＿, 하태완 역, 『예술의 규칙』, 동문선, 2002.
Louise M. Rosenblatt, 김혜리, 엄해영 역, 『탐구로서의 문학』, 한국문화사, 2006.
＿＿＿＿＿＿＿＿＿＿＿＿＿＿, 『독자, 텍스트, 시』, 한국문화사, 2008.
M. 로빈슨, 김민환 역, 『일제하 문화적 민족주의』, 나남, 1990.
N. N. Spivey, 신헌재 외역, 『구성주의와 읽기 · 쓰기』, 박이정, 2004.
S. J. 슈미트 · H. 하우프트마이어, 차봉희 역, 『구성주의문예학』, 민음사, 1995.

|찾|아|보|기